TEACHER EDUCATION

全国百所高校规划教材
教师教育精品教材

发展心理学

FAZHAN XINLIXUE

陈英和 主 编

北京师范大学出版集团
BEIJING NORMAL UNIVERSITY PUBLISHING GROUP
北京师范大学出版社

图书在版编目（CIP）数据

发展心理学/陈英和主编．—北京：北京师范大学出版社，
2015.8（2024.6重印）

ISBN 978-7-303-18877-2

Ⅰ．①发…　Ⅱ．①陈…　Ⅲ．①发展心理学－师范大学－教材　Ⅳ．①B844

中国版本图书馆CIP数据核字（2014）第075153号

教 材 意 见 反 馈　　gaozhifk@bnupg.com 010-58806364
营 销 中 心 电 话　　010-58802755　58800035
北师大出版社教师教育分社微信公众号　　京师教师教育

出版发行：北京师范大学出版社　www.bnup.com
　　　　　北京市海淀区新街口外大街19号
　　　　　邮政编码：100875

印　　刷：北京虎彩文化传播有限公司
经　　销：全国新华书店
开　　本：787 mm×1092 mm　1/16
印　　张：26.5
插　　页：1
字　　数：480千字
版　　次：2015年8月第1版
印　　次：2024年6月第6次印刷
定　　价：45.00元

策划编辑：王建虹　李　志　　责任编辑：齐　琳
美术编辑：李向昕　　　　　　　装帧设计：焦　丽　锋尚设计
责任校对：陈　民　　　　　　　责任印制：马　洁

教师教育精品教材编委会

委　　员（按姓氏笔画排序）

王智秋（首都师范大学初等教育学院院长）

石　鸥（首都师范大学课程与教学研究所所长）

白学军（天津师范大学教育学部副部长）

朱旭东（北京师范大学教育学部副部长）

伍新春（北京师范大学心理学院教授）

刘占兰（中国教育科学研究院研究员）

刘济良（河南大学教务处处长）

李　森（西南大学图书馆馆长）

李臣之（深圳大学师范学院副院长）

李瑾瑜（西北师范大学教育学院院长）

杨宝忠（天津师范大学初等教育学院院长）

连　榕（福建师范大学教育学院院长）

何齐宗（江西师范大学教育学院院长）

余文森（福建师范大学教师教育学院院长）

张春莉（北京师范大学课程与教学研究院副院长）

陈旭远（东北师范大学初等教育学院院长）

陈佑清（华中师范大学课程与教学研究所所长）

陈英和（北京师范大学心理学院教授）

陈晓端（陕西师范大学教育学院教授）

和学新（天津师范大学教育学院教授）

侯怀银（山西大学教育科学学院院长）

徐文彬（南京师范大学课程与教学研究所常务副所长）

徐继存（山东师范大学教师教育学院院长）

郭　华（北京师范大学教育家书院执行院长）

黄甫全（华南师范大学课程与教学系主任）

葛新斌（华南师范大学教育科学学院副院长）

温恒福（哈尔滨师范大学教育科学学院院长）

虞永平（南京师范大学教育学院党委书记）

綦春霞（北京师范大学课程与教学研究院副院长）

蔡宝来（上海师范大学教育科学学院教授）

总　序

习近平总书记在视察北京师范大学时指出："一个人遇到好老师是人生的幸运，一个学校拥有好老师是学校的光荣，一个民族源源不断涌现出一批又一批好老师则是民族的希望。国家繁荣、民族振兴、教育发展，需要我们大力培养造就一支师德高尚、业务精湛、结构合理、充满活力的高素质专业化教师队伍，需要涌现一大批好老师……百年大计，教育为本。教育大计，教师为本。努力培养造就一大批一流教师，不断提高教师队伍整体素质，是当前和今后一段时间我国教育事业发展的紧迫任务……要加强教师教育体系建设，加大对师范院校的支持力度，找准教师教育中存在的主要问题，寻求深化教师教育改革的突破口和着力点，不断提高教师培养培训的质量。"

近年来，为了全面提高教师队伍整体素质，国家加大了教师教育改革力度，陆续出台了《国务院关于加强教师队伍建设的意见》《教育部国家发展改革委财政部关于深化教师教育改革的意见》等一系列文件，将完善教师教育体系和深化教师教育改革提到了空前高度。

培养造就一支师德高尚、业务精湛、结构合理、充满活力的高素质专业化教师队伍，是当前我国教师教育改革创新的时代使命和战略目标。为了全面实现这一战略目标，需要在教师教育理念、制度、内容、方法和评价等各方面进行深入探索。其中，教师教育的教材体系建设，是教师教育改革创新的核心枢纽，是培养"四有"教师的主要抓手，需要优先关注和深入研讨。

长期以来，我国师范院校一直重视教师教育的教材建设工作，涌现了一大批经典教材、精品教材。同时，我们也注意到，教师教育教材建设还难以满足时代发展和事业发展的需要，教材质量水平还有一定的提升空间。北京师范大学一直致力于我国教师教育的改革与创新，在国家大力发展教师教育的背景下，北师大与全国近百所师范院校勇于承担时代使命，联合编写教师教育精品教材，全面服务我国教师教育事业的发展。

令人欣慰的是，经过三年不懈努力，在教育部教师工作司的指导下，在全国近百所师范院校专家学者的共同努力下，这套作者权威、品种齐全、覆盖面广，体现新理念、适应新标准、满足新需求，类型丰富、层次清晰、结构严谨的教师教育精品教材，终于即将出版面世了。希望这套教材的出版，能为我国教师教育的改革创新提供有力的支持。

这套教材的基本特点，可以概括为六个词：革新、系统、权威、精良、协同、立体。

第一，革新，即符合改革的新趋势。本套教材的编写，认真研究了教师教育中存在的主要问题，努力寻求深化教师教育改革的突破口和着力点，认真研究了《教师教育课程标准（试行）》和《教师资格考试标准（试行）》的政策要求，认真研究了中小学教师面临的实际问题和世界教师教育的发展趋势，认真研究了教育的对象的特点和教材使用主体的需求，体现了鲜明的需求导向和时代特征。

第二，系统，即系统的顶层设计。人才培养是一个系统工程，课程设置与教材编写也要具有系统性。没有进行系统设计的教材，很容易出现互相矛盾、重叠、断裂等结构性问题。本套教材注重整体设计工作，在顶层设计上提前做了比较充足的准备工作，积极发挥编委会在教材顶层设计方面的指导作用，从理念、品种、体例、内容结构等诸多方面系统设计了这套教材的开发框架。

第三，权威，即教材的作者和内容权威。编委会坚持从本领域的全国知名专家中推选每个品种的主编，以确保每种教材的科学性与教育性。科学性主要体现在：体系严谨、概念准确、事实清楚、逻辑严密、内容简明，反映学术领域的总体认识水平和基本共识。教育性主要体现在：倡导先进的教育价值观，综合考虑教育目标要求，符合教学规律，反映教学工作的需求和教学改革的成果，易学好教。

第四，精良，即教材编排制作精良。通过对各版本国内外经典高校教材的仔细研究，并结合教师教育教材自身的特点，编委会秘书处研制出《教师教育精品教材编写指南》，对整套教材的编写框架、编写模块和编写体例等方面做出了基于提升学生学习体验的多方面创新和系统设计，并在开本、色彩及版式等诸多细节的设计上坚持精品制作。

第五，协同，即协同开发机制。把分散在全国各地的优势资源组织起来，共同建设高水平的教师教育精品教材，实现多方共赢，这是这套教材的一个重要特点。编委会和编写队伍成员来自全国近百所院校，大家集思广益，优势互补，每个参与者都做出了积极贡献。

第六，立体，即教材形态多元。随着信息技术在教材建设领域的广泛应用，教材形态日趋复杂和多元。纸质教材、电子教材、数字资源等都已经成为教材的重要组成部分。从长远看，教材立体化乃大势所趋。这套教材除了纸质教材外，还积极进行了数字资源的开发，为未来教材立体化做了先行探索。

教师教育精品教材建设是深化教师教育改革的突破口之一，在推进这项工作的过程中，我们同时探讨、思考了当前我国教师教育中存在的主要问题，并努力寻求教师教育改革的着力点。这是一次跨院校的有效协同行动，希望本套精品教材的出版将为我国教师教育体系建设，为教师队伍整体素质提升，为"四有"教师培养做出应有的贡献。

董　奇

2015年7月

本书编委会

主　　编　陈英和

编委及主要撰写人（按姓氏拼音排列）

　　　　白学军　陈　红　陈英和　桑　标

　　　　王振宏　张向葵　周宗奎

参与撰写人（按姓氏拼音排列）

　　　　崔梦舒　邓之君　谷传华　郝嘉佳

　　　　李彩娜　李明军　李妍君　林　琳

　　　　孙晓军　夏彧婷　赵晓杰　朱小爽

全书栏目

本课程的学习和研究方法

发展心理学作为心理学中的重要基础、理论性学科，具有严谨的学科体系和研究方法。发展心理学建立了学科，经过几十年的发展，已经形成了丰富的理论体系和实证材料。学习古老学习发展心理学时不仅要掌握经典理论的观点，同时也要了解继续推出的发展，并且结合出实践固定相知识。

一、本课程的学习方法

（一）建立核心概念体系、掌握经典理论

（二）判断关注生长实践、加强理论应用

（三）参考文献资料，关注领域前沿

二、本课程的研究方法

（一）系统观察法

（二）调查法

> **本课程的学习和研究方法**：如何学习本课程，并进一步展开研究，方法至关重要。

本课程的发展历史

发展
心理学

> **本课程的发展历史**：开始本课程之前，先了解一下它的发展历程。

简要目录

> **简要目录**：一个层级的简要目录让你一眼览尽全书的章目要点。

详细目录

> **详细目录**：三个层级的详细目录为你提供更具体的页码索引，并展现作者阐释每个章节的角度。

关键术语表

发展心理学	Developmental Psychology	是心理学的一个分支，研究个体从受精卵开始到出生、成熟直至衰老的生命全程中心理发展的特点和规律
纵向研究	longitudinal design	在纵向研究设计中，被试会在指行发展的过程中重复的被测验。这种方法通过发展心理学中的变化方法，也具比较有力度反映数据的方法，可以得到同一被试群体成长年龄上心理发展的相关—贯的材料
横断研究	cross-sectional design	在横断研究设计中，研究者会在某一特定的时间被试不同年龄段的个体。这是发展心理学研究者常常使用的方法，因为它需节省时间，并且能快速获得大量的有关不同年龄段被试的数据
聚合交叉设计	cross-sequential design	是将横断研究设计和纵向设计结合在一起的方法。它通过选择不同年龄的群体作为研究对象，在短时间内重复观测达到要求
强化	reinforcement	强化就是通过强化物增强某种行为的过程
正强化	positive reinforcement	正强化是获得强化物以加强某个反应
负强化	negative reinforcement	负强化是去掉讨厌的刺激物，由于厌恶刺激物的退出而加强了某个行为
同化	assimilation	同化是指儿童在遇到新事物时，在认识中将新事物纳入原有的图式之内（强化），以致成功，即把对认识新事物纳入原有的平衡，实现了认知量上的增加
顺应	accommodation	调整原有的图式以迎合要求的同化的新事物，以达到认知上的新的平衡，实现认知是质上的变化
图式	schema	图式，是指儿童对环境进行适应的认知结构
自我同一性	self-identity	自我同一性是青年期少年的期望、情感、能力、目标、价值观等特质整合为统一的人格框架，青少年等一性的人格化。
观察学习	observational learning	通过观察他人所表现的行为及其结果而发生的替代性学习

> **关键术语表**：书后会对全书的关键术语做一个整体呈现，并配上英文和解释。

章前栏目

第一章
发展心理学绪论

本章概述

对发展心理学的基本内容进行了概述，介绍了发展心理学学科发展的历史进程以及目前的出路，阐述了发展心理学的三大基本原理，即"先天还是后天""内因还是外因""阶段还是渐进"，以及个体发展的年龄特征对个体世界。从研究设计方法的角度，探讨了纵向研究、横断研究、聚合交叉研究的优缺点及应用。从数据收集方法的角度，探讨了系统观察法、自我报告法、心理生理法、个案研究法、人种志研究的优、缺点及应用。

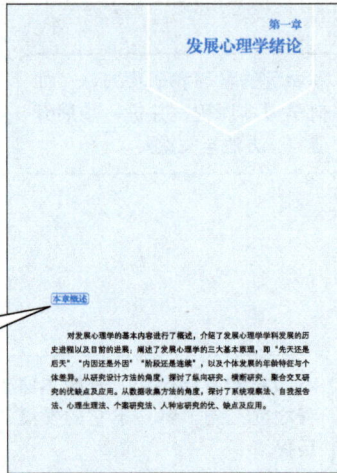

本章概述：学习每章之前，先了解一下它的内容概要。

章结构图：这张"地图"助你在第一时间把握本章知识结构。

发展心理学
2

结构图

什么是发展心理学   心理发展的内涵   儿童心理学的   发展心理学正式   发展心理学
                                    孕育和降生   成为独立学科   的进展

发展心理学概述

1   2

发展心理学
绪论

3   4

发展心理学研究内容   发展心理学的研究方法

发展心理学的   个体心理的   研究设计方法   数据收集方法
三个基本理论   年龄特征

学完本章，你应该掌握如下：
1. 掌握发展心理学的定义；了解发展心理学的研究方向；理解心理发展的内涵。
2. 了解儿童心理学的孕育和诞生，掌握发展心理学成为独立学科的过程。
3. 掌握发展心理学的三大基本原理，掌握个体发展的年龄特征。
4. 掌握发展心理学的研究设计方法，掌握发展心理学的数据收集方法。

章学习目标：清楚了解目标，学习才能更高效。

1. 人的心理发展有什么规律和特点？
2. 在人的心理发展过程中，是遗传的作用大还是环境的作用大？是主动的过程还是被动的过程？是连续的过程还是分阶段的？
3. 如何才能科学地研究个体心理发展的特点及规律？
4. 如何设计出更好地研究个体心理发展的方案？

读前反思：反思的问题将带你进入新的知识探索。

章内栏目

节学习目标：完成节学习目标，才能实现章学习目标，直至掌握全书内容。

案例：丰富的案例助你更好地掌握理论，并在实践中灵活运用。

名家语录：这里有教育家、哲学家、思想家……听一听他们的真知灼见吧。

章后栏目

本章小结：它概述了本章的重要知识点，为你的复习和回顾提供方便。

关键术语：章后为你提供了本章的关键术语，包括它的英文名称。

章节链接：知识之间是有联系的，章节链接为你提供了这种指引，它能让你的知识更加融会贯通。

体验练习：练习能深化你对知识的学习，并助你查漏补缺。

补充读物：它为你的学习提供了更广阔的阅读空间。

在线学习资源：扫一扫二维码，你就可以轻松浏览为你精心准备的在线学习资料。

本课程的发展历史

- 19世纪生物学的两个核心思想直接塑造了发展心理学。贝尔（Karl Ernst Von Baer）以他在胚胎学和解剖学方面的实证研究为基础，归纳出了个体发展变化的一般原理。这个胚胎学规则后来被应用到对结构、动作、思想以及社会行为发展的解释中，并产生了深远的影响。达尔文进化论对发展心理学的影响，主要体现在它对行为遗传和行为倾向进化的重要启示，另外进化论也对研究进化的比较心理学起到了重要的作用。

- 从20世纪30年代起，美国每隔9~16年，就修订并出版《儿童心理学手册》。该手册的第六版于2006年3月出版。把最新的版本同1970年的版本比较一下，会发现这是一个急剧扩展与变化的时期。处于支配地位半个世纪之久的行为主义学派的学习理论、精神分析学派的人格发展理论以及皮亚杰的认知发展理论正在被质疑。学术主流位置上出现了各种观点，包括习性学、信息加工、社会认知和行为遗传学等。这些观点没有局限于一个单一的功能领域，也没过分地强调生物因素或者环境因素，而是强调发展心理学与心理学其他分支学科以及其他学科的联系。他们把游戏、同伴关系、自我系统、攻击、发展心理病理学和学校等因素纳入了发展环境的研究氛围，同时广泛地结合神经心理学、社会心理学、教育心理学、健康心理学、临床心理学、生物学、儿科学、社会学、人类学以及其他学科，既推动了发展心理学的向前发展，也给发展心理学提供了重要的思路。

儿童心理学的孕育和诞生

1

发展心理学的进展

3

发展心理学

发展心理学正式成为独立学科

2

- 1882年，普莱尔（William Preyer）出版了《儿童心理》一书，这是现代心理学的第一部著作，标志着现代发展心理学的开端。
- 1904年，霍尔（Hall James）出版了《青少年：它的心理学及其与生理学、人类学、社会学、性、犯罪、宗教和教育的关系》，确定了儿童心理学研究的年龄范围，即从出生到成熟各个阶段心理发展的特征。
- 荣格（Carl Gustav Jung）是最早对成年期心理发展进行研究的心理学家，他重视"中年危机"。
- 埃里克森（Erik H. Erikson）正式将发展心理学涵盖的年龄范围扩充到老年期。

- 1927年，霍林沃思（H. L. Holligworth）出版《发展心理学概论》，这是世界上第一部发展心理学著作。他最先提出要追求人的心理发展全貌，而不是满足于孤立地研究儿童心理。与此同时，古德伊纳夫（F. L. Goodenough）也提出了同样的观点，写出了科学性和系统性均超过霍林沃思的《发展心理学》。该书于1935年出版，1945年再版，曾畅销欧美。
- 1957年，美国《心理学年鉴》用"发展心理学"作章名，代替了惯用的"儿童心理学"。
- 1969年和1972年，包尔特斯（P. B. Baltes）分别组织了三次毕生发展心理学学术会议，推动了毕生发展心理学的研究。
- 1994年，一个由著名生物学家和心理学家组成的诺贝尔基金研讨会号召人们为发展心理学的研究制定一个综合统一的框架，发展心理学的趋势呈现综合性、跨学科、国际化的取向。

本课程的学习和研究方法

发展心理学作为心理学科的重要基础，具有严谨的学科体系和研究方法。发展心理学这门学科，经过几十年的发展，已经形成了丰富的理论积淀和实证材料。学习者在学习发展心理学时不仅要掌握经典理论学派的观点，同时也要了解领域前沿的发展，并且结合生活实践应用知识。

一、本课程的学习方法

（一）建立核心概念体系，掌握经典理论

在学习发展心理学的过程中，首先，需要掌握课程中涉及的各种核心概念，并形成概念体系，为深入学习建立理论基础；其次，需要了解发展心理学的经典理论流派，掌握各个流派的基本观点，为解决实际问题奠定理论依据；最后，需要掌握发展心理学的基本研究方法，为进一步理解、推进经典理论提供方法支持。

（二）积极关注生活实践，加强理论应用

在学习发展心理学的过程中，不仅要形成理论积累，同时也要注意与实践结合。在学习不同年龄阶段个体的发展特点时，可以通过结合自身经历、观察周围孩子以及观看影视作品的方式进行，以对所学理论有更生动、立体的认识。

（三）参考文献资料，关注领域前沿

经过长期发展，发展心理学已经形成了大量研究资料，并且研究结果还在不断丰富、拓展。学习者不仅要掌握经典的理论知识，同时还需要关注最新的研究成果，让自己具有国际视野，站在领域前沿。

二、本课程的研究方法

（一）系统观察法

进入公共环境或在自然环境中观察研究者感兴趣的行为，被称为自然观察法。学习者应注意观察实际生活中儿童青少年的心理和行为特点，与课程学习的知识相结合，更好地理解所学理论。

（二）调查法

使用访谈和问卷的方法，与教学一线的工作者进行沟通，了解教学工作的现状，并与所学知识结合，为教学工作提供合理的建议。

（三）临床法

亲身参与到教学实践中去，与儿童青少年进行直接的相处和沟通，了解他们可能面对的成长问题，运用所学的知识帮助他们，提高将所学知识转化为实践的能力。

简要目录

第一章　发展心理学绪论

第二章　发展心理学基本理论

第六章 言语的发展

第十二章　品德发展

本章概述

      对发展心理学的基本内容进行了概述，介绍了发展心理学学科发展的历史进程以及目前的进展；阐述了发展心理学的三大基本原理，即"先天还是后天""内因还是外因""阶段还是连续"，以及个体发展的年龄特征与个体差异。从研究设计方法的角度，探讨了纵向研究、横断研究、聚合交叉研究的优缺点及应用。从数据收集方法的角度，探讨了系统观察法、自我报告法、心理生理法、个案研究法、人种志研究的优缺点及应用。

结构图

ⓐ 什么是发展心理学	ⓑ 心理发展的内涵	
发展心理学概述		

ⓐ 儿童心理学的孕育和诞生	ⓑ 发展心理学正式成为独立学科	ⓒ 发展心理学的进展
	发展心理学的历史进程	

发展心理学绪论

1 2 4 3

发展心理学的研究方法

ⓐ 研究设计方法 ⓑ 数据收集方法

发展心理学的研究内容

ⓐ 发展心理学的三个基本原理 ⓑ 个体心理的年龄特征

学习目标

学完本章，你应该能够做到：

1. 掌握发展心理学的定义，了解发展心理学的研究方向，理解心理发展的内涵。
2. 了解儿童心理学的孕育和诞生，掌握发展心理学成为独立学科的过程。
3. 掌握发展心理学的三大基本原理，掌握个体发展的年龄特征。
4. 掌握发展心理学的研究设计方法，掌握发展心理学的数据收集方法。

读前反思

1. 人的心理发展有什么规律和特点？
2. 在人的心理发展过程中，是遗传的作用大还是环境的作用大？是主动的过程还是被动的过程？是连续的过程还是分阶段的？
3. 如何才能科学地研究个体心理发展的特点及规律？
4. 如何设计出更好地研究个体心理发展的方案？

个体出生后，不仅其身体随年龄发育成长，而且其心理也不断在发展。决定一个人心理发展水平高低的因素到底是什么？发展心理学作为一门独立的学科，它是如何产生的，又经历了怎样的发展过程？要想了解不同年龄个体心理发展的特点与规律，如何进行科学研究设计以确保研究结果的可靠性？本章将分别阐述这些问题。

第一节
发展心理学的概述

学习目标

1. 掌握发展心理学的定义。
2. 了解发展心理学的领域和内涵。

一、什么是发展心理学

（一）发展心理学的含义

发展心理学（developmental psychology）是心理学的一个分支学科，研究个体从受精卵开始到出生、成熟直至衰老的生命全程中心理发展的特点和规律。

在目前关于"发展心理学"的教科书，对发展心理学的表达方式有三种：①个体发展心理学；②毕生发展心理学；③人生发展心理学。

为什么又称之为毕生发展心理学（life-span developmental psychology），因为这些发展心理学家坚信：个体的心理发展不可能在成人期完成，而是会持续人的整个一生，包括从受精卵开始就指向毕生的在心理结构和心理功能方面不断获得、维持、转变和衰老等一系列适应过程。

（二）发展心理学的领域

发展心理学一般从三个领域研究个体发展变化的特点及规律性，即生理发展、认知发展、人格和社会性发展。

1. 生理发展

生理发展（physical development）主要关注个体的身体构造方式（大脑、神经系统、肌肉、感觉以及饮食和睡眠的需要）如何决定个体的行为。例如，生理发展的研究者会关心早期营养不良对儿童身体发育速度的影响；早期的大脑疾病是如何影响个体智力发展和学习能力发展的；耳朵经常出现感染是否会影响个体语言能力的发展；青春期个体的生理和激素的变化如何影响青少年自我意识和性格的发展，等等。通过研究生理发展，能够回答"什么决定了个体的性别""早产的长期后果是什么""母乳喂养对儿童发育的好处是什么""性早熟或性晚熟对青少年的影响是什么"等问题。

2. 认知发展

认知发展（cognitive development）主要探讨个体认知能力的发展变化如何影响个体的行为。例如，认知发展的研究者探讨问题解决能力如何随年龄的增长而发生变化；随着年龄增长，个体的思维结构发生什么样的变化；个体的有意注意和无意注意是如何发展变化的；个体的有意遗忘能力是否存在差异。通过认知发展研究，能够回答"儿童能够回忆起的最早记忆内容是什么""看电影或长期上网是如何影响智力的""音乐训练对个体的空间推理能力有积极作用吗""学习双语是否对个体发展有长期的益处"等问题。

3. 人格和社会性发展

人格和社会性发展（personality and social development）主要探究个体人格和社会性的发展。人格发展是研究个体人格特征的独特性和稳定性；社会性发展考察个体与他人在互动过程中对自我、他人以及社会关系认识的变化特点。例如，人格和社会性发展的研究者探讨随年龄的增长，个体人格的哪些特征具有稳定性；家庭经济状况和父母职业是如何影响个体人格特征发展的。通过对人格和社会性发展的研究，可回答"新生儿对父母和陌生人的反应是否相同""个体对性别的认同感是如何发展起来的""青少年的反抗心理有哪些特点""随年龄的增长，个体的友谊观有什么变化"等问题。

二、心理发展的内涵

心理发展包括以下三个方面的内容。

（一）心理的种系发展

心理的种系发展是动物种系演变过程中的心理发展。这属于发展心理学的分支之一的比较心理学，主要通过对动物演进过程中不同阶段的有代表性的心理进行比较，以研究动物演进过程中心理发展的规律。

了解动物的心理可帮助我们更好地认识人类心理发展的本质。例如，许多动物都有自己固定的边界，即动物领地。占有者用叫声、化学信号，甚至是争斗来驱赶同种或异种入侵者。观察发现狼的领地意识很强，一个狼群的领地可能有数千平方千米之广。狼经常在地面目标如树桩、石头等物体上撒尿留下自己的气味记号，以警告入侵者不要跨越边界，同时也起到引路坐标的作用，帮助狼确定行进方位。此外，排便还可释放荷尔蒙激素，留下视觉领地标记信号。狼有时会对着树干摩擦身体的某个部位，也是为了留下自己的气味信号。那么狼是如何知道自己的领地呢？答案是用鼻子。狼的嗅觉灵敏度是家犬的10倍，是人类的100倍。它们能检测出极微弱的气味信息来源方向和气味的留存时间，一旦狼发现有其他动物入侵自己的领地，就会毫不犹豫地将其赶出去或杀死。再比如，动物语言是动物通过各种信号传递、交流信息的工具，类似于人类的语言。蜜蜂通过舞蹈来交流信息。一只工蜂摄食回到蜂巢后，它会用一系列动作（圆形舞或摆尾舞）符号传递信息，使其他工蜂知道食源的方向、距离和性质等。

（二）心理的种族发展

心理的种族发展是人类心理的历史发展。它属于发展心理学的分支之一的民族心理学，主要通过对处于不同历史阶段的各民族心理的比较来探讨人类心理的历史发展规律。

例如，一提到"坐月子"这个词，大家一般会想到是女人的事。但是，在云南西双版纳地区曾流行这样的习俗:女人生完孩子后下田劳作，丈夫佯装疲态，卧倒在床，偶尔发出类似于女性生产时的呻吟，并接受亲朋好友的祝贺，似乎孩子是他生的。这种奇怪的习俗自古就存在，这些"坐月子"的男人被形象地称为"产翁"。

（三）个体心理发展

个体心理发展指人类个体从受精卵开始到出生、再到衰亡的整个过程中的心理发展。发展心理学家需要阐明个体发展的各个年龄阶段中，心理发展变化的特点及规律。林崇德（2009）将个体心理发展划分为胎儿期、婴儿期、幼儿期、小学儿童期、青少年期、成年早期、成年中期和成年晚期8个阶段。

胎儿期是个体在母亲腹中生活的时期。当男人的精子和女人的卵子结合时，受精的单细胞卵称为受精卵（zygote）。孕后2周是胚胎期（embryonic stage），一直持续到孕后8周。8周后为胎儿期（fetal stage），持续到出生。

婴儿期是指个体0~3岁的时期。它是儿童生理发育和心理发展最为迅速的时期。

幼儿期是指儿童从3岁到6岁或7岁的时期。这一时期通常儿童会进入幼儿园，所以称为幼儿期。又因为这是儿童正式进入学校以前的时期，所以又称学前期。

小学儿童期是指儿童从6、7岁到11、12岁的时期。此时儿童开始正式进入小学学习。小学高年级阶段，随着儿童的生理变化逐步进入青春发育期，因此又称为前青春期。

青少年期指个体从11、12岁开始到17、18岁结束的这段时间。其中，11、12岁到14、15岁这段时间可称为青春期或少年期。14、15岁到17、18岁又可称为青年早期，这时个体正处于高中阶段，其生理发育上已经成熟，心理发展接近成人。

成年早期指个体从17、18岁到28岁或35岁这段时间，又称为青年期。这一时期个体完成教育进入社会，从事自己的职业。

成年中期指个体从28岁或35岁开始到60岁结束。这一时期是人生最长的时间。个体成为社会主要责任的承担者。

成年晚期指个体从60岁以后到生命结束，也称为老年期。这是人生最后一个时期。个体离开工作岗位。

第二节
发展心理学的历史进程

学习目标

1．了解儿童心理学的孕育和诞生。
2．掌握发展心理学成为独立学科的过程。

一、儿童心理学的孕育和诞生

人们普遍认为，发展心理学有自己独特的历史，它虽然与普通心理学或实验心理学相关却相对独立。

在生物学领域，发展并不是什么新思想，在20世纪发展心理学成为一门独立的科学之前，人们已经开始对生命起源、物种演变和个体发展这些基本问题开展实证研究。可以确定地说，发展心理学的科学根源在于胚胎学和进化生物学而不是实验心理学。

19世纪生物学的两个核心思想直接塑造了发展心理学，这两个思想值得关注。贝尔（Karl Ernst von Baer）是19世纪最伟大的原创性生物学家之一，贝尔以他在胚胎学和解剖学方面的实证研究为基础，归纳出了个体发展变化的一般原理。他提出发展是沿着前后相继的阶段，按照从一般到具体、从相对同质到愈加分化的层级组织结构顺序推进的。他认为发展是一个不断分化与重组的过程，因此，新的特性可以在任何一个发展阶段出现，而不是仅仅出现在最后一个阶段。这个胚胎学规则后来被应用到对结构、动作、思想以及社会行为发展的解释，产生了深远的影响。达尔文进化论对发展心理学的影响，主要体现在它对行为遗传和行为倾向进化的重要启示，另外进化论也对研究进化的比较心理学起到了重要的作用。

二、发展心理学正式成为独立学科

1882年，普莱尔（William Preyer）出版《儿童心理》一书，这是现代心理学的第一部著作，标志着现代发展心理学的开端。普莱尔的著作作为一剂强烈催化剂促进了此后心理学的发展研究。普莱尔以对自己一个儿子出生后头两年的观察笔记为基础写出了这本书，并且为行为发展的科学观察制定了很高的标准，教会人们如何在生物科学的框架内进行儿童研究，演示了如何在发展心理学的研究中应用跨学科技术。

1904年，霍尔（Hall James）出版了《青少年：它的心理学及其与生理学、人类学、社会学、性、犯罪、宗教和教育的关系》，确定了儿童心理学研究的年龄范围，即从出生到成熟各个阶段心理发展的特征。这本书的问世，意味着现代儿童心理学研究的年龄范围的确定。霍尔是最早正式研究老年心理的心理学家，他在1922年出版了《衰老：人的后半生》一书，但是霍尔并没有正式提出发展心理学要研究个体毕生全程的发展。

荣格（Carl Gustav Jung）是最早对成年期心理发展进行研究的心理学家。他重视"中年危机"，他认为个体到了40岁，曾经认为永远不变的目标和雄心壮志已经失去意义，因此个体开始感到压抑、呆滞和紧迫。中年的标志是从关注外部世界到关注自己的内心，内心促使人们去听从意识、去开发自己的潜力。

埃里克森（Erik H. Erikson）正式将发展心理学涵盖的年龄范围扩充到老年期。他的发展学说既考虑到生物学的影响，也考虑到文化和社会因素，他认为在发展中，逐渐形成的自我过程在个人及其周围环境的交互作用中起着主导和整合的作用。每个人在生长过程中，都普遍体验着生物的、生理的、社会的事件的发展顺序，按着一定的成熟程度分阶段地向前发展。

1927年，霍林沃思（H. L. Holligworth）出版了《发展心理学概论》，这是世界上第一部发展心理学著作。他最先提出要追求人的心理发展全貌，而不是满足于孤立地研究儿童心理。与此同时，古德伊纳夫（F. L. Goodenough）也提出了同样的观点，写出了在科学性和系统性上超过霍林沃思的《发展心理学》。该书于1935年出版，1945年再版，曾畅销欧美。他提出，要了解人的心理，必须全面研究影响产生心理的各种条件和因素，要把心理看作持续不断发展变化的过程。他主张对人的心理研究要关注人的整个一生，甚至要考虑到下一代。

1957年，美国《心理学年鉴》用"发展心理学"作章名，代替了惯用的"儿童心理学"。半个世纪以来，发展心理学家们对发展心理学开展了比较深入的研究，特别是对成人心理发展做了有创新意义的研究。

1969年和1972年，包尔特斯（P. B. Baltes）分别组织了三次毕生发展心理学学术会议，推动了毕生发展心理学的研究。包尔特斯（1987，1998）等人提出毕生发展研究的6条基本原则：发展与人的毕生相伴；发展的过程是一个有得有失的过程；生物学与文化的影响在毕生发展中会有所变化；发展涉及资源配置的变化；发展具有可塑性；发展会受历史—文化环境的影响。

1994年，一个由著名生物学家和心理学家组成的诺贝尔基金研讨会号召人们为发展心理学的研究制定一个综合统一的框架，发展心理学的趋势呈现综合性、跨学科、国际化的取向。

三、发展心理学的进展

从20世纪30年代起，美国每隔9~16年，就修订并出版《儿童心理学手册》。该手册第六版在2006年3月出版。把最新的版本同1970年的版本比较一下，会发现这是一个急剧扩展与变化的时期。处于支配地位半个世纪之久的行为主义学派的学习理论、精神分析学派的人格发展理论以及皮亚杰的认知发展理论正在被质疑。学术主流位置上出现了各种观点，包括习性学、信息加工、社会认知和行为遗传学等。这些观点没有局限于一个单一的功能领域，也没过分地强调生物因素或者环境因素，而是强调发展心理学与心理学其他分支学科以及其他学科的联系。他们把游戏、同伴关系、自我系统、攻击、发展心理病理学和学校等因素纳入了发展环境的研究氛围，同时广泛地结合神经心理学、社会心理学、教育心理学、健康心理学、临床心理学、生物学、儿科学、社会学、人类学以及其他学科，既推动了发展心理学的向前发展，也给发展心理学提供了重要的思路。

（一）新的交叉学科不断出现

近年来，由于多种学科的相互作用，在发展心理学研究领域，许多新的交叉学科纷纷出现，如发展心理学和生物学结合的发展心理生物学、与心理病理学相结合而产生的发展心理病理学、与社会心理学相结合而出现的发展心理社会学等，由于这些新的交叉学科的出现，发展心理学的研究呈现出非常繁荣的景象。

以发展心理生物学（developmental psychobiology）为例，其研究内容主要包括4个方面：其一，婴儿的能力；其二，智力的遗传性问题；其三，气质的生物学基础；其四，非人类种系的智力水平问题。这类研究有4个主要特点：①与进化论和遗传学密切相关；②深受现代心理生物学对亲子关系研究的影响；③神经科学的一些研究方法促进了发展心理生物学的发展，如对大脑神经系统的理化分析等；④重视对早期经验的研究。

（二）发展心理学的研究范围向人生的两极延伸

在20世纪六七十年代之前，人们更习惯称发展心理学为儿童心理学，那时，发展心理学的研究重点在儿童期、青少年期。然而，近20年来，发展心理学家已经以个体生命的全过程为研究的对象，对个体从胎儿期直到衰老、死亡的发展历程进行深入的研究，而且在研究的重点上突出地强调研究个体早期和中老年期的心理特点。

近年来，许多发展心理学家将研究的重点转向个体的早期阶段，他们采用精心设计的现代化方法，着力研究婴幼儿认知能力的表现与发展、社会性的表现与发展、环境与早期智力发展、环境与早期情绪社会性发展的关系，以及早期心理发展的关键期等问题，使这方面的研究日益繁荣起来。而对个体中老年期研究的重视，直接源于发展心理学中生命全程观的影响。"生命全程观"作为一个术语，成为发展心理学的主流趋势。随着社会的进步，人类的生活质量不断提高，老年人口数量剧增，人口老龄化问题成为全人类面临的一个重大问题，这就要求发展心理学家对此做出自己的贡献。此外，老年学、社会学、人类学等学科的发展对老年发展研究也有很大的促进作用。

（三）系统科学原理成为发展心理学研究的方法论基础

系统科学方法是指按事物本身的系统性，把研究对象作为一个具有一定组成、结构和功能的整体来加以考察的方法，即从整体与环境、整体与部分、部分与部分之间的相互联系、相互制约、相互使用的关系中综合地研究特定对象及其发展的方法。系统的方法要求将个体的心理看作一个有机的系统，这个系统一方面是一个更大系统的子系统，另一方面它本身就包含着许多子系统，以及不同层次、不同水平、不同序列的亚系统。高层的系统整合着子系统，但不是子系统特点的机械相加。另外，从系统科学的角度来看，任何事物都不是孤立存在的，而是在与其他事物的相互作用中存在并确立自己的位置。

近年来，在心理学，特别是发展心理学领域内，兴起了生态化运动，强调在个体心理发展的真实情境中研究个体心理发展的规律，是系统科学原理在发展心理研究中的突出表现。另外，与其他学科联合、多变量综合设计、多种方法综合运用成为发展心理学研究的共同趋向。

（四）发展心理学研究思路的生态化取向

强调研究的生态化是20世纪70年代末80年代初以来在西方发展心理学与教育心理学领域出现的一个新趋势。所谓生态化运动（the ecological movement），强调在现实生活中、自然条件下研究个体的心理和行为，研究个体与自然、社会环境中各种因素的相互作用，从而揭示其心理发展与变化的规律。个体是在真实的自然和社会环境中成长起来的，其心理发展要受到多种因素的影响，而这些因素之间又是相互作用、相互影响的，是一个完整的系统。个体心理发展的水平、特点和变化，都是该系统中各因素相互作用的综合结果。这就要求我们的研究离开实验室，走向现实环境，把实验室研究固有的严格性移植到现实环境中去，在其中探索变量之间、现象之间的因果关系。

布朗芬布伦纳的生态理论（Bronfenbrenner's ecological theory）认为发展受到几个环境系统的影响：微观系统、中间系统、外层系统、宏观系统和历时系统。微观系统指个体生活的环境，包括个体的家庭、同伴、学校和邻居。中间系统包括微观系统之间的关系或环境之间的连接。比如，家庭经历和学校经历之间的关系、家庭经历与同伴经历之间的关系。外层系统由社会背景之间的连接组成，在这些社会背景，个体并不是主动角色。宏观系统是指个体生活的文化环境。历时系统包括生命中的环境事件和变迁的模式，以及社会历时环境。

（五）跨文化研究

随着发展心理学研究的深入，研究者们越来越重视不同文化背景下的心理发展，从而探索不同文化背景中不同年龄的个体行为表现和心理发展，即哪些心理发展规律在特定文化背景中存在，哪些心理发展规律在不同的文化背景下普遍存在。作为研究方式的一种新趋势，跨文化研究使用来自不同文化背景的被试进行研究，从而了解文化差异对个体发展的影响。这些问题对于解释人类心理和行为的起源及其发展过程、理解影响个体心理发展的各种因素、探讨个体心理发展的规律及其适用范围、完善发展心理学理论等都有重要意义。与此同时，跨文化研究也促进了发展心理学家的合作与交流，这对发展心理学的发展是大有裨益的。

不同文化背景中的学前儿童都会与他们的父母一起讲叙述自己的私人事件。父母对事件的选择和解释存在巨大的文化差异，这会影响到儿童看待自己的方式。研究发现，受孔子的纪律和社会责任等传统观念的影响，中国家长会把这些价值观融入个人故事中，强调不要给家庭带来耻辱，并且在谈论私人事件的时候直接传达他们的期望。尽管美籍爱尔兰人也会约束他们的孩子，但是他们很少在谈论私人事件中详细描述行为的恶劣，而是以一种积极的方式来阐述儿童的缺点，这会更加促进儿童自尊的发展。

第三节
发展心理学的研究内容

🎯 **学习目标**

1. 掌握发展心理学的三大基本原理。
2. 掌握个体发展的年龄特征。

一、发展心理学的三个基本原理

（一）心理发展中先天遗传和后天环境

所谓先天，是指受精的时候，个体从父母那里获得的遗传信息。所谓后天是指那些影响心理成长和经验获得的自然环境和社会环境的复杂因素。在发展心理学的历史上，再也没有比对遗传与环境问题的争论更加热烈的了。强调先天的理论会认为个体某些特征（如语言、表达能力、智商）的高低水平在长大后依旧是不变的。而强调后天的一些理论家则认为人是可以改变的，如果使用适当的方法，即使是受到了伤害的儿童也可以在一定程度上改善其心理功能。很多研究者都持一种比较折中的观点，即遗传和环境的作用都不是绝对的，基本上先天遗传给心理发展提供了可能性，后天的环境将这种可能性变为现实性，二者是相辅相成，缺一不可的。个体的智力、气质和人格，都是生物遗传和后天环境长期相互作用的结果，不能过多地考虑遗传和环境的对立，而应该更多地考虑二者是如何交织在一起促进个体的多样性发展。

历史上曾经出现一些心理学家把环境的作用无限度的夸大。比如，美国行为主义心理学家华生在《行为主义》一书中写道："给我一打健康的婴儿和一个由我支配的特殊的环境，让我在这个环境里养育他们。我可担保，任意选择一个，不论其父母的才干、倾向、爱好如何，其父母的职业及种族如何，我都可以按照我的意愿把他们训练成为任何一种人物——医生、律师、艺术家、大商人，甚至乞丐或强盗。"持遗传决定论的高尔顿的典型论调是："一个人的能力是由遗传得来的，它受遗传决定的程度，正如一切有机体的形态及躯体组织受遗传决定一样。"包括霍尔也曾经说过："一两遗传胜过一吨的教育。"

自从20世纪60年代，脱氧核糖核酸（DNA）与遗传密码的发现是理解基因遗传在发展过程中作用的重要一步。这种生物学的分子革命带来一系列的新技术：破译任何有机体的DNA碱基序列……识别成千上万的在表型上呈中性的DNA多态性，极大地促进了对行为变异的认识。总的说来，研究者们认为，分子遗传生物学的出现确认而非否认了诸如双向因果和基因—环境交互作用等概念。

（二）心理发展的主动性与被动性

皮亚杰（1996）曾就儿童心理发展的内因与外因的关系总结出6种观点，即①只讲外因不讲发展的，如英国罗素早期的观点；②只讲内因不讲发展的，如彪勒的思维研究；③讲内外因相互作用而不讲发展的，如格式塔学派；④既讲外因又讲发展的，如联想心理学派；⑤既讲内因又讲发展的，如桑代克的尝试错误学派；⑥既讲内外因相互作用又讲发展的，如皮亚杰的观点。

在儿童主体与客体相互作用的过程中，社会和教育向儿童提出的要求引起的新的需要和其已有的心理水平之间的矛盾，是儿童心理发展的内因，即儿童心理发展的动力；实践活动是儿童心理发展的内部矛盾产生的基础。在儿童心理发展的不同阶段，都有一种主导活动决定着他们心理发展的方向、内容和水平；需要在儿童心理发展内部矛盾中代表着新的一面；原有的心理水平是儿童已有活动的结果；新的需要和原有心理水平之间的对立统一，构成儿童心理发展的内部矛盾，形成儿童心理发展的动力；在活动中产生的新需要与原有心理水平的矛盾是心理发展的主要矛盾。

著名发展心理学家朱智贤教授（1979，1982，1993）特别强调，在儿童心理发展中，外因的作用是重要的，且是儿童心理发展不可缺少的条件。但是，外因的作用不管有多大，毕竟只是一个条件，如果它不通过儿童心理发展的内因，不对儿童心理发展的内在关系施加影响，是不可能起作用的。如果心理发展不存在某种特定的内因，则无论有多好的环境条件或教育措施，也不能使儿童心理发生某种特定的变化。

（三）心理发展的连续性和阶段性

请大家思考一下自己成长过程中发生的变化，你认为自己经历的变化是逐渐发生的呢，还是突然发生的？

发展的连续性是指非成熟个体和成熟个体之间的区别在于某些心理或行为特征的数量或复杂性。连续论者认为人的发展是一个累加的过程，这个过程中没有突然的变化，而是逐渐地变化、连续地变化。而发展的阶段性是指个体由非成熟到成熟在于一系列突然的变化，每一次变化都把个体提升到一个新的、更高级的水平。阶段论者认为每个阶段都是生命中独特的阶段，以特定的一组能力、情感、动机和行为的整合作为阶段特点。

🔊 **名人语录**

吾十有五而志于学，三十而立，四十而不惑，五十而知天命，六十而耳顺，七十而从心所欲，不逾矩。

——孔子

不同的文化会对发展是阶段性还是连续性有不同的看法。在一些文化中，他们从来不用描述婴儿的词汇来描述成人，同样也不会用描述成人的词语来描述婴儿。他们认为婴儿与成人有着根本性的区别，个体之间的发展是不连续的、完全独立的，所以不能用相同的词语来评价。而在北美和北欧，人们则认为发展是连续的，所以人们试图在婴儿气质中寻找成年个体的人格根源。在我国，也有"三岁看老"的说法。

人类的心理一方面是不断发展的，另一方面又是有阶段的。我们应该将心理发展的连续性和阶段性统一起来，这样才能既科学地解释生命全程的心理持续发展趋势，又探讨不同年龄阶段心理发展的特征。

二、个体心理的年龄特征

在心理学史上，心理学家用不同的标准来划分儿童心理发展的年龄阶段。例如，柏曼以生理发展作为划分标准；施太伦以种系演化作为划分标准；弗洛伊德以儿童心理性欲发展来划分；皮亚杰以儿童认知水平来划分；艾里康宁和达维多夫以儿童不同发展时期的主导活动来划分。以上对儿童心理发展年龄阶段的划分观点，给人的感觉总是不太全面。

如何正确地划分儿童心理发展的年龄阶段呢？朱智贤教授提出在划分儿童心理发展的年龄阶段的问题上应该考虑以下几点。第一，儿童心理发展的每一时期的重要的、特殊的矛盾或质的特点，应该是划分儿童心理年龄的主要依据。第二，在划分儿童年龄阶段时，既应看到重点又要看到全面。因此，儿童心理年龄阶段的划分标准为在一定的教育和社会条件下，儿童心理发展的各个时期内的特殊矛盾和质的特点，这些特殊矛盾和质的特点主要表现在他们的主导活动上，表现在思维水平和个性特征上，同时也表现在他们的生理发展（特别是高级神经活动的发展）和语言发展的水平上。基于此，他将儿童心理发展划分为如下几个阶段：乳儿期、婴儿期、学前期、学龄期、少年期和青年初期。第三，儿童心理发展也同一切事物发展一样，是一个不断经过量变和质变的过程。儿童心理发展的年龄特征就是在一定的社会与教育条件下，在儿童发展的各个阶段中形成的一般的、典型的、本质的特征。在儿童心理发展的某一阶段之初，可能保留上一阶段的年龄特征，而在某一阶段之末，又可能产生大量的下一阶段的年龄特征。甚至同一年龄的儿童，他们的年龄特征也不一样。因此我们应该用辩证的观点来掌握这些年龄特征的个别性和一般性、典型性和多样性，不能用个别性代替一般性，用多样性否认其典型性。

第四节
发展心理学的研究方法

🎯 **学习目标**

1．掌握发展心理学的研究设计方法。
2．掌握发展心理学的数据收集方法。

一、研究设计方法

（一）纵向研究

纵向研究（longitudinal design）是对同一研究对象在不同的年龄或阶段进行长期的反复观测的方法，所以也叫作追踪研究设计。这种方法是发展心理学中的特色方法，纵向研究的优点是可以得到同一被试群体在某些心理发展领域前后一贯的材料，能系统、详尽地了解心理发展的连续过程和从量变到质变的规律。

从纵向研究的数据中，我们可以看到个体发展的特征是缓慢的变化还是突然的转变。在一些迅速的、急剧转变的时期，进行多次观察可以加深我们对发展过程的理解。比如，从幼儿园到学校的过渡期间，从学校到工作的过渡期间，或者女性更年期的转变或者衰老的初期，纵向研究都会帮助我们更好地理解变化的过程。

纵向研究有着长期的历史，许多研究者阐述了这种研究方法的优点，也开展了大量的研究项目。欧洲科学基金会在20世纪80年代中期建立了第一个纵向研究科学网站——个体发展纵向研究欧洲网。

推孟（Lewis M. Terman）在1921年开展了对行为—认知特征发展的第一次大规模纵向研究。他在加利福尼亚挑选了952个2~14岁的男孩和女孩，他们的智商（IQ）都在140或140以上，这一组人是在一个大约2万人的样本中找到的最聪明的孩子（在智力测验的表现方面）。推孟的最初目标是设计一个天才教育方案。结果，这一样本成为纵跨20世纪大部分研究中的一组核心被试，人们在儿童和成年早期的好几个阶段评价这些天才儿童，直到他们成长为成年人，评价的行为内容扩展到了人格特征、生活成就和社会适应。之后，他们的配偶和孩子也被包括到研究当中，并且每一组的实验对象被跟踪调查60年。虽然最初设计有缺陷，没有一个与之相匹配的没有天赋的控制组或对照组，但是研究得出的数据还是提供了关于毕生发展的丰富信息。总的来说，这项工作是发展心理学在它的第一个世纪里取得的主要成果之一。

豪斯和马瑟森追踪研究了1~2岁儿童的假装游戏。第一次观察结束后，3年中每隔6个月研究者都重复观察一次。他们的研究得出的结论是，在这3年中，所有被试游戏的复杂性都提高了。另外，儿童游戏的复杂性和社交能力有着明显的相关。这个研究证明假装游戏的复杂性不仅随着年龄提高，并且它还是儿童以后在同伴中的社交能力的可靠预测因素。

有研究追踪了干预对母亲养育水平的影响。一组母亲只在怀孕期间每两周接受一次家访，另一组的家访一直持续到婴儿2岁，只是频率减少。在访问期间，护士们为母亲提供婴儿的发展，社会情绪和认知需要方面的信息（如婴儿哭泣的意义，婴儿对越来越复杂的动作、社会和智力经验的需要）；鼓励他们的亲戚参与孩子的照料，并为母亲提供支持；还在家庭、社区健康部门和相应的服务部门之间建立起联系。结果显示，较长时间接受护士家访的母亲们在孩子6个月大的时候，虐待儿童和忽视婴儿的频率比较低；同时，限制和惩罚孩子的频率比较低，而且能给孩子提供更恰当的玩具。这个研究证明接受父母教育干预的母亲对养育有更积极的态度和感受。

纵向研究设计也有缺点，如花费大而且耗时长、很难得到相同的被试、样本的流失量也非常大。而那些没有流失的被试可能会使研究结果有失偏颇，因为那些经过多年依然参加纵向研究的个体也许更有责任感和循规蹈矩，他们的生活也会相对稳定，取得成功的可能性也比较大。一个10年或20年的追踪项目，开始阶段似乎很令人感兴趣的那些问题在结题时可能会变得没有多大价值。追踪研究的另一个问题就是跨代问题，很可能追踪研究的结论只适用于随着研究过程成长的那批被试。

（二）横断研究

在横断研究（cross sectional design）设计中，研究者会在某一特定的时间测试不同年龄段的个体。这是发展心理学的研究者们最常使用的方法，因为它最节省时间，并且能快速获得大量的不同年龄阶段被试的数据。所有的比较都会在短时间内完成，甚至可以一天之内完成数据收集。即使涉及上百名被试的大规模横断研究，数据的收集时间也不会超过几个月。

一个经典的横断研究发现，爬行经验可以预测躲避反应。参加实验的婴儿的年龄从7.5个月至8.5个月，研究表明，不熟练的爬行者（爬行经验平均11天）只有35%可以躲避明显的物体下落，与之相对，较熟悉的爬行者（爬行经验为41天）有65%能够躲避明显的物体下落。

另外一项横断研究要求3年级、6年级、9年级和12年级的学生填写一份有关他们与兄弟姐妹关系的问卷。结果显示，随着年龄增长，兄弟姐妹之间的互动变得越来越有平等性，青春期的兄弟姐妹的情谊有所减少。研究者认为，后出生的儿童更有能力，更具有独立性，同时他们更多地卷入同伴关系中去，所以和兄弟姐妹交往的时间和情感需要就减少了。

但是这种方法仅仅是描述同一年龄或不同年龄群体的发展相似性和差异性，被试只在某个时间点接受检查，而无法获得发展的连续和非连续包含的丰富信息（如人格之间的稳定性、语言理解的突然转换），也会掩盖成长或发展的高低谷。比如，横断研究不会告诉我们过去一年里，被试生活满意度的具体变化情况，也不会告诉我们，被试早期的生活满意度是否和中年时期或者老年时期的生活满意度相关。

另外需要注意的就是同辈效应，在横断研究中，每个年龄段的被试来自不同的同辈群体。同辈群体指的是出生于历史上相同时间并拥有相同经历的人。横断研究可以揭示不同辈人的反应差异，但是它会混淆年龄变化和同辈效应。在研究结果中，年龄差异并不总是由年龄和发展造成的，而可能是受了文化和历史因素的影响。

（三）聚合交叉设计（cross-sequential design）

纵向研究设计和横断研究设计各有优缺点，独立运用都存在不少局限，因而在发展研究中常采用聚合交叉设计。聚合交叉设计是将横断研究设计和纵向设计结合在一起的方法。它选择不同年龄的群体作为研究对象，并在短时间内重复观察这些被试。与横断研究设计和纵向研究设计相比，聚合交叉设计首先缩短了长期追踪的时间；其次既具有横断研究设计大面积测查的特点，又能使研究者追踪心理发展的连续过程及其特点，将共时性和历时性统一起来，采用静态和动态相结合的原则缩短了长期追踪的研究。总之，运用聚合交叉设计既可分析心理现象发展的一般趋势，又能挖掘心理发展的潜力和可能性，提高了研究的科学性。

例如，从2014年开始测量一个6岁的样本（2008年出生）和一个8岁的样本（2006出生）的逻辑推理能力，接着在2016年和2018年再次测量两个样本的推理能力。对2008年出生的样本，从6岁追踪到10岁；对2006年出生的样本，从8岁追踪到12岁。这样的聚合交叉设计使研究者能够横断比较不同年份出生的同龄儿童的推理能力，也能做同年份出生样本的纵向比较。

二、数据收集方法

现代发展心理学被称为一门科学，是因为研究者们在研究个体发展时采用了科学的方法，遵循客观原则，用客观的、可重复的方法收集数据，用数据来证明自己思想的价值。收集信息的常用方法包括系统观察法、自我报告法、心理生理法、个案研究法、人种志研究。

（一）系统观察法

进入公共环境或自然环境中观察研究者感兴趣的行为，被称为自然观察法（naturalistic observation）。自然观察法的一个优点是适用于婴幼儿，而那些需要言语表达能力的研究方法是不适用于婴幼儿的。

哈斯科特和凯斯特勒（1991）设计过一项很不错的自然观察研究，比较幼儿园中受父母虐待和没有受虐待儿童的社会行为。他们观察了14个受虐儿童和14个没有受虐儿童在幼儿园游戏区中的活动。他们观察了3天，每天进行10分钟的观察，记录儿童的社会赞许行为和攻击性行为。观察结果发现，受虐儿童与没有受虐儿童相比，表现出更多的攻击行为，且有一定程度的社会退缩。

在一项关于幼儿对同伴的悲伤如何做出反应的研究中（Farver & Branstetter，1994），研究人员在幼儿园观察3岁和4岁的儿童，记录每一个哭泣儿童和他旁边儿童的反应，看旁边的儿童的反应是忽视、看着、评论、责备或取笑，还是分享、帮助、表达同情。同时，他们还记录保育人员的行为，如向孩子们解释同伴哭泣的原因、调节冲突、安慰等。

自然观察法的缺点是日常生活中某些特殊的行为并不一定能被观察到，因为有些行为是不被社会赞许的（如偷盗）。并且在自然的环境中，很多事情经常同时发生，几件事情相互影响，研究者很难查明被观察者行为的原因。

针对自然观察法的缺点，研究者如何观察那些在自然情境下不常发生的行为，如何查明被观察者真正的行为原因呢？一般而言，研究者们会通过结构化观察（structure observation）来应对这类问题。在结构化观察中，研究者会设置特定的情境来引发某种行为，使每个被试都处于这样的情境，有均等的机会来展示特定的行为。研究者可以通过一个隐蔽的摄像机或单向玻璃来观察被试的行为。结构化观察的优点是能够保证每一位被试处于相同的情境下展示行为，缺点是人们在实验室的行为不一定与日常行为相符合。

例如，库钦斯基（1983）让孩子帮助实验者完成一项任务，在实验过程中主试离开房间，让孩子单独待在房间中继续完成任务。房间中放置了一些有趣的玩具，实验目的是观察儿童在没有他人监督的情况下，是否会违背自己的承诺。

在另一项研究中（Garner，2003），实验者让2岁的儿童照看一个布娃娃。研究者事先对布娃娃进行了处理，儿童刚拿起布娃娃，布娃娃的胳膊就掉下来，使儿童觉得是自己损坏了布娃娃，观察此时儿童的情绪反应。研究者记录了儿童的痛苦表情、对损坏的布娃娃的关心、尽力帮助布娃娃的行为，来说明儿童的懊悔。结果发现，母亲较多地向儿童解释懊悔情绪的原因和后果的孩子，对损坏的布娃娃表现出较多的关心。

（二）自我报告法

观察法提供了被试行为的宝贵信息，但是却不能告诉研究者行为背后的原因，为了获取此类信息，我们采取自我报告法。

自我报告法是由研究者提出问题让被试回答。自我报告方法有3种：访谈法，问卷法，临床法。这3种方法都是由调查者提出问题让被试来回答，但是研究者对待被试的方法是不一样的。

访谈法和问卷法，是指研究者向被试询问一些关于知觉、行为、能力、情感、态度、信念、思维方式和过去经验的相关问题。要求被试口头回答研究者的问题是访谈法（interview），而要求被试把答案写在纸上，就是问卷法（questionnaire），即心理测验法。

国内一项研究用自我报告的方法探讨了流动儿童感受到的歧视对他们心理健康水平的影响。研究者调查了选取自北京市公立学校和打工子弟学校的1164名流动儿童，采取问卷调查的方式，发现歧视知觉对心理健康水平有显著的直接影响。通过运用问卷法，研究者收集了大样本（1164个被试）的资料。另外，可以用同样的问卷在1~3年后再收集一次数据。因此，问卷法对于这样的调查研究是非常合适的。

临床法（clinical interview）与访谈法很相似。研究者喜欢向被试提供某个任务或者刺激，要求被试回答。研究往往在被试回答了第一个问题后，紧接着提出第二个问题，或者提出新的任务来澄清被试最开始的回答。临床法非常灵活，尽管所有被试回答的第一个问题都相同，但是此后研究者就得根据研究对象的回答来决定下一个问题。临床方法能使研究者在短时间获取大量具有广度和深度的信息，并且比较接近被试日常思考的方式。缺点是灵活的程序使得很难在被试回答之间进行比较，而且在提问题和对研究结果进行解释时，更可能受研究者的主观影响，所以借助别的研究技术来验证临床法所得的研究结果比较理想。

皮亚杰曾用临床法研究儿童的道德推理和智力发展。下面是皮亚杰关于儿童道德发展的一个小样本研究，结果表明小孩子对撒谎的思考方式与成人不同。

皮亚杰：你知道什么是撒谎吗？

被试：就是说的话不对。

皮亚杰：说2+2=5是说谎吗？

被试：是说谎。

皮亚杰：为什么？

被试：因为它不对。

皮亚杰：这个说2+2=5的男孩知道它不对吗，还是只是算错了？

被试：他算错了。

皮亚杰：那么如果他算错了，他有没有撒谎呢？

被试：是的，他是在撒谎。

皮亚杰也曾用临床法考察一个5岁儿童对梦的理解。

皮亚杰：梦是从哪里来的？

被试：我想你睡觉睡好了就会做梦。

皮亚杰：梦是从我们身上来的还是从外面来的？

被试：从外面。

皮亚杰：当你躺在床上做梦时，梦在哪里呢？

被试：在我的床上，在毯子下面。我真的不知道。梦要是在我的肚子里面，骨头就会把它挡住，我看不见它。

皮亚杰：当你睡觉的时候梦还有吗？

被试：有，就在床上，在我旁边。

（三）心理生理法

心理生理法（psychophysiological method）是一种测量生理反应和行为之间关系的技术，试图探索儿童感觉、认知和情感反应的生理基础。因为婴幼儿无法报告自己的内部体验，所以心理生理法在解释婴幼儿的心理和情感时非常有用。心率可以反映婴幼儿的不同状态，个体在加工信息时，心率会降低；如果对这个刺激不感兴趣，心率会稳定；如果这个刺激引起了婴幼儿的焦虑紧张，心率会上升。

脑电图和脑功能成像技术都是心理生理研究中常使用的技术。一个在说英语的家庭中长大的3个月大的婴儿听到英语、意大利语和荷兰语时会表现出不同的脑电波模式，这既说明婴儿能够区分这3种语言，同时也表明不同的语言和不同的脑区相关联。

该方法的局限性是即便婴幼儿被一个刺激引发了一系列的脑部活动，研究者也并不能确定婴幼儿是以哪种特定的方式来加工这个刺激，该方法对研究结果的解释具有高度的推断性。很多因素也会影响这些生理反应，如饥饿、厌倦、疲劳等。

（四）个案研究法

上述我们讨论的方法都可以应用于个案研究（case study），目的在于尽量获取有关儿童心理功能和导致这些功能出现的完整背景。个案研究法适用于研究数量极少然而却特征迥异的某些类型的个体的发展特点。虽然个案研究法会产生丰富的案例，为发展的多样性提供颇有价值的见解，但个案研究不具备普遍推广性，从少数个体那里得到的结论不能应用到多数人身上。

这种方法曾用来揭示什么原因导致了天才儿童。亚当是个在4岁时就掌握了人类很多符号系统的天才儿童，如计算机BASIC语言、法语、德语、梵文、希腊语、古象形文字、音乐和数学。亚当18岁就从大学毕业，从事音乐创作。研究者认为，亚当的才能与其父母为他提供丰富的刺激，跟他一起做感兴趣的事情，培养他的情感、坚定性和幽默感是分不开的。

（五）人种志研究

人种志研究（ethnography）是常用于人类学的一种参与式观察方法。随着人们对文化影响的兴趣日益浓厚，人种志研究越来越受到欢迎。研究者想用这种方法来弄清楚一些具有普适性但在不同文化中有程度差异的心理特征，试图抓住文化的独特价值和社会加工的特色。采用人种志方法的研究者通过参与性观察，常常在收集数据的文化或亚文化群体中生活几个月甚至几年，试图了解这种文化群体的详尽特点。

布莱恩特和巴雷特（2007）拜访了生活在南美洲热带雨林的舒阿尔部落，那里保持着狩猎种植文化，并且没有与工业化国家对话的经验。研究发现该部落的成人能识别出婴儿的指向性言语，并且还能分辨出他们从未接触过的英语中不同语调的差异（如禁止、关心、赞成）。这一研究揭示，婴儿指向性言语是全球共通的。

👁 **专栏1-1**

发展研究中的伦理问题

涉及以人为研究对象的科学实验，经常会出现伦理问题，尤其是当儿童参加研究时，处理伦理之间的利益关系尤其复杂。儿童的不成熟使得他们更容易受到心理和身体上的伤害。在研究过程中，以下关于伦理的4个方面是应该注意的。

1．避免伤害：被试在研究中有权避免受到身心伤害。

2．知情同意：应该得到儿童或父母及其监护人的同意，最好是书面同意，并且有权在任何时间终止所参与的研究。

3．保密：被试的身份和所提供的数据应该被保密。

4．告知结果：儿童有权预先了解研究的目的，有权以适合他们理解水平的语言知道研究的结果。

本章小结

发展心理学概述	发展心理学是心理学的一个分支，研究个体从受精卵开始到出生、成熟直至衰老的生命全程中心理发展的特点和规律。发展心理学的三个领域是生理发展、认知发展及人格和社会性发展。心理发展的内涵包括种系发展、种族发展和个体心理发展
发展心理学的历史进程	1882年，普莱尔出版了《儿童心理》一书，标志着现代发展心理学的开端。1957年美国《心理学年鉴》用"发展心理学"作章名，代替了惯用的"儿童心理学"。发展心理学的进展表现在：新的交叉学科不断出现；发展心理学的研究范围向人生的两极延伸；系统科学原理成为发展心理学研究的方法论基础；发展心理学研究思路的生态化取向；跨文化研究
发展心理学研究内容	介绍了发展心理学的三大基本原理：先天与后天；内因与外因；阶段与连续。大多数研究者认为，先天遗传给心理发展提供了可能性，后天的环境将这种可能性变为现实性，二者是相辅相成，缺一不可的。内因通过外因起作用。人的心理一方面是不断发展的，另一方面也是有阶段性的，需要统一起来解释心理发展的趋势
发展心理学的研究设计方法	为了研究有关发展的问题，研究者们必须对研究加以设计。研究设计的方法有：纵向研究，横断研究，聚合交叉研究
发展心理学的数据收集方法	研究者要使用一系列的方法来收集不同年龄段被试的信息。收集信息的常用方法包括系统观察法，自我报告法，心理生理法，个案研究法，人种志研究

总结 >

Aa 关键术语

发展心理学 developmental psychology	纵向研究 longitudinal design
横断研究 cross sectional design	聚合交叉设计 cross-sequential design

🔗 **章节链接**

在这一章，你读到……	在其他章节中，你将发现相关讨论……
发展心理学的三大基本原理	第二章　发展心理学基本理论

应用 >

✎ **体验练习**

1. **填空**：在下列各题的空白处填上合适的词或者短语。

（1）发展心理学是心理学的一个分支，研究个体从受精卵开始到出生、成熟直至衰老的_____中心理发展的特点和规律。

（2）1882年，_____是现代心理学的第一部著作，标志着现代发展心理学的开端。

（3）被试会在他们发展的过程中重复地被测验，这种方法是_____。

（4）横断研究的优点是，它_____，并且能快速获得大量的不同年龄阶段被试的数据。

（5）_____方法是将横断研究设计和纵向设计结合在一起的方法。它通过选择不同年龄的群体作为研究对象，在短时间内重复观察这些被试。

2. **简答**：简要的回答下列问题。

如果你是一位研究者，希望了解小学一年级到五年级的儿童亲社会行为的变化：

（1）设计一个横断研究回答此问题。

（2）设计一个纵向研究回答此问题。

（3）设计一个交叉聚合研究回答此问题。

拓展 >

补充读物

1　朱智贤，林崇德. 儿童心理学史. 北京：北京师范大学出版社，1988.

　　《儿童心理学史》一书是在广泛深入研究国内外儿童青少年心理学文献的基础上写成的我国第一部儿童心理学史的专著，系统地阐述了西方和苏联的儿童心理学的诞生、形成、演变和发展的历史，客观地评价了各种心理学派的儿童青少年心理发展观。

2　罗伯特·费尔德曼. 发展心理学：人的毕生发展. 苏彦捷，等译. 北京：世界图书出版公司，2007.

　　《发展心理学：人的毕生发展》一书是美国高校的教材，全书共9部分，按照个体毕生发展的顺序写成。这9部分分别是生命的开始，婴儿期：形成生命的基础，学前期，儿童中期，青春期，成年早期，成年中期，成年晚期和生命的结束，全面地阐述了个体毕生心理发展的特点及规律。

在线学习资源

http://www.idpbnu.net/（北京师范大学发展心理研究所网站）

http://v.163.com/special/opencourse/childdevelopment.html（国际名校公开课——

马里兰大学巴尔的摩郡分校：儿童发展心理学）

第二章

发展心理学基本理论

本章概述

　　本章主要介绍了心理发展的基本理论，其中包括精神分析学派的理论、行为主义学派的理论、皮亚杰的认知发展理论、维果茨基的心理发展理论以及生态系统理论。精神分析理论侧重从内在的情感和动机考察心理的发展，行为主义理论侧重从外在的行为描绘心理的发展，皮亚杰的认知发展理论侧重描绘认知或智力的发展，维果茨基的心理发展理论侧重从社会历史文化的角度阐释人的发展，而生态系统理论把儿童看作特定的生态系统的一部分。

结构图

弗洛伊德的发展阶段理论 | 埃里克森的发展阶段论
精神分析学派的心理发展理论

1

行为主义学派的心理发展理论

ⓐ 华生的行为主义理论 | ⓑ 斯金纳的新行为主义理论

2

ⓒ 班杜拉的社会学习理论

布朗芬布伦纳的生态系统理论

ⓐ 儿童心理发展的生态系统 | ⓑ 生态系统论的贡献和不足

5

发展心理学基本理论

4

3

维果茨基的心理发展理论

ⓐ 文化—历史发展理论的基本观点 | ⓑ 维果茨基的发展观 | ⓒ 教学与发展的关系 | ⓓ "内化学说"——工具理论

皮亚杰认知发展理论

ⓐ 关于认知发展的基本观点 | ⓑ 认知发展的阶段

学习目标

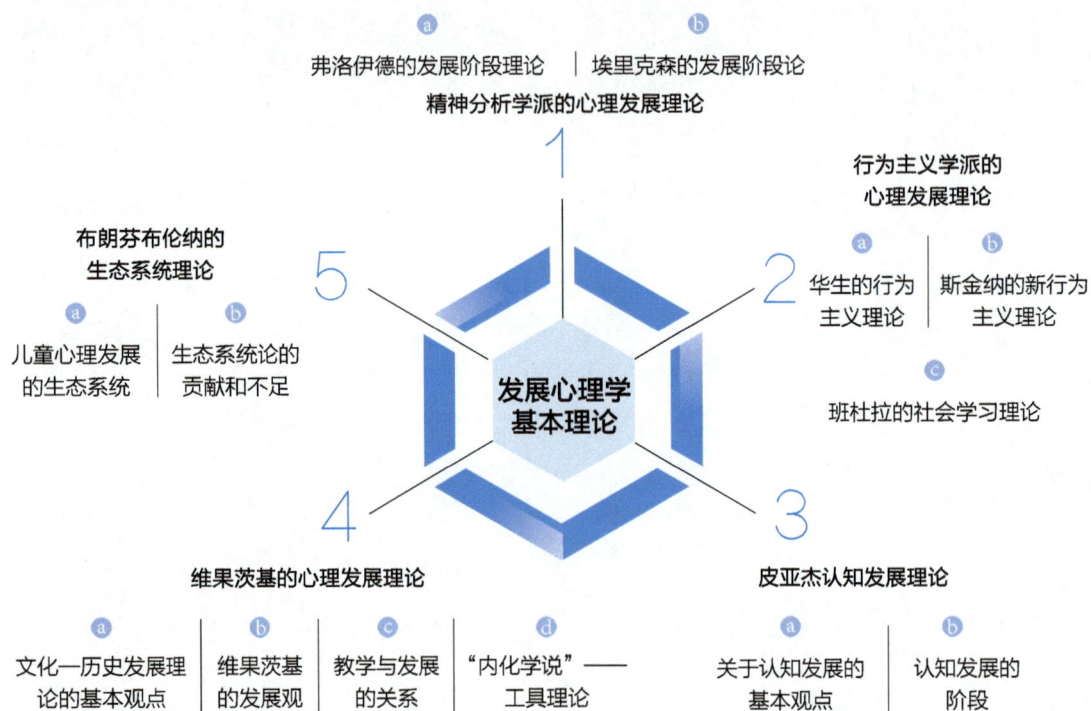

学完本章，你应该能够做到：

1. 理解和掌握心理发展的几种基本理论。
2. 运用不同的理论观点分析心理发展现象。

读前反思

　　一个儿童的心理，包括认知、个性、社会性，是如何形成和发展的？在发展的过程中受到哪些因素的影响？儿童在心理发展过程中是主动的还是被动的？心理的发展是连续的还是分阶段的？精神分析学派、行为主义学派、认知发展理论、生态系统理论等是如何回答这些问题的？

第一节
精神分析学派的心理发展理论

🎯 **学习目标**

掌握弗洛伊德和埃里克森心理发展的基本理论以及二者的异同。

　　精神分析学说产生于19世纪末20世纪初。它的诞生给心理学、哲学等多个领域都带来了巨大的影响。它的创始人是奥地利医生弗洛伊德（Sigmund Freud，1856—1939）。精神分析理论有早期与后期之分，早期理论以弗洛伊德的观点为代表，被称为经典精神分析理论；后期理论以阿德勒、荣格、埃里克森等人为代表，主要是指在弗洛伊德的经典精神分析理论的基础上发展起来的一系列观点。

　　弗洛伊德是奥地利精神病医师、心理学家、精神分析学派创始人。1873年进入维也纳大学医学院学习，1881年获医学博士学位。1895年正式提出精神分析的概念。1899年出版《梦的解析》。他的系列著作的出版是精神分析心理学正式形成的标志。

一、弗洛伊德的发展阶段理论

　　弗洛伊德认为，在一个人的心理发展过程中，人的性本能所产生的心理能量（里比多）是不断转移或流动的，里比多集中于哪个部位或区域，哪个部位或区域就成为性感区，刺激这些部位或区域，就能引起快感。根据里比多的投射部位，他把儿童人格的发展划分为以下5个阶段。

（一）口唇期（0~1岁）

　　弗洛伊德认为，里比多的发展是从嘴开始的，这一时期，性感区是口腔。因此，婴儿出生后总是用嘴吸、吃、咬东西，即使不饥饿时也是如此。父母应满足儿童的基本需要，应及时喂奶，而不应过早断奶，否则容易造成"口腔人格"，即长大后喜欢咬东西、吃手指头、贪吃、贪财、有烟瘾等。这些问题都可能是由于口腔期的需要没有得到适当的满足或满足过度，从而导致里比多固着在口腔部位，进而导致上述障碍。

（二）肛门期（1~3岁）

　　第一年之后，里比多转移到肛门部位。这时，儿童在排

图2-1　弗洛伊德

便和控制排便时会产生快感，他们可能从抹屎或玩弄粪便中得到满足感。他们经常有一种被动的冲动，按照自己的意志排便是满足性本能的主要手段。这一时期，父母应当对儿童进行大小便训练。如果父母过分讲究清洁，对儿童训练过早或者过于严厉，儿童成年后就容易形成洁癖，或者十分吝啬；如果父母不提任何要求，儿童成年后则容易形成不爱干净或挥霍浪费的习惯。

（三）生殖器期或性器期（3~6岁）

这时，里比多集中投放在生殖器部位，性器官成了儿童获得性满足的重要刺激。这表现为儿童喜欢抚摩生殖器和显露生殖器以及性幻想。这一时期，儿童产生对异性父母的依恋或情结，也就是说，男孩会产生"恋母情结"（Oedipus complex），总想独占母亲的爱，而把父亲看作情敌；此时的女孩则爱恋自己的父亲，把母亲视为多余的人，而且总希望自己能取代母亲的位置。女孩子的这种恋父嫌母的倾向，被弗洛伊德称为"恋父情结"（Electra complex）。但作为竞争对象的父亲或母亲都十分强大，因害怕阉割等惩罚，最终男孩通过认同父亲，女孩通过认同母亲而使心理冲突得以解决。

（四）潜伏期（6~11岁）

随着建立起较强的抵御恋母情结的情感，儿童逐渐进入潜伏期。弗洛伊德认为，儿童在潜伏期，其性的发展便呈现一种停滞或退化的现象。这时，口唇期、肛门期、生殖器期的各种感受逐渐被遗忘，里比多的作用变得不明显。儿童的精力投入到为社会所接纳的学习、游戏和运动等活动中。

（五）生殖期或青春期（11岁或13岁~成年）

女孩大约从11岁开始，男孩大约从13岁开始，里比多重新活跃起来，并集中于生殖器部位，对异性产生强烈的性冲动。如果儿童在5岁之前没有遭受挫折，成年后他们就会追求异性，成立家庭，拥有正常的性生活，并从中获得快乐。这一时期，儿童还希望从父母那里独立出来，很容易对父母产生抵触情绪。

弗洛伊德认为，里比多如果不能顺利地流动或转移，在应该转移到下一阶段的时候仍停留在上一阶段，就会导致"固着"现象，也可能倒退到某个较早的发展阶段，导致"退行"现象。例如，在口唇期，如果父母过分溺爱孩子，就可能让儿童的里比多固着在口唇期；在肛门期，如果父母对儿童要求过分严格，强求孩子讲卫生，也可能产生固结。"退行"的儿童表现出与年龄不相称的行为，虽然已经长大，但行为仍然像小孩子一样。

显然，弗洛伊德的理论强调早期生活经验、家庭和亲子关系的作用，对儿童早期发展和早期教育具有重要的启示。但是，他的理论缺乏足够的科学依据，在某种程度上是他个人的主观臆测。他的观点所依据的事实有时甚至是错误的、不存在的，而且，这种理论过分强调生物本能的作用，而降低了社会因素的作用，具有很强的泛性论的色彩，这显然是不符合实际的，也是不科学的。在批评性欲说的基础上，20世纪四五十年代，新精神分析主义逐渐形成，弗洛伊德之后的精神分析学家们，包括荣格、阿德勒、埃里克森等，提出了一系列新的学说，逐渐突出社会因素对人的心理发展的作用，其中，埃里克森的心理发展理论较有代表性。

二、埃里克森的发展阶段论

埃里克森（1902—1994）是美籍德国儿童精神分析医生，当代精神分析自我心理学最知名的人物。关于人格发展的阶段论，经典精神分析学家提出了以性心理为主线的人格发展阶段理论，与此不同，新精神分析学派的理论家强调人格的形成和发展不是取决于动物本能和生物因素，而是取决于各种社会文化因素。这种观点的代表便是埃里克森的心理—社会发展阶段论，它对探索人格发展与健康的关系做出了突出的贡献。

埃里克森提出了心理发展的8个阶段。他认为，由于社会对个体在不同的发展阶段有不同的要求，个体自身的需要和能力与社会要求之间会出现某种不平衡，这种不平衡会给个体带来紧张感和内心冲突，埃里克森把这种社会要求在个体心理中引起的紧张和矛盾，称为心理社会危机。

每个阶段都有特定的发展任务，都存在特定的心理危机，人格发展任务完成的成功和失败形成人格发展的两个极端，成功的一端形成积极的品质，不成功的一端形成消极的品质。

婴儿期（0~1岁）：信任与不信任的心理冲突。儿童的主要任务是形成信任感，避免不信任感。如果成人能够满足儿童的生理需要，在儿童需要时及时给予敏感的、稳定的照顾，儿童就会感到周围世界是可信任的，从而形成对周围世界的信任感。否则，就容易形成不信任感。形成信任感的人容易信赖和满足，反之，则将成为不信任别人或贪婪的人。

儿童期（1~3岁）：自主与羞怯和怀疑的冲突。这一阶段的主要任务是形成自主感，避免羞怯感和怀疑感。儿童掌握了大量的技能，如爬、走、说话等。更重要的是他们学会了怎样坚持或放弃，也就是说，儿童开始有意志地决定做什么或不做什么。儿童也因自己对成人依赖过多而怀疑自己。因此，如果成人能满足儿童的自主要求，儿童就能形成自信；相反，如果成人处处限制、羞辱儿童，则容易让他们形成羞愧感。

学龄初期（3~6岁）：主动对内疚的冲突，相当于弗洛伊德的性器期。这一阶段的主要任务是发展主动感，避免内疚感。这一时期，如果幼儿表现出的主动探究行为受到鼓励，幼儿就会形成主动性，这会为他将来成为一个有责任感、有创造力的人奠定基础。如果父母控制过严，要求过高，容易让儿童感到难以达到父母的要求，从而产生内疚感。

学龄期（6~12岁）：勤奋对自卑的冲突。儿童的主要任务是形成勤奋感，避免自卑感。这一阶段，学习成为儿童的主要活动，如果儿童学习成绩较好，在同伴中占有一席之地，就能形成勤奋感，满怀信心地进行尝试和探索；反之，则容易感到无能，从而形成自卑感。

青春期（12~18岁）：自我同一性与角色混乱的冲突。儿童的主要任务是形成自我同一性或自我认同感，避免角色混乱感。他们会提出"我是谁""我过去是怎样的""我在社会上能干什么"等一系列问题，考虑自己在过去、现在和将来的社会角色。如果能够正确地认识和评价自己，接受自己的过去和现在，规划自己的未来，形成明确的目标和理想，并为之努力，他们就能形成自我认同感；否则，就容易导致自我的迷失，产生角色混乱感。

成年早期（18~25岁）：亲密对孤独的冲突。只有具有牢固的自我同一性的青年人，才敢冒与他人发生亲密关系的风险。因为与他人发生爱的关系，就是把自己的同一性与他人的同一性融为一体。

成年期（25~50岁）：繁殖感对停滞感的冲突。这属于成年中期。这时的主要任务是形成繁殖感，避免停滞感。繁殖感表现在家庭和社会工作等多个方面。如果一个中年人能胜任社会职务，取得满意的工作成果，在家庭中能胜任家长和父母的角色，对家庭生活和子女的成长做出自己应有的贡献，他就能获得一种繁殖感；反之，则容易感到生活像一潭死水，产生停滞感。

老年期（50岁以上）：自我完善感对悲观失望。这一阶段的主要任务是形成自我完善感，避免悲观失望。老年人在回顾自己一生的时候，如果感到自己这一生是成功的、有价值的，他就会产生自我完善感，并形成自己的人生哲学和智慧；如果发现自己虚度一生，毫无作为，但人生已到尽头，一切无法挽回，就很容易感到悲观、绝望，因而害怕死亡。

🔊 名人语录

人生当中最危险的一段时间是从出生到12岁。在这段时间中还不采取摧毁种种错误和恶习的手段的话，它们就会发芽滋长，及至以后采取手段去改的时候，它们已经是扎下了深根，以致永远也把它们拔不掉了。

——（法）卢梭《爱弥尔》

埃里克森不仅强调生物学因素的作用，而且强调文化和社会因素的作用。他扩充了弗洛伊德心理发展的阶段，弗洛伊德强调性本能和生物因素的作用，认为性本能是人格发展的驱动力，而埃里克森既承认性本能和生物因素的作用，同时更强调文化和社会因素的作用，因此埃里克森把自己的人格理论称为——心理社会发展阶段理论，以区别于弗洛伊德的心理—性发展理论。

第二节
行为主义学派的心理发展理论

⊙ 学习目标

1. 理解和掌握行为主义学派的各个分支理论。
2. 运用行为主义理论分析儿童行为习惯的形成和消除。

行为主义学派是20世纪初崛起于美国的一个心理学流派，也是影响最大的心理学流派之一。1913年，美国心理学家华生发表了《一个行为主义者眼中的心理学》一文，宣告行为主义学派的诞生。行为主义学派认为，心理学不应该研究意识，只应该研究行为。在研究方法上，行为主义主张采用客观的实验方法，而不使用内省法。行为主义学派认为，对行为的研究包括刺激和反应两个方面。1913—1930年是早期行为主义时期，以美国心理学家华生为代表，主张心理学应该摒弃意识、意象等主观的东西，只研究能观察到的并能客观地加以测量的刺激和反应。1930年以后出现了新行为主义理论，以托尔曼为代表的新行为主义者修正了华生的极端观点。他们指出，在个体所受刺激与行为反应之间存在中间变量，即个体当时的生理和心理状态。新行为主义中还有另一种激进的行为主义分支，以斯金纳为代表，他在巴甫洛夫经典条件反射基础上提出了操作性条件反射学说。

一、华生的行为主义理论

华生（John B. Watson，1878—1958）出生在美国南卡罗来纳州的格林维尔。1913年他在《心理学评论》上发表了《一个行为主义者眼中的心理学》一文，正式宣告行为主义心理学的诞生。1914年华生出版了其第一本系统阐述行为主义的专著《行为：比较心理学导言》，他的文章和专著在美国心理学界产生了重大影响，特别是得到了广大青年心理学家的响应。两年后，也就是华生38岁时，他被选为美国心理学会主席。1919年，他出版了第二本专著《以一个行为主义者的观点看心理学》。在这本书中，华生对他的行为主义观点进行了最为全面系统的阐述。

华生认为，心理学应该研究行为，而不是意识，他主张采用行为实验法来研究心理现象，摒弃内省法。他认为，学习就是以一种刺激替代另一种刺激建立条件反射的过程。在华生看来，人类出生时只有几个简单反射（如打喷嚏、膝跳反射）和情绪反应（如惧、爱、怒等），其他行为都是通过建立新的刺激—反应（S-R）联结而形成的。他认为心理学研究的任务就在于查明刺激与反应之间的规律性关系。这样，就能根据刺激推知反应或根据反应推知刺激，从而达到预测和控制行为的目的。

关于遗传与环境的关系，华生在早期并不否认本能的存在，只不过把本能看作一种在适当的刺激作用下系统地展现出来的许多先天性反应的组合。可是，他后来却主张在心理学中取消本能的概念，认为在心理学中不再需要本能的概念。他说："请给我十几个健康而没有缺陷的婴儿，让我在我的特殊世界中教养，那么我可以担保，在这十几个婴儿之中，我随便拿出一个来，都可以训练他成为任何一种专家——无论他的能力、嗜好、趋向、才能、职业及种族是怎样的，我都能够训练他成为一位医生，或一位律师，或一位艺术家，或一位商界首领，或者甚至也可以训练他成为一个乞丐或窃贼。"这段话一直被人们公认为环境决定论的经典表述。

👁 **专栏2-1**

小艾尔伯特实验

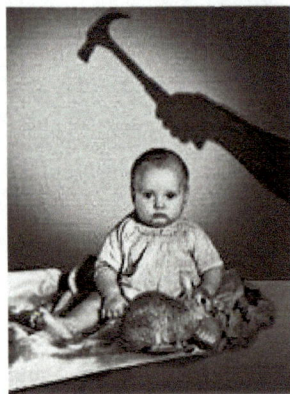

华生与雷纳（Watson & Rayner，1920）进行了一项称为"小艾尔伯特"（Little Albert）的实验。小艾尔伯特是日托中心的一个健康、正常的幼儿，当时他只有11个月零5天。当小艾尔伯特刚接触到小白鼠的时候，他最初的反应是好奇，他看着它，似乎想用手去触摸它。与此同时，华生用铁锤敲击一段钢轨发出一声巨响，这显然是一种令人生厌的声音，此时小艾尔伯特的反应是惊怕、摔倒、哭闹和爬开。在小白鼠与敲击钢轨的声音一起出现3次后，单独出现小白鼠的时候，就会引起小艾尔伯特的害怕和防御的行为反应。在两种条件进行6次结合之后，小艾尔伯特见到白鼠就会产生强烈的情绪反应。在小艾尔伯特1岁零21天时，华生将一只兔子（非白色的）带到房间，小艾尔伯特也变得不安。对于毛茸茸的狗、海豹皮大衣，甚至华生戴上有白色棉花胡须的圣诞老人面具出现在他面前时，他都显示出相同的反应。

因此，华生得出结论：恐惧的情绪是可以通过条件反射建立的。华生和他的同事还计划让小艾尔伯特建立新的条件反射，以消除他的这些恐惧反应。然而，小艾尔伯特在做完最后一个实验后不久就离开了医院。

二、斯金纳的新行为主义理论

斯金纳（B. F. Skinner，1904—1990），美国行为主义心理学家，新行为主义的代表人物，操作性条件反射理论的奠基者。斯金纳1904年生于宾夕法尼亚州的一个小镇，父亲是当地的律师。他从小就爱制作各种小玩意，曾经用马铃薯等材料做成炮弹，发射到邻居家的屋顶上，还花了好几年的时间造一台永动机，但没有成功。成为行为主义心理学家后，他发明并改造了很多动物实验的装置。他创制了研究动物学习活动的仪器——斯金纳箱。

（一）操作性条件反射

斯金纳把行为分成两类：一类是应答性行为，这是由已知的刺激引起的反应；另一类是操作性行为，是由机体自身发出的反应，与任何已知的刺激物无关。与这两类行为对应，斯金纳把条件反射也分为两类。与应答性行为对应的是应答性反射，称为S（刺激）型条件反射；与操作性行为对应的是操作性反射，称为R（反应）型反射。S型条件反射是强化与刺激直接关联，R型条件反射是强化与反应直接关联。斯金纳认为，人类的行为主要是由操作性反射构成的操作性行为，操作性行为是作用于环境而产生结果的行为。在学习情境中，操作性行为更有代表性。斯金纳很重视R型条件反射，因为这种反射可以塑造新行为，在学习过程中尤为重要。

斯金纳关于操作性条件反射作用的实验是在他设计的一种动物实验仪器，即著名的斯金纳箱中进行的。箱内放进一只白鼠或鸽子，并设一杠杆或键，箱子的构造尽可能排除一切外部刺激。动物在箱内可自由活动，当它压杠杆或啄键时，就会有一团食物掉进箱子下方的盘中，动物就能吃到食物。

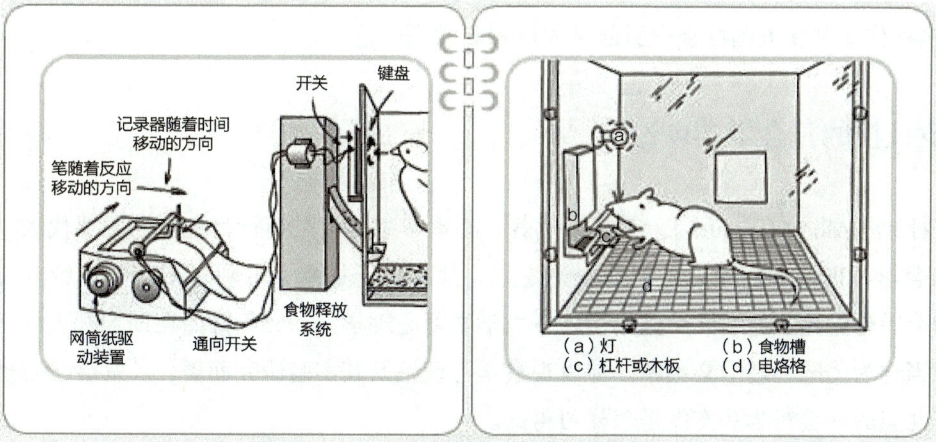

图2-2　斯金纳的操作条件反射实验

（二）强化理论

斯金纳在对学习问题进行了大量研究的基础上提出了强化理论，十分强调强化在学习中的重要性。强化就是通过强化物增强某种行为的过程，而强化物就是任何增加反应可能性的刺激。斯金纳把强化分成正强化和负强化两种。正强化是获得强化物以加强某个反应，如鸽子啄键可得到食物。负强化是由于厌恶刺激的退出而加强了某个行为，如鸽子用啄键来去除电击伤害。教学中的正强化如教师通过赞许增加学生好的行为，负强化如教师通过减少皱眉而增加学生好的行为。这两种强化都增加了反应再发生的可能性。斯金纳认为，不能把负强化与惩罚混为一谈。他通过系统的实验观察得出了一条重要结论：惩罚就是企图呈现负强化物或排除正强化物去降低某个反应发生的可能性，仅是一种治标的方法，它对被惩罚者和惩罚者都是不利的。他的实验证明，惩罚只能暂时降低反应率，而不能减少消退过程中反应的总次数。在他的实验中，当白鼠已牢固建立按杠杆得到食物的条件反射后，在它再按杠杆时给予电刺激，这时反应率会迅速下降。如果以后杠杆不带电了，按压率又会直线上升。斯金纳对惩罚的科学研究，对改变当时美国和欧洲盛行的体罚教育起了一定作用。

斯金纳对学习理论的研究是有重大贡献的，他发现了操作性条件反射现象，并对其进行了认真的实验和理论研究。这项研究丰富了条件反射的实验研究，填补了条件反射类型上的项空白，同时也打破了传统行为主义的"没有刺激，就没有反应"的错误观点。他的观点不仅在心理学界有很大影响，在教育学界也产生了很大影响。斯金纳一生著作很多。自1930年以来发表了百余篇论文和12本专著。他的主要著作有：《有机体的行为：一种实验的分析》《科学与人类行为》《言语行为》《学习的科学和教学的艺术》《教学机器》《强化时间表》。这些著作全面阐述了操作行为主义理论及其在教学领域中的应用。他还用操作行为主义理论阐述社会生活问题，出版了小说《沃尔登二世》以及《自由与人类的控制》《超越自由与尊严》。这些作品曾在美国社会中引起巨大反响和激烈争论。

三、班杜拉的社会学习理论

班杜拉（Albert Bandura），美国当代著名心理学家。他是新行为主义的主要代表人物之一，社会学习理论的创始人，认知理论之父。他出生于加拿大的阿尔伯特省，曾在加拿大境内的英国哥伦比亚大学和美国的伊阿华大学学习心理学。1953年开始在斯坦福大学任教，1974年当选为美国心理学会主席。他以观察学习理论及其实验研究而著名。社会学习理论主要解释儿童的社会行为和态度是怎样习得的。

以华生和斯金纳为代表的早期行为主义受到批评的一个重要原因是，他们忽略了行为的社会性因素。班杜拉的社会学习理论在某种程度上弥补了一些不足。在班杜拉看来，儿童总是"张着眼睛和耳朵"观察和模仿那些有意和无意的反应。因此，他强调观察学习在行为发展中的作用。班杜拉认为，儿童社会行为的习得主要是通过观察、模仿现实生活中重要人物的行为来完成的。任何有机体观察学习的过程都是在个体、环境和行为三者相互作用下发生的。

班杜拉的社会学习理论包含观察学习、自我效能、行为适应与治疗等内容。他把观察学习过程分为注意、保持、动作复现、动机4个阶段，简单地说，就是观察学习要先注意榜样的行为，然后将其记在脑子里，经过练习，最后在适当的动机出现的时候表现出来。按照班杜拉的理解，对于有机体行为的强化方式有3种：一是直接强化，即对学习者的行为反应当场予以积极或消极的刺激；二是替代强化，指学习者通过观察其他人实施这种行为后得到的结果来决定自己的行为；三是自我强化，指学习者根据社会的行为判断标准，结合个人的理解对自己的行为表现进行正或负的强化。自我强化参照的是自己的期望和目标。

班杜拉强调自我效能的作用。自我效能是指个体对自己能否在一定水平上完成某一活动所具有的能力判断、信念或感受，也就是个体在面临某一任务活动时的胜任感及自信、自尊等方面的感受。班杜拉指出，效能预期不只影响活动和场合的选择，也对努力程度产生影响。被知觉到的效能预期是人们遇到应激情况时选择什么活动、花费多大力气、坚持多长时间努力的主要决定因素。班杜拉对自我效能的形成条件和对行为的影响进行了大量的研究，指出自我效能的形成主要受5种因素的影响，包括行为的成败经验、替代性经验、言语劝说、情绪的唤起以及情境条件。

第一，行为的成败经验指经由操作获得的信息或直接经验。成功的经验可以提高自我效能感，使个体对自己的能力充满信心；反之，多次的失败会降低对自己能力的评估，使人丧失信心。

第二，替代性经验指个体能够通过观察他人的行为获得关于自我可能性的认识。

第三，言语劝说包括他人的暗示、说服性告诫、建议、劝告以及自我规劝。

第四，情绪和生理状态也影响自我效能的形成。在充满紧张、危险的场合或负荷较大的情况下，情绪易于唤起，高度的情绪唤起和紧张的生理状态会降低对成功的预期水准。

第五，情境条件对自我效能的形成也有一定的影响，某些情境比其他情境更难以适应与控制。当个体进入一个陌生而易引起焦虑的情境中时，会降低自我效能的水平与强度。

班杜拉的社会学习理论是在前人研究的基础上，特别是行为主义学习理论研究的基础上发展起来的，但他突破了旧的理论框架，把行为主义、认知心理学和人本主义加以融合，以信息加工和强化相结合的观点阐述了学习的过程和机制，并把社会因素引入研究中。他建立的社会学习理论开创了心理学研究的新领域。当然，班杜拉的社会学习理论也有其明显的不足和局限性，这主要表现在以下几点：第一，班杜拉的社会学习理论缺乏内在统一的理论框架。该理论的各个部分较分散，如何将彼此关联起来，构成一个有内在逻辑的体系，是一个亟待解决的问题。第二，班杜拉的社会学习理论是以儿童为研究对象建立起来的，但他忽视了儿童自身的发展阶段对观察学习的影响。

👁 专栏2-2

班杜拉的观察学习实验

班杜拉在一项经典实验研究中，将3~6岁的儿童分成3组，先让他们观看一段录像：成年男子（榜样人物）对一个像成人那么大的充气娃娃做出种种攻击性行为，如大声吼叫和拳打脚踢。然后，让一组儿童看到这个"榜样人物"的受到另一成年人的表扬和奖励（果汁与糖果）；让另一组儿童看到这个"榜样人物"受到另一成年人的责打（打一耳光）和训斥（斥之为暴徒）；第三组为控制组，只看到"榜样人物"的攻击性行为。然后，把这些儿童一个个单独领到一个房间里去。房间里放着各种玩具，其中包括洋娃娃。在10分钟里，观察并记录他们的行为。结果表明，看到"榜样人物"的攻击性行为受惩罚的一组儿童，同控制组儿童相比，在玩洋娃娃时，攻击性行为显著减少。反之，看到"榜样人物"的攻击性行为受到奖励的一组儿童，在玩洋娃娃时模仿攻击性行为的现象更多。班杜拉用替代强化来解释这一现象：观察者因看到别人（榜样）的行为受到奖励，他本人间接引起相应行为的增强；观察者看到别人的行为受到惩罚，则会产生替代性惩罚作用，从而抑制相应的行为。

华生的行为主义理论及研究将心理学从哲学中彻底独立出来，使之成为一门真正的实验科学和行为科学。而且，它否定了以往强调内省的心理学研究，提高了心理学研究的客观性，将心理学推进了一大步。斯金纳提出的操作条件反射学说进一步拓展了华生的理论，建立了完整的行为塑造理论体系。在此基础上，社会学习理论直接有效地说明了儿童社会行为的学习问题，试图从认知过程解释儿童行为的获得，这是对行为主义理论的进一步发展。在儿童的品德和态度教育中，它总结的榜样和观察学习规律具有广泛的应用。但是，行为主义，特别是华生、斯金纳的行为主义理论过分强调行为，而忽略了内部心理活动的作用。班杜拉的社会学习理论虽然考虑了认知因素的影响，但对认知作用的分析不够深入，因而仍然属于行为主义的观点。而且，这些理论十分强调环境的影响，而低估了儿童对自身发展的贡献，低估了儿童在自身发展中的主动性。这使得它们不能全面地解释儿童心理的发展。

第三节
皮亚杰认知发展理论

🎯 **学习目标**

理解和掌握皮亚杰代表的认知发展理论关于心理发展的基本观点，特别是心理发展的阶段，掌握这种理论的特点。

关于人的发展，历来是多个学科共同关注的一个问题。心理学家们主要是从认知、人格、社会化、语言、动作与行为等方面研究人的发展，提出了许多见仁见智的理论，而在认知发展上最有影响的研究，当属当代世界著名儿童心理学家皮亚杰的认知发展阶段理论。

皮亚杰（Jean Piaget，1896—1980），出生于瑞士的一个学者家庭，父亲是位有自由思想的大学教授，母亲是一位虔诚的基督教徒。他自幼对生物学感兴趣，22岁获得自然科学博士学位。同时，他还对哲学、逻辑学、心理学等具有浓厚的兴趣。1919年，他去巴黎大学学习数理和哲学课程，随后到巴黎的比奈实验室，跟西蒙研究儿童心理，负责推理测验的标准化。1921年，他回到日内瓦，开始研究儿童的认知或思维的发生和发展规律。1925年和1927年，他的两个女儿先后出生，1931年儿子出生。他在妻子的协助下，花费大量时间观察儿童动作并进行各种实验。他对自己的3个孩子的研究，为他提出儿童心理发展理论奠定了重要的基础。他先后出版了30多本专著，其中包括《发生认识论原理》《儿童智力的起源》《儿童的判断和推理》《智力心理学》等。皮亚杰的著作被翻译成各国文字，产生了巨大影响。他是在西方、苏联和日本最有影响的心理学家之一，曾担任瑞士心理学会主席、联合国国际教育局局长、第14届国际心理学会主席。

一、关于认知发展的基本观点

皮亚杰认为，发展是一种建构的过程，是个体在与环境不断相互作用中实现的。他用图式、同化、顺应和平衡这4个概念来解释这一过程。图式，是指儿童对环境进行适应的认知结构。人最初的图式来源于先天的遗传，表现为一些简单的反射，如抓握反射、吸吮反射等。儿童的适应是通过同化和顺应两种形式实现的。同化是把外部的刺激或环境因素纳入已有的图式或认知结构中。相反，顺应是改变自身的认知结构或图式，以适应外部的环境。同化就像生物体本身的同化过程一样，将食物中的某些成分吸收，使之转化为自身的一部分。儿童在没有见到"鸡"的时候，他可能用自己熟悉的"小鸟"的图式去同化它，即把它看作小鸟。但是，这种同化过程常常会失败，儿童可能发现两种动物的生活方式是不同的，一个在天上飞，一个在地上走，从而产生认知上的冲突或"失衡"。这时，他就会通过顺应的方式，改变自己头脑中的"小鸟"的图式，而形成"鸡"的图式，以消除认知冲突，重新达到与环境之间的平衡。儿童就是通过不断地从平衡到失衡再到平衡的过程适应环境的，他们在平衡与不平衡的交替中不断建构和完善其认知结构，实现认知的发展。

皮亚杰认为，影响发展的因素包括成熟、物理环境、社会经验和平衡。成熟，是指机体的成长，特别是神经系统和内分泌系统的成熟，这些为认知的发展提供了生理基础。物理环境是指儿童对物体的动作练习和获得的经验，包括物理经验和数理逻辑经验。儿童作用于物体，从中抽象出物体的特征，这是一种物理经验。例如，儿童打球，知道球会跳起来；触摸冰块，知道冰是冷的。儿童在作用于物体时，还能通过动作间的协调，认识到一个物体与其他物体之间的关系，从而获得数理逻辑知识，这则是数理逻辑经验。例如，儿童会发现，将10块鹅卵石排成各种形状，其数量是不变的。这类经验不是来自物体本身，而是动作。儿童认知发展的源泉就是主体和客体之间的相互作用活动。社会性经验，指社会环境中人与人之间的相互作用和社会文化的传递，包括学校和家庭的教育、社会生活、同伴交往、语言等。儿童通过这些因素实现社会化。但是，这些因素只是心理发展的必要条件，而不是充分条件，它们并不能决定心理的发展，只是促进或延缓心理的发展。即使没有语言的聋哑儿童，到7岁时也能出现具体运算思维，就说明了这一点。平衡具有自我调节的作用，是心理发展的决定因素。

二、认知发展的阶段

皮亚杰认为，儿童的认知发展要按照固定的顺序，依次经过4个阶段，不能超越某个较低的阶段而直接跨入高级阶段；每个阶段都是前一阶段的延续，都有自己独特的结构。这4个阶段的特点如下。

表2-1　认知发展的阶段

阶　　段	特　　征	发展成就
感知运动阶段（0~2岁）	儿童主要运用本能的反射和简单的图式适应环境，对待外部的物体。他们需要协调感知与动作，而且以外部的动作为主	（1）客体永久性，即当某一物体从儿童视野中消失时，儿童知道该物体仍然存在。 （2）目标定向行为。能通过建立"容器玩具"图式，用常规方式处理玩具
前运算阶段（2~7岁）	（1）具体形象性； （2）思维的不可逆性； （3）尚未获得物体守恒的概念； （4）自我中心主义	（1）动作图式符号化，即具有形成和使用字词、手势、标记、想象等符号的能力； （2）语言能力迅猛发展

续表

阶　段	特　征	发展成就
具体运算阶段（7~12岁）	儿童能在与具体事物相联系的前提下，进行逻辑思维或运算。例如，他们能通过数手指进行数学加减法运算，或者通过在头脑中想象实物，进行加减运算	（1）具有了守恒性和可逆性； （2）去自我中心主义； （3）进行群集运算
形式运算阶段（12~15岁）	这一时期的儿童已经脱离具体的实物的支持，对抽象的形式化的符号进行运算，能够根据假设进行逻辑推理	儿童思维发展已接近成人的水平

皮亚杰认为，后一个阶段是在前一阶段的基础上发展起来的，它们不是截然分开的。每个阶段的年龄划分都是相对的。儿童的发展存在个别差异，他们通过每一阶段的速度有所不同。

综合上述，皮亚杰关于儿童认知发展阶段理论的主要观点可归纳以下几条。

其一，儿童认知发展的本质就是适应，它是在一定的认知结构（即图式）的基础上实现的。图式一经与外界接触，在适应环境的过程中就不断变化、丰富和发展起来。这种适应是个体通过同化和顺应达到的。同化是当儿童遇到新事物时，在认识中试图用原有的图式去同化（消化），如果获成功，就得到在原有认知上的平衡，实现了认知量上的增加，如婴儿吸吮图式，从吸母亲奶头到同化奶瓶上的橡皮奶头。反之，便要通过顺应（调节）调整原有图式或创立新图式去同化新事物，以达到认知上新的平衡，实现认知质上的变化，如从吸吮图式到咀嚼图式。

其二，儿童认知发展是连续的，按固定顺序进行，一个跟着一个出现，没有什么阶段会突然出现，也不会跳跃和颠倒，先后次序不变，前一个阶段的结构是形成后一个结构的基础，所有的儿童都一样，即感知运动阶段是前运算阶段的基础，前运算阶段又是具体运算的基础，最后才是形式运算，不能从感知运动阶段直接跳到具体运算，也不能先形式运算，再发展到具体运算阶段。

其三，儿童认知发展具有明显的阶段性，不同阶段有其主要特征。例如，0~2岁属感觉运动阶段，为了对付当前世界，婴儿组织天然的动作图式，如吮吸、抓握、打击等，在主体与客体的互动中逐渐实现感觉与动作的分化和精确化；2~7岁属前运算阶段，由于语言的参与，儿童学会了用符号和内部想象去思维，但其思维不够系统，运算规则不合逻辑，有极强的"自我中心主义"；7~11岁是具体运算阶段，儿童发展了有条不紊地思维的能力，能守恒，但仅仅在他们能借助具体对象与活动时才可能这样做；11~15岁属形式运算阶段，逐渐在一种真正抽象的与假设的水平上形成有条理地思维的能力。

皮亚杰代表的认知发展理论并不是十全十美的。首先，许多心理学家认为，这种理论低估了婴幼儿的认知能力。许多研究表明，婴幼儿甚至能完成某些具体运算阶段的任务。其次，皮亚杰重视生物机能和先天遗传因素（图式）的作用，但不重视教育和文化因素对认知发展的作用。实际上，通过教学或训练，儿童的认知能力可以得到明显的提高。再次，皮亚杰认为形式运算是思维发展的最高阶段，青少年之后思维不会发生大的变化，而一些研究发现，成年人的思维与青少年有很大的区别，变得更为辩证，可以称为"后形式运算"。最后，皮亚杰在研究认知发展的时候忽略了情绪、动机等因素的影响，这也是不全面的。

👁 专栏2-3

皮亚杰的经典实验

三山实验：在桌子上放置三座山的模型，这三座山在高低、大小、位置方面有明显的差异。实验时，先让一个3岁的幼儿坐在一边，然后将一个布偶娃娃放置在对面。此时实验者要幼儿回答两个问题。第一个问题是："你看到的三座山是什么样子？"第二个问题是：娃娃看见的三座山是什么样子？"结果发现，该幼儿用同样的方式回答两个问题；只会从自身所处的角度看三座山的关系（如两座小山在大山的背后），不会设身处地从对面娃娃的立场来看问题。

守恒实验：守恒（conservation）是皮亚杰理论中的一个重要术语。其含义是指物体从一种形态转变为另一种形态时，它的物质含量既不增加，也不减少。皮亚杰认为守恒概念的获得是儿童认知水平的一个重要标志。儿童一般要到具体运算阶段（7~11岁），才能获得守恒概念。皮亚杰等人对儿童的守恒概念作了大量的研究，其守恒实验主要包括液体质量、物体质量、重量、长度、数量、面积、体积守恒等。其中液体守恒是皮亚杰最著名的实验。实验的开始首先给儿童呈现两杯等量的水（杯子的形状一样），然后把这两杯水倒入不同口径的杯子里，问儿童哪一个杯子的水多（或一样多）。他在实验中发现，对这个问题，六七岁以下的儿童仅根据杯子里水的高度判断水的多少，而不考虑杯子的口径的大小。而六七岁以上的儿童对这个问题一般都能做出正确的回答，即他们都同时从水面的高度和杯子口径两个维度来判断杯子里水的多少。

第四节
维果茨基的心理发展理论

学习目标

1. 理解和掌握维果茨基的社会文化—历史发展理论的基本观点
2. 分析维果茨基的最近发展区理论在教育、教学中的运用。

维果茨基（Vygotsky，1896—1934），苏联心理学家，"文化—历史"理论的创始人。1917年毕业于莫斯科大学法律系和沙尼亚夫斯基大学历史哲学系。1924年到莫斯科心理研究所工作。维果茨基对人的高级心理机能进行了研究，并在1925年发表了《意识是行为主义心理学的问题》，明确提出研究意识问题对科学心理学的重大意义。1934年维果茨基因患肺结核逝世，年仅38岁。维果茨基一生留下180多种著作，其心理学思想至今仍有很大影响。

一、文化—历史发展理论的基本观点

维果茨基创立了文化—历史发展理论，用以解释人类心理本质上与动物不同的那些高级的心理机能。维果茨基认为，由于工具的使用，引起人的新的适应方式，即物质生产的间接的方式，而不是像动物一样以身体的直接方式来适应自然。人的工具生产中凝结着人类的间接经验，即社会文化知识经验，这就使人类的心理发展规律不再受生物进化规律的制约，而受社会历史发展规律的制约。

当然，工具本身并不属于心理的领域，也不加入心理的结构，只是由于这种间接的"物质生产的工具"，导致在人类的心理上出现了"精神生产的工具"，即人类社会所有的语言和符号。生产工具和语言符号的类似性就在于它们使间接的心理活动得以产生和发展。所不同的是，生产工具指向于外部，引起客体的变化，符号指向于内部，它不引起客体的变化，而是影响人的行为。控制自然和控制行为是相互联系的，因为人在改造自然时也改变着人的自身的性质。

二、维果茨基的发展观

维果茨基探讨了"发展"的实质，提出文化—历史发展观。他认为，就心理学家看来，发展是指心理的发展。所谓心理的发展就是指一个人的心理（从出生到成年），是在环境与教育的影响下，在低级的心理机能的基础上，逐渐向高级的心理机能的转化过程。

心理机能由低级向高级发展的标志是什么？维果茨基归纳为4个方面的表现：①心理活

动的随意机能；②心理活动的抽象—概括机能，也就是说各种机能由于思维（主要是指抽象逻辑思维）的参与而高级化；③各种心理机能之间的关系不断变化、组合，形成间接的、以符号或词为中介的心理结构；④心理活动的个性化。

心理机能由低级向高级发展的原因是什么？维果茨基强调了3点：一是起源于社会文化—历史的发展，是受社会规律所制约的。二是从个体发展来看，儿童在与成人交往过程中通过掌握高级的心理机能的工具——语言、符号这一中介环节，使其在低级的心理机能的基础上形成了各种新质的心理机能。三是高级的心理机能是不断内化的结果。由此可见，维果茨基的心理发展观，是与他的文化—历史发展观密切联系在一起的。他强调，心理发展的高级机能是人类物质生产过程中发生的人与人之间的关系和社会文化—历史发展的产物，心理发展过程是一个质变的过程，他为这个变化过程确定了一系列的指标。

三、教学与发展的关系

维果茨基提出了教学与发展，特别是教学与智力发展的关系的思想。在教学与发展的关系上，维果茨基提出了3个重要的问题：一个是"最近发展区"思想；一个是教学应当走在发展的前面；一个是关于学习的最佳期限问题。维果茨基认为，至少要确定两种发展的水平。第一种水平是现有发展水平，这是指由于一定的已经完成的发展系统的结果而形成的心理机能的发展水平。第二种是在有指导的情况下借别人的帮助所达到的解决问题的水平，而通过教学所获得的潜力。这样，在智力活动中，所要解决的问题和原有独立活动之间可能有差异，在教学和别人的帮助下可以消除这种差异。这种差异就是"最近发展区"。教学创造着最近发展区，第一个发展水平与第二个发展水平之间的动力状态是由教学决定的。

根据上述思想，维果茨基提出"教学应当走在发展的前面"。这是他对教学与发展关系问题的最主要的理论。也就是说，教学"可以定义为人为的发展"，教学决定着智力的发展，这种决定作用既表现在智力发展的内容、水平和智力活动的特点上，也表现在智力发展的速度上。

怎样发挥教学的最大作用？维果茨基强调了"学习的最佳期限"。如果脱离了学习某一技能的最佳年龄，从发展的观点看来是不利的，它会造成儿童智力发展的障碍。因此，开始某一种教学，必须以成熟与发育为前提，但更重要的是教学必须首先建立在正在开始形成的心理机能的基础上，走在心理机能形成的前面。

🔊 名人语录

教育者应当深刻了解正在成长的人的心灵，只有在自己整个教育生涯中不断地研究学生的心理，加深自己的心理学知识，才能够成为教育工作的真正的能手。

——苏霍姆林斯基

四、"内化学说"——工具理论

维果茨基分析了智力形成的过程，提出了"内化"学说。在儿童思维发生学的研究中，国际上不少心理学家提出了外部动作"内化"为智力活动的理论。维果茨基是"内化"学说最早推出人之一。他指出，教学的最重要的特征便是教学创造着最近发展区这一事实，也就是教学激起与推动学生一系列内部的发展过程，从而使学生通过教学而掌握全人类的经验，进而内化为儿童自身的内部财富。维果茨基的内化学说的基础是他的工具理论。他认为，人类的精神生产工具或"心理工具"，就是各种符号。运用符号使人的心理活动得到根本改造，这种改造转化不仅表现在人类的发展中，而且也在个体的发展中。学生早年还不能使用语言这个工具来组织自己的心理活动，心理活动的形式是"直接的和不随意的、低级的、自然的"。只有掌握语言这个工具，才能转化为"间接的和随意的、高级的、社会历史的"心理机能。新的高级的社会历史的心理活动形式，首先是作为外部形式的活动而形成的，以后才"内化"，转化为内部活动，默默地在头脑中进行。

维果茨基的心理发展观极为重视社会文化、历史背景在儿童发展中的作用，提出人的高级心理机能的发展受社会文化背景的制约，这对学校教育和辅导具有重大的影响。它意味着，对儿童的辅导和帮助可以冲破封闭的校园，重视各种积极的社会因素对儿童发展的影响。他较为详细地论述了语言和人际互动对儿童高级思维发展的作用。这就要求课程必须提供丰富的语言环境以及各种人际互动机会，让儿童在与教师及同伴之间的广泛接触和合作中，不断内化这些活动，最终帮助儿童发挥自身的潜能。维果茨基的最近发展区理论强调了教学在儿童发展中的主导性和决定性作用，揭示了教学的本质特征不在于"训练""强化"业已形成的内部心理机能，而在于激发目前还不存在的心理机能。教师在教学中可以用作儿童发展的指导，它试图让教师知道运用一些中介的帮助，便能使学生达到其最高的发展水平，从而使教师帮助学生实现最大的发展可能性。

维果茨基的思想体系对现代教育教学的发展有着重要的意义，但是仍存在一定的局限性。他的文化—发展理论指出人类的心理发展规律不再受生物进化规律的制约。这种观点缺乏实际证据的支持。

第五节
布朗芬布伦纳的生态系统理论

🎯 学习目标

1. 理解和掌握布朗芬布伦纳的生态系统理论的基本观点。
2. 运用生态系统理论分析儿童成长于其中的生活环境。

布朗芬布伦纳（Urie Bronfenbrenner）是美国当代心理学家。他出生于俄国，6岁时，随父母迁往美国。他曾就读于康奈尔大学，并取得心理学和音乐双学位。之后就读于哈佛大学，取得发展心理学硕士学位，并于1942年取得密歇根大学博士学位。他曾以心理学家的身份任职于美国陆军部队。离开部队后，曾任密歇根大学助教职位。1948年受康奈尔大学邀请担任教授。1960—1970年布朗芬布伦纳一直是康奈尔大学董事会成员。布朗芬布伦纳提出了著名的心理发展的生态系统论（ecological systems theory）。

一、儿童心理发展的生态系统

生态发展观将环境看作一个不断变化发展的动态过程，强调发展来自于人与环境的相互作用，突破了以往研究对环境理解的局限性，拓宽了青少年心理发展的研究范围。布朗芬布伦纳在其理论模型中将人生活于其中并与之相互作用的不断变化的环境称为行为系统。该系统分为4个层次，由小到大分别是：微系统、中系统、外系统和宏系统。这4个层次是以行为系统对儿童发展的影响的直接程度划分的。从微系统到宏系统，对儿童的影响也从直接到间接。布朗芬布伦纳生态系统理论的行为系统模型如图2-3所示。

图2-3 布朗芬布伦纳的生态系统论

　　环境层次的最里层是微系统（micro-system），指个体活动和交往的直接环境，这个环境是不断变化和发展的。对大多数婴儿来说，微系统仅限于家庭。随着婴儿的不断成长，活动范围不断扩展，幼儿园、学校和同伴关系不断纳入婴幼儿的微系统中来。对学生来说，学校是除家庭以外对其影响最大的微系统。布朗芬布伦纳强调，要理解这个层次的儿童的发展，必须看到所有的关系都是双向的，即成人影响着儿童的反应，但儿童决定性的生物和社会的特性与其生理属性、人格和能力也影响着成人的行为。例如，母亲给婴儿哺乳，婴儿饥饿的时候会以哭泣来引起母亲的注意，影响母亲的行为。如果母亲能及时给婴儿喂奶，则会消除婴儿哭泣的行为。当儿童与成人之间的交互反应很好地建立并经常发生时，就会对儿童的发展产生持久的作用。但是，当成人与儿童之间的关系受到第三方的影响时，如果第三方的影响是积极的，那么成人与儿童之间的关系就会进一步发展。反之，儿童与父母之间的关系就会遭到破坏。

　　第二个环境层次是中系统（meso-system）。中系统是指各微系统之间的联系或相互关系。布朗芬布伦纳认为，如果微系统之间有较强的积极的联系，发展可能实现最优化。相反，微系统间的非积极的联系会产生消极的后果。儿童在家庭中与兄弟姐妹的相处模式会影响到他在学校中与同学的相处方式。如果在家庭中儿童处于被溺爱的地位，在玩具和食物的分配上总是优先，那么一旦在学校中享受不到这种待遇则会产生极大的不平衡，就不易于与同学建立和谐、亲密的友谊关系，还会影响到教师对其指导教育的方式。

　　第三个环境层次是外系统（exo-system）。外系统是指那些儿童并未直接参与但却对他们的发展产生影响的系统。例如，父母的工作环境就是外层系统。儿童在家庭中的情感可能会受到父母是否喜欢其工作的影响。亲戚可能影响父母的教养态度，从而影响儿童的行为。父母的工作是否顺利，会影响到他们的情绪，这又影响到亲子关系和儿童情绪的发展。

　　第四个环境系统是宏系统（macro-system）。宏系统指的是存在于以上三个系统中的文化、亚文化和社会环境。宏系统实际上是一个广阔的意识形态。它规定如何对待儿童，教给儿童什么以及儿童应该为什么目标而努力。在不同的文化中，这些观念是不同的，但是这些观念存在于微系统、中系统和外系统中，直接或间接地影响儿童知识经验的获得。例如，不同的文化背景、价值观影响着父母和教师的生活方式、价值观和教育方式，这又会影响儿童的价值观和行为。

二、生态系统论的贡献和不足

　　布朗芬布伦纳的社会生态系统理论有助于我们理解社会环境对个体心理与行为的制约作用。首先，从空间上来看，人的行为不仅受直接的、面对面水平上的微系统的社会因素的影响，还受微系统与微系统的交互作用的影响，微系统与中系统、外系统、宏系统（文化和亚文化）交互作用的影响。其次，从时间上来看，人的行为不仅受传统文化的制约，而且受时代变迁（时序系统）的制约。但是，社会生态系统理论也有缺点，主要是无法进行实证研究。例如，怎样对很多高度复杂的交互作用进行深入的分析和观测？怎样理清个体与其微系统、中系统、外系统、宏系统之间的交互作用？外系统、宏系统是以怎样的方式通过微系统而直接作用于个体发展的？这些都是尚未解决的问题。

本章小结

精神分析发展理论	弗洛伊德的精神分析理论注重儿童的人格和动机的发展，重视无意识和性本能的作用，重视儿童早期经验对人格发展的影响。他根据性本能的转移提出了人格发展阶段论，将人格发展分为5个阶段；埃里克森同时强调生物学因素、文化和社会因素的作用，提出了毕生心理发展的8个阶段说
行为主义发展理论	行为主义理论强调外部环境的影响，而不太注重内在的认知、动机和情绪的发展，华生、斯金纳、班杜拉是其代表人物。华生认为，心理学应当研究可以观察、预测和控制的行为，认为一个人的行为或反应是由周围的环境刺激决定的。斯金纳提出操作条件反射理论，强调强化在行为学习中的作用，他的理论成为儿童行为塑造和行为矫正的理论基础。班杜拉提出的社会学习理论主要解释了儿童的社会行为和态度的习得问题，认为儿童的社会行为，包括攻击性行为（如欺负小孩子）和亲社会行为（如帮助别人、与别人分享好东西），主要是通过观察学习形成的。在观察学习过程中，榜样起着十分重要的作用
认知发展理论	认知发展理论重视儿童认知的发展。皮亚杰是最有影响的代表人物。他认为，思维或智力的发展起源于儿童自身的动作。主体通过动作对客体的适应是心理发展的真正原因。适应的本质是在有机体自身与环境之间达成一种平衡，它是通过同化和顺应两种形式实现的。儿童的思维或认知的发展要依次经历4个阶段：感知运动阶段（0~2岁）、前运算阶段（2~7岁）、具体运算阶段（7~12岁）、形式运算阶段（12~15岁）。影响心理发展的基本因素包括成熟、物理环境、社会经验和平衡
文化—历史的发展观	维果茨基提出文化—历史的发展观，他认为发展的实质是一个人的心理（从出生到成年）在环境与教育的影响下，在低级的心理机能的基础上，逐渐向高级的心理机能的转化过程
生态系统理论	生态系统理论注重儿童的心理发展与环境之间的关系，注重对儿童生活环境的分析。布朗芬布伦纳认为，儿童成长的环境是一个由微系统、中系统、外系统、宏系统构成的生态系统，这多个子系统相互联系，共同影响着儿童心理的发展，而且，儿童与环境之间是相互作用的

总结 >

Aa 关键术语

强化 reinforcement	正强化 positive reinforcement	负强化 negative reinforcement
同化 assimilation	顺应 accommodation	图式 schema
自我同一性 self-identity	观察学习 observational learning	最近发展区 zone of proximal development

章节链接

在这一章，你读到……	在其他章节中，你将发现相关讨论……
布朗芬布伦纳的生态系统理论	第三章 遗传和环境作用及生理发展
行为主义学派的心理发展理论	第三章 遗传和环境作用及生理发展

应用 >

批判性思考

皮亚杰关于儿童认知发展阶段的理论得出的结论可能低估了儿童认知发展理论，请结合新皮亚杰理论，谈谈你的看法。

体验练习

以下有一些自测题有利于了解心理发展理论，请从A、B、C、D四个选项中选出最恰当的答案：

1. 皮亚杰划分儿童心理发展阶段的标准是（　　）。

　　A．生理发展　　　　B．人格发展　　　C．主导发展　　　D．认知发展

2. 最近发展区概念的提出者是（　　）。

　　A．维果茨基　　　　B．皮亚杰　　　　C．列昂捷夫　　　D．弗洛伊德

3. 发展任务是获得自主感，克服羞怯感和疑虑，积极的成果坚持的能力和自主的能力，此为埃里克森关于个体心理发展的（　　）。

　　A．学龄期　　　　　B．学前期　　　　C．儿童早期　　　D．婴儿期

4. 弗洛伊德划分儿童心理发展阶段的标准是（　　）。

　　A．生理发展　　　　　　　　B．人格发展

　　C．力比多投放身体的部位　　D．主导活动

5. 维果茨基关于心理发展的理论更强调（　　）。

　　A．社会文化—历史的作用　　B．生物学因素的作用

　　C．儿童遗传的作用　　　　　D．身体结构的作用

6. 布朗芬布伦纳的生态系统论认为，儿童最初主要受哪个系统的影响？
（　　）。

　　A．微系统　　　B．中系统　　　C．外系统　　　D．宏系统

案例研究

　　贝多尔退休之后，为了安静地度过自己的晚年，写些回忆录，在柏林近郊买了一处住宅，是独门独院的那种，很幽雅别致。房子的左侧开有一个小窗，因为前面有一条小小的水渠，水长年不断，清澈见底。贝多尔对此十分满意。

　　刚开始的一段时间，一切都挺好，恬静安然的环境对老人生活和写作很有益。可是没过几天，一些十多岁的孩子们放了学就来这里玩，他们高声呐喊着打水仗，还相互扔泥巴，甚至扔到老人窗子的玻璃上。孩子们几乎天天来玩水仗。他们高兴得不亦乐乎，而老人却烦躁不安。

　　贝多尔受不了这样的折磨，终于有一天他坐不住了，就出去和孩子们谈判。他和孩子们说："你们玩得很开心，我也喜欢看你们打水仗。如果你们能天天来玩，我给你们每人每天一元钱。"孩子们看看这个城里来的疯老头很高兴，更加用心地玩起打水仗来。并且每人得到一元钱。

　　过了两天，孩子们玩过之后，老人出来说："由于通货膨胀，我的养老金收入减少了一半，所以每人每天只能给你五毛钱。"孩子们很不高兴，但还是接受了，不过他们的兴趣不强了。

　　又过了大约一周，在孩子们玩完打水仗的时候，贝多尔老人头发凌乱地走了出来，他愁眉苦脸地对孩子们说："不好意思，最近入不敷出，只好每人每天给你们一毛钱了。"

　　一个孩子生气地说："一毛钱？太少了，我们才不干呢，走！疯老头……"说完扬长而去，从此以后，这些孩子们再没有来过。

　　贝多尔笑笑说："我疯？嘿嘿，小鬼。"

　　贝多尔拐弯抹角地达到了自己的目的。如果直言相斥，孩子们能听嘛？或许会更加难缠。他巧妙地运用了孩子的逆反心理，又过上了安静的日子。

试分析贝多尔使用是斯金纳提出的哪种改变行为的方法。

📋 教学一线纪事

　　年轻的父母们都想了解儿童的智力、性格等方面的心理是怎样一点一点地发展起来的。有不少父母甚至对儿童的心理抱有完全错误的看法。例如，认为儿童一出生就能像成年人或"懂事的"孩子那样思考问题。那么，如何让这些父母拥有关于儿童心理发展的科学知识？如果你身边有这样的父母，你会告诉他们本书的哪一种观点呢？请结合所学和自己对有关理论的看法，写一篇小论文，表达你对儿童心理发展的观点。

　　小李：我赞成弗洛伊德的看法，我会首先向他们讲一讲精神分析学派的学说，他们更注重心理的早期发展和培养。

　　小张：我认为，皮亚杰的认知发展观更符合实际，而精神分析学派的观点缺乏实证研究的支持。因此，我会首先让年轻的家长们了解认知发展的基本阶段。

　　……

拓展 >

☕ 补充读物

1　朱智贤. 儿童心理学. 北京：人民教育出版社，2003.

　　　本书主要介绍了儿童心理发展的一般规律和年龄特征。

2　林崇德. 发展心理学. 北京：人民教育出版社，2009.

　　　本书主要从生命全程的角度阐述个体心理发生发展的规律及毕生心理发展的年龄特征，从而使读者全面、深入地理解个体心理发展的遗传与环境、普遍性与特殊性等基本理论问题。树立起关于生命全程的辩证发展观。在结构上，本书首先论述了发展心理学的研究内容、发展历史、主要理论、研究方法等基本问题，然后分别阐述了胎儿、婴儿、幼儿、小学儿童、青少年、成年早期个体、成年中期个体、成年晚期个体的心理发展特点和规律。

3　周宗奎. 儿童青少年发展心理学. 武汉：华中师范大学出版社，2011.

　　　本书涉及发展心理学的学科介绍、心理发展理论、发展的生物学基础、早期发展、语言与沟通技能、认知发展、情绪和依恋发展、自我的发展、道德的发展、性别差异和性别角色的发展、发展的生态系统以及整合的发展观等各个方面，涵盖了心理发展的基本规律和年龄特征，兼顾了纵向的编写体例（以心理发展的各个侧面为线索）与横向的编写体例（以年龄阶段为线索）的结合，首先纵向地分析了心理各个侧面的发展规律，然后，从总体上概括了心理随年龄而发生的整体变化趋势。

4　桑标. 当代儿童发展心理学. 上海：上海教育出版社，2003.

　　　在内容上，它体系独特，以儿童心理发展的各领域为架构，如儿童的认知、情绪、个性、自我、道德等的发展模块，让人能清晰地看到国际国内在这些领域的最新研究成果。各章均提示要旨、关键词，正文中间又穿插大量"专栏"，搭建有关信息平台，大大扩展了书的信息量；各章末又有思考题，便于学习者温故知新。

5　谷传华. 儿童心理学. 北京：中国轻工业出版社，2010.

全书系统地介绍了儿童的心理发展进程及特点，除基本的理论和研究方法外，内容涉及胎儿和婴幼儿早期发展以及儿童的认知、人格、社会性等各方面的发展，同时总结了儿童发展的规律和影响因素，探讨了遗传与环境的作用，对与儿童心理健康相关的多个社会热点问题也进行了到位的分析，是一部集专业性和实用性于一体的优秀教材。

6　D. E. Papalia, S. W. Olds, R. D. Feldman, 发展心理学：从生命早期到青春期. 李西营，冀巧玲，等译. 申继亮，审校. 北京：人民邮电出版社，2013.

本书主要介绍了从生命早期到青春期心理的发生、发展规律。

📺 在线学习资源

北京师范大学《发展心理学》精品视频课程：

http://www.jingpinke.com/details?uuid=8a833996-18ac928d-0118-ac928fe5-02dc&courseID=B050029

华东师范大学《发展心理学》国家精品课程：

http://jpkc.ecnu.edu.cn/fzxlx/index.html

华中师范大学《发展心理学》精品课程：

http://course.jingpinke.com/details/resources?start=11&courseID=X0900367&uuid=200a0063-1288-1000-0833-b7b5f3b2d8d7

第三章
遗传和环境的作用及生理发展

本章概述

先天遗传和后天环境在个体发展中有着不同的影响——先天遗传给个体发展提供了可能性，而后天的环境则将这种可能性变为现实性。本章内容分别探讨了遗传与环境因素对个体发展的影响，并阐述了个体不同阶段生理发展的一般状况及特点。

结构图

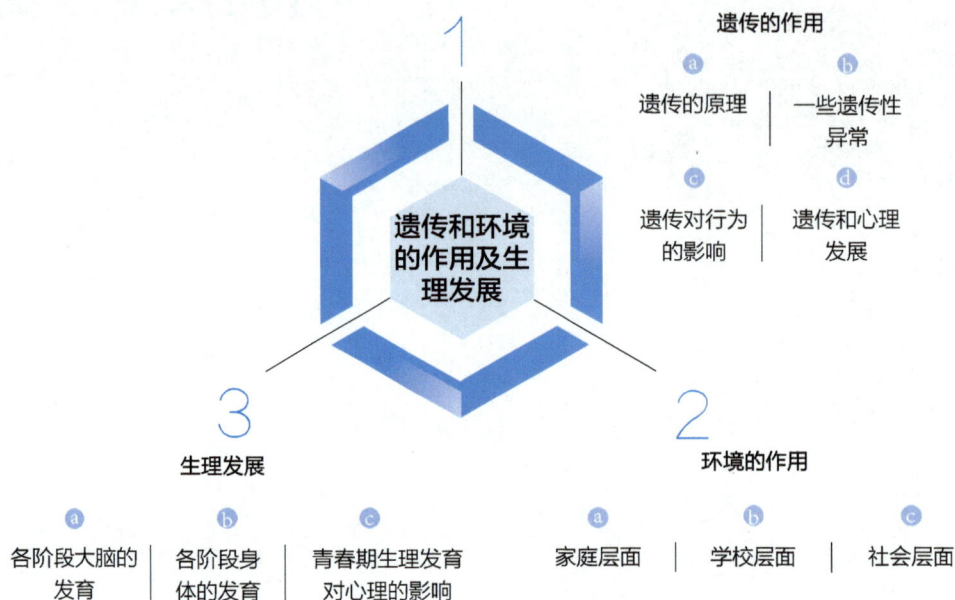

学习目标

学完本章，你应该能够做到：

1. 掌握遗传对个体影响的原理，一些常见的遗传性异常，以及遗传对个体行为、心理发展的影响。

2. 了解家庭、学校和社会层面的环境因素对个体发展的影响。

3. 了解个体在不同阶段生理发展的一般特点，特别是要了解青春期生理发育对心理的影响。

读前反思

　　在人类心理发展的基本问题上，一直存在一个争议：人类心理和行为是先天的还是后天的。先天遗传和后天环境在个体的发展中有着不同的影响。先天遗传给个体发展提供了可能性，而后天的环境则将这种可能性变为现实性。遗传与环境因素对个体发展的影响，是一个重大的长期争论的问题。阅读本章之前，请仔细思考下列问题。

1. 我们知道人的机体的构造、形态、感官和神经系统的特点等，都是由遗传而来的，那么遗传是如何发生的？遗传对个体的发展有着怎样的影响？

2. 对于那些先天遗传不利的个体，后天良好的环境是否能弥补这种先天不足或缺陷呢？

3. 在成长的过程中我们会接触各种不同的环境，如电视和网络，经常观看这些媒体信息对我们的发展有什么影响呢？为什么会有这种影响？

4. 个体从一个嗷嗷待哺的婴儿成长为一个身强力壮的成年人，在这个过程中个体的生长发育是一个匀速的过程吗？

5. 还记得你青春期的身体变化和心理感受吗？这些为什么会发生？

1869年高尔顿出版了《遗传的天才》一书。在这本书中，有一个对各个领域杰出人物的社会调查，包括了法官、政治领袖、文学家、科学家、艺术家和神学家等各种职业。高尔顿研究了他们的家庭背景和生活资料，结果发现这些人多数出自有名望的家族，其中31%的人有杰出的父亲，41%的人有杰出的兄弟，48%的人有杰出的儿子，血缘关系越近，同为名人的可能性也越大。因为坚信自己的理论，高尔顿的后半生都致力于推动优生学运动，认为通过几代人审慎的婚姻就可能培育出具有很高天资的人种，推动人类文明的进步。

由上我们可以看出，遗传的先天素质对个体后天发展的重要影响。那么基因对个体发展的影响究竟有多大？是不是具有了好的遗传（或者基因）个体就一定会有较好的发展和社会适应水平呢？

先天遗传给个体发展提供了可能性，后天的环境则将这种可能性变为现实性。本章内容将分别探讨遗传与环境因素对个体发展的影响，并阐述个体不同阶段生理发展的一般状况及特点。

第一节
遗传的作用

🎯 学习目标

1．掌握遗传对个体影响的原理。
2．一些常见的遗传性异常。
3．遗传对个体行为、心理发展的影响。

遗传（heredity）是生物亲代与子代之间、子代个体之间相似的现象，即亲代的性状又在下代表现的现象。人类在生儿育女的过程中，子女总是保持着与父母若干相似的生物学特征，如黄种人夫妇所生的子女多为黄种人。这是生物生长发育过程中普遍存在的现象，正所谓"种瓜得瓜，种豆得豆"。事实上，不仅是子女在形态特征、生理变化和行为表象等方面与亲生父母相似，具有一定血缘关系的任何两个人之间都会有某些相似性。

一、遗传的原理

（一）遗传的基础：染色体、DNA和基因

生物的生长发育是以细胞的分裂为基础，生命的连续性也要通过细胞分裂来实现，所以细胞的分裂、增殖是生命活动的基础。细胞在分裂、增殖的过程中将载有基因的染色体准确配置到相应的位置，使亲代的遗传物质能准确地传给子代，从而保证生物性状的遗传延续不断。

人类的生长发育亦是如此。男女个体性成熟后，生殖母细胞通过减数分裂，男性生成精子（sperm），女性则生成卵子（egg）。在细胞分裂间期，细胞核内有一种易被碱性染料着色的细丝状无定形网状物，被称为染色质。在细胞分裂期，染色质凝缩、缠绕、螺旋化为短粗而着色较深的棒状结构，被称为染色体（chromosome）。染色体是细胞核中载有遗传信息的物质，人体所有的遗传信息都储存在46条染色体上，从而调控人体的生长发育和生殖等一切生命活动。

精细胞和卵细胞分别含有来自父亲和母亲的23条染色体，一经受孕，就会合成23对染色体，形成受精卵细胞。受精卵的形成即表明一个新生命的开始，由此受精卵经过一系列复杂的胚胎发育过程，逐步成长为一个新个体。精子和卵子分别携带来自父母的遗传信息，因此受精卵发育而成的新个体会表现出其父母的遗传性状。

23对染色体中有一对和人的性别决定有关的染色体被称为性染色体。性染色体中一条是X染色体，它是所有染色体中最大的，携带着大量基因。另外一条是Y染色体，非常小，仅仅携带很少基因，含有两条X染色体的受精卵发展成为女性；含有一条X染色体、一条Y染色体的受精卵则发展为男性。因为女性体内细胞只含有X染色体，她的所有卵子携带的都是X染色体，男性的精子一半含有X染色体，另一半含有Y染色体，因此新生个体的性别是由受精卵中的性染色体决定的。

人类染色体在显微镜下成圆柱状或杆状，主要化学物质为脱氧核糖核酸（DNA）和蛋白质组成，还有少量核糖核酸（RNA）、脂质和无机盐。在染色体中，DNA的作用主要是携带遗传密码，由它控制生物体的性状。DNA分子上具有遗传效应的一定区段称为基因，基因是DNA分子上具有遗传信息的特定核苷酸系列的总称。基因通过复制把遗传信息传递给下一代，使后代出现与亲代相似的性状。人类有几千万个基因，储存着生命孕育生长、凋亡过程的全部信息，通过复制、表达、修复完成生命繁衍，细胞分裂和蛋白质合成等重要生理过程。基因是生命的密码，记录和传递遗传信息。生物体的生、长、病、死等一切生命现象都与基因有关。

23对染色体上总共遗传了大约10万个基因。其中，一部分基因负责引导和控制新细胞成为大脑与中枢神经系统、循环系统、骨骼与皮肤等，还有些基因负责调节发展的速度与时机。在发展过程中，基因不但影响周围的生化环境，同时也被周围的生化环境所影响。例如，一个特定的细胞到底是成为大脑的一部分，或是手肘的一部分，依赖于胚胎前期的发展过程中是哪一种细胞在它周围。

（二）基因的表现形态

对生物个体而言存在遗传因子组成和性状表现两方面特征。基因型（genotype）是指生物个体基因组合；表现型（phenotype）是指生物个体的性状表现。基因型是生物性状表现的内在决定因素，表现型是基因型与环境条件共同作用下的外在表现。基因型影响表现型的机制十分复杂。一般来说，基因有5种表现形态：单纯的显性—隐性遗传、共显性遗传、性联遗传、遗传印记和受多基因（或多元基因）影响的遗传。[1]

1．单纯的显性—隐性遗传

许多人类的特质只受一对基因（对偶基因）的影响，其中一个得自于母亲，另一个得自父亲。例如，孩子从父亲的基因里继承了卷发，又从母亲的基因里继承了直发，最后却有可能长了一头直发。因为，与直发有关的基因是一个显性的对偶基因（dominant allele），而与卷发有关的那个较弱的基因被称为隐性的对偶基因（recessive allele）。然而，孩子的染色体中仍存在卷发的基因，长大后，如果配偶也有卷发的隐性基因，他们的孩子就会有一头卷发。

2．共显性遗传

一些染色体上的等位基因，彼此间没有显性和隐性的关系，在杂合状态时，两种基因的作用同样得以表现，分别独立产生基因产物，此遗传方式称为共显性或等显性（codominant）。共显性有两种形式：一是两个对偶基因的表现是平等的，如人类血型中A和B的对偶基因的表现力不相上下；一是"不完全显性"，即异质结合子的两个细胞中的一个比另一个更有力，但却无法掩盖另一个的影响，如镰刀型细胞。

3．性联遗传

身体上的某些性特征遗传上与性别发生直接关联。例如，英国女皇维多利亚家族曾统治大半个欧洲长达3个世纪，有人对她的家谱进行分析，发现在该家族中得血友病的都是男性，而且可以由外祖父传给外孙，这种形式的遗传因与性别有关，所以称为性联遗传。

有些特质是由位于染色体上的基因所决定的，称为性联遗传特质（sex-linked characteristics）。实际上，性联遗传特质大多数都是由隐性基因所致，而且这些隐性基因仅出现在X染色体上，男性更有可能遗传这些隐形的与X染色体相关的特质。

4．遗传印记

遗传印记（genetic imprinting）是一个被打上生化烙印的标签，它能鉴别个体身体内每个来自父亲或母亲的基因。研究发现，某些有害基因仅当它们来自父亲时才是有害的，其他一些畸形基因仅当它们来自母亲时才是有害的。遗传印记是一种历程，在此过程中特殊的基因被做上生化记号，所以父母之中只有其中一位的基因被表现出来。只有少数的对偶基因受

---

1 周宗奎．儿童青少年发展心理学．武汉：华中师范大学出版社，2011：81．

制于遗传印记，而且不是所有个体都表现出遗传印记。目前的研究并未充分说明遗传印记的过程以及它是如何影响发展的。

5. 受多基因（或多元基因）影响的遗传

一种遗传性状的表达受两对或两对以上基因的控制，每对基因彼此间没有显性或隐形的关系，每对基因对表现的效应都很小，但是这些基因的作用有积累效应，这种遗传方式称为多基因遗传。多基因遗传特质包括：身高、体重、智力、肤色、气质、高致癌危险，以及许多其他特质。比如，身高受三对基因影响：如果其对偶基因是AA，BB和CC时，可能会产生巨人，而基因型如果是aa，bb和cc时，则倾向于产生侏儒。

二、一些遗传性异常

遗传异常是遗传疾病产生的主要原因，通常是由于染色体或基因的突变造成的。

（一）染色体异常

正常情况下，生殖细胞在减数分裂过程中，46个染色体将平均分配到新形成的精子或卵子中，但有时也会出现分配不均的情况，即分裂出的配子中，可能一个染色体过多而另一个过少。绝大多数的染色体异常都会给患儿的发展造成严重伤害，甚至危及生命，但幸运的是，染色体异常的比例非常低。根据染色体性质的不同，染色体异常可分为性染色体异常和常染色体异常两种。

1. 性染色体异常

性染色体异常指发生异常的染色体为第23对染色体，即性染色体上。每1000人中大约有1个人具有X染色体上的脆性位点，并且这一脆性位点可能分离出两个或更多的碎片，被称为脆性X染色体综合征。这是一种由基因引起的智力延迟，很多研究表明它可能与一些婴儿的自闭症有关。大约75%的脆性X染色体综合征的男性显示出一定程度的智力延迟，而绝大多数有脆性X染色体综合征的女性智力正常或只是表现出轻度的认知损伤。除脆性X染色体综合征外，其他常见的性染色体异常疾病主要包括表3-1所列的4种。

表3-1　常见的性染色体异常疾病

	名称/基因型	发生（率）	发展上的含义
女性异常	脱纳氏综合征/XO	2500个女性新生儿中有1个	外表：表现型为女性，但是身材矮小，手指脚趾短粗，蹼状的脖子，宽阔的胸膛，小而发育不全的乳房。缺乏正常的性发育，能够通过服用女性荷尔蒙激素显示出一种更"女性化的外表"。 生育力：不能生育。 智力特征：言语智力正常，但是常常在空间能力测试如拼图或者图形的智力旋转中低于平均分

续表

名称/基因型	发生（率）	发展上的含义
女性异常 "超雌性"综合征/XXX,XXXX,XXXXX等，多X	1000个女性新生儿中有1个	外表：表现为女性并且外表正常。 生育力：可生育，生出的孩子具有正常数量的性染色体。 智力特征：稍微低于平均智力水平，最大的缺陷是在言语推理上。遗传的额外的X染色体数量越多，个体发育迟缓和智力缺陷的症状就越明显
男性异常 克兰费尔特氏综合征/XXY或XXXY	750个男性新生儿中有1个	外表：表现型为男性，但在青春发育期出现一些女性第二性征（增大的臀部和胸部）。身高显著高于正常男性。 生育力：睾丸发育不全，不能生育。 智力特征：1/5~1/3的患有克兰费尔特氏综合征的男性在言语智力上有缺陷，并且遗传的额外X染色体数量越多，缺陷越明显
超雄性综合征/XYY,XYYY或XYYYY	1000个男性新生儿中有1个	外表：表现型为男性，身高显著高于正常男性，牙齿很大，常常在青少年期粉刺长得很严重。 生育力：尽管许多这样的男性精子数量异常少，但是一般能生育。 智力特征：尽管曾经被认为智力低于正常并且倾向于暴力和攻击，但这些假设的症状已被研究证明是错误的。超雄性的IQ跨越了正常男性可观察到的全部分值范围。而且，对大量的XYY患者的研究表明，他们并不比一般的男性有更多的暴力和攻击，相反有时是害羞和退缩的

2. 常染色体异常

更严重的遗传疾病往往是由常染色体造成的，即男性和女性相似的22对染色体。常染色体异常最常见的类型是，1个带着额外的常染色体异常的精子或卵子与1个正常的配子结合形成了一个有47条染色体的受精卵（2条性染色体和45条常染色体）。这条额外的染色体伴随着22对染色体中的某一对出现，产生了有3条染色体的类型，或者叫三体性。

常染色体异常中最常见的是唐氏综合征，或者叫21-三体综合征，即儿童遗传了一个额外的21-染色体的全部或者部分。患有唐氏综合征的儿童智力低下，平均IQ为55分。他们可能患有先天性的眼睛、耳朵和心脏缺陷，并且具有许多特殊的身体特征，如前额扁宽、舌头常往外伸出、四肢粗短、鼻梁扁平，以及外眼角上翘。尽管智力低下，这些幼儿许多方面能达到和正常儿童一样的发展程度，但是步调要慢些。这些儿童多数基本能自理，有些甚至能学会阅读和书写。

此外，人们还发现13-三体综合征和18-三体综合征。13-三体综合征又称帕陶氏（Patau）综合征，发病率约为1/5000，女性多于男性，患儿的畸形和其他临床症状比21-三体综合征要更严重。明显的特征为小头、兔唇或腭裂、先天性心脏病、严重智力迟钝，90%在出生后6个月内死亡。18-三体综合征又称爱德华氏（Edwards）综合征，一般会导致几乎遍及所有器官系统的严重畸形。与21-三体综合征相同，生育具有13-三体综合征和18-三体综合征缺陷孩子的概率随母亲的年龄增长而提高。

3. 染色体异常的原因

多数染色体异常是男性和女性胚细胞的减数分裂过程中，染色体不均等的分离造成的。

除此之外，造成染色体异常的还有父母双方的原因。

卵子老化假说认为，性成熟的男性一生都会产生精子，但女性的所有卵子却是在她一生下来就已经存在于她的卵巢中了。因此，由于年龄老化或者受到更多的环境危害，如辐射和有毒化学制剂等，大龄妇女的卵子已经开始退化了。因此大龄妇女生出的子女患唐氏综合征和其他染色体异常症状的可能性增加。

另一方面，虽然染色体异常的危险率与父亲的年龄和饮食没有十分密切的关系，但父亲也可通过其他方式造成胎儿异常，如吸烟、酗酒或置身于重复的X射线照射的环境中等。

（二）基因异常

基因异常也是导致遗传疾病的主要原因。通常基因异常有两种方式，一种是通过遗传一对隐性等位基因导致基因异常，另一种则是基因突变。

基因突变是指一个或多个基因里的化学机构的变化，它产生新的表现型。基因突变也能够由环境危害引起，如有毒工业废品、辐射、农药、食品添加剂和防腐剂等。进化论者认为，基因突变并不总是有害的，它也会有一些好处。存在于自然环境中的紧张性刺激引起的突变，可能会给遗传了这些突变基因的后代提供适应性的优势，使这些个体存活下来。如镰形细胞基因是发生于非洲、东南亚和其他热带地区的突变，那些地方疟疾盛行。而遗传上一个镰形细胞等位基因的杂合子儿童很容易适应这种环境，因此，增加了存活的机会。

而导致个体基因异常的最主要的原因还是隐性等位基因的遗传，主要的隐性等位基因遗传疾病如表3-2所示。

表3-2　主要的隐性遗传疾病的简单描述

疾病	描　　述	发生率	治　疗	胎儿期检测
囊肿性纤维化（CF）	儿童缺乏一种酶，从而不能防止黏液阻隔肺和消化管道。通过治疗，一些人能活到成年期，但绝大多数患有CF的人死于儿童期和青少年期	白人婴儿为1/2500；非裔美国婴儿为1/15000	支气管排液法；饮食控制；基因更换疗法	可以
糖尿病	个体缺乏一种荷尔蒙，从而不能适当地代谢糖，导致过于频繁的口渴和排尿这样的症状。假如不治疗会导致死亡	1/2500	饮食控制；胰岛素治疗	可以
杜氏肌营养不良	它损害肌肉产生如下症状：言语含混不清，缺乏自主运动能力	男婴为1/3500，女婴很少见	没有，常常在7~14岁时死于心肌衰竭或者呼吸感染	可以
血友病	一种性连锁性障碍，有时称为"流血不止病"。儿童缺乏一种凝血物质，假如被擦破了皮或者刺伤能够一直流血致死	男婴为1/3000，女婴很少见	输血；警惕避免刺伤或者擦伤	可以

疾病	描　述	发生率	治　疗	胎儿期检测
苯丙酮尿症（PKU）	儿童缺乏一种用于消化含有苯基丙氨酸的食物（包括牛奶）的酶。该病侵袭肌肉系统，导致活动过度和严重的智力滞后	白人婴儿为1/10000；非裔或亚裔美国婴儿很少见	饮食控制	可以
镰状红细胞性贫血症	血红细胞呈异常的镰形，使得供氧不足、疼痛、膨大、器官损害、易感呼吸疾病	非裔婴儿为1/600；非洲和东南亚概率更高	输血；止痛药；呼吸感染的药物；骨髓移植	可以
家族黑蒙性白痴症	生命第一年就开始引起中枢神经退化。患者通常死于4岁之前	欧洲犹太人和法裔加拿大人为1/3600	没有	可以

三、遗传对行为的影响

行为包括本能行为和习得行为。本能行为，如觅食、求偶等在群体范畴内更多地表现为必然性，具有相对稳定的遗传基础；而习得行为，如学习和社会活动等在个体之间表现为更大的偶然性，受环境因素影响较大。

行为遗传学的发展正在逐步揭示遗传对行为的影响。行为的发生机制是人类或生物的神经元及由其构成的神经系统对身体内外刺激做出反应。神经系统结构的主要物质是蛋白质，同时，在神经系统执行生理功能的过程中，又有许多蛋白质参与。因此，在诸多的结构蛋白质和功能蛋白质中，有任何一种发生改变，都可能导致人类或动物某些行为的改变。由于基因控制蛋白质的合成，因此，行为性状的表达受基因作用的影响。遗传行为学认为有3种主要的受基因决定的行为：单基因决定的行为；多基因决定的行为；染色体决定的行为。[1]

单基因决定的行为，即完全由遗传物质控制，不受环境因素影响，并按单基因遗传方式垂直传递的行为。比如，严重的苯丙酮尿症就是人类个体中由单基因突变造成的行为异常之一，患者通常智能低下，脑电波异常，行走困难。随着人类行为遗传机理研究的不断深入，已经定位了一系列异常行为基因。例如，与精神分裂相关的基因定位于5q11.2–13.3、21q21、22q13；自闭症基因可能定位于5q11–q13和7q31–33等。多基因决定的行为：人类的复杂行为大都是受遗传和环境的双重作用，属于多基因决定的行为，多基因系统里的基因被称为数量性状位点。染色体决定的行为：染色体组型的变化可能引起行为的改变，如核型为45，XO缺少一个染色体的个体其空间感比较差。

其实，人类大部分行为是受多基因控制的，多基因遗传易受环境因素的影响，因此人类行为是遗传与环境共同作用的结果。数十年前，发展心理学家还陷于先天特质和后天教养的争论之中：到底是遗传还是环境才是决定人类潜能的主要因素呢？今天，学者们不再从先天

1　刘洪珍. 人类遗传学. 北京：高等教育出版社，2009：188.

特质或后天教养的角度思考该问题，他们试图思考遗传与环境可能以怎样的结合或互动方式来影响行为和个体发展。

四、遗传和心理发展

个体心理发展过程中，遗传的影响不可忽视。遗传对个体智力、人格有重要影响，并与个体所处环境紧密相关。

（一）遗传对智力成就的影响

智力是有目的地行动、理性地思维和有效地应对环境的整体能力，它包括推理、问题解决、获得知识以及对环境的适应。从信息加工的角度看，智力体现为认识注意对象的能力、存储和提取信息的能力以及解决问题的能力。智力和遗传有没有关系呢？如果有，遗传基因在多大程度上影响人的智力呢？

行为遗传学家使用双生子研究来考察这些问题。双生子有同卵双生和异卵双生两种，前者由一个受精卵分裂而来，所带基因相同，后者由两个卵子接受不同的精子受精发育而成，在遗传特点上无异于两次妊娠，基因的相似程度与同胞兄弟一样，一般说来他们之间拥有大约50%的共同基因。

双生子研究：利用双生子为样本，通过比较心理特征的差异来确定遗传与环境对个体心理和生理特征发展的影响或作用，此方法多用于智力、人格的研究。双生子研究中，通常采用两种研究模式：环境变异法，即在保持基因等同（即为同卵双生子）的前提下，考察环境的变异对个体发展造成的影响，如以分开抚养的同卵双生子为被试的研究；基因变异法，即在保持环境等同（抚养方式或对待方式等）的前提下，考察基本的变异对个体发展造成的影响，如比较共同抚养的同卵和异卵双生子的差异的研究。

研究发现，同卵双生子智力测验的分数相关平均值为0.86，而异卵双生子之间智力测验分数相关的平均值为0.60，说明人的智力肯定是受遗传因素影响的。那么人与人之间智力的差异由遗传基因来解释的百分比有多大呢？行为遗传学家将人与人之间智力差异由遗传来解释的百分比称为遗传力，通过计算得出，智力测验分数的遗传力为52%，也就是说，一般情况下，人的智力大约有一半由遗传决定，另外一半由环境决定。当然，具体到某个人情况可能不一样，对有些人来说，遗传的作用更大些，而对另一些人来说，环境的作用可能更大些。

个体发展历程中，遗传对智力的影响并不是恒定不变的。有人认为，随着年龄的增长，个体经历的环境越来越复杂，遗传所起的作用可能越来越小。但实际情况则是，从婴儿期到青少年期，遗传对智力的影响缓慢增大；成年以后，遗传的影响增大的更快；老年期，遗传对智力的影响，比遗传对身高的影响还要大一倍。[1]

还有学者通过对收养关系的追踪研究考察遗传与环境对智力的相对影响，结果发现，被领养的孩子，经过多年之后，其智力水平仍然很像自己的亲生父母，而不是像养父母；一直与亲生父母生活在一起的孩子，与很小就被领养的孩子，经过多年在不同家庭和不同环境中生活之后，智力仍然很相似；被领养的孩子，随着年龄的增长，与亲生父母的智力相似性越来越强，而不是越来越弱。以上结果都表明，遗传对人的智力起着非常重要的作用。

智力受遗传因素所控制，但并不否认后天环境和教育的作用，后天环境决定了遗传潜力的表现，应该认为遗传和环境的关系，是内因和外因的关系。

（二）遗传对人格的影响

行为遗传学同样使用双生子法和收养法研究遗传对人格的影响。迄今为止的一些研究都有力地表明，遗传几乎在人格机能各方面都有重要作用。[2]人格的40%的个体差异可由遗传来解释。[3]已有研究结果表明，遗传对西方大五人格所有因素都有影响，其中对"开放性"的影响最大，对"认真性"的影响最小。

表3-3　遗传对大五人格的影响

大五因素	遗传力
外向性	0.36
宜人性	0.28
认真性	0.28
神经质	0.31
开放性	0.46
大五平均数	0.34

资源来源： Pervin，1995：56

此外，还有些研究发现，基因还与攻击性、抑郁、精神分裂、孤独症和情绪调节能力等密切相关。而且，基因往往是与环境共同发挥作用的。其中，非共享环境，即同一家庭中不被子女们共同享有的环境构成，如出生顺序、性别差异等，对个体发展的影响较大，个体人格中约35%的变异是由非共享环境经验的作用造成的。[4]

1　Plomin R.，Nesselroade J. R.. Behavioral genetics and personality change. *Journal of Personality*，1990，58(1): 191-220.

2　孔宪铎，王登峰. 基因与人性. 北京：北京大学出版社，2009：112.

3　Pervin L. A.. *The science of personality*. John Wiley & Sons，NY.，1995.

4　Dunn J.，Plomin R.. Why are siblings so different? The significance of differences in sibling experiences within the family. *Family Process*, 1991, 30(3): 271-283.

（三）遗传与环境的相关性

遗传与环境并不是相互孤立的，实际上，我们遗传到的基因也能影响我们将体验到何种环境，其主要有3种作用方式。[1]

被动的遗传与环境的相关性，是指受父母或其他养育者的影响，孩子的生长环境与孩子自己的基因型相关。比如，热爱运动的父母可能会给孩子创造一个极具运动性的家庭环境，孩子们除了生长于一个极具运动性的环境之外，还可能遗传父母的基因，遗传与环境因而形成一种被动型相关。引发的遗传与环境的相关性，即个体受遗传影响的某些特质，影响了他人对其的行为反应。例如，笑口常开的婴儿比愁容满面的婴儿受到更多的注意和社会刺激。主动的遗传与环境相关，即儿童主动需求与其遗传倾向相符合的环境。例如，遗传倾向害羞与内向的孩子，可能主动避免大型的社交聚会，而选择阅读、音乐等可以独自完成的活动。

主动被动以及引发的遗传影响，在整个儿童时期各有其相对重要性。在生命头几年，婴儿要受到父母的照料，被动的遗传与环境相关性显得特别重要；当儿童渐渐长大，逐渐自己选择活动和兴趣爱好，主动的遗传与环境相关性对发展起更大的作用；而引发的遗传与环境相关性一直是重要的，受遗传影响的特质与行为，终其一生都会影响他人对个体的回应方式。

总之，遗传与环境的交互作用带来了发展的改变和发展结果的变异。遗传影响个体如何经历环境，个体所处的环境，也限制了独特基因型转变为遗传表现型的可能性。

第二节
环境的作用

🎯 学习目标

1. 了解家庭因素对个体的影响。
2. 了解学校因素对个体的影响。
3. 了解社会文化层面的环境因素对个体发展的影响。

一、家庭层面

我们每个人都在家庭中出生，在父母或其他亲属的陪伴下长大成人。即使到了垂暮之年，我们仍旧与家庭有密不可分的联系。我们是家庭的一部分，而家庭对我们每个人的成长发展也有着重要的作用。

1　周宗奎. 儿童青少年发展心理学. 武汉：华中师范大学出版社，2011：81.

（一）什么是家庭

从发展的角度来看，在所有的社会中，家庭最重要的功能就是养育后代，并使其社会化。家庭在不同的文化和历史年代中存在多种形式，艾伦（Allen）等人给家庭下的一个定义是：家庭是"因血缘、婚姻、收养或自愿选择而产生联系的两个或两个以上的个体"，他们存在情感的纽带，并对彼此负有一定责任。[1]根据布朗芬布伦纳的生态系统的观点，家庭也可以视为一个成员间相互影响的系统。这一社会系统远远大于各组成部分的简单相加，因为每一个家庭成员都会对其他所有成员产生直接或者间接的影响。

（二）亲子关系

亲子关系原意指的是亲代与子代之间的生物血缘关系，为遗传学专用术语，在心理学中用亲子关系表示父母与子女之间的相互关系。[2]相对于其他人际关系而言，亲子关系有其独有的特点，如不可选择性、永久性、亲密性和权利义务的特殊性等。亲子关系以血缘关系为基础，从子女孕育于母体的那一刻起就产生了，每一个体都无法选择自己的父母，这是不可选择性。任何人从出生到死亡，其亲子关系便贯穿其生命全程，不被任何事物所变，这是永久性。再者父母与子女之间具有天然的、本能的联系，这不仅包括由生物遗传所决定的对下一代的抚养责任，还包括血浓于水的骨肉亲情及在交往过程中双方深刻而紧密的依恋与依存，这是亲密性。最后，父母对年幼孩子的抚养教育，以及子女成年后对父母的关怀照料，这些关系不仅受到社会道德的约束，还要受到法律的约束，这是亲子间权利与义务的特殊性。[3]作为孩子最早接触的人，父母是孩子的第一任老师，并且父母通常会长期相伴于孩子的人生岁月中，因而亲子关系对孩子成长的重要性是不言而喻的。

（三）教养方式

父母对孩子的影响大部分体现在其教养方式上，我们通常把教养方式分为三种：专制型、权威型以及放任型。

专制型教养方式是一种严格限制的教养方式。父母设定很多规则，要求孩子严格遵守，很少向孩子解释为什么遵从这些规则是必要的，而且经常运用惩罚和强制策略（如宣示权利、收回关爱）以获得孩子的顺从。这种类型的父母对孩子持有与自己不同的观点不敏感，只是希望孩子把自己的话奉为金科玉律，尊重自己的权威。

权威型教养方式的父母通常会对孩子提出许多合理的要求。他们会认真向孩子说明为什么需

1　（美）戴维·谢弗. 社会性与人格发展. 陈会昌，等译. 北京：人民邮电出版社，2012：388.
2　孟育群. 少年亲子关系研究. 北京：教育科学出版社，1998.
3　李燕. 亲子关系的教育哲学分析. 苏州：苏州大学，2005.

要服从他们所设的限制，并确保孩子遵守原则。与专制型父母相比，这种类型的父母对孩子的观点更为接纳、反应更加敏感，而且在家庭决策的过程中常寻求孩子的参与。由此可见，权威型的父母对孩子施加控制的方式是理智、民主的，而非严厉、专制的，他们赏识并尊重孩子的观点。

放任型教养方式是过于宽松的教养方式。父母很少对孩子提要求，允许孩子自由表达自己的感受和欲望，他们不会密切监控孩子的活动，很少对孩子的行为进行严格的控制。

研究表明，权威型父母培养出的孩子快乐、乐于合作、有社会责任感。相反，专制型父母培养出来的孩子通常喜怒无常、不友好、做事无目标，一般不太讨人喜欢。而放任型父母的孩子通常专横跋扈、以自我为中心、独立性差、缺乏自我控制。总体来说，给予孩子关爱与适度、理性控制相结合的权威型教养方式，是和积极的发展结果联系最紧密的教养方式。孩子需要关爱，且同时需要限制。若没有一套规则帮助他们规范和评价自己的行为，孩子可能变得难以自控，缺乏明确的成就目标。

（四）家庭环境

父母婚姻关系的和谐性与相互支持对孩子的成长发展也会有重要作用。一个冲突不断、不和睦的家庭环境对父母和儿童均会产生不良的影响。研究表明，父母之间的高度冲突与他们对孩子的消极情感存在相关，且父母的冲突还会影响孩子的攻击性与犯罪行为，导致儿童在同伴中不受欢迎。父母冲突比极端放纵或压制孩子对儿童造成的危害更大。

现在，越来越多的研究者关注父母离异对儿童成长的影响。高月梅等人的研究发现，离异家庭中，4~6岁的儿童与同龄的非离异家庭的儿童在心理发展上存在差异，离异家庭儿童的学习情况和认知发展的某些方面明显表现较差。且在社会性发展方面，离异家庭儿童的同伴关系明显差于正常家庭的同龄人。对离异家庭的中学生的调查也表明，他们有明显的心理健康问题，主要表现为不良情绪、性格品行障碍、学习障碍和社会适应不良。总体来看，在不同年龄阶段父母离异的儿童均处于不良的发展境地。

👁 **专栏3-1**

揭开单亲家庭孩子的迷思

单亲家庭孩子最容易出现的迷思：

1．都是我的错，是我不乖。

2．爸爸妈妈离婚，真丢脸。

3．我什么都比别人差，因为我没有爸爸（妈妈）。

4．没有爸爸（妈妈），再也没有人会爱我了。

5．这一切都是他（爸爸或妈妈）害我的。

6. 男人（女人）都不是好东西。

7. 家里都这样了，做得再好也没有用。

8. 爸爸（妈妈）分开就是不要我了。

9. 别人欺负我，都是因为我没有爸爸（妈妈）。

单亲家庭的孩子带着这些错误的想法及疑惑长大成人，单亲父母也因错误的迷思悲伤失落地活着，而别人的"标签"和负面的态度，也影响着这类人群在社会上的适应。所以，在单亲家庭摆脱困境之际，破除人们心中的障碍和迷思是根本之道。

面对破碎的家庭，最感到无助的就是孩子。处于单亲家庭中的孩子心里会有什么感受？青少年心理专家分析，孩子以下几种情绪最为突出。①被拒绝感。这是单亲环境中成长的青少年最深刻的感受之一。不论孩子的父（母）亲是逝世或离婚，他们都有被拒绝感。青少年对于被拒绝——不论是表现出来或感觉到的，尤为敏感。由于单亲父（母）亲必须独力应付生活的重担，大部分时间可能都不在家，也有可能缺席一些重要的节日或场合——尽管孩子知道父（母）亲已经是尽力而为了，但在情绪上，被拒绝的感受可能仍然持续。②愤怒。在情绪混乱时，孩子会感到愤怒。当父（母）逝世时，孩子会觉得自己被欺骗，失去了父（母）的支持与关爱。而离婚更会加重这种情绪，尤其是憎恨离开的一方。然而，青少年很多时候都不会对离开的一方表达自己的愤怒，反而是向抚养他的父（母）发脾气，将家中的父（母）当成发泄怒气的对象。③缺乏安全感或不健全的自尊。打击他们自我价值感的有3种因素：导致父母离婚的环境，离婚的过程及父母离婚后的情形。他们可能觉得跟其他有完好无缺的家庭的朋友有很大不同。④退缩。当人们在一段关系中受伤害，本能的反应是退缩、拒绝说话、不愿付出爱与关怀。单亲家庭的孩子可能觉得与父母有距离，觉得突然被朋友疏远——尽管亲友或同学老师并没有以异样的眼光看待和判断他们，但他们仍可能疏远这些人。他们会感到命运不公，为什么这种事情发生在我的家里？在自我退缩的行为中，许多青少年会感到非常孤单，觉得自己没有朋友，十分无助。因此，在情绪上可能会忧郁。

家庭中拥有父母双亲，是一个健全、完美的组合。但很不幸，生活在不太完美的世界里，死亡、离婚、分居而形成的单亲问题层出不穷，多少孩子就在这些不同的环境中成长。成人的任务，就是要协助他们，走过最艰难的这段时光。一名儿童精神科医生曾指出："影响孩子情绪成长的决定性因素并不是父母的离异或去世，而是家中的整个家庭气氛。当父母之间的关系不好时，孩子也会感到十分困扰。"她称之为"情绪上的离异"，并认为这对孩子造成的困扰要比父母实际离异的困扰更大。

相信许多孩子在最初的一段时间都非常不适应，这时候，要多与他们接近，并倾心交谈。要让他们明白，可能与同龄人相比会感到委屈，但过后你可能会高兴地发现：比同龄人获得了更多锻炼的机会，更加自立、有担当、善解人意。

最重要的一项，是向孩子保证，虽然只有父亲或母亲，但是亲人朋友一直爱他。请不断传递这样的观念：一个人一生的幸福在很大程度上并不取决于他经历过什么，而取决于他怎样用行动和对生命的至诚塑造自己的未来。生活中意想不到的变化对我们产生何种影响，并不取决于这些变化本身，而取决于我们对这些变化的态度和应对策略。

资料来源： 中国单亲家庭网http://www.re-love.net/

（五）独生子女与非独生子女

关于独生子女的心理发展特点和教育的研究引起了广泛的重视，但是国内外的研究结果存在很多不一致。通常分为两种观点，一种认为独生子女就是有问题的儿童，另一种认为独生子女与非独生子女相比并没有什么差异，甚至比非独生子女更优秀。国内的研究者一般着重于独生子女与非独生子女的行为特点的比较，认为独生子女在智力发展方面比非独生子女更有优势，但在社会性发展方面更容易产生任性、依赖性强、自我中心、情绪不稳定等问题。有研究者对1924—1984年60年间西方发表的独生子女的研究文献进行了元分析，结果表明，在成就和智力方面，独生子女明显优于多子女家庭的孩子和末生子女，而与两个孩子的小家庭的孩子和长子女之间差异不显著。在社会性和适应性方面，独生子女与非独生子女并无显著差异。越来越多的学者认为，"独生"并不是关键，子女与父母互相作用的质量才是更为重要的因素。

👁 **专栏3-2**

留守儿童的现状

中国1.2亿农民常年于城市务工经商，产生了近2千万留守儿童。88.2%的留守儿童只能通过打电话与父母联系，其中53.5%的人通话时间在3分钟以内，并且64.8%的留守儿童是一周以上或者更长的时间才能与外出的父母联系一次，有8.7%的儿童甚至与父母就没有联系。49.7%的孩子表示想和外出打工的父母在城市生活，但也有44.1%的被调查对象明确表示不想和外出打工的父母在城市生活。有24.2%的留守儿童与照顾他们的成人很少或从不聊天。

留守儿童被监护主要有3种情况：一是隔代监护型，二是亲朋监护型，三是单亲监护型。这些临时监护人一般受教育的程度不高，往往是把被监护人的人身安全和"吃饱穿暖"放在最重要的位置，认为只要孩子平安就可以向孩子的父母有所交代了，而对于孩子的学习成绩好坏、行为习惯养成、心理和精神上的需要却很少关注，任其发展。

因此，留守儿童在身心方面都表现出了许多不尽如人意的地方。据问卷调查结果显示，大部分的留守儿童学习成绩中等偏下，其中17%的小学生成绩较差，4%的小学生成绩很差；留守儿童中有1%的人上学经常迟到，有时迟到的高达27%，11%的留守儿童有过逃学的经历。31%的人平时有说谎的习惯，15%有过偷东西、破坏公物等不良行为。他们大多跟祖辈生活在一起，隔代教育最容易出现的就是溺爱，江西全南一所学校曾有过爷爷奶奶到学校帮孩子做值日的情况。此外，很多留守儿童在留守过程中逐渐形成了孤僻、冷漠、无法与人建立正常交往的性格。留守儿童的现状令人担忧，身在他乡的父母应当更多地关爱自己的孩子，发挥好父母爱与支持的作用，同时社会和政府等也应支持与保障留守儿童的权益。

附：留守儿童的信件

敬爱的爸爸妈妈：

今天老师教我们写信了，这是我写的第一封信，写给你们。女儿想问你们：什么时候回来看我？

爸爸妈妈，你们去遥远的地方打工，一走就是两年，怎么还不回来？有时候受到同学的欺负，也想到你们，想跟你们说说，可是我连你们在哪里都不知道。不过我知道爸爸妈妈全是为了我，在外地劳碌……

有一天，我路过学校的小卖部，看到"公话"的牌子，牌子下面放着电话机，很多同学经常在那里接到亲人的电话，我也梦想有一天接到你们打过来的电话，也想给你们打电话，但不知道电话号码。

爸爸妈妈，这是我第一次写信，你们走后的两年里，我又长高了，在学校里认识了更多的同学。我的样子你还能记得吗？以后我天天写信，告诉你们我在家的情况。

想你们的女儿：苏苏（化名）

资料来源：新浪网 http://news.sina.com.cn/z/liushouert/

二、学校层面

在家庭以外的生活中，孩子接触最多的就是学校，因此学校也会对其发展产生重要的影响。从6~7岁开始进入小学，升入初中、高中，考入大学，甚至继续接受研究生教育，我们会在学校中度过很长且重要的一段人生旅途。不同于家庭，学校具有更多的集体性质，其对儿童发展的影响可以说是全方位的。

（一）学校的作用

学校是有组织、有目的、有计划地教育学生的机构，是新一代儿童与社会相互联系的中间环节。学校不仅教会学生基本的知识以及一些学习技能，而且在学校与同学、老师的相处中，学生学会遵守规则、与他人合作、尊重权威、成为一名合格的公民等，所以学校也会影响学生的社会化过程与情感发展。

作为学习的场所，学校教育是否加速了学生的智力发展？是否提升了学生的思考方式与问题解决策略？为了回答这些问题，有研究者对一些尚未完全普及义务教育的国家的儿童智力发展进行了研究。这类研究发现，家庭背景相似的孩子，一般上学的儿童比未上学的同龄人更快达到皮亚杰认知发展理论中的各个阶段。儿童受到的教育越多，其认知成绩越好。在一项研究中，学期延长（共210天）的美国在校儿童与那些起初具有同等能力的正常学期（180天）的儿童相比，一年后的学习成绩更好，并且在一般认知能力测验上的分数也更高。由此可见，学校教育确实能够通过传授知识技能，促进个体的认知发展。作为社会单元的学校，学校教育并不是目的，学生最终要步入社会。学校要教会学生适应新环境的能力，发展学生独立的社会人格，以促进社会和谐、进步。

（二）教师的影响

学校里最重要的角色是教师，教师对不同学生的影响存在很大的差异。实验证明，教师对学生的期望和行为反应受学生家庭背景、人格特点、性别、外貌等的影响。在一般情况下，教师更倾向于接触那些成功、令人满意、较少提要求的学生，常常忽视那些安静、内向的孩子，对那些经常不守纪律的"问题学生"较反感。

教师的期望会影响学生的学业成就与表现。罗森塔尔效应就是指由于教师对学生抱有主观期望而导致学生在学业和行为方面发生改变的现象。一般而言，这种效应主要是因为教师对高成就者和低成就者分别期望着不同的行为表现，并且有意无意中以不同的方式对待他们，从而影响了学生的表现。高成就者不仅得到更多的指导，而且有更多机会回答问题和参加班级活动。与之相对的，教师并不期待为低成就者知道答案和参与活动，因而为他们提供的机会和鼓励都更少。

三、社会层面

现代科学技术的日新月异，电视、计算机等媒体逐渐融入每个人的日常生活，这些无处不在的媒体成为影响人类，特别是儿童青少年心理发展的重要因素，同时，文化因素对儿童青少年的发展也存在潜移默化的影响。

（一）电视对个体发展的影响

电视是否已经改变了我们的生活方式和家庭生活？一项早期的研究发现，大部分家庭在购置了电视机以后改变了就餐时间与作息模式。有电视的家庭，父母与子女进行其他娱乐活动（如家庭郊游、游戏）的时间也有所减少。布朗芬布伦纳曾经指出电视的危害在于"它阻碍了很多行为，包括交谈、游戏、家庭节目和争论，孩子的很多学习是通过这些活动进行的，其性格特点也通过这些活动形成。打开电视可能会延缓儿童转变为成人的过程"。

越来越多的研究表明，适当地看电视既不会损害年轻人的头脑，也不会削弱其社会性发展。我们需要注意，电视这种媒介到底产生正面还是负面的影响，关键在于儿童观看的内容以及他们理解收看内容的能力。一些暴力的节目内容或者精心设计的教育节目明显会对儿童产生不同的影响。电视节目对儿童的攻击性、性别角色、学习成绩、同伴关系等都有显著影响。美国著名的电视教育片《芝麻街》就取得了良好的效果，对于改善幼儿的认知能力起到了很好的作用。这对我们的启发在于，要注意组织安排儿童所收看的节目内容，避免不利影响，使电视更好地发挥社会化的作用，促进儿童的健康成长。

（二）计算机、互联网与个体发展

和电视一样，计算机也是一种能影响儿童生活的现代技术。随着互联网的普及，不少孩子接触网络的年龄越来越小、时间也越来越多。儿童可以使用电脑搜索信息、玩网络游戏、看电影、听音乐等。

很多研究发现，玩电脑游戏可以增强儿童的空间操作能力。而使用电脑游戏教学也可以提高学生的学习动机和兴趣。由此可见，计算机对儿童发展可以有积极的作用。当然，也有研究者指出电脑对心理发展的消极作用。儿童单独长时间使用电脑，对他们的思维和情感会产生不良影响。有关专家认为，孩子长时间与电脑打交道，其思维方式将被计算机的符号式思维所主导，零碎的符号式机器思维会代替人的逻辑思维能力，损害孩子的想象力与创造力。另外，还会破坏孩子的书写、拼字及阅读能力，并分散孩子的注意力。

关于电脑游戏的利弊的争论一直持续了20多年，目前尚未达成一致意见。有人指出，网络游戏成瘾影响儿童青少年的健康与学业，甚至可能诱发违法犯罪行为；也有人认为，电脑游戏并没有那么可怕，没有必要彻底禁止电脑游戏，关键在于给孩子正确的引导。对于电脑的使用，家长老师要注意给孩子提供正确的引导。首先要形成正确的认识，电脑是为人类服务的，不能成为电脑的俘虏、被其禁闭，要学会正确合理地使用电脑。

（三）文化的影响

布朗芬布伦纳的生态系统理论将文化因素看作影响个体的宏观系统。文化规定如何对待儿童、需要教给儿童什么以及儿童应该努力的目标。因此，文化因素会对镶嵌其中的微观系统、中间系统和外层系统产生影响，从而对个体的发展产生影响。

如在西方，特别是在欧美国家，由于普遍强调儿童的独立性，同伴关系的作用和影响相对更为突出和重要。而在亚洲，特别是在中国、日本等国，由于普遍对儿童保护有加，强调家长和教师的权威性，儿童依赖性相对较强，亲子关系和师生关系的影响在相当长时期内、在普遍程度上高于同伴关系。[1]

此外，不同文化背景具有不同的自我观取向，研究者区分了独立自我和互依自我的概念——独立自我相信人天生的独特性，它鼓励个体通过关注自我、表达独特的内心态度来寻求和维持自己与他人的区别。而东方文化则强调人与人之间的互相依赖，个人的存在价值要通过与他人的相互关联性、个体承担和实现的社会责任来评价，上述评价越高，对自我的认同就越积极。对于西方人，自我意味着更多的个性特质、独特性和区别性；对于东方人，自我包含更多关联性、归属性和社会性。同时，不同文化背景对性别角色的要求是不一致的，如中国传统社会观念对男女角色期望不同，人们总是期望男性更加自立、自强，不能轻易示弱，而对女生在这方面的要求相对较少，同时社会和家庭对男性也有着更高的社会期望。这也会对个体的发展产生直接的影响。[2]

除此之外，社会发展过程中的时代特征也是一个重要的影响因素。我们前面提及的影响个体发展的家庭、环境等因素，以及社会因素中的社会媒介因素都会随着时代的发展而变化。比如，独生子女、留守儿童和流动儿童就是特定时代的产物；再比如，随着现代信息社会的发展，网络已成为人们日常生活中不可或缺的生活工具和平台，新一代的孩子们从出生开始就会接触各种各样的网络信息工具，相对于他们的父辈，他们就是"数字土著"的一代，与他们的父辈相比，他们的发展势必会出现一些新的特点。

综上，家庭、学校、社会共同构成个体发展的生态系统。这个有机的系统，每个成分之间互相联系、互相作用，共同影响着个体的成长发展。对于环境的影响，我们需要以综合的视角来考虑，才能正确全面地理解其对个体的影响。

第三节
生理发展

🎯 学习目标

1. 了解个体在不同阶段生理发展的一般特点。
2. 了解青春期生理发育对心理的影响。

生理发展是个体发展的基础，也是个体心理发展的物质基础。个体的生理发展，也叫生物因素的发展，指人类个体的生理结构与机能及其本能的变化。个体的生理发展过程是一种内发过程，即个体按照自身预定的程序和节奏而自然成熟、成长

1 叶子，庞丽娟. 论儿童亲子关系，同伴关系和师生关系的相互关系. 心理发展与教育，1994（4）：50~57.
2 张镇，张建新. 自我，文化与记忆：自传体记忆的跨文化研究. 心理科学进展，2008，16（2）：306~314.

的过程。本节将阐述各个阶段个体生理发展的特点，并着重阐述生理剧变的青少年阶段个体的心理发展特点。

一、各阶段大脑的发育

脑和神经系统是心理发展的物质基础。大脑的发育始于受精卵形成之后的几周内，持续到青春期。大脑基本结构的发育在胎儿生命的最初6个月内基本完成，神经联系和功能上的变化在胎儿期最后3个月和出生后第1年完成，更复杂的神经突触发生和髓鞘化过程则完成较晚，直至青春期末，都呈现出明显而非线性的变化；成人的大脑发育完全后，大脑依然在发展变化，大多研究关注其衰老过程。

大脑的发展主要表现在结构和机能的变化，在形态结构上表现为脑重、头围等的变化，机能上表现为脑电、皮质发展、功能侧化以及衰退过程中的大脑适应性变化等。

（一）脑形态的变化

1. 人脑重量的发展趋势

出生时新生儿的脑重约为390g，已达成人脑重的25%，第1年增长速度最快，以每天约1g的速度递增，6个月时达到700~800g，达成人脑重的50%，12个月时可达到800~900g；2岁时脑重可达1050~1150g，相当于成人脑重的75%；此后，发展速度减缓，6~7岁时儿童的脑重接近于成人，约1280g，达成人脑重的90%，9岁时约1350克，12岁时达到1400g，15岁时才达到成人水平，到20岁左右停止增长。从总体上来看，儿童的脑重随年龄增长的速度是先快后慢的，到青春发育前期（12岁左右），脑的平均重量已经达成人水平。这些发展变化在一定程度上反映了各阶段大脑内部结构发育和成熟情况。

进入成年期后，个体在20岁到90岁，脑重会减少5%~10%，老人的脑体积比年轻成人减少15%左右。对于脑衰退的解释，科学家们推测可能是脑内突触的减少、轴突外髓鞘的损坏以及脑细胞死亡等原因。大脑衰退的过程中各脑区的情况各不相同，前额叶的萎缩最为严重，而前额叶与老人的工作记忆有关，故在老年期会发生记忆能力下降。大脑衰老的过程也伴随着神经递质数量的变化，譬如乙酰胆碱、多巴胺等。[1]

2. 头围的发展

出生时新生儿的头围已经达到34cm左右，达成人头围的60%；12个月时达46~47cm；24个月时达48~49cm；此后，增长速度减缓，10岁时达52cm。新生儿如果头围过小（小于32cm

---

1　（美）约翰·W.桑特洛克. 毕生发展. 桑标，等译. 上海：上海人民出版社. 2009.

或3岁后仍小于45cm），被称为小头畸形，大脑发育将受到严重影响，出现智力障碍；新生儿如果头围过大（超过37cm），称为巨头畸形，婴儿可能患有脑积水或区脑畸形等脑部病变。此外，这些也不排除个别婴儿是由于体重过重或过轻而引起头围异常的可能。

3. 脑皮质的发展

脑的发展主要表现为脑皮层结构的复杂化和脑功能的完善。儿童脑重的增加主要源自神经细胞结构的复杂化和神经纤维的伸长。新生儿大脑皮层表面较光滑，沟回较浅，构造简单，随着大脑的发育，神经细胞突触数量及长度增加，细胞体积增大，神经纤维可以在不同的方向越来越深入到皮层各层，其髓鞘化也会逐渐完成。髓鞘化是指髓鞘发展的过程，它使神经兴奋在沿神经纤维传导时速度加快，并保证其定向传导，是脑内部成熟的重要标志。儿童在6岁末便基本完成所有皮层传导通路的髓鞘化，在6~20岁，脑的重量仅增加10%，但脑细胞的结构和机能却在不断地复杂化，尤其在18~25岁，复杂化的过程更为显著。[1]也就是说，虽然个体的脑重在青春期后增长并不显著，但是在质的方面却得到很好的发展，大脑和神经系统的发育逐渐成熟。

（二）大脑机能的发展

1. 脑电频率

脑电频率是脑发育过程的重要参数，脑电波的形式多样，其中α波是人脑活动的最基本的节律，频率为8~13次/秒。成人α波频率相当稳定，一般说10±0.5次/秒的α波节律是人脑与外界保持最佳平衡的节律；θ波的频率一般为4~7次/秒，正常成年人一般在觉醒状态下很少出现θ波；δ波的频率一般为0.5~3次/秒，意味着皮层活动性降低，觉醒状态下极少出现。若以儿童的脑皮质细胞的电活动频率基本上达到α波范围与θ波基本消失作为指标，儿童的枕叶到9岁基本上成熟，颞叶到11岁基本上成熟，而全皮质（枕叶、颞叶与顶叶）则到13岁才基本成熟。由脑电波的变化可以看出，正常儿童大脑发育的成熟部位由后往前，分别是枕叶—颞叶—顶叶—额叶。脑电波的发展有两个显著加速的时期，5~6岁时是枕叶α波与θ波之间的斗争；13~14岁时，除额叶之外，整个大脑皮质的α波与θ波对抗结束，脑发育基本成熟。而大脑发育异常的儿童则可能在始端中断（痴呆愚儿童）或者是在线路的某个转折部分中断（迟钝儿童）。[2]

2. 皮抑制机能的发展

皮抑制机能的发展是大脑皮质机能发展的标志之一。它可使反射活动精确完善，并使脑细胞得到必要的保护，是儿童认识外界事物和调控自身行为的生理前提。儿童的内抑制发展在3岁前较缓慢，4岁起开始蓬勃发展，皮质对皮下的控制和调节作用逐渐加强，儿童的兴奋

---

1 2　周宗奎. 儿童青少年发展心理学. 武汉：华中师范大学出版社，2011：6.

和抑制机能不断增强，睡眠时间逐渐减少，清醒时间相对延长。但相比之下，幼儿的抑制机能还是比较弱的，如果要求幼儿期的儿童长时间保持一种姿势或集中注意做作业等，往往会引起高级神经活动紊乱。

3. 大脑的功能单侧化

大脑的两个半球之间的差异随年龄的增长不断变大，专门化程度越来越高，被称为是功能侧化，即某些功能更多分布在一侧半球的过程。对于大多人来说，左半球主要涉及的是和语言能力相关的任务，如说话、阅读、思维和推理等，右半球则负责空间关系理解、图案和绘画、音乐等。两半球处理信息的方式存在差异，左半球序列地加工信息，右半球倾向于全局加工信息，进行整体的反应。

4. 可塑性和敏感期

大脑可塑性发展一直是发展教育的一个关注重点。脑的可塑性主要是指脑结构损伤所致的神经缺陷的功能性适应。在婴幼儿期，脑的发育最快，脑神经的可塑性也最强。研究表明，5岁前是智力发展的关键期，许多智力较差的孩子是由于在大脑发育的关键时期，环境单调，接受刺激较少，从而错过了大脑的最佳发育时机。早期的经验在脑部发育中扮演着重要角色，在对动物的研究中发现，如果在早期对动物进行视觉剥夺，不超过7个月，视觉萎缩可以矫正，但如果超过1年，则会导致全盲，并且不可以矫正。故在儿童期，应该给予大脑足够的刺激环境。早期的行为干预可以促进大脑的发育。大脑神经细胞之间的联系，很大程度上是由婴幼儿生活经历决定的，丰富的环境刺激可以改变神经细胞的大小，脑结构总质量和突触的数目，增加神经细胞之间的联结、神经通路和髓鞘化的形成。在产前、产时和出生早期造成的结构损害，在某种情况下仍可以在生理结构上得到修复或在功能上得到完善。

敏感期是指在个体生命早期的有时间限制的特殊时期。在此阶段，与个体发展的一些特殊方面特别容易受到环境的影响，其可能与某种行为相联系，如完整的视觉能力的发展；也可能与身体结构的发展相联系，如大脑的构造。对于敏感期存在几个重要的争论，一方面认为除非婴儿在敏感期内得到一定程度的环境刺激，否则可能会使婴儿遭受损害或者无法发展出某些能力，并且永远都不能恢复；但另一方面，有人也提出质疑：在敏感期给予过高水平的刺激所获得的发展是否真的会同预期一样，胜过普通程度刺激的发展水平，如胎教和早教是否真的能提高儿童的大脑发育水平。

在衰老过程中，大脑也会表现出几种适应方式。大脑会持续形成新的脑细胞，但是这种代偿作用的程度会受环境刺激的影响；在40~70岁大脑的树突数量一直在增加，可以补偿神经元死亡造成的影响，但90岁后树突不再增加，补偿就会停止；40~50岁，前额叶和边缘系统之间的髓鞘化，使得情绪反应和推理能力有效地整合，这个过程有助于人的成熟，中年期的成熟在现实生活中特别明显；大脑偏侧化程度下降，可以同时使用两侧半球进行信息加工使老年人的认知能力得到改善，但这也部分地表现出随年龄增长，大脑的功能定位能力下降了。

二、各阶段身体的发育

（一）身高

人体从出生到成熟，生理发育速度有快有慢，有两个阶段处于身体成长的高峰期。一个是出生后的第1年，另一个是青春发育期。除此之外，生理发育的速度都比较缓慢。而在发育期的生长则是婴儿期以来最为迅速的。身高在发育期持续增加，到成年期不再长高，到了老年期，有一定程度的降低。

婴儿的身高没有体重增长得速度快，在出生后的第一年内可增长25cm左右，第二年内可以增长10cm左右。研究发现，新生儿的身高与其成年后的身高没有密切关系。

青春期是身高的第二个快速增长期。身体快速长高是青春发育期身体外形变化最明显的特征，被称为青春期生长陡增。在青春发育期前，平均每年长高3~5厘米，到了青春期，每年长高至少达6~7厘米，多则可以达到10~11厘米。

男女性在身高变化上是不一样的。童年期男女的身高是差不多的，男性稍高于女性。到了青春期，女性较男性更早地进入青春期，故在青春发育前期，发生明显变化。女性从9岁开始，进入生长发育的突增阶段，11~12岁则达到突增的高峰；男性则较女性晚了将近2年，从11~12岁才开始突增，大约在14岁身高将超过女性。身高达到一定的年龄便不再变化，女性一般在19~23岁停止长高，男性则一般能长到23~24岁，甚至持续到26岁。由此可以看出，身高的变化既存在一般的趋势，也有早晚之分和性别差异。

为什么有些儿童的身高过于矮小呢，其最主要的原因包括先天因素（遗传和孕期造成的），儿童期生长素不足等。生长激素缺乏症是指脑垂体不能分泌或分泌较少促进身体生长的生长激素，可能在婴儿期或儿童晚期出现。长期生病的儿童、遭受身体虐待的儿童，也不能分泌足够的生长激素，导致身体矮小。

大多数个体在20多岁达到他们的最高身高，并一直保持较为接近的身高直到55岁左右。在此之后，身高开始沉淀，身高下降的过程往往十分缓慢，最终女性约降低5cm，男性约降低2.5cm。身高下降的原因在于脊椎和骨头的连接变得不再紧密，而女性患骨质疏松症的风险较男性更大，身高下降得更多。

（二）体重

刚出生的足月男婴体重为3.3~3.4kg，足月女婴为3.2~3.3kg。正常喂养条件下，5个月时体重可翻1倍，12个月时可翻2倍，此后速度减缓，到30个月时体重是出生时的4倍

（13kg左右）。

青春发育期是个体体重的第二个快速增长期，体重增长所遵从的时间表与身高增长相似，体重显著增长意味着青春发育期的开始。儿童期每年体重增加不超过5kg，青春期则可达到5~6kg，增长迅速的可以达到8~10kg。与身高相似，体重的变化也存在性别差异，10岁前，男性和女性体重相差不大；10岁以后，女性体重增长早于男性2年左右。

体重的增加，反映了内脏、肌肉和骨骼的发育情况以及营养和健康状况，它是个体发育好坏的标志之一。有研究显示，女性第一次月经的出现及其持续出现，女性身体脂肪含量需占17%。体重严重下降的厌食症少女或从事特殊运动导致体内脂肪含量过少的女性都可能产生闭经现象。营养不良也可能会造成个体的发育迟缓等。所以在青春期应特别注意增加营养物质的摄入，并参与适量的体育锻炼。

个体进入成年中期以后，体内的平均脂肪也会增加，产生"中年发福"，导致个体肥胖。这种肥胖也并不是必然的，生活方式的选择在此期间起到重要作用。中年期保持适量的运动锻炼可以避免中年肥胖的现象。

（三）性发育与激素

除了身高和体重外，个体的身形也会发生明显变化。身体外形的改变在青春期最为明显；特别是随着青春期性的成熟和激素的分泌，男女两性的第二性征逐渐表现出来。

第二性征是性发育的外部表现，青少年开始从中性状态进入两性分化状态。男性表现为生须、喉结突出、骨骼粗大、肌肉发达、肩膀变宽、声音低沉等；女性则表现为乳房隆起、骨盆变大、臀围增加、皮下脂肪丰富、体态丰满、嗓音尖细等。这些使得男女两性在外形上差异越来越大。

为什么人体会产生这些变化呢？现代生理学研究认为，促使全身变化的原因在于激素。激素是高度分化的内分泌细胞合成并直接分泌入血的化学信息物质，它通过调节各种组织细胞的代谢活动来影响人体的生理活动，对机体的代谢、生长、发育、繁殖、性别、性欲和性活动等起重要的调节作用。在青春期以前，男女两性分泌的性激素非常有限，而进入青春期后，个体下丘脑分泌促性腺释放激素，作用于垂体前叶，促使其分泌促性腺激素，进而导致性激素水平提高，促进性腺发育。

青春期分泌系统的作用包括下丘脑、脑垂体、生殖腺等。下丘脑主要监控饮食和性活动；脑垂体控制个体的生长，并调节其他腺体的活动，它一方面能够通过释放促性腺激素刺激睾丸和卵巢，另一方面通过与下丘脑的交互作用来促进个体生长以及骨骼成熟，或者与甲状腺交互作用产生生长效应。此外，影响个体生长的激素还有肾上腺皮质分泌的皮质醇，发育中的睾丸酮和雌二醇。生殖腺即性腺，指的是男性的睾丸和女性的卵巢。男性和女性体内的两类性激素的浓度存在显著差异，男性以雄性激素为主，女性以雌性激素为主。

与激素变化相联系的青春期可以分为两个阶段：肾上腺皮质功能初现和性腺功能初现。前者是指位于肾上腺所分泌的激素变化，发生的较早，在6~9岁时出现，意味着个体进入发育期。性腺功能初现较前者晚约2年，在此期间，性腺的发育成熟促使男性发生遗精，女孩经历初潮。

个体发育和性成熟的时间受遗传和环境因素的影响，从当前整个青少年的成长趋势来看，儿童生理成熟的平均年龄越来越小，卫生、营养和健康护理等发展使青少年的生长高峰期提前，这也使青春期少年身心发展的不平衡性及矛盾性更加明显。生殖系统是人体各大系统成熟最晚的，它的成熟标志着人体生理发育的完成。

人的一生中第二次激素分泌变化较大的时期发生在成年中期，即更年期，它是人到中年后生育能力下降的转折点。女性停经通常发生在40岁末50岁初，从此女性的月经周期停止。发育期开始得越早，停经发生得就越晚。随着现代人的营养状况和卫生条件较好，现代女性的停经时间，较以前推迟。停经以后，卵巢分泌雌激素的水平大大下降，由此可能会产生潮热、恶心、疲劳、心悸和关节疼痛等症状，但并不是所有女性都会出现，对于大多数女性来说，停经的症状可能在停经发生的前10年就开始出现，此时的激素分泌就已经开始发生改变。男性更年期是指在中年晚期，50岁左右时，由于生理系统的变化产生的生理和心理反应的时期。这种变化是逐渐产生，很难判断确切时期。男性在此期间容易产生前列腺肥大，引起小便困难，包括排尿困难和夜间尿频。中年男性虽然性激素水平和性能力有所下降，但并不会完全丧失生育能力。

三、青春期生理发育对心理的影响

（一）青春期的生理剧变

青春期的这个阶段，既不同于儿童也不同于成人，其最大特点在于生理上的蓬勃成长、急剧的变化。如前所述，青春期是个体的一个发育高峰期——青春发育期在生理上的变化是多种多样的，又十分显著。在身体形态方面，如身高、体重、胸围、头围、肩宽、盆骨等都迅速增长；在技能方面，如身体系统、肌肉力量、肺活量、血压、血红蛋白等均有加强；身体素质方面，如速度、耐力、感受性、灵活性等变化很大；在内分泌方面，各种激素相继增加；生殖器官及性功能也迅速成熟等。上述生理机能的变化虽涉及很多方面，但归结起来主要有三类，总称为"三大变化"：身体外形的变化，内脏机能的健全以及性的成熟。青春期是人类个体生命全程中的一个极为特殊的阶段，处于这一阶段的个体生理发育十分迅速，在2~3年内就能完成身体各个方面的生长发育任务并达到成熟水平；然而，心理发展的速度相对较慢些，青少年的心理发展尚处于从幼稚向成熟发展的过渡时期。这样一来，青春期个体的心理发展就处于非平衡的状态，引起种种心理发展上的矛盾，使得青春期个体的心理呈现出一些独特的特点。

（二）青春期心理发展特点

青春期个体的心理呈现出的独特特点主要体现在以下两个方面。[1]

1. 生理急剧变化对心理活动的冲击

随着青春期的到来，青少年在生理上出现了急剧的变化，这一急剧的变化必然给他们的心理活动带来巨大影响。这一影响主要体现在两个方面。

首先，由于身体方面（身高、体重、机能等）的发展，青少年对自身产生了成人感，因此，在心理上他们也希望能极快进入成人世界，尽快摆脱童年时期的一切，寻找到一种全新的行为准则，扮演一个全新的社会角色，获得一种全新的社会身份及评价，重新体会人生的意义。然而，在这一过程中，他们感到种种困惑。

其次，由于性的成熟，青少年对异性产生了好奇和兴趣，萌发了与性相联系的一些新的情绪体验，并对性产生渴望，但是在现实情况中又不能公开表现这种愿望和情绪，所以，体会到一种强烈的冲击和压抑。

2. 心理上成人感与幼稚性兼具

生理的成长和成熟使得他们从心理上产生自己已经发育成熟的体验。成人感就是认为自己的思想和行为属于成人水平，应该被社会、环境和周围的成人平等相待、承认和接纳，要求相应的社会地位，获得成人式的信任与尊重。但其实他们的心理尚处于从幼稚的童年向成熟发展的过渡阶段，缺乏社会经验和理智（认知能力和思维方式）的成长，而这种成长与丰富需要时间和成人的引导，但他们对这一点知之甚少，于是就出现了成人感与半成熟状态的矛盾。这种发展中的矛盾冲突，是青春发育期的孩子们不能回避、人人必经的基本矛盾。在这一时期体现出来的心理矛盾和冲突具有以下几点。

（1）心理断乳与精神依赖的矛盾

在人的发展中有两次反抗期，第一反抗期从学会走路开始，两三岁是关键期，体验到自己能够独立，自信地生存而不是被照顾和替代，这一时期孩子主要争取自我主张和动作行为的自主性与自由权。

第二反抗期就是青春初期，这时的独立自主要求是全面的，不仅在于行为，更在于人格独立，成人感使他们的独立意识再一次强烈起来，不仅在物质上而且在精神上开始要求摆脱成人，特别是父母的羁绊，能够有自己独立自主的决定和选择权。但事实上在面临许多复杂的矛盾和困惑时，他们需要也希望得到成人精神上的理解、支持和保护。

1　林崇德. 发展心理学. 北京：人民教育出版社，2009.

（2）心理的封闭性与开放性之间的矛盾

封闭性就是说青少年在这个年龄很容易将自己的内心世界封闭起来，不向外界主要是不向成人世界袒露。主要原因是：成人感和独立意识所致；自己独立的感情世界；成人的不理解。

开放性就是指青少年很希望与他人交流、沟通并获得他人的理解与帮助，这种开放胸怀的愿望促使他们很愿意和同龄朋友推心置腹，其实也希望在一定程度上向自己认可的可信赖的成人朋友倾吐心声。因此，青少年在表现出一定的封闭性的同时，有时会表现出很明显的开放性。

（3）勇敢与怯弱的矛盾

在一些情况下，青少年表现出很勇敢的精神，但是这时期的勇敢精神中带有莽撞和冒失的成分，具有初生牛犊不怕虎的特点。一方面，这是因为他们在思想上很少受到条条框框的限制和束缚，在主观意识中没有过多的顾虑，因而能够果断地采取行动；另一方面，由于青少年在认知能力及各方面经验上的局限性，使得他们经常低估或者不能辨别某些危险的情景。

但是，在另外一些看似平常的场合下，青少年也常常表现出怯懦。常见的例子就是，青少年在公众场合羞羞答答，不够坦然和从容，未说话先脸红的情况在少男少女中是常见的。这种行为上的局促是他们缺少生活经验以及这个年龄阶段特有的心理状态所造成的。

（4）高傲与自卑的矛盾

由于青春期的少年尚不能明确地评价自己的智力潜能和性格特征，很难对自己做出一个全面而恰当的评估，而是凭借一时的感觉对自己轻下结论。如获得成功或良好成绩，就会享受超越一般的优越感与成就感和骄傲感。如果遇到失利或失败就会产生自暴自弃的挫折感及自卑感，这两种情绪体验常常交替出现，一时激情满怀，一时低沉沮丧。

（5）否定童年与眷恋童年的矛盾

进入青春期的少年，随着身体的发育成熟，成人意识越来越强烈。他们认为自己的一切行为都应该与儿童时自己的表现区别开来，力图从各个方面对自己的童年加以否定。无论是小时候的爱好、同伴交往，还是对问题的看法等，他们试图抹去过去的痕迹，期望以一种全新的姿态出现在现在的生活的各个方面。

对童年期的眷恋主要体现在青少年对童年时无忧无虑的心态的留恋。因为青少年在现实生活中，面临着生活、学习方面的压力，甚至感到彷徨、恐惧，他们希望能像小时候一样，得到父母的关照。所以青少年一边对以前的自己进行否定，一方面又留恋童年的单纯美好。

以上5个方面就是青少年这一时期心理发展矛盾性的体现，都可以归结为青少年具有的既成熟又幼稚这一根本特性。

（三）青春期性心理发展特点

此外，性的发育与成熟是青春期个体生理发展的重要方面，这会给其身心发展带来深远的影响。个体随着性生理发育而出现的一系列与性有关的心理现象，包括性情感、性兴趣、性兴奋和性意志。[1]青少年性心理发展到成人化经过的阶段有不同的划分，如美国心理学家赫洛克将其划分为4个阶段，包括性的反感期、向往年长异性的牛犊恋期、接近异性的狂热期和浪漫的恋爱期。我国学者将青春期到成年这一阶段的性心理发展分为4个阶段：异性疏远期（12~14岁），异性接近期（14~16岁），异性爱慕期（16~18岁），恋爱期（18岁之后）。每一阶段大致1~2年，女性比男性早1~2年。

青少年常见性心理困扰及问题包括三个方面。一是，性体像意识的困扰，这主要表现为青少年男女不能正确、客观地认识自己的身体及其第二性征。二是，性意识的困扰，个体在进入青春期后，伴随着生理的发育成熟，性意识也开始觉醒。青少年的性意识常见的有被异性吸引、常想到性问题、性幻想及性梦等。这些性心理活动在青少年学生中十分普遍，许多同学也能正确对待，但在一部分青少年中，性心理活动却成了困扰其心理、行为的不良因素，并且发生率极高。三是，性行为的困扰，青少年的性行为主要是自慰性行为、边缘性行为和婚前性行为，其中以自慰行为最为常见。自慰行为（手淫）是构成心理困扰的重要原因之一。

青少年性心理困扰的原因主要与青春期提前、性知识的匮乏、性诱惑与性观念的混乱、性知识的渴求与教育的滞后等有关。解决青少年的性心理困扰，应该注意传授科学的性知识，打破性神秘感，满足与异性交往的需求。同时充实精神生活，转移兴奋点，增强自制力，用意志调节情感并应控制性冲动。

专栏3-3

早熟和晚熟

你的发育期开始于什么时候？是早，是晚，还是刚刚好？早熟和晚熟会对青少年心理产生怎样的影响呢？发育开始的年龄和生理变化的速度具有个体差异。早熟和晚熟均会带来一系列的心理和社会问题。研究表明，早熟的男孩往往以更积极的方式看待自己，能够较好地处理同伴关系，父母和老师更倾向于赋予早熟的男孩更多的责任。而晚熟的男孩早期会存在很大的心理压力，致使形成较为消极的自我评价，在同伴关系中表现得孤独或借不合时宜的行为态度来获得关注，在跨入30岁以后能够获得较早熟男孩更积极的同一性，原因可能在于

1　杨雄，姚佩宽. 青春与性：1989-1999：中国城市青少年的性意识和性行为. 上海：上海人民出版社，2002.

晚熟的男孩有更多的时间来探索自己，也可能是早熟的男生过于关注自己的身体状况而忽视了职业发展和成就。早熟的女生更易出现某些行为问题，如抽烟、喝酒、抑郁、饮食障碍等，更易与父母产生摩擦，产生抑郁和焦虑情绪。而对自己外貌不满意的早熟女生来说更易形成较低的自我评价。她们往往比较独立，倾向于结识比自己年龄大的朋友，由于身体特征发育较早，也更易结交男性，导致出现早恋和性行为。可能存在的原因在于早熟的女孩身体成熟，但社会适应和认知没有相应成熟，易受问题行为引诱。

本章小结

遗传的作用	遗传是指生物子代相似于亲代的现象。细胞在分裂、增殖的过程中将载有基因的染色体准确配置到相应的位置，使亲代的遗传物质能准确地传给子代，从而保证生物性状的遗传延续不断。一般来说，基因有5种表现形态：单纯的显性—隐性遗传、共显性遗传、性联遗传、遗传印记和受多基因（或多元基因）影响的遗传。遗传异常是遗传疾病产生的主要原因，通常是由于染色体或基因的突变造成的。遗传行为学认为有3种主要的受基因决定的行为：单基因决定的行为，多基因决定的行为，染色体决定的行为。此外，个体心理发展过程中，遗传的影响也是不可忽视。遗传对个体智力、人格有重要影响，并与个体所处环境紧密相关
环境的作用	先天遗传给心理发展提供了可能性，而后天的环境则将这种可能性变为现实性。这些环境因素包括家庭、学校和社会因素等。从发展的角度来看，在所有的社会中，家庭最重要的功能就是养育后代，并使其社会化，家庭因素中的亲子关系、教养方式、家庭环境等，以及学校和教师因素对个体发展的影响。在社会层面，电视、计算机等媒体逐渐融入每个人的日常生活，这些无处不在的媒体成为影响人类特别是儿童青少年心理发展的重要因素；此外文化背景以及时代特征也是影响个体发展的重要环境因素
生理发展	生理发展是个体发展的基础，特别是脑和神经系统是心理发展的物质基础。大脑的发展主要表现在结构和机能的变化，在形态结构上表现为脑重、头围等的变化，机能上表现为脑电、皮质发展、功能侧化以及衰退过程中的大脑适应性变化等。在身体发展上，个体的身高、体重都会发生变化，特别是在青少年阶段，个体的身形也出现了明显的变化，青春期性的成熟和激素的分泌，男女两性的第二性征逐渐表现出来，并对个体的心理发展产生影响

总结 >

Aa 关键术语

遗传	生理发展	敏感期
heredity	physical development	Sensitive period

章节链接

在这一章，你读到……	在其他章节中，你将发现相关讨论……
各阶段身体的发育	第四章 感知觉、动作发展；第五章 认知的发展

应用 >

体验练习

一、单项选择题

1. 一些染色体上的等位基因，彼此间没有显性和隐性的关系，在杂合状态时，两种基因的作用同样得以表现，分别独立的差生基因产物，此遗传方式称为（　　）

  A. 共显性遗传　　　　　　　　　B. 性联遗传

  C. 遗传印记　　　　　　　　　　D. 单纯的显性—隐性遗传

2. 一个或多个基因里的化学机构的变化，它产生新的表现型。这被称为（　　）

  A. 基因异常　　　B. 基因突变　　　C. 基因变异　　　D. 基因进化

3. 在探讨通过比较心理特征的差异来确定遗传与环境对个体心理和生理特征发展的影响或作用时，经常采用的研究方法是（　　）

  A. 双生子研究　　　B. 对照研究　　　C. 基因研究　　　D. 纵向研究

4. 父母通常会对孩子提出许多合理的要求。他们会认真向孩子说明为什么需要服从他们所设的限制，并确保孩子遵守原则。这种教养方式是（　　）

  A. 溺爱型教养方式　　　　　　　B. 专制型教养方式

  C. 放任型教养方式　　　　　　　D. 权威型教养方式

二、简答题

1. 简要回答遗传对个体发展有什么影响？

2. 遗传因素会对个体的环境因素产生影响吗？有什么样的影响？

3. 简述个体发展过程中大脑结构和机能的变化？

4. 青春期个体心理有哪些独特特点？

三、论述题

1. 结合青春期生理上的蓬勃成长、急剧的变化，谈谈青春期生理发展对个体心理发展的影响。

2．随着儿童青少年接触的媒体暴力内容越来越多，儿童青少年出现攻击行为的比例在不断增加。请用本章所学内容解释这一现象。

拓展 >

补充读物

詹姆斯·卡拉特（James W. Kalat）. 生物心理学（第10版）（通用教材版）. 苏彦捷，等译. 北京：人民邮电出版社，2012.

　　生物心理学本身是一个交叉和综合性的学科，研究对象有人类和非人被试；研究方法可能是实验研究，也可能是非实验研究；研究的性质既有基础的也有应用的。广义的生物心理学包括生理心理学、心理药理学、神经心理学、心理生理学、认知神经科学以及比较心理学。生物心理学的研究课题非常广泛，包括脑与行为的演化；脑的解剖与发展以及和行为的关系；感觉加工、运动控制、动机行为、情绪、精神障碍、学习与记忆、语言和认知等心理现象和行为的神经过程和神经机制。这本教材涉及的内容广泛，复杂程度适中，比较浅显易懂，这对大多数将来不一定从事生物心理学专业研究的学生来说是比较合适的，也与作者希望吸引读者兴趣的初衷吻合。同时内容选择上还体现了作者对学科前沿热点的关注和及时吸收。而教材各种细节上的人性化安排给选择本书的教师和学生提供了方便，如每章的内容按照几个小的模块来组织，对教师授课时的选择，以及学生阅读参考时的取舍、选择和安排都提供了方便。

在线学习资源

1．北京师范大学精品课程——发展心理学

http://video.jingpinke.com/details?uuid=8a833996-18ac928d-0118-ac928fe5-02dc

2．BBC 人体漫游全集

http://v.youku.com/v_show/id_XMTIwMDgyMjk2.html

第四章

感知觉、动作发展

本章概述

　　本章针对感知觉发展，主要介绍了幼儿视、听、嗅、触、味5种感觉的发展，阐述了深度知觉、运动知觉和知觉恒常性对知觉发展的作用，分析了在感知觉发展过程中幼儿动作发展的特点。针对幼儿动作发展，本章主要阐述了大动作技能和精细动作技能的发展，在此基础上提出了动作教育，并列举了几类典型的动作教育方案。

结构图

ⓐ 感觉的发展　ⓑ 知觉的发展
感知觉的发展
1

**感知觉、
动作发展**

3
动作的教育
2
动作的发展

ⓐ 动作教育的
概述　ⓑ 动作教育的
重要方案　ⓒ 动作教育在学科
课程中的应用　ⓐ 大动作技能
的发展　ⓑ 精细动作技能
的发展

学习目标

学完本章，你应该能够做到：

1. 了解婴幼儿期感知觉发展的基本特点。

2. 掌握动作发展的基本规律，及其对心理发展各个阶段的意义。

3. 明晰动作教育的主要内容，并通过对几种重要方案的学习，领会动作教育对幼儿发展的重要意义。

读前反思

当你以"育婴专家"的身份，走进一间刚刚分娩的产妇所在的病房时，对方问的最多的一个问题就是："我的宝宝能看见东西吗？"关于刚出生婴儿的视觉能力的观点和说法多种多样，有的母亲听说"婴儿只能看见影子"，其他人则认为"婴儿在 3 个月前什么都看不见"。那么，刚出生的婴儿能看见东西吗？如果可以，他们看见的东西和成人看到的一样吗？刚出生婴儿的视觉又是怎样发展的呢？

资料来源：（法）米兰妮·于宾-盖特. 婴儿的心理世界. 徐海燕，译. 北京：中央编译出版社.
2013：33

　　许多研究学者认为，有些感知觉和动作技能是婴儿生下来就具有的，但有些是婴儿随着身体、大脑的成熟逐渐发展起来的。那么，具体哪些感知觉和动作技能是先天的，哪些又是后天发展起来的呢？本章将在第一、二节中回答这些问题，并在此基础之上，在第三节中阐述动作教育。从动作教育入手，分析怎样能更好地提高感知觉和动作技能，促进幼儿身心全面发展。

第一节
感知觉的发展

🎯 **学习目标**

1. 了解视、听、嗅、触、味5种感觉的发生发展过程。
2. 了解深度知觉、运动知觉、知觉恒常性的发生发展过程。

　　随着早期经验和早期教育研究的兴起，特别是新的研究手段（如录像、红外线、彩超仪等）的应用，已有研究发现，婴儿刚出生时在触觉、味觉、嗅觉和视觉等方面已具有非凡的能力，一些能力甚至在胎儿期就已发挥作用。尽管如此，与成人相比，他们的感官世界仍缺乏相较于成人的清晰度和稳定性，但随着年龄增长，这种感知觉能力会逐渐成熟完善。

一、感觉的发展

　　感觉是人脑对直接作用于感觉器官（如眼睛、耳朵、舌头等）的客观事物个别属性的反映。例如，我们看到红苹果时，对红颜色或球状物体的反映就是感觉。

（一）视觉

　　感觉主要包括视觉、听觉、味觉、嗅觉、触觉等。在各种感觉中，视觉对人的作用最大，在人所接收的外部信息中，80%都是通过视觉获得的，而且视觉在胎儿期就已经开始发展。刚出生的婴儿就能立即觉察眼前的亮光，区分不同亮度的光，还能用眼睛追随物体。但神经吻合术的数据显示，刚出生的婴儿大脑和眼睛的视觉结构都还未发育成熟，视觉在婴儿出生时的发展仍不完善，主要表现在以下几个方面。

1. 视敏度

视敏度是指精确地辨别物体在形体上的最小差异能力，俗称"视力"。

由于刚出生的婴儿还不能调节晶状体，所以婴儿的视觉调节机能较差，视觉的焦点很难随物体远近的变化而变化。有研究通过Snellen视力图表对婴儿的视敏度进行考察发现，在刚出生的婴儿眼里，一个距离自己6米左右（20英尺）的物体，相当于成人从约182米（600英尺）远处看该物体那样模糊。[1]刚出生婴儿的最佳视距为距离视网膜约20厘米处，相当于母亲抱着婴儿喂奶时，两人脸与脸的距离。[2]如果物体所处的位置超出或者不足这个距离，刚出生的婴儿都只能模模糊糊地感觉它。直到婴儿4个月大时，才能像成人那样，通过改变晶体的形状来看清不同距离上的物体，等到1岁左右时，婴儿就可以达到成人的视力水平。

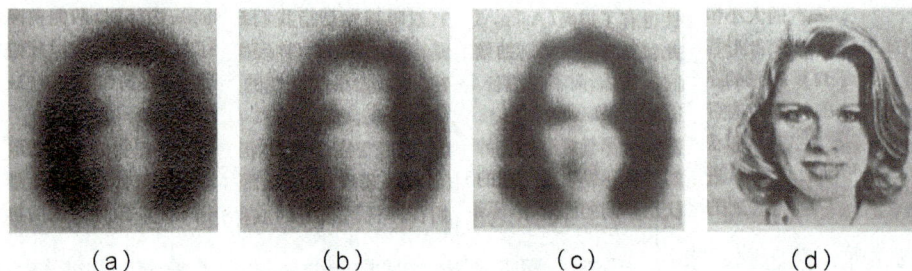

图3-1　婴儿视敏度

注： 计算机模拟了1个月、2个月、3个月和1岁婴儿所看到的人脸图。
图片来源：（美）约翰·W. 桑特洛克. 毕生发展. 桑标，等译. 上海：上海人民出版社. 2009：181

2. 视觉追踪

婴儿出生15天左右就能较长时间地注视活动的玩具，且能追视物体的运动，这种通过两眼肌肉的协调来跟随和追踪物体的能力，叫作视觉追踪。但由于婴儿在最初2~3周内眼肌协调能力差，眼球运动不协调，常常出现"斗眼"的状况。

随着婴儿的成长，对物体视觉追踪的时间和距离逐渐延长。以距离为例，3~5周的婴儿仅能对1米处的物体注视5秒钟；而3个月的婴儿已能对4~7米处的物体注视7~10分钟，且视觉更为集中和灵活；到五六个月时，婴儿已经在许多方面接近成人了。这说明婴儿早期追踪物体的能力虽不太有效，但随着时间的推移和接受环境刺激量的扩大，其发展速度是惊人的。

罗伯特·范兹（Robert Fantz）使用注意偏好法研究发现，刚出生的婴儿对一些视觉刺激有特殊的偏爱，这些刺激很容易引起婴儿的注意。如婴儿喜欢看复杂的图形、运动的物体，

1　（美）约翰·W. 桑特洛克. 毕生发展. 桑标，等译. 上海：上海人民出版社，2009：181.
2　张向葵，桑标. 发展心理学. 北京：教育科学出版社，2012：131.

而不喜欢看单调的图案、静止的物体等。

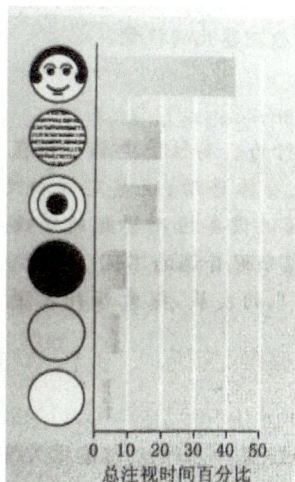 专栏4-1

注意偏好法

　　这是一种研究婴儿知觉的常用方法。通过给婴儿呈现多个刺激，观察、比较婴儿对每一个刺激的注视时间，以确定他喜欢哪一个物体。该方法由范兹于20世纪60年代首创，最初用来研究新生儿能否分辨不同的视觉图案。在最初的实验中，范兹创造了一个特殊的观察箱，将婴儿放入"视觉箱"中，在婴儿头顶呈现一系列成对的复杂图形，成对的刺激包括：两个相同的三角形，一个"十"字与一个圆，一个方格棋盘图与两个大小不同的正方形，水平条纹形与同心圆靶形。实验者可以从顶部观察仰卧的婴儿喜欢注视哪个图案。通过观察，比较婴儿对每幅图的注视时间百分比。图3-2和图3-3分别为呈现的刺激物和范兹"视觉箱"的照片。

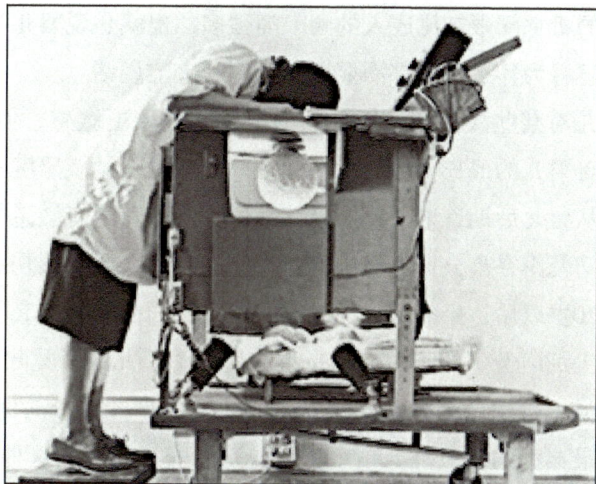

图3-2　　　　　　　　　　　　　　图3-3

　　图片来源：（美）约翰·W. 桑特洛克. 毕生发展. 桑标，等译. 上海：上海人民出版社. 2009：179

3. 颜色视觉

　　刚出生的婴儿已经能够区分红与白，但对其他颜色的辨别缺乏足够的证据。一般认为，婴儿从4个月起，开始对颜色有分化性反应，能辨别彩色和非彩色。[1]婴儿能够把看到的颜色归于红、蓝、黄、绿4个范畴，这和我们成人的红、绿、蓝三原色已经相当接近，但对于同

1　王振宇. 学前儿童发展心理学. 北京：人民教育出版社，2004：42.

一类型中颜色的差异（如大红与浅红、深黄与浅黄）区分并不明显。直到三四岁，幼儿开始区分相近的颜色，5岁开始注意到色调、明度和饱和度，能辨别更多混合色，到六七岁时，儿童对颜色细微差异区分的正确率已达到98%。

学龄期与青少年期，随神经系统及认知能力发展，视觉会进一步发展；成年期，视力基本保持不变；老年期，衰老会对视力产生消极影响，导致视敏度、视网膜成像能力、眼的聚焦能力、颜色视觉等出现衰退现象，以40~59岁时退化最为显著，这种退化现象就是我们常说的"老花眼"。

（二）听觉

现代心理学研究表明，妊娠20周的胎儿已经具备听觉能力，25周的胎儿对声音刺激能做出身体运动反应，并伴随生理指标的变化。[1]此外，声音偏好实验发现，胎儿对出现频率高的声音做出的反应时间较长，如在母亲和陌生人的语音之间，刚出生的婴儿更喜欢母亲的声音。

1. 听觉敏度

我们把能够引起听觉反应的最低刺激量称为听觉阈限。婴儿虽然一出生就能听见声音，但婴儿的听觉阈限却比成人的阈限高很多，也就是说婴儿听轻柔声音的能力不如成人好，这就可以解释为什么父母都需要提高音调和宝宝说话。

婴儿对某些极高频和极低频的声音比成人更敏感，但对中等频率的声音却不如成人敏感。随着婴儿的成长，他们对中等频率声音的听觉敏感度不断增高，而对极高频和极低频的敏感度从婴儿后期逐渐下降。总体来说，儿童对声音敏感的能力在10岁之前逐渐提高。但如果长时间暴露在高分贝环境中，青少年的听力会受到损伤。成年以后，听力逐渐下降。有人发现，20岁以后，年龄每增加10岁左右，听力曲线就会有相应较明显的下降。年老者，对高频音（尖细声音）的听力逐渐丧失。另外，婴儿的听觉除了要求"听见"，还要求能辨别声音的差异，这里的差异包括声音的强度、频率、持续时间。婴儿对这些差异具有一定的敏感性，最典型的现象是低频声音对婴儿的安抚作用，这种现象早在胎儿8个月时就表现出来了。当然，婴儿的辨别力不如成人精细，但其辨别力随年龄增长而提高。

2. 听觉定位

从出生起，婴儿就表现出某种原始的定位能力（转向声源）。魏泰默（Wertheimer）曾对刚出生的婴儿做过确定声源方位的实验，即在婴儿的左边或右边放一个声源，结果发现刚出生的婴儿能正确地将头转向发声的一边。令人费解的是，婴儿听觉定位的能力呈现U形发展。起初婴儿声音定位能力水平较高，然后下降，最后再上升。国外有研究发现，婴儿出生5分钟后就表现出听觉定位的能力，然而到两三个月时，这一能力消失殆尽，四五个月时听

---

1 张向葵，桑标. 发展心理学. 北京：教育科学出版社，2012：134.

觉定位能力再次出现。

对于这种非线性发展过程的通常解释是，刚出生的婴儿的听觉定位是一种皮层下的反射性事件，与出生时出现的其他反射相类似，是由特定环境刺激自动引发，随着生理成熟而消失。而年龄稍大的婴儿的定位更多是一种皮层事件，具有更多的探索性，更加熟练，与环境变化更加协调。随着年龄的增长，婴儿的定位能力变得越来越精确，在1岁时已能达到成人水平。

3. 听觉辨别

婴儿能识别和区分差异极小的声音。许多研究认为，这一能力与婴儿对语音的知觉有关。婴儿倾听他人语言的时间比倾听结构相似的非语言声音的时间更长。即使很小的婴儿也能觉察到语音的细微差别，如"ba"和"ga"。这种精细的分辨能力是先天的，如同婴儿将光谱分为4种基本类型一样，婴儿也能把语音分为相应的基本语音单位。4~5个月的婴儿，听到自己的名字时会转过头去，而对其他人的名字，即便是很相像的名字也不会转过头去。婴儿对声音的回应，有助于他们对环境作视觉性、触觉性的探索，并进行相应的社会交往。

（三）触觉、嗅觉、味觉

1. 触觉

刚出生的婴儿对触觉特别敏感，轻轻摸一下刚出生的婴儿的面颊，他们会转过头来；轻轻抚摸其嘴角，他们会自发性地微笑。

🔍 案例

我的宝宝6个半月了，在5个月的时候出的小牙，现在已经有3颗了。她总是见什么都拿往嘴里放，我想了好多办法，买了磨牙棒、牙胶、安抚奶嘴给她都没用。现在家里有好多玩具，看到新鲜物就要，不给她就气得哭，给了她就往嘴里放。我真担心这些东西多脏啊。这是为什么呢？

婴儿对外界的触觉探索活动主要是通过口腔触觉和手部触觉来完成的。6个月大的婴儿倾向于把任何东西都放到嘴里，通过嘴部对物体进行感觉，获取结构信息。1个月的婴儿能凭口腔触觉辨别不同软硬程度的乳头，4个月的婴儿则能同时辨别不同形状和软硬程度的乳头。科普（Kopp，1974）分析了8~9个月婴儿对新物体的探索行为，发现口腔活动出现的频率较高。实质上，婴儿早期的口腔触觉探索活动是弥补尚未发展的其他探索活动的学习方式。而且，在相当长的时间内，婴儿仍然以口腔的触觉探索作为其他探索活动的补充。例如，1~2岁的幼儿，拿到东西也常常往嘴里送等。

此外，手的触觉也是婴儿认识外界的主要渠道之一。斯泰利（Streri）通过对婴儿用手部触觉认识物体的能力的相关研究发现，刚出生的婴儿（最小16小时大）已能检测出两个小物体的轮廓差异，这一结果说明刚出生的婴儿能够通过手的触觉检测多个物体的异同。而且随着年龄的增长，婴儿逐渐由口腔触觉转为通过手的触觉来识别、加工、记忆物体的形状。

触觉的敏感性有助于推动婴儿对环境的反应。心理学家发现，婴儿和成人的肢体接触有助于婴儿身体的发育，这种接触对情绪发展也非常重要。但触觉会随着年龄的增长有所变化，年龄越大，下肢（脚踝、膝盖等）比上肢（手腕、肩膀）的触觉越不敏感。

2. 味觉和嗅觉

刚出生婴儿的面部表情显示，他们已经能区分几种基本味道。研究表明，出生仅2个小时的婴儿，在品尝甜味东西时，表情放松，会用嘴唇发出咂嘴声（如图3-4）；当吃到酸性味道时，他们会嘴唇紧缩（如图3-5）；苦味会使他们张开嘴，做出痛苦的怪相（如图3-6）。这些与生俱来的反应对生存具有重要意义，能帮助婴儿回避对其成长不利的食物，选择最有利于成长的食物——略带甜味的母乳。不过，婴儿也能够学会喜欢一些刚开始并不喜欢的味道，如4个月大的婴儿开始对过去不喜欢的盐味感兴趣，这种变化大概是在为他们开始吃非流食做准备。

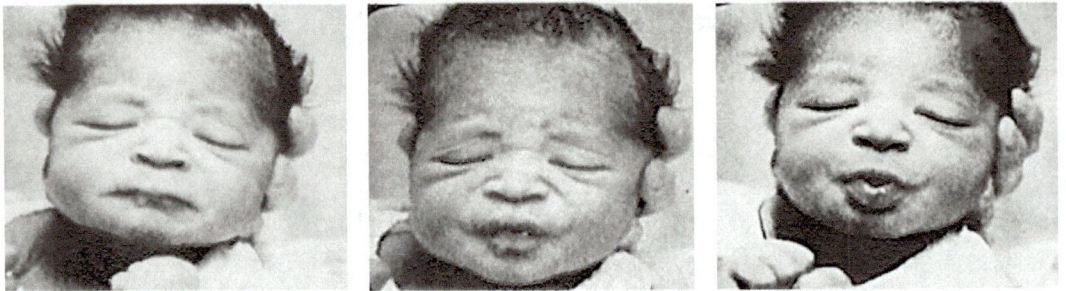

图3-4　刚出生的婴儿对甜味的一系列表情

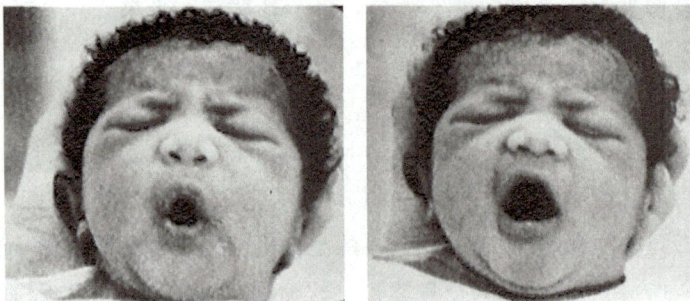

图3-5　刚出生的婴儿对　　　　图3-6　刚出生的婴儿对
　　　酸味的面部表情　　　　　　　　　苦味的面部表情

图片来源: Rosenstein D., Oster H.. Differential facial responses to four basic tastes in newborns. *Child Development.* 1988, 59（6）; 1555～1568

刚出生的婴儿对食物气味的反应和对味道的反应一样，也是与生俱来的。例如，让刚出生的婴儿闻香草和草莓味时，他们会表现出放松、愉快的表情；但是臭鸡蛋的气味会使他们眉头紧皱。

从进化论上讲，嗅觉可以帮助哺乳动物觅食，帮助母亲保护幼仔免受天敌的捕食，还可以帮助母亲和幼仔互相辨认。人类的嗅觉虽然没有其他一些哺乳动物发达，但仍具有相当大的生存价值。婴儿天生就有一种对人奶味道的偏爱，这保证了他们正确地选择食物资源（人奶或牛奶），同时也使他们在吃奶过程中学会辨认自己的妈妈。

综上所述，婴儿具有天生的辨别气味和味道的能力。出生以后，这两种感觉均随着脑的成熟和经验的积累而不断发展，到1岁左右，婴儿的味觉和嗅觉能力已经和成人大体相当，且味觉系统在婴儿期和儿童期最为发达，此后便逐渐衰退。

二、知觉的发展

知觉是直接作用于感觉器官的事物的整体在脑中的反映，是人对感觉信息的组织和解释的过程。比如，看到红色的球状物为红苹果而不是红球，这就是通过知觉得到的结果。

（一）深度知觉

虽然我们生活在三维空间的物理世界中，但视网膜捕捉到的视觉图像都是两维的，这就要依靠深度知觉，即判断个体与物体或物体与物体之间距离的一种能力。帮助我们理解环境的布局及引导我们的运动。

美国心理学家吉布森（Gibson）和沃克（Walker）在1960年为了证明这个问题设计了经

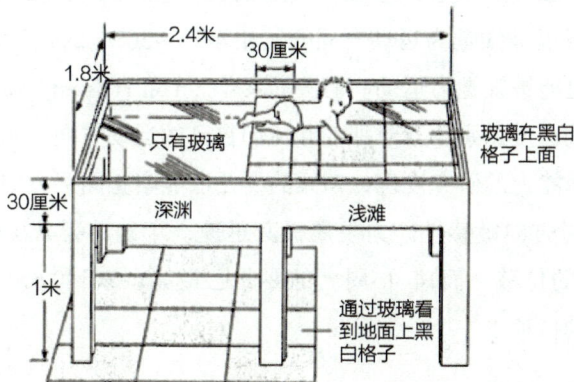

图3-7 视崖装置

图片来源：（美）霍克. 改变心理学的40项研究. 白学军，等译. 北京：人民邮电出版社. 2010：32

典实验——视崖实验，实验装置（如图3-7）为一个能容纳婴儿爬行的平台，平台两边覆盖着厚玻璃，平台上一边布料与玻璃贴紧，形成"浅滩"，而另一边的布料与玻璃相隔数尺距离，造成深度，形成"深渊"。实验时让婴儿的母亲先后站在"深""浅"两侧通过呼唤或拿出玩具的方式来吸引婴儿，观察婴儿是否会从"深渊"爬向母亲身边。结果发现，6个月大的婴儿已经具有深度知觉，且深度知觉的能力随着年龄的增长不断发展。

另一种测定婴儿深度知觉的方法是"位移刺激逼近"：通过呈现一个以一定速度向婴儿逐渐逼近的物体，观察婴儿反应。2~3个月的婴儿会有保护性的眨眼反应，4~6个月的婴儿会有躲避反应。同时研究发现，婴儿的深度知觉能力与其早期的运动经验有关，尤其与婴儿爬行的经验有关。早期运动经验丰富的婴儿，对深度知觉更敏感，表现出的恐惧也越少。

（二）运动知觉

人通过运动知觉（人对客观事物空间位移和移动快慢的知觉）可以分辨物体的静止和运动，以及运动速度的快慢。婴儿的运动知觉主要体现为对静止和运动的判断能力、速度敏感性和方向的选择这3种能力。

早先对婴儿运动知觉的研究已证实，运动的物体更能吸引婴儿的注意力，并且婴儿主要根据静止的物体来判别物体运动。研究发现，8周大的婴儿仅能察觉与自己相向运动的物体，而当物体和观察者同向运动时，婴儿到了16周大的时候才能检测到此类运动。并且如果婴儿仅使用单眼观察，便不能知觉到物体的运动状态。因此，研究认为婴儿早在8周大的时候就已经形成了辨别运动和静止物体的某种能力，而且视轴辐合（指眼睛随距离的改变而将视轴会聚到被注视的物体上。由于辐合作用，物像落在两眼网膜的中央窝内，从而获得清晰的图像）提供了辨别任务中所需的距离线索。

人对物体的运动知觉有真动知觉和似动知觉两类。真动知觉的产生取决于一定距离上的物体移动速度的快慢。成人能知觉的运动，其速度的跨度非常大。在理想条件下，慢至每秒1°~2°视角的速度都可以被知觉为运动，同样，快至15°~30°/s的速度，即使物体经过时模糊不清或带有拖尾，也能被知觉为运动。霍夫斯泰德（Yon Hofsten）研究发现，14周大的婴儿已能感受到0.32°/s的速度差别，且对那些和他们自己的运动方向一致的变化表现出敏感。

关于婴儿方向选择能力的研究发现，74天的婴儿已能察觉图形方向的变化。进一步研究发现，8~15周的婴儿对方向敏感性能力发展极其迅速，年幼的婴儿（8~11周大）仅仅能够观察到大约0.25°视角的位移，而14~15周大的婴儿已经能观察到0.65°的位移（在同样的任务中成人能观察到2°的位移）。

（三）知觉恒常性

当我们感知周围环境时，知觉条件是不断变化的。以视觉为例，每次我们看到同一对象的距离、光线、角度肯定不可能完全相同，因而物体落在视网膜上的成像以及输入大脑皮层的信息肯定也是不同的，但我们通常认为那是同一物体，这就是知觉的恒常性，即当客观条件在一定范围内发生改变时，我们的知觉映象在相当程度上却保持着它的稳定性。知觉的恒常性主要包括大小恒常性和形状恒常性。

大小恒常性，是指我们对物体知觉的大小不随视网膜成像大小的变化而变化，而趋向于保持物体的实际大小。比如，停在眼前的自行车在视网膜上的成像远远大于停在远处的公交车，但我们仍认为停在远处的公交车体积更大，这就是大小恒常性在起作用。新生儿研究证明，大小恒常性也许生来就存在。[1]斯莱特（Slater）和约翰逊（Johnson）等人通过对婴儿在不同距离下具有相同形状的两种实际大小的立方体的视觉偏好实验，发现刚出生2天的婴儿已经具有大小恒常性。虽然刚出生的婴儿已有大小恒常性，但其发展受双眼线索（主要是指双眼视差提供的物体的立体信息和距离信息）和运动线索影响，这种能力的真正成熟要到10~11岁。

形状恒常性是指对一个物体的常见形状的知觉，并不因距离远近引起的透视差异而变化。最常见于面部知觉，不论对象表情、脸部怎么扭曲，我们对它仍然知觉为原先的个人面部。斯莱特和约翰逊采用习惯化—去习惯化的研究表明，在出生后的第1周中，形状恒常性就已经存在。[2]并且三维物体形状恒常性的出现要早于平面物体，研究发现8周大的婴儿已具有三维物体的形状恒常性，而对于静态的平面物体，9个月的婴儿才能产生知觉恒常性。

👁 **专栏4-2**

习惯化和去习惯化

人类生来就会被新颖的事物吸引。习惯化（habituation）指对重复刺激的反应强度降低的现象。去习惯化（dishabituation）是指能察觉到已经习惯了的刺激出现某种变化的能力。习惯化与去习惯化的能力在婴儿出生时就有，到10周大时发展成熟。如果你总是在婴儿面前呈现同一个物体，婴儿将不再观看这个物体；同样，婴儿也不会将头转向一个持续存在的声音。这些都是习惯化的表现，习惯化是自动化的，不需要意志努力。习惯化与去习惯化说明刚出生的婴儿具有再认熟悉物质的能力。

客体永久性是知觉恒常性的进一步发展。客体永久性指客体从视野中消失时，婴儿知道这个客体仍然存在。在婴儿理解客体永存的概念之前，他不会搜寻刚刚在其眼前被藏起来的

1 儿童心理学手册（第6版）：第2卷认知、知觉和语言（上）. 林崇德，李其维，董奇，等译. 上海：华东师范大学出版社，2009：167.
2 张向葵，桑标. 发展心理学. 北京：教育科学出版社，2012：134.

物体，直到8~12个月时才有这种能力。如和幼儿做"躲猫猫"游戏时，你藏起来，不见了，他还用眼睛到处寻找。这个概念是由皮亚杰提出的，实际上，这已进入了表象的范畴。[1]

第二节
动作的发展

学习目标

1. 理解并掌握动作发展的顺序规律。
2. 了解大动作技能和精细动作技能的发展顺序。
3. 掌握动态系统理论。

我们发现大多数人到成年期时，已经能够进行一系列协调一致、精准度极高的动作，如体操运动员、杂技演员等。那么从刚出生的婴儿开始到成年，人类是怎样学会这些复杂的动作的呢？

发展心理学家阿诺德·格赛尔通过对儿童的长期追踪观察发现，动作技能是在特定的时间里，由基因或按照成熟的顺序发展起来的。如果说儿童身体的发展遵循一定的先后次序，即头部→颈部→躯干→四肢，那么儿童动作的发展也遵循一定的顺序。[2]具体来看，其规律表现在以下几个方面。

①从整体动作到分化动作。儿童最初的动作是全身性的、笼统的、弥散性的，随着动作的分化，逐渐向局部化、准确化和专门化的方向发展。

②从上部动作到下部动作，又称为"首尾规律"。儿童最早发展的动作是头部动作，其次是躯干动作，最后是脚的动作。任何一个儿童动作的发展总是依照抬头→翻身→坐→爬→站→行走的顺序进行。

③从中央部分的动作到边缘部分的动作，又称为"近远规律"，即首先是靠近头部和躯体的部分先发展，然后是远离身体中心部位动作的发展。

④从大肌肉动作到小肌肉动作，又称为"大小规律"。儿童生理的发展是先学会手臂和腿的动作的"大动作"，然后逐渐学会手和脚的动作，特别是手指的"精细动作"。

⑤从无意动作到有意动作。动作发展的方向由于受心理及意识的支配，因此遵循心理发展方向——从无意性向有意性发展。

研究发现，个体在出生后的几个月中仅有两种身体活动：一种是在人类种系进化过程中遗传下来的一系列无条件反射动作，如觅食反射、抓握反射、惊跳反射等，刚出生的婴儿就

1　刘梅. 儿童发展心理学. 北京：清华大学出版社，2010：136.
2　秦金亮，黎安林，李齐杨. 儿童发展通论. 北京：新时代出版社，2008：57.

是利用这些反射动作来与陌生的世界取得平衡；另一种是一般的身体反应活动，如蹬脚、挥臂等自发性的、无目的、无秩序的活动，它们是婴儿日后动作发展的基础。根据所涉及的全身各部位的活动，可以将其分为有关个体全身大肌肉活动的大动作技能（指躯干、手臂、腿等大肌肉活动的动作技能，包括抬头、挺胸、坐、爬、站、走等）和涉及手部小肌肉活动的精细动作技能（是由小型肌或肌群运动而产生涉及精确调节动作的技能，如任何需要利用手指的灵活性来进行的活动）。本节就从大动作技能开始讲述整个动作发展的历程。

一、大动作技能的发展

发展心理学家通过研究提出了婴儿运动技能发展的基本模式，中国和西方婴儿各种运动技能的发展大体上是一致的，并且都遵循着相同的发展顺序。[1]婴儿1个月左右能将头竖直，6个月左右开始能独立坐立，7个月左右开始爬行，11个月能够独自站立，到1岁左右半数的婴儿能独立行走。对婴儿来说，学步是婴儿自主位移动作发展的必要阶段，也是标志着神经系统和肌肉进一步成熟的里程碑式的动作。行走进一步解放了双手，使精细动作有机会进一步发展，同时也扩大了婴儿的活动范围，增强了探索环境的主动性与自主性，有利于心理能力的发展。

在幼儿2岁时，运动对他们未来能力的发展至关重要，除了一些安全限制外，家长尽量不要对他们探索新鲜事物多加干涉。随着年龄增长，儿童的动作和移动更加自主化和具有目的性，在跑、跳等动作技能方面也会表现得更流畅、协调，且男孩通常比女孩更擅长大动作技能。

表3-1 幼儿期和学龄期儿童大动作技能的发展

3~4岁	两只脚交替上下楼梯。双脚跳、单腿跳时会弯曲上身。投掷和抓接时上身会参与，球砸在胸上时僵硬地抓住。骑三轮车，并转弯
4~5岁	两只脚交替下楼梯。跑得更加平稳。飞跑，单腿跳跃。通过身体旋转和转移重心脚来投球，用手抓住球。三轮车骑得快，转弯平稳
5~6岁	跑的速度加快。飞跑时很平稳，会真正的跳跃。表现出像样的投掷和抓接。可以骑带辅助轮的自行车
7岁	能够闭着眼睛单腿平衡。能够在5cm宽的平衡木上行走。能够单腿跳，并准确地跳到小方格里（"跳房子"）。能够练习双起双落的开合跳
8岁	能够握住5kg压力的物体。这一年龄的男生女生同时参加游戏的数目最多。能够以左右脚交替"两下一两下""两下一三下""三下一三下"进行不同节奏的单腿跳。女孩能够把小球投出12m，男孩能够投出18m

---

1 雷雳. 毕生发展心理学：发展主题的视角. 北京：中国人民大学出版社，2014：81.

续表

9岁	男孩每秒能够跑5m，男孩能够把小球投出21m，女孩也能够每秒跑5m，女孩能够把小球投出12.5m
10岁	能够判断远处飞来的小球的方向，并截住它。男孩女孩均能每秒跑5.2m
11岁	男孩立定跳远可能达到1.5m，女孩约为1.4m

资料来源： 雷雳. 毕生发展心理学：发展主题的视角. 北京：中国人民大学出版社，2014：85~87

大动作技能的另一个飞速发展期在青少年时期。包括运动员在内的大多数人都在30岁前（通常在19~26岁）到达了运动技能的高峰。许多游泳运动员和体操运动员在十八九岁时达到了最佳状态。成年期，动作技能随生理机能开始退化；老年期，衰老导致各种生理变化，最终产生行动迟缓，甚至行走困难。例如，骨质疏松导致个头变矮，脊椎弯曲导致驼背，这些都有可能导致行走困难，甚至难以坐起。但健康的生活方式和积极的锻炼可以减缓年老者运动功能的丧失。

二、精细动作技能的发展

（一）抓握动作

婴儿在出生时，几乎不能控制任何精细动作，但4个月左右的婴儿在看不见肢体的情况下，能根据来自肌肉、肌腱、关节的本体感受线索伸手抓取东西。这种抓握动作，是婴儿与所处环境相互作用的一个显著表现。随着神经系统的不断发展，婴儿在出生后的两年时间里，伸手抓握变得更加精细化。

赫贝森（Halberson）研究出生16~52周的婴儿抓握动作的发展过程发现，任何阶段的抓握动作都包括4种连续的动作过程：视觉搜索物体，接近物体，抓住物体，放开物体。随后，纽厄尔（Newell）等人进一步研究了婴儿对不同尺寸立方体的抓握动作表现。他们抓握的姿势取决于被抓物体的大小和形状，以及手与物体的相对大小。婴儿用大拇指和食指（有时中指）抓小物件，而用另一只手或双手抓大物件（如图3-10）。后续研究显示，年龄小的被试主要依靠触觉信息来决定抓握模式，而8个月大的婴儿则更多使用视觉信息来判断。[1]

1　董奇，陶沙. 动作与心理发展. 北京：北京师范大学出版社，2004：44.

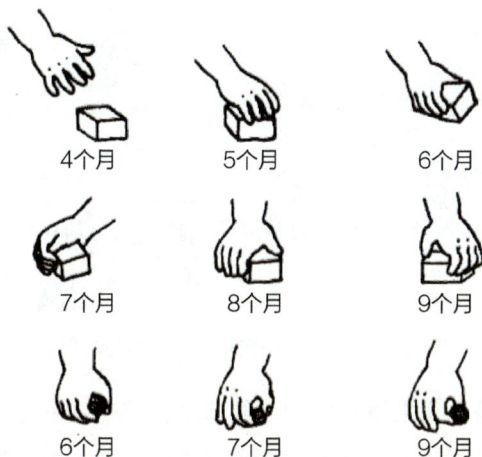

图3-10 婴儿对不同形状物体的抓握

图片来源：董奇，陶沙. 动作与心理发展. 北京：北京师范大学出版社，2004：45

　　研究证明，经验有助于婴儿伸手抓取物体。通过对3个月大的婴儿带着"粘力手套"捡东西（即儿童用手套粘住玩具，把玩具捡起来）的研究，结果发现有过"粘力手套"经验的婴儿抓握和操控玩具更容易，注视玩具的时间更长，拍打次数更多。

　　正如要练习大动作一样，精细动作也需要练习。3岁幼儿可以用拇指和食指抓取很小的东西，但还是有点儿困难；4岁幼儿精细动作的协调能力有了明显的进步，手、脚、手指能在眼睛的"指示"下很好地进行协调；到了儿童中后期，随着中枢神经髓鞘化，儿童的精细动作技能也逐渐提高；6岁儿童可以敲打、粘贴、系鞋带、扣衣服；7岁儿童的手部动作更稳定；10~12岁儿童的操控能力可以与成人媲美。

　　到了成年中后期，精细动作可能由于灵活性的下降而开始衰退，而且疾病的侵袭可能会导致手变得虚弱甚至瘫痪。但年老者通过新动作的学习和适当的训练，可以最大限度减少动作技能的衰退。

（二）书写动作

　　书写动作是通过手部运用笔类工具进行活动的技能，是儿童的一项重要发展任务和能力要求。只有具备一定的书写能力，儿童才能有效地进行书面学习，从而掌握大量间接经验。

　　书写动作以灵活运用手中的笔类工具为前提。从儿童抓握笔的姿势发展来看，最早抓握笔的动作包括整个手和手臂的运动，表现出"手掌向上的抓握动作"，握笔姿势的发展随着年龄增长而不断成熟，逐渐发展为"手掌向下抓握"，握笔的部位逐渐向笔尖位置靠拢。幼儿在3~5岁时，握笔姿势经历了一个快速发展期，大部分幼儿在5岁半已能正确、熟练地握笔。[1]

---

[1] 王希. 学龄前儿童握笔姿势的发展性研究. 上海：华东师范大学，2008.

图 3-11　儿童不同阶段的握笔姿势

绘画能力的初步发展是儿童书写技能发展的前奏，其绘画练习经验也有利于儿童书写技能的获得。一些研究表明，只有在绘画能力逐渐发展到能完成9种图形（水平线、垂直线、圆圈、正十字、右角平分线、正方形、左角平分线、交叉线和三角形）后，儿童才真正具备文字书写技能所需的必要基础（Berry，1982、1989）。幼儿在4~5岁就能完成这9种图形，具备书写字母和数字的能力。他们通常可以书写可辨认的数字和字母，但所写字母偏大、参差不齐、东倒西歪、间距不一。到5~6岁时，幼儿已经会书写自己的名字，这时候他们书写的字母和数字虽然比之前好很多，但仍难以做到结构整齐、大小合适、笔画流畅。

真正掌握书写技能的动作模式要到7岁。但即使到了小学三年级，仍然有一部分儿童表现出字母书写困难。需要指出的是，众多学者研究的是拼音文字的书写，而我国的汉字属于表意文字，其形状结构要比拼音文字复杂得多，儿童学习书写汉字时对其精细动作技能的要求要更高一些。

除了手部动作的发展外，书写动作也是将感知觉与运动技能协调的复杂过程，书写过程的顺利完成需要一定水平的视动整合能力，因此在判断个体是否具有书写困难时，还需要考虑书写过程中的其他影响因素。

（三）生活动作

基本的生活动作是家庭和社会对儿童提出的早期重要发展任务之一，包括穿衣、洗漱、进食等基本技能，其中穿衣、洗漱、进食等还包括了多种类型的动作。

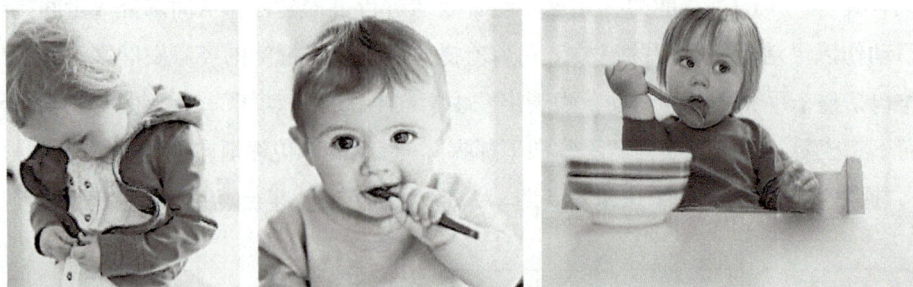

图 3-12　婴儿的生活技能

1. 穿衣技能

对婴幼儿而言，那些在成人看来很简单的生活动作，他们却要付出极大努力。一般而言，幼儿2岁时可以穿脱简单的衣服；独立完成穿鞋任务一般要到3岁以后才行；4岁时可以很好地使用汤匙自己吃饭，并能在指导和帮助下脱衣服、穿衣服和系鞋带；5岁时能够系纽扣，还可以使用剪刀。

2. 洗漱技能

洗漱技能是生活动作的重要组成部分。2岁的幼儿能双手配合做出简单的洗手动作，但还不会用毛巾擦干手；且此时期的幼儿，开始模仿成人刷牙动作，但由于还未掌握三角架式抓握动作，还不能真正掌握刷牙的动作模式。3岁左右，在成人的示范和指导下大多数孩子都能完成洗手、洗脸并擦干的任务；且随着抓握动作的熟练和动作稳定性、灵巧性的提高，大多数孩子都能掌握刷牙动作。但4岁以后的幼儿才能像成人一样熟练自如地正确刷牙。

3. 进食动作技能

进食动作技能也是生活动作的重要发展领域。1~1.5岁的幼儿开始使用手掌式动作抓握勺子自己吃饭，但仍需要成人的帮助。2~3岁的幼儿逐渐从手掌式抓握勺子发展到指间抓握勺子进餐。3岁以后，幼儿便能像成人那样，使用拇指、食指和中指成三角合作抓握勺子独立完成吃饭任务，但其动作的稳定性、灵巧性及双手的协调性还有待提高。

在考察生活动作时需要注意的是，由于个体的生活动作比其他动作能力更多受到社会习俗、文化传统、父母抚养方式等环境因素的影响，因此表现出较大的个体差异。比如，使用筷子的技能是与特定的社会文化背景密切相关的一种生活动作，筷子是中国、韩国、日本等亚洲国家应用最广泛的餐具。李蓓蕾等人（2003）认为，筷子使用技能特性的发展水平是衡量我国儿童发展状况的有效指标之一。4~5岁是幼儿筷子使用技能迅速提高的特殊阶段，5~8岁的增长则比较缓慢。但从总体来看，动作的有效性、精确性和稳定性还有待提高，此阶段的发展水平仍远未达到成熟程度。[1]

综上所述，一方面，动作发展建立在神经系统和肌肉的成熟基础之上；另一方面，动作的进步和逐步成熟又使儿童的身体变得更加强壮。由此可见，成熟是动作发展的基础。另外，经验在个体发展中也起着重要的作用。赛伦（Saran）认为，虽然成熟决定了儿童最初的动作技能水平，但经验及各种练习影响着儿童重要能力的成熟和转化的时间。

艾斯特·西伦（Ester Thelen）在继承了前人的成熟说和经验说的基础上，通过对儿童动作习得因素的研究，在一个新的视角上提出动态系统理论，认为儿童动作的习得是为了知觉和活动的需要，知觉和活动并存于该理论中。动作技能的发展由多种因素共同决定：神经系

---

1 李蓓蕾，林磊，董奇，ClaesvonHofsten. 儿童筷子使用技能特性的发展及其与学业成绩的关系. 心理科学，2003（1）：82~84.

统的发展、身体的生理特性和运动的潜能、儿童想要实现的目标及支持该技能的环境。同时，儿童还要不断协调多种技能才能掌握动作技能。动态系统理论证明，动作的发展并不是由基因来决定技能发展顺序的被动过程，而是儿童在身体能力和环境调节的限制下，主动地运用技能以完成某个目标的过程。先天和后天、儿童和环境、认知和动作都是共同存在而不断变化的系统。

第三节
动作教育

🎯 **学习目标**

1. 掌握动作教育的主要内容。
2. 了解动作教育重要方案的内容及其评价。

根据全美运动和体能教育协会的推荐，青少年每天应运动30~60分钟至几个小时不等。然而胡超（2014）根据《普通高中体育与健康课程标准》对高中生的运动参与的达标现状进行了调查发现，高中生的运动参与程度达标率仅为55.2%，与同伴一起的运动参与达标率仅为40.9%。[1]相反，更多的儿童静坐行为逐渐增加。最近来自《中国城市儿童户外活动》蓝皮书的调查结果指出，27.7%

的被调查儿童每天的户外活动不足1小时，而12.45%的儿童每天看电视、玩电子游戏的静坐时间超过2小时，到寒暑假这一比例更是激增到61.4%。[2]在如此久坐的环境下，随之而来的是各种健康问题的出现，如肥胖、体适能降低等。并且由于儿童生理发展尚未成熟，相对于跑步、跳跃或者骑车，长时间地坐着会让他们变得更加疲乏，所以适当的身体活动如跳绳、平衡木等对提高儿童的发展技能是十分必要的。总而言之，在儿童的成长和发展中，运动发挥着重要的效用。

一、动作教育的概述

动作教育是一种通过身体动作活动或创造性运动经验的增进，使个体的身心获得"最适发展"的教育或历程。

弗拉斯提格（Frostig M.）于1964年首创动作教育，并在1970年公开发表《动作教育之理

---

1 胡超.《普通高中体育与健康课程标准》达标现状研究. 体育文化导刊，2014（07）：138.
2 梅慧娴. 儿童，运动还是静坐. 体育文化导刊，2014（10）：57.

论与实际》。书中确立了动作教育的理论体系，并将之纳入特殊教育与幼儿教育，使这种深具特色的教育方法广受瞩目。

当人们谈及动作教育时，往往可能会联想到体育课，实际上体育课是动作教育的重要组成部分，但动作教育又不等同于体育课。体育课是有目的、有计划地促进身体机能、增强体质的正式课程学习过程。但动作教育的着眼点不仅仅是身体机能的促进，更是使个体的全面发展，最终获得健康与身心的和谐。从这个角度看，动作教育至少包括了两层含义，一是动作技能的教育，二是经由动作活动实施的认知、情感、社会性、健康等多方面的教育。在此基础上，李灵等人提出动作教育包括以下几个方面。

（一）运动技能的增进

动作教育实施的最基础的课题就在于如何培育儿童学习各种动作经验，即增进运动技能。运动技能主要指个体在身体运动过程中所需要的各种能力要素的总和，主要包括身体的协调与韵律能力、肌肉力量、持久性、敏捷性、柔韧性、平衡性等内容，其增进要遵循个体运动技能的发展顺序而进行。李灵等人以0~6岁婴幼儿为例，认为动作教育的运动技能发展程序包括7个阶段[1]：原始反射支配阶段（0~6个月）、步行前阶段（7~12个月）、确立步行阶段（13~18个月）、确立粗略运动阶段（19~36个月）、调整运动阶段（37~48个月）、知觉—运动阶段（49~60个月）、复合应用运动阶段（61~72个月）。

运动技能的教学还应充分考虑运动技能的关键期，因此各个学制阶段的要求也不尽相同。小学阶段应以自然的运动动作、初步掌握一些组合动作为主，注重培养学生的运动兴趣，增进儿童的身体协调和韵律能力、平衡性、柔韧性；初中阶段则应着力使学生学习不同运动项目中的若干运动技能（如肌肉力量、持久性、敏捷性等），另外在培养广泛运动兴趣的同时，还应有意识地培养学生的中心运动兴趣与爱好，并使其得到适度的发展；高中阶段是以特定运动为主要学习内容，进行较为系统和完整的学习，此阶段应注重动作技能（尤其是持久性和肌肉力量）的提升，培养学生稳定的兴趣。

👁 专栏4-3

身体素质发展的敏感期

学生身体素质发展的敏感期主要集中在青少年时期，在其敏感期发展相应的身体素质，能为今后身体技能的学习打下坚实的基础。如果错过了相应的敏感期，则相对应的身体素质发展将很难达到理想的水平。

---

1 李灵，陶沙，董奇. 动作教育及其发展的新趋势. 辽宁师范大学学报，2002（03）：46~49.

1．柔韧素质。柔韧素质发展的敏感期较早，在5~9岁。在儿童时期应着重进行柔韧素质的发展。合理的训练能较快地提高孩子全身各部位的柔韧能力，同时要注意与力量训练的结合，还要注意减少运动损伤的产生。

2．速度素质。包括反应速度、动作速度和位移速度。在青少年时期，速度素质的发展着重于动作速率的提高。速度素质发展的敏感期在9~12岁，教师可通过各种反应训练刺激学生的中枢神经系统，提高学生反应的速度。这时练习时间不宜过长。

3．灵敏与协调素质。灵敏素质发展的敏感期在10~12岁，进行灵敏素质的训练时间不宜过长，同时要注意与其他素质练习交替进行。协调素质发展的敏感期在10~13岁，进行协调素质的训练要充分体现出肌肉运动的规律，即近端关节开始发力、末端关节结束用力，注意技术动作的节奏感，宜与专项技术动作结合进行练习。

4．耐力素质。一般耐力素质发展的敏感期在12~14岁。对于这一时期的孩子，由于心血管系统和呼吸系统尚未发育完善，较宜采用有氧耐力训练，使心肺功能产生良性适应，但负荷不宜过大。这样可以刺激相关系统更好地发育。

5．力量素质。力量素质包括一般力量和专项力量。一般力量发展的敏感期在12~15岁。适当的力量训练对青少年的肌肉发育、肌肉力量、用力姿势都能形成良好的影响。在敏感期要发展学生的全身肌肉组织，强度不宜过大，着重发展快速力量，主要采用动力性力量练习。在敏感期的后期，可适当根据运动项目特点，加入专项力量练习，同样，负荷不宜过大。

资料来源： 王长权，查萍，杜晓红．小学体育教师专业能力必修．重庆：西南师范大学出版社，2012：179

（二）身体意识的增进

身体意识是指身体概念（个体对身体的事实或机能的认知），身体图式（个体对及其各部分的认识能力、身体表现能力、组织姿势与环境空间能力的综合反映），身体意象（身体所有感觉的总和，即"所感觉到的身体"，如人生最初时期体验的冷暖、饥饱等）等与身体相关联的意识。身体意识建立在感知和控制自我身体的基础上，在经验或学习中逐渐发展起来，是个体在与外界环境相互作用中确立自我的过程。

在动作教育中，促使身体意象发展，即增进对身体所有感觉的感受，主要通过触觉刺激动作（如在垫上滚翻）、肌肉紧张、松弛运动（如通过敲打肌肉让其放松）、肌肉运动知觉刺激的动作（如弹簧床上跳跃、穿越隧道的游戏）来获得。身体图式主要通过练习平衡动作促使身体图式发展。身体概念是通过语言指示儿童做身体部位的操作或姿势的控制来逐渐获得对身体部位的认知，其形成过程受到身体意象与身体图式的极大影响。

（三）感知觉与问题解决能力的增进

通过前两节可知，个体在胎儿期就具有感知周围环境的能力。这些感知不仅从动作教育中可获得直接的体验，更与运动技能密切联系。在动作教育中，韵律运动是提高时间意识的最佳方法。对于低活动倾向的儿童，听觉刺激的利用特别有效。而深度知觉和运动知觉则可以通过投球与接球等动作获得提高。

除此之外，在动作教育中，可以通过设计动作情境的方法，促进儿童动脑筋想办法，重视儿童本身的思考，激发儿童的挑战性，从而使儿童解决问题的能力得到发展。

（四）情绪与社会性发展的增进

社会性（包括情绪）的能力就是学习与别人一起生活或活动的方法与能力，或是有关相互交往的各种适当行为的能力。动作教育使儿童产生喜悦、兴趣和愿望，增强他们的安全感、自发性，并提高其独立性，产生积极的自我评价与主观幸福感，同时获得成功感和竞争感。

另外，动作教育还能增加人际交往的机会，消除孤独感，提高社会适应性。多种多样的动作活动要求儿童形成与他人合作及分享的能力、与他人交流及寻求帮助的能力、面对与战胜困难的勇气与能力、灵活运用身体的能力及适应多变环境的能力。

二、动作教育的重要方案

综上所述，动作教育对于促进个体身心的全面发展与动作障碍的康复具有不可忽视的作用。为此，我们将介绍运动处方、动作教育程序评价（MEPA）方案与引导式教育3种重要的动作教育方案，为将现代动作教育理念落实到教育教学的各个环节提供指导。

（一）运动处方

运动处方（Exercise Prescription）是根据个人的健康和身体机能状况，运动项目的特点进行研究，制定适合个人的运动项目、运动强度、运动时间和频率的带诊断性的处方。[1]通常它需要专业人员根据锻炼者的健康状况、运动适应能力、锻炼的目的而制定，所以它与药物处方一样，具有科学性、针对性、有效性和安全性。目前，国内学者在运动处方的学校体育应用方面已有一定研究成果，主要包括运动处方对学生身体形态、机能和身体素质影响的研究，运动处方在学校体育中的全面实验研究，运动处方和学生心理健康的相关研究。[2]更有学者提出了运动处方教学模式的理念。[3]

运动处方主要包括如下内容：锻炼目的、锻炼种类、锻炼强度、锻炼持续时间、锻炼频率、注意事项。其中锻炼种类、锻炼强度、锻炼持续时间与锻炼频率是其四大要素。运动处

1　刘纪清，李国兰. 实用运动处方. 哈尔滨：黑龙江科学技术出版社，1993.
2　杜光宁. 有氧运动处方在普通高校公共体育课中的应用. 体育学刊，2007（01）：65~68.
3　田继宗，石雷. 运动处方教学模式研究. 体育学刊，2001（01）：52~55.

方在个体发展与促进动作教育的发展中都有着不可忽视的价值。

首先，运动处方能够科学地测定和评价健身效果，合理地计算运动量，准确地测定体质增强状况，养成健康的、个性化的生活方式。其次，运动处方是体育科学化的基本标志。按照运动处方从事锻炼不仅能够强身健体，而且能够焕发青春、延年益寿。最后，运动处方可以针对不同对象的体质状况、个性心理特点、运动爱好、生活环境及其锻炼条件等具体差别，对运动量与强度进行有针对性的、个性化的调整，从而使每个参与锻炼的个体身心都能因此获得真正的发展。例如，根据人群不同，有针对中老年人和少年儿童锻炼的运动处方；根据症状不同，可以分为针对肥胖人群、心脏病人、运动系统四肢关节肌肉疾病患者的运动疗法及运动处方的实施等。需要注意的是，运动处方作为一种动作教育的形式，不同于一般的娱乐游戏活动，必须在有一定的强度、质量和时间要求的基础上才能达到促进个体发展的目的。一般而言，每次运动时间在30分钟左右，运动量从小到大，循序渐进。

同时，从遗传学角度出发，对于正处于生长发育期的中小学生，以运动处方的形式进行体育教学，对其身体素质的发展是非常具有建设意义的。例如，有研究通过在中学生体育与健康课和青少年体育俱乐部（课外体育锻炼）融入运动处方教育的形式和方法（如表3-2），进而提高中学生身心健康。[1]

表3-2 身体素质运动处方主要内容

编号	处方类型	主要内容	干预维度
1	跑跳组合	十字跳+障碍接力+多人跳绳+绕杆跑+意念放松练习；连续纵跳+立卧撑+单/双人跳绳+蛇形接力+双人交谊舞放松练习；原地高抬腿跑+行进间跨越/钻越障碍+协调性练习+放松跑/慢跑	处方1~4为基础动作/技能组合，以提高学生的体能素质为主。使学生在体验教育中，培养体育兴趣，学习知识技能，奠定健康意识，形成科学健身习惯
2	力速组合	往返跑+力量练习+健身器练习+拉伸练习；蛇形跑+单脚跳+双人腰背肌组合练习	
3	操化组合	韵律操+单/双人跳绳+多人跳绳；形体组合+健身器练习+匀速走；简易搏击操+舞步组合练习+柔韧性练习	
4	球类组合	球类游戏+曲线变速跑+持球跑+运球接力；传接球+夹球折返跑+投篮+比赛；砸鸭子游戏+传垫球+自由结组隔网/不隔网练习；灵敏性组合+小球自由活动（组内/组间竞赛）	
5	健身路径组合练习	健身路径创新游戏+趣味比赛；定向健身路径组合+综合练习+趣味比赛	处方5~7为技能实践/应用组合，要求学生自主设计锻炼组合方法，强调同伴教育和有组织的健康传播活动
6	综合练习	学生按兴趣和需要自行选择的综合性练习	
7	趣味组合	以游戏和同伴组合为基础进行的群体协作/竞争综合练习	

1 甄志平，崔景辉，张瑛秋，邢文华. 中学生体育与健康运动处方健身效果评定的实验研究. 北京体育大学学报. 2007（01）：35.

总体说来，运动处方不仅有助于促进个体的全面发展，同时它还具有针对个体的特殊需要，适合个体身体与心理特质的多样化贴近人们生活与身心发展实际的特点。

（二）MEPA方案

MEPA方案，即动作教育程序评价（Movement Education Program Assessment），是巧妙地运用动作这一中介实现促进儿童整体发展的一系列程序化的活动方案。MEPA方案强调根据儿童发展的测评结果来确立动作教育的目标，检测动作教育的效果。这一方案为需要帮助的儿童量身制订适合其动作发展水平和心理特点的个性化身心发展指导计划。

MEPA方案以儿童的动作发展为主要线索，将0~6岁的婴幼儿划分为7个阶段，详细考察处于不同年龄阶段的婴幼儿在感觉—运动、语言和社会性三大领域内的发展水平。每个年龄阶段的儿童，都有一个与他们的发展水平相对应的MEPA评价表。因此，儿童的MEPA评价系统总共有7个表格，分别对应着处于7个不同发展阶段的儿童。每个表格内的领域主要分为3个类别、6大方面：3个类别分别为感觉—运动、语言和社会性，6个方面将3个类别进一步详细划分，感觉—运动类别主要包括姿势、移动与技巧3个方面；语言类别主要考察接纳性语言与表达性语言2个方面；社会性评价类别主要包含对人际关系的考察。

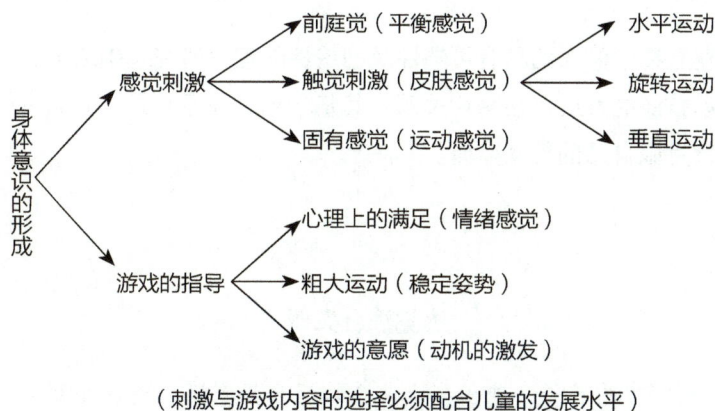

（刺激与游戏内容的选择必须配合儿童的发展水平）

图3-13　身体意识能力的培养途径

资料来源： 董奇，陶沙. 动作与心理发展. 北京：北京师范大学出版社，2002：187

这里以身体意识能力的培养（图3-13）为例，说明0~6岁婴幼儿运用MEPA方案的不同侧重点。0~2岁婴幼儿动作教育的主要课题为促进身体意识的发展。各种具体动作计划都试图通过身体动作、体内的感觉刺激、体表的触觉刺激以及肌肉收缩产生的感觉刺激等来增强儿童的身体意识能力。此外，这一时期的动作教育还要注意培养儿童的各种动作能力，如抬头、独坐、翻身、爬行、站立、行走等。2~4岁幼儿动作教育的主要课题是继续培养其身体意识能力，监督并适当促进其走、跑、跳、投等基本动作的发展，促进其知觉能力的发展，并通过动作培养儿童对于语言的理解与表达。5~6岁幼儿动作教育的主要课题则是在动作技能和思维发展的基础上，为幼儿提供需要解决的问题，进一步促进幼儿其身体意识能力、基本动作能力、知觉能力也有了迅速发展，提高幼儿活动的主动性。同时，指导者要注意如何利用教具与玩具来设计创造性的动作，从而增进幼儿身体动作的表现。

作为学前教育及特殊教育领域中得到广泛重视的一种动作教育方案，MEPA方案有着突出的优势。MEPA方案强调动作的中介性，注重发展的整体动态性，因材施教地指导，以儿童的动作发展水平为依据，制订出适合其身心发展的指导计划，促使儿童健康全面的发展。

（三）引导式教育

引导式教育（Conductive Education）是一种帮助神经系统受损或运动机能失调的儿童学习如何融入社会的教育系统，也是一种全方位的训练发展方式与康复模式。引导式教育将教育与治疗融合于一日生活之中，在具有多元化知识与技能的治疗师、引导员组成的团体的支持下，以生活化的主题学习程序为主，注重自觉、自发、亲密、自主、有效化的指导，使机能失调的儿童在生活化的主题学习程序中获得动作、体能、认知、社会交往等方面的发展。训练内容主要包括体能训练、智能训练、日常生活的学习安排以及建立正确的社交沟通能力的训练等。

引导式教育建立在个体大脑具有可塑性及创造性的理论研究基础之上，认为心理及神经系统的发育和运动技能的发展存在密切关系。其基本理念和原则是：儿童良好的心理和性格发展可以帮助儿童克服自己的行动障碍。

🔍 **案例**

感觉统合失调

超超是中班一位5岁的孩子，他出生于一个知识分子家庭，能认几百个字，对繁体字很感兴趣，能背诵多首古诗，是家人手心里的宝，但他动作迟缓，行为怪异，不合群，是全园皆知的"问题"儿童。

爷爷带他到幼儿园，他走到晨检老师的跟前，伸手让老师检查，爷爷在身后提醒说："怎么没有叫老师？"他叫了声老师，爷爷又提醒说："要问老师好。"他就跟着说了声："老师好。"晨检过后，爷爷拉着他的手上楼了，刚走了几级楼梯，他就软倒在楼梯上，爷爷又拉又拽也无济于事，最后，还是爷爷把他抱到了教室。

户外活动课上，小朋友们都在操场上参加户外活动，在爷爷的牵领下超超也来到操场上。爷爷说他每天都不做操，今天要留下来看他做完操才回家。

超超的早操活动在爷爷不断地提醒下断断续续地做了几个不协调的动作，其中几个跳跃动作他都只做手的动作，脚跳不起来，在散跑时老师拉他的手慢跑了几圈，只要老师不拉他的手他就又不跑了，懒散地站着。爷爷大声训斥他，但他跑了不到一圈，在无人推挤的情况下摔倒了，接下来，任凭爷爷怎样鼓励，他都站着不动，再也不肯做操了，还和爷爷大发脾气。

延伸活动时，老师让大家学习剪纸，他不会使用剪刀，老师手把手地帮他把手指套进剪刀把儿里，教他手指开合开合地使用剪刀，他仍然笨拙地不会用剪刀。接下来无所事事的他拿起小朋友的作业本乱涂乱画。

针对超超的表现，老师和他的爸爸进行了面对面的交谈，了解了他更多方面的情况：1岁之前他不会玩玩具，呆愣着；1个月内在楼梯上摔了3次；坐的时候瘫在椅子上。经过对超超详细的了解和观察，老师认为他在能力发展上存在极不均衡的现象，他的视觉空间智力可能发展得较好，但他还存在肢体运动智力弱（动作的协调性、平衡能力差）、人际交往能力不佳、不明是非、任性固执等问题，总体属于感觉统合失调。

资料来源： 王萍. 学前儿童问题行为及矫正. 北京：清华大学出版社，2013：28

引导式教育的目的不仅是治疗儿童的机能失调，而且要发展机能失调儿童的性格、智力，发挥内在潜能。它强调教育与治疗的结合，不会顾此失彼，既着眼于儿童正常成长，同时也强调治疗与生活自理的结合，让机能失调儿童在生活自理中得到治疗，并建立生活自理的能力与信心，从而保证动作教育效果的生态效度。

引导式教育以小组的形式进行，让儿童能在相互学习的情况下相互激励来克服学习上的困难，其内容是全方位的、多元化的，将知识、语言和动作学习连在一起，围绕着一个共同的主题进行，使儿童的发展得到全面照顾。同时引导式教育还需要通过理想化的环境、特殊的家具与玩具、节律性意向与生活化的学习程序等多方面的设计，帮助儿童达到教育目标，实现教育与治疗融合的目的。比如，可以采用特别的家具用品与玩具来加强儿童的空间知觉能力。可以通过任务分析（或动作分析）将复杂的动作简化，并用节律性的语言（如儿歌游戏）贯穿起来，让儿童容易掌握动作中的每一个小节。此外，引导式教育还可以运用节律性的语言来增强儿童在时间上的接受能力，让儿童容易记下语言内容，并纳于自己的思想中。引导式教育将学习程序贯穿于一日生活中，使学习机会存在于每时每刻，让任何空间都可成为学习的地方，充分体现了时间与空间的连贯性。总之，引导式教育将儿童看成是一个完整个体，从而在一个和谐合作的气氛下促进儿童的发展。

三、动作教育在学科课程中的应用

（一）遵从动作发展的科学性

在日常教学过程中，教师应注重动作发展的科学性，其主要体现在注重动作发展的顺序性及对动作技能形成过程的整体性把握。

动作的发展与年龄相关，但并非仅仅由年龄决定的，这种发展是一种质变，具有序列性（即一些动作形式必然先于其他动作出现），是不断累积的、具有一定的方向性，同时受多种因素影响的、个性化的。例如，动作发展的首尾规律、近远规律、大小规律等。在动作技能的习得过程中，也遵循相类似的规律。比如，书写动作是从握笔姿势到绘画动作，再到书写动作的发展方向。由于对中国儿童来说，真正掌握书写技能的动作模式要到小学阶段，所以对于学前和小学教师来说，更应注重动作发展的顺序性，适时指导学生动作技能的发展。

动作技能的形成包含3个阶段：认知阶段、联合阶段、自动化阶段。此3个阶段主要是使学生从做什么、怎么做入手，逐渐形成自动化的动作。比如，在写字教学中，首先是正确的写字姿势和执笔方法的教学。通过观察教师所做的示范动作，学生形成了写字动作相应的动作映象。我们通常所说的"眼离书本约一尺、手离笔端约一寸、胸离桌子约一拳"就是一种正确的动作映象。但在初习写字时，学龄儿童受到认知发展的限制，其注意范围仍比较狭窄，不能很好地控制动作细节，常有顾此失彼的现象，有时还掺进不必要的多余动作。例如，初学写字时，儿童的手指紧握笔杆，面部肌肉紧张，头歪，眼斜，注意到了身体姿势却忘了握笔动作等。随着反复的练习，儿童能够逐渐将局部动作结合起来，以形成比较连贯的动作。最后动作意识逐渐减弱，逐渐被自动控制取代，不再需要注意一笔一画的书写，甚至可以完全脱离视觉控制，而单纯依靠动觉控制来进行书写，整个写字动作趋向自动化。

（二）动作示范，启发学生模仿

模仿是初学者掌握动作技能的一种重要学习方式。动作技能的学习需要通过教师或他人的示范，初学者只有通过模仿范例，才能使自己在动作表象中得到检验、校正、巩固及进一步充实。例如，学生要想正确、熟练地写出汉字，除了对汉字的间架结构的视觉表征，还需要掌握运笔顺序，这就需要教师的动作示范。教师所做的示范动作，帮助学生理解写字动作包含的动作结构和各组成动作之间的联系，形成相应的动作表象。教师在示范时，要做到动作示范与言语解释相结合，整体示范与分解示范相结合，重复、减慢示范动作，指导学生观察，从而提高书写动作的准确性、流畅性。

（三）勤加练习，注重实际操作

实际操作是动作技能和智力技能组合而成的认识系统，它是学生空间观念、思维活动等内部动作的综合反映。学生通过实际操作手脑并用，培养了动作技能，并帮助学生建立清晰的表象，形成正确的空间观念，为他们将来更好地适应和改造客观世界打下基础。[1]同时，一切操作都要受主观意识的支配，在操作中具体形象思维与抽象逻辑思维相互作用，互相协调，学生的空间知觉和初步的逻辑思维能力可以得到同步发展。例如，"认识面积"这一课中，组织学生测量教室的面积并通过比例换算，在练习本上画出相同面积的长方体。一方面通过实际操作加深学生对所学知识的理解与记忆；另一方面通过对实际面积的掌握，培养了学生的空间知觉能力。虽然实际操作的过程不是教学的重点，但教师通过这种训练让学生在动作中不断总结和积累经验，逐步增强了自身对空间的知觉能力，获得身体意识。

（四）重视反馈，强化练习效果

通过反馈，学生可以知道自己的动作是否合乎要求以及练习的效果如何，从而纠正错误动作，巩固正确动作。反馈一般有两种：一是由肌肉和关节产生神经冲动从而引起内在反馈，即动作感觉反馈；二是由视觉和听觉等感受器官提供的外来信息的外在反馈。初学者主要靠视觉、听觉提供的信息，当动作熟练后，主要靠动作感觉反馈。例如，学生练习英语音标发音，教师先要用发音部位图演示，再示范发音，让学生仔细观察教师的口形、舌位，体会发音方式。学生经过多次练习，他们就能凭动觉反馈来感受发音的要领，凭听觉辨认力反馈自己发音的正误。

本章小结

感知觉的发展	感觉主要包括视觉、听觉、味觉、嗅觉、触觉等。婴儿在出生时已经产生各类感觉，并且在婴儿期和儿童期味觉系统最为发达，但他们看到的物体是模糊的，听到的中等频率声音不如成人清晰，随着个体的发展，婴儿通过口腔触觉和手的触觉活动探索世界。 婴幼儿知觉的发展主要集中在深度知觉、运动知觉和知觉恒常性方面。婴儿出生不久便具有了大小恒常性和形状恒常性的能力。6个月大的婴儿已经具有深度知觉。运动知觉主要表现为对静止和运动的判断能力、速度敏感性和方向的选择3种能力

1 李光树. 小学数学整体教学策略（下）. 北京：科学技术文献出版社，1998：60.

动作发展	儿童动作发展主要表现为大动作技能和精细动作技能的发展。大动作技能的发展有两个高峰期，分别在婴幼儿和青少年期。精细动作技能的发展主要包括抓握动作、书写动作和生活动作的发展。 　　动作发展按照成熟发展的顺序发展，遵循从整体动作到分化动作；从上部动作到下部动作；从中央部分的动作到边缘部分动作；从大肌肉动作到小肌肉动作；从无意动作到有意动作的顺序。但动态系统理论任务，动作的发展并非仅仅由成熟决定，而是婴幼儿在身体能力和环境调节的限制下，主动完成某个目标的过程
动作教育	动作教育是一种通过身体动作活动或创造性运动经验的增进，使个体的身心获得"最适发展"的教育或历程。主要包括动作技能的增进、身体意识的增进、感知觉及问题解决能力的增进、情绪与社会性发展的增进4个部分内容。动作教育的重要方案主要有运动处方、MEPA方案和引导式教育3种。动作教育在学科课程中的应用主要应注意以下几点：遵从动作发展的科学性；动作示范，启发学生模仿；勤加练习，注重实际操作；重视反馈，强化练习效果

总结 >

Aa 关键术语

感觉 sensation	知觉 percipience	深度知觉 depth perception	知觉恒常性 perceptual constancy
大动作技能 gross motor skill	精细动作技能 fine motor skill	MEPA方案 Movement Education Program Assessment	引导式教育 Conductive Education

章节链接

在这一章，你读到……	在其他章节中，你将发现相关讨论……
关于言语知觉的发展	第六章 言语的发展
关于客体永久性的发展	第五章 认知的发展

应用 >

体验练习

1. 婴儿的视觉发展主要表现在哪些方面（多选）（　　　）

　　A. 视敏度　　　　B. 视觉集中　　　C. 视觉追踪　　　D. 视觉定位

2. 研究婴儿感知觉的方法主要有（多选）（　　　）

　　A. 注意偏好法　　　　　　　　B. 习惯法和去习惯法

　　C. 诱发电位法　　　　　　　　D. 距离调节法

3. 下列关于动作发展规律的说法正确的是（　　　）

    A. 从分化动作到整体动作　　　　B. 从上部动作到下部动作

    C. 从小肌肉动作到大肌肉动作　　D. 从有意动作到无意动作

4. 艾斯特·西伦提出会影响儿童动作发展的因素有（多选）（　　　）

    A. 神经系统的发展　　　　　　　B. 身体的生理特性和运动的潜能

    C. 儿童想要实现的目标　　　　　D. 支持该技能的环境

5. 动作教育包括以下几个方面（多选）（　　　）

    A. 动作技能的增进　　　　　　　B. 身体意识的增进

    C. 感知觉和问题解决能力的增进　D. 情绪与社会性发展的增进

6. MEPA方案主要考察哪些方面的能力（多选）（　　　）

    A. 感觉—运动　　B. 语言　　　　C. 情绪　　　　D. 社会性

拓展 >

补充读物

1 董奇，陶沙. 动作与心理发展. 北京：北京师范大学出版社，2002.

    本书详细分析了动作的实质，阐述了个体动作发展的基本规律及特点，分析了影响动作发展的主要因素，重点介绍了促进个体发展的动作教育方案。

2 [美]约翰·W. 桑特洛克. 毕生发展. 桑标，等译. 上海：上海人民出版社，2009.

    本书第五章讲述了动作、感觉和知觉发展，从胎儿期到老年期毕生发展的各个不同阶段，分析了从个人、家庭到社会文化环境等各种影响毕生发展过程的因素，涵盖了个体的生物基础、认知过程、情绪与社会性发展等各个领域。

3 儿童心理学手册（第6版）：第2卷，认知、知觉和语言（上）. 林崇德，李其维，董奇，等译. 上海：华东师范大学出版社，2009.

    该书的第二章介绍了婴儿听觉的发展，并对婴儿的言语知觉和单词学习进行了探讨。第三章从知觉发展的理论谈起，重点介绍婴儿的视敏度、空间知觉、物体知觉和人脸知觉的发展特点。第四章介绍了对动作发展的新认识，并从样本系统和知觉—动作系统的角度阐释动作发展。本书主要反映了该领域最近发生的变化以及使这些变化得以产生的经典研究，同时也汇集了日后将会决定该领域之未来发展的各种思想。

4 雷雳. 毕生发展心理学：发展主题的视角. 北京：中国人民大学出版社，2014.

    本书从毕生发展的视角出发，以发展主题为线索，对各个发展阶段平衡兼顾，既反映经典研究，也反映最新进展。注重理论观、实证研究及运用的交互融合，对人们可能很关心的一些实践问题予以解答；注重文化和环境背景对个体发展的影响，对基于中国文化或环境背景的研究成果予以呈现。

在线学习资源

1. 师乐汇—中国幼儿教师网http：//www.yejs.com.cn/

2. 中国幼教网http：//chnkid.com/

3. 体能网http：//www.tinengwang.com/

　　认知是指那些能使主体获得知识和解决问题的操作和能力。认知是人类个体内在心理活动的产物。认知发展就是指主体获得知识和解决问题的能力随时间的推移而发生变化的过程和现象。

　　本章将从发展的角度，对注意、记忆、思维和问题解决以及元认知几个重要的认知活动进行介绍。

结构图

ⓐ	ⓑ	ⓒ
注意的概念	注意品质的发展	注意的发展对儿童社会性的影响

注意的发展

ⓐ	ⓑ	ⓒ	ⓓ
记忆的概念和分类	工作记忆的发展	记忆容量的发展	记忆策略的发展

记忆的发展

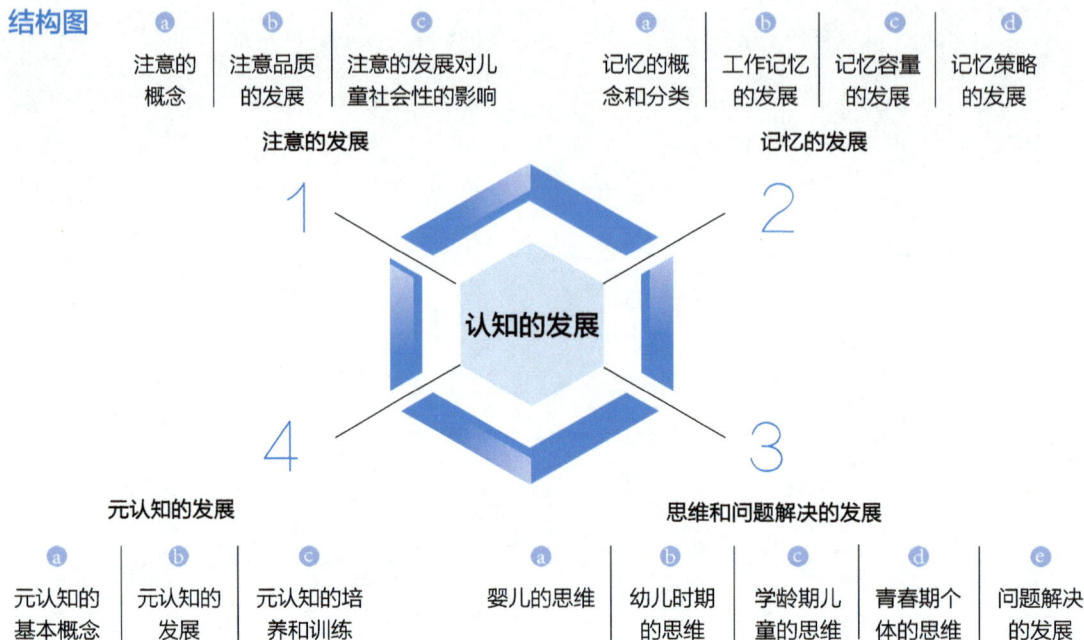

认知的发展

1 2 4 3

元认知的发展

ⓐ	ⓑ	ⓒ
元认知的基本概念	元认知的发展	元认知的培养和训练

思维和问题解决的发展

ⓐ	ⓑ	ⓒ	ⓓ	ⓔ
婴儿的思维	幼儿时期的思维	学龄期儿童的思维	青春期个体的思维	问题解决的发展

学完本章，你应该能够做到：

学习目标

1. 了解注意的不同类别及其特点；了解注意的发展特点；了解注意对学生社会性发展的影响。

2. 了解记忆的基本过程和类型；了解工作记忆和记忆容量的发展特点；了解记忆策略的类型。

3. 了解不同发展阶段个体思维的特点；了解不同阶段个体问题解决能力的发展特点。

4. 了解自元认知的发展规律；掌握元认知的概念和结构；了解元认知的培养方法。

读前反思

　　高度发达的认知能力是人类适应环境最重要的要素。人们依靠大脑的活动，发明创造出各种方法和技术去改变自己所处的环境，使环境能更适合自己的生存。人类创造的一切精神和物质财富都是通过智力活动而形成和积累起来的。它是人的重要特质，是人和动物的重要区别之一。但是，对于每一个具体的人类个体而言，这种高度发达的认知能力并不是从一出生就具有的，而是需要花20年左右的时间才能基本完成它的发展而达到成熟。阅读本章之前，请仔细思考下列问题。

1. 人的认知活动多种多样，包括注意、记忆、思维等。回顾自己的成长轨迹，你觉得人的认知能力是如何发展的？不同认知活动的发展轨迹是否相同？

2. 你觉得人的注意、记忆、思维等认知能力是否能够通过教育和训练来提高？若可以，应该如何训练？是否存在发展的关键期？

第一节
注意的发展

学习目标

1. 了解注意的不同类别并合理利用其特点。
2. 了解学生不同注意品质的发展特点。
3. 了解注意对学生社会性发展的影响。

生活中，我们有时会有这样的经历，如讲座听完了，也没有觉察到身边的同学是谁；专心解决一道数学难题时，有人和你说话都没有听到；吵吵闹闹的聚会上，似乎什么都听不清，但有人说你的名字，你却听得很清晰；有时很难坚持一件事，有时又可以同时关注或做几件事。其实，这些经历背后都和注意有关，那究竟什么是注意呢？

一、注意的概念

（一）注意的定义

教育家乌申斯基曾说："'注意'是我们心灵的唯一门户，意识中的一切，必然都要经过它才能进来。"可见注意的重要性。那么什么是注意呢？注意是心理活动对一定对象的指向和集中。

指向性和集中性是注意的两个最基本特征。指向性是指在某一时间内，个体的心理活动有选择地朝向一定的对象，而同时离开其他对象。如"两耳不闻窗外事，一心只读圣贤书"就是说注意指向书籍，而忽略了外界的事物。集中性是指心理活动停留在对一定对象上的深入加工的过程上，注意集中时心理活动只关注所指向的事物，抑制了与当前注意对象无关的活动，即达到"用心专者，不闻雷霆之震惊"的状态。

（二）注意的分类

注意可以分为无意注意、有意注意和有意后注意。

无意注意又叫不随意注意，这种注意事先没有预定目的，也不需要付出意志努力。例如，有学生因迟到在上课时走进教室，大家就会不由自主地注意到他。

有意注意又叫随意注意，这种注意事先有预定目的，也需要付出意志努力。例如，"头悬梁，锥刺股"故事中的主人公孙敬和苏秦，立志要发愤读书，所以不惜借助外力来促使自己保持注意，从而集中精力学习知识。

有意后注意是事先有预定目的，但不需要付出意志努力的注意。有意后注意的形成需要对活动本身感兴趣。例如，少年时的毛泽东酷爱读书，即使身处闹市，仍然不受干扰，不需刻意强求就把自己的注意力全部投入摄取知识的欢愉中。

表5-1 三种注意特点对比

类型	别名	目的性	意志努力需求	特　点	举　例
无意注意	不随意注意	无	无	保持时间短，耗费精力少	突然出现的人、物
有意注意	随意注意	有	有	保持时间长，耗费精力多，易疲劳	听课、读书
有意后注意	随意后注意	有	无	保持时间长，耗费精力少，自觉性好	熟练的驾驶，沉迷于解题

（三）注意的作用

注意对我们的生活、学习和工作都具有十分重要的意义。生活中，对重要信息的有效注意，可以使我们及时规避危险，掌握发展动态；在学习过程中，注意品质往往影响学习的效率和学习的效果；在实践活动中，注意对不同职业，尤其是医生、飞行员、爆破工程师等从事特定职业的人来说，是重要的心理品质。因此，掌握注意规律，培养良好的注意品质对提高学习效率，减少工作失误都具有重要意义。

二、注意品质的发展

注意品质包括注意的广度、注意的稳定性、注意的分配、注意的转移等因素，这些因素是衡量注意发展的重要指标。下面介绍注意品质的发展及影响因素。

（一）注意广度的发展

注意广度（span of attention），也叫注意的范围，是指个体在同一时间内能清楚把握的对象的数量，所谓"一目十行"就是指注意的广度。

注意广度随年龄增长而逐渐发展。由于知识经验的限制，小学生的注意广度比较狭小。但到中学阶段，青少年的注意广度已经基本接近成人水平（Dye & Bavelier，2010）。

另外，注意广度的发展受注意对象特点的影响。注意的对象分布越集中，组成越有规律，越能成为有联系的整体，注意的广度就越大。所以，教师在教学过程中要注意对教学材料的组织，同时注意培养学生整体组合材料的习惯。另外，主体知识经验的丰富程度也是影响注意广度的一个重要因素。教师可以帮助学生准确理解学习内容，适当补充所学知识的背景知识。

（二）注意稳定性的发展

注意稳定性（stability of attention）是指个体将注意长时间保持在某一对象或某一活动上的特性。所以，个体在某一对象或活动上保持时间的长短可以作为衡量注意稳定性的指标。

注意保持稳定的时间随个体发展而逐渐增加，婴幼儿时期，注意的保持时间从最初保持几分钟开始不断增加。注意稳定性发展的高峰时期是在小学中年级到小学高年级这段时间，这个时期儿童的有意注意开始发展，在一定目的引导下，7~10岁儿童可以保持注意20分钟，11~12岁儿童保持时间约为25分钟，到12岁以后，就可达30分钟左右。八年级以后，青少年的注意稳定性逐渐趋于稳定（李洪曾，王耀明，陈大彦，蒋平之，1987）。儿童注意稳定性的时间长短也是课堂时间长短设置的依据。

另外，注意稳定性水平也与刺激材料本身的性质有关。年幼儿童更容易被形象、有趣、新颖的刺激长时间吸引，而成人和较大的儿童则更关注刺激内容本身的意义和价值及对自己的作用。所以不同阶段的教师在教学内容、教学方法的安排上要有区别性和针对性。

（三）注意分配的发展

注意分配（distribution of attention）是指个体在同一时间内能够同时注意两种或两种以上的事物或活动。所谓"一心二用"就是指注意的分配，"左手画圆，右手画方"就是注意分配的表现。

注意分配能力发生较早，但发展速度十分缓慢。幼儿的注意分配能力较弱，如他们在做手头的事情时，常常不能同时关注到父母或老师对他们的讲话。随着大脑皮质和神经环路的逐渐成熟，儿童的注意分配能力逐渐增强（Reynolds，Courage & Richards，2010）。到了初中阶段时，各年级学生的注意分配能力基本上处于相同水平。

另外，注意分配本身也受同时进行的几种活动的复杂程度，个体对这几种活动的熟练程度以及自动化程度的影响。要想达到注意分配，一般要求个体对其中至少一项活动是熟悉的，另外活动间最好存在一定的联系。所以教师在教育过程中，要先在某一项活动上使学生达到熟练掌握，再进一步培养其注意分配能力。同时注意引导学生发现活动之间的联系。

（四）注意转移的发展

注意转移（transfer of attention）是指个体能根据新任务或新情况主动、及时地把注意从一个对象或活动转移到另一个对象或活动上。而注意不稳定、注意分散是无意识地改换了注意的对象。所以注意转移与注意不稳定、注意分散有着本质的区别。例如，学生完成数学作业后，将注意力又转向做语文作业，这是注意转移；而在做数学作业的过程中时不时看看电视节目，这是注意分散。

注意转移能力随年龄增长而逐渐发展。随着抑制能力以及第二信号系统（巴甫洛夫认为，相对于声、光、电、味等现实的具体刺激，语言文字属于现实的抽象刺激，称为第二信号，对第二信号发生反应的皮质机能系统是第二信号系统，是人类特有的）的发展，注意转移发生的时间表现出一个趋势，即小学二年级到五年级期间是第一个发展上升期，注意转移时间呈直线下降；小学五年级到八年级期间是第二个发展上升期，并且这个时期的学生逐渐能够灵活地按照教学要求调整自己的注意；八年级到高中二年级期间为发展的停滞期，所以初中学生和高中学生的注意转移能力基本上属

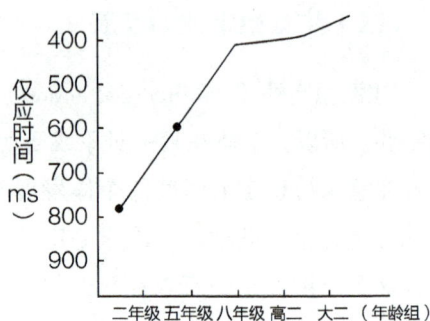

图5-2　大中小学生注意转移发展的年龄曲线

于同一个层次；高中二年级到大学二年级期间为第三个上升期，但这个上升期发展缓慢（林镜秋，1996），注意转移能力在此阶段基本发展成熟，此后变化较小。

　　另外，注意转移速度与原注意的紧张程度及新注意对象的吸引程度有重要相关。原来注意的紧张程度高，注意转移得就比较慢；新对象比较有吸引力，注意的转移就比较快。所以在教学中，如果学生在课间玩得过于兴奋，教师在上课前，就要利用一两分钟的时间来缓冲一下，以使学生的注意力转换到教学中。一般课程之间的课间休息时间较短，约10分钟，且另外设置专门的活动时间，目的就是使学生在课程之间的游戏不至于太激烈而过分投入，以至于上课时难以一时转换注意。

三、注意的发展对儿童社会性的影响

（一）注意与儿童社会性发展

1. 注意和学业成绩

　　学步期的儿童容易分心，容易被其他玩具和事物吸引，不能长时间地学习。随着年龄的增长，幼儿期儿童注意的稳定性越来越强，抑制自己的注意被分心物影响的能力增强，能够将注意更长时间地专注于一件事。学龄期儿童的注意变得更有计划性、选择性，能够根据计划分配注意，根据学习任务要求灵活地调整注意。同时由于注意广度的增长，注意灵活性的加强，儿童能够同时快速有效地完成多项学业任务。因此注意的各种特性发展得越好的儿童，其学业成绩也越优秀。而注意的稳定性弱会影响儿童完成作业的速度和质量以及课堂上的听课效果，致使其学业成绩差，如多动症儿童。

2. 注意和多动症儿童

　　多动症是注意缺陷多动障碍的简称，核心症状为表现出与年龄和发育水平不相称的注意力不集中和注意时间短暂、活动过度和冲动，并导致学习和社交问题。多动症儿童在上课、做作业及其他活动时注意的稳定性较差，不能长时间地保持注意力集中，容易因外界刺激而

分心，也经常因为粗心发生错误，如丢失玩具、学习用具，忘记日常活动安排。

虽然正常的儿童也会有好动的特点，但遇到感兴趣或是新鲜的事物时，不仅会聚精会神地听、看，还会持续一段时间来完成一件事情，并且在他们专注的时候不喜欢别人的打扰。而多动症儿童则难于集中注意力，他们常常做事有头无尾，丢三落四，不能专注于一件事情。

👁 **专栏5-1**

多动症儿童案例分析及诊断标准

小强今年10岁，还在上小学二年级。从上学以来，小强的学习成绩就一直不好，上课时，他不是玩弄手指或文具，就是不断发出怪声，还经常随意走动；写作业时经常看错题，字写得歪歪扭扭，还经常坚持不了一会儿就出去玩了，而玩的时候却又一会儿玩这个，一会儿又跑去玩那个，很难长时间集中注意力。另外，小强还比较倔强、易冲动，经常和同学打架，不能遵守学校的纪律规章。为此，家长和老师都想了各种方法来教育小强，但总是不能起到作用，有时候小强能坚持一会儿，但很快就恢复到原来的样子了。

案例中小强的种种表现就属于多动症的一些基本症状。《美国精神疾病诊断标准》第五版中提供了儿童多动症的行为诊断量表，教师可根据儿童在日常生活、教学活动中的表现来初步判断儿童的行为是否具有多动症倾向，但进一步的确诊需到相关专业机构。

儿童多动症行为诊断指标：

1. 手脚总是不停地动，或在椅子上滑来滑去；
2. 要求静坐时，难以静坐；
3. 常常跑来跑去，过度爬上爬下；
4. 常常打断或干扰他人活动；
5. 难将注意力长时间保持在一件事上，易受外界刺激干扰分散注意力；
6. 常常参与危险活动，不考虑后果；
7. 无法耐心等候排队；
8. 常常过于多话；
9. 常常在别人问话未完，就抢着回答。

以上行为条目中，如果儿童符合以上的6条或以上，并持续6个月以上，无其他精神疾病，如孤独症、智力障碍等病症，则初步认为患有多动症。目前对儿童患多动症的病因探究仍不明确。

3．注意和情绪调节

婴儿的情绪调节能力比较有限，过于紧张时，会将注意力从不愉快的刺激上离开，但仍不能缓解情绪。成人可以通过面对面的游戏、借助其他物体等转移注意力的方式培养儿童的情绪调节能力。转移注意的能力有助于儿童控制自己的情绪节奏，既不会快乐过度，也不会长时间沉浸在痛苦中。

（二）联合注意及其对儿童社会性发展的影响

1. 联合注意的定义

联合注意（joint attention）是指一个个体跟随另一个个体的注意而使两个个体（通常是儿童和成人）同时注意同一物体的过程。儿童参与联合注意的方式主要有两种：一种是被动地跟随他人的注意，另一种是主动地发起联合注意。

2. 联合注意对儿童社会性发展的影响

1岁左右的婴儿就能控制、转移注意并跟随大人正在关注的事物，2岁时能根据成人的手势、言语等将注意转移到指定的目标上。由于联合注意能使两个观察者共享对有趣事物的注意，因此联合注意也是一种社会性的交流方式。又由于联合注意是儿童通过注意其他人关注和感兴趣的对象来了解对方的心理状态及情绪，所以联合注意反映了儿童的社会理解能力，是模仿和心理理论等能力发展的基础，对儿童的社会交往和人际互动起着重要作用。

第二节
记忆的发展

🎯 学习目标

1. 了解记忆的基本过程和类型。
2. 了解工作记忆的重要性。
3. 了解记忆容量的发展的特点。
4. 了解记忆策略的类型。

记忆是人们在生活中经常体验到的心理现象，它是我们进行思维、想象等高级心理过程的基础。为何有的事物我们记得很牢，有的却容易遗忘？为何有些人记东西很快，有的人记得慢？随着年龄的变化，人的记忆能力又是如何发展的？本节对记忆的基本心理过程、种类、容量、记忆策略等内容进行介绍。读完本节，你会对记忆的基本问题有所了解。

一、记忆的概念和分类

记忆（Memory）是个体对经历过的事物进行识记、保持、再现的心理过程。识记是记忆的初始阶段，通过视觉、听觉、嗅觉等感觉器官获得经验信息。保持是将识记过的经验通过编码和巩固保存在脑中的过程。再现是记忆的最后阶段，包括回忆和再认。回忆是指经验过的事物不在眼前，能把它重新回想起来的过程。再认是指经验过的事物再度出现时，能把它认出来的过程。

从信息加工的观点来看，记忆可看作个体在大脑中对信息的逐步加工，包括信息的输入、编码、储存和提取。信息加工的阶段与记忆的过程相对应。

表5-2 记忆的过程与信息加工阶段的对应关系

过　　程	阶　　段
识记	信息的输入和编码
保持	信息的储存
再现	信息的提取

根据保持时间的长短，可将记忆分为感觉记忆、短时记忆和长时记忆。感觉记忆是记忆的初始过程，指感觉刺激（声、光、气味等）停止后，对该感觉产生的瞬间映象，也称"感觉登记"。其保持时间通常为1~2秒钟。例如，图像记忆保持时间约为0.5秒，音响记忆保持时间为5~10秒。

感觉记忆的信息得到注意后便进入了短时记忆中。短时记忆储存着人们当前正在注意的信息。信息经过听觉编码（对声音进行加工，最后保留听觉信息），视觉编码（对视觉影像进行加工，最后保留视觉信息）和语义编码（通过释义对信息材料进行加工，最后保存的是信息的意义）保存在短时记忆中。短时记忆保持时间约为20秒，但如果加以复习、重述，便可以继续保存，进入长时记忆中。

长时记忆保持信息的时长从1分钟以上到永久保持，大多数保存时间较长。长时记忆的识记主要是通过对材料的复述、组织加工和有动机的努力而习得的。长时记忆的提取包括再认和回忆两种形式。提取的效果依赖于储存和线索两个方面。如果储存是有组织、有条理、有层次结构的，线索是数量多、质量高的，那么提取就更容易。提取失败可能意味着遗忘。衰退理论认为遗忘是记忆痕迹随着时间的推移而逐渐消退的结果。干扰理论认为遗忘是因为我们在学习和回忆之间受到其他刺激的干扰之故。例如，先学习的材料对回忆后学习的材料的干扰作用称为前摄抑制，后学习的材料对回忆先学习的材料的干扰作用称为倒摄抑制。明明知道某件事，但是受到某些干扰而不能回忆出来的现象称为"舌尖现象"。

根据记忆内容的不同，可分为陈述性记忆和程序性记忆。陈述性记忆是对事件、情景或知识的记忆，可以通过语言传授而一次性获得。对人名、地名、名词解释以及定理、定律等，均属陈述性记忆。程序性记忆指如何做事情的记忆，包括对知觉技能、认知技能和运动技能的记忆。程序性知识经常难以用语言来描述。程序记忆的例子，包括学习骑脚踏车、打字、使用乐器或是游泳。一旦内化，程序记忆非常持久。

根据意识状态的影响，可将记忆分为内隐记忆与外显记忆。内隐记忆是指在不需要意识努力或无意识的情况下，已有经验对当前任务产生的无意识的影响。例如，在要求说出一个成语时，你可能会说出你之前刚刚看到过或听到过的成语，但是你并未意识到这个成语是你刚刚遇见过的，这就是内隐记忆。相对于无意识的提取过程，对知识信息的有意识提取就是外显记忆。程序性记忆通常为内隐记忆，而陈述性记忆通常是外显记忆。

根据记忆与自我的关系，衍生出自传体记忆的概念。自传体记忆是个体依据自我组织起来的信息，最有代表性的就是个体对自我经历的生活事件的回忆。例如，个体对自己年幼时经历的事情的记忆就是一种自传体记忆。

二、工作记忆的发展

（一）什么是工作记忆

工作记忆（working memory）是指个体在执行认知任务中，对信息暂时保持与操作的能力。信息的暂时保持是指保存可用的信息，操作是指执行控制管理和监控工作记忆中的信息。

工作记忆的四成分模型认为，工作记忆包括语音回路、视觉空间模板、中央执行系统和情景缓冲器4个部分。其中，语音回路主要负责以声音为基础的信息的存储；视觉空间模板主要负责视觉空间材料信息的存储；中央执行系统主要负责工作记忆中的控制性加工，主要包括工作记忆中各子系统功能的协调、对编码和提取策略的控制、操纵注意管理系统以及从长时记忆中提取信息；情景缓冲器是一个容量有限的暂时储存多种编码信息的装置，它受中央执行系统的控制。

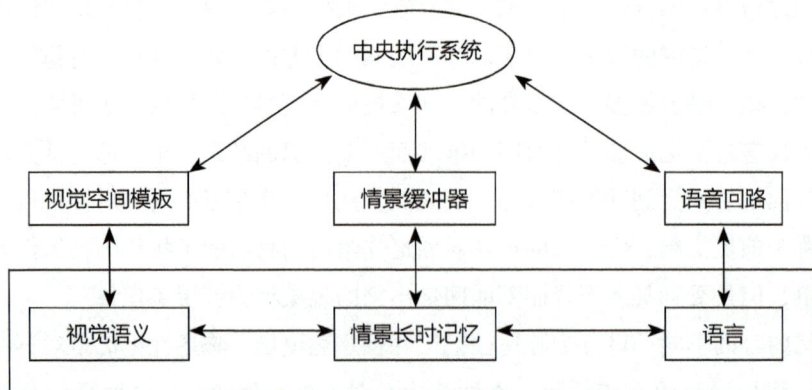

图5-2　工作记忆的四成分模型[1]

1　鲁忠义，杜建政，刘学华. 工作记忆模型的第四个组成部分——情景缓冲器. 心理科学，2008，31（1）：239~241.

工作记忆的容量是有限的，当存储空间占满时，新的信息如果想要进入，就必须要把原有的一部分信息排挤出去。工作记忆的存储时间为15~30秒，这便为加工信息争取了时间。工作记忆就像我们的中央处理器，在这里可以积极地处理一定量的信息。

（二）工作记忆的发展特点

工作记忆的发展，首先表现在工作记忆容量的发展上。工作记忆容量不是用信息的物理单位来衡量的，而是以组块衡量的。工作记忆容量的大小直接影响着人类完成高级认知活动的效率，儿童的工作记忆容量随年龄的增长而增大。工作记忆中信息的消失率也会限制认知功能，与年幼儿童相比，年长儿童在工作记忆中能保持更多数量的信息，这可能是因为年长儿童复述的速度更快。

其次，工作记忆的发展表现在言语信息和空间信息记忆日益有效的分离上。在工作记忆中，言语信息和空间信息有不同的存储容量，并且是独立表征的，10岁以下的儿童还不能在工作记忆中完全清楚地把言语信息和空间信息区分开来，但随着年龄的增大，这种能力会逐渐提高。

工作记忆的发展还体现在执行加工的变化上。执行加工控制着工作记忆的内容和功能，执行加工是随着年龄的增长而发展的，这种发展在一定程度上决定了工作记忆的功能。

（三）工作记忆的重要性：对思维活动的影响

大量关于工作记忆的研究都证明了，工作记忆在个体的思维活动中起到了不可代替的作用，它与学习、推理、问题解决、阅读、数学能力等复杂认知活动存在密切的关系。

工作记忆在个体的高级认知活动中具有双重的作用：首先，工作记忆负责获取当前的信息，与长时记忆中的信息相联系；其次，工作记忆暂时保存重要的信息，从而获得对任务的整体理解。

研究发现，工作记忆与高级认知活动之间存在密切的联系，主要是中央执行系统在起作用。近年来，通过对工作记忆的脑成像研究，研究者发现，工作记忆与智力、推理等高级认知活动所涉及的脑区有大量的重合，这说明工作记忆与认知活动之间的高相关很有可能是共享脑机制造成的。还有大量的研究者通过不同的工作记忆训练方法对个体的工作记忆进行了训练，并发现了个体的阅读能力、智力水平等高级认知能力均得到了提升，这更进一步地说明了工作记忆在人类思维活动中具有核心作用。

（四）如何提高工作记忆：工作记忆的训练方法

个体的工作记忆能力是可以通过训练而提高的。

在教育领域，工作记忆的训练对特殊儿童的干预和辅导具有重要意义。研究者克林伯格（Klingberg）等人对患有注意缺陷多动症的小孩进行了工作记忆的训练之后，治疗组的孩子在有关专注和推理任务中的表现都有所提高，好动程度也有所减轻。对于正常的孩子，训练也能够令大脑成长。研究者波斯纳（Posner）等人让幼儿园的孩子学习如何用操纵杆来控制电脑屏幕上动画物体的运动，并在给定轨迹的条件下，预测物体会往哪个方向运动，孩子们在从易到难的进阶中成绩得到了提高，发展了注意力和记忆能力。

在进行工作记忆训练时，多用电脑或语音呈现材料，要求儿童进行语音、视觉—空间和更高级的认知操作，题目的难度以需要记忆的容量来限定。下文列举了3种类型的训练题目。

一是数字工作记忆训练。

数字排序：给儿童呈现一系列数字，要求儿童按从小到大的顺序重复出来，如呈现数字为8-6-7，则正确答案为6-7-8。

数字倒背：给儿童呈现一系列数字，要求儿童按相反的顺序重复出来，如呈现数字为4-7-2，则正确答案为2-7-4。

二是空间工作记忆训练。

空间排序：给儿童呈现一些带有空间信息的图片，随机激活一些空间信息，要求儿童按某一规定指出刚才被激活的空间信息，如同样的方块规则地排列在一起，一些方块挨个变色，要儿童按照从左到右的顺序把变过色的方块指出来。

空间后退：题目与空间排序相同，但要求儿童按相反的顺序将刚才被激活的空间信息指出来。

三是中央执行系统工作记忆训练。

数字划销：在一张卡片上随机排列数字0~9，要求儿童将每一行中与第一个数字相同的数字划去。

计算速度：给儿童一个基线数字，要求连续加上或减去一个数字。

三、记忆容量的发展

（一）记忆容量的定义

记忆容量（memory capacity）也称记忆广度，是衡量记忆能力的重要指标。记忆广度是指在单位时间内能够记忆的材料的数量。

1956年，美国心理学家米勒首先提出了组块（chunking）的概念，指的是由意义上相联系或形式上相类似的一些小单位组合成的大单位。他认为人的短时记忆容量是5~9个（即7±2）。但此容量不是单个信息的项目数，而是其组块数。如8925251364是一串9个小单位的数字，很难记忆，若经过组块，把它比拟为电话号码，组合为89（电话局号）、2525（总机号）、1364（分机号）3个组块，就便于记忆了。组块可以是一个字母、一个单词、一个句子，甚至是一个抽象的命题等。它的形成取决于信息间的联系，也与人已有的知识经验有关。组块使人的短时记忆容量扩大了。事实上人的长时记忆也是以组块形式编码的，它是人的记忆的一个重要特征。长时记忆的容量无论是信息的种类或是数量一般都被认为是无限的，它的信息是以有组织的状态被储存起来的。

（二）记忆容量的发展特点

儿童最初出现的记忆属于短时记忆，长时记忆出现和发展较晚。婴儿时期由于缺乏知识经验，记忆往往以机械记忆为主，采用简单重复的方式进行识记。在这一时期婴儿的机械记忆能力比成人强，有很大的记忆容量和发展潜能，但是能在记忆中保留的信息是很少的。随着年龄增长，儿童开始运用更多的策略来帮助记忆，这一时期儿童记忆保持的时间延长，且记忆容量逐渐增加，记忆范围也逐渐扩大。儿童进入青春期后，自觉运用意义记忆同时有效运用机械记忆，多方面的记忆效果达到个体最佳时期，长时记忆容量达到高峰并保持平稳，但短时记忆容量在达到高峰后会有所降低，随后保持平稳。成年之后，记忆容量基本保持不变。到老年期之后，短时记忆容量变小。

（三）记忆容量的影响因素

1. 组块

组块可以提高记忆的容量和效率。短时记忆的突出特点是其容量的有限性，成年人一般在7±2个组块的水平上。通过利用已有的知识经验，扩大每个组块的信息容量可以达到增加短时记忆容量的目的。例如，用听觉方式先向被试分别呈现3组不同的材料：第一组是由3个辅音构成的3字母组合如PTK，第二组是由3个字母组成的单词如HAT（帽子），第三组是3个单词如EAR（耳朵）—MAN（男人）—BED（床），然后让他们进行回忆。实验结果表明，3字母组合与3个单词的回忆成绩差不多，而回忆3字母单词比回忆不相关的3字母组合的成绩要好得多。这说明一个单词是组块。通过组块被试能大大地提高对一系列字母的记忆数量。

2. 材料的复杂程度和关联性

材料的复杂程度和关联性会影响记忆容量的大小。关联性高或复杂度低的一组材料比毫无关联、杂乱无章的材料更能被识记，逻辑记忆比机械记忆更有效。

3. 基础知识与熟悉程度

记忆容量，在很大程度上依赖于对所要记忆的材料的了解。例如，爱好象棋的10岁儿童对棋位的记忆远比普通成人好，是因为这些儿童对象棋的了解比普通成人多。当了解的有关识记的知识比较多，对识记材料比较熟悉时，个体在识记时常能加入一些在记忆材料中并未出现的内容或细节，以帮助记忆。

（四）如何提高记忆容量

首先，让大脑得到充分的休息，疲劳会降低大脑的工作效率。其次，训练、掌握一套适合自己的记忆方法。最后，熟悉并使用一定的记忆策略。

四、记忆策略的发展

人们在记忆过程中以某种程度的自觉意识采用的，达到增强记忆的有效方法即为记忆策略。记忆策略通常包括复述策略、精细化策略（类比、扩展延伸、质疑等方法）和组织策略等。记忆策略对特定材料的记忆效果有显著影响。我们可以针对不同的学习内容，制定相应的记忆策略，提高记忆效率。

（一）记忆策略的类型

常见的记忆策略有以下几种。

良好的记忆力是可以通过掌握运用科学记忆策略，进行有效训练来获得的。

1. 遵循规律记忆策略

德国著名心理学家艾宾浩斯的记忆遗忘规律告诉我们，学习的遗忘是有规律的，遗忘的进程先快后慢。这启示我们，学习要取得"事半功倍"的记忆效果，就要及时复习。学后20分钟左右，进行第一次复习，识记、理解所学知识，及时按知识点分类训练；学后1天进行第二次复习，对知识点分类归纳总结，加深理解；学后一周、一月后，循环复习增强对知识的回忆、再现、提炼、保存和巩固。

👁 **专栏5-2**

艾宾浩斯遗忘曲线简介

一、研究方法

［受试者］艾宾浩斯本人。

［实验材料］无意义章节（MUY、KIR、XAJ、DEQ等）。

［方法］一字一卡片。20张卡片一组，依序读过一遍，默写一遍；再读，再写；直到完全依序默写出来。记录遍数（A_n）。n日后，取出同组卡片，再背一回合，记录遍数（A_n）。记忆保留比率=$100 \times (A_0 - A_n)/A_0$

二、研究结果

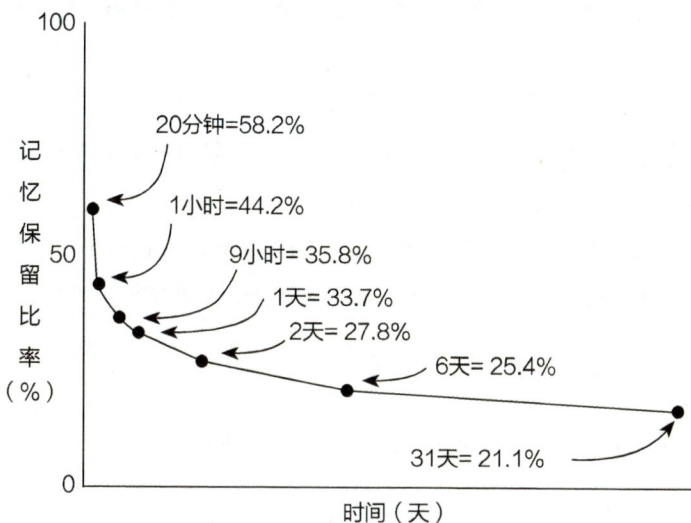

图5-3　艾宾浩斯遗忘曲线

三、研究结论

遗忘在学习之后立即开始，而且遗忘的进程并不是均匀的。最初遗忘速度很快，以后逐渐缓慢。保持和遗忘是时间的函数。

2. 系统记忆策略

系统记忆策略就是构架"知识体系树"。这棵"树"是如何构架起来的呢？按照教材和大纲要求，以教材目录、章节为根基和主干，寻找出知识点（枝），归纳知识点的三大方面（叶），进一步挖掘各知识点间的横向联系（花）和知识点与社会生活的纵向联系（果）。知识点的三大方面分别是：是什么、为什么、怎么样。复习学习时，依据由根到干、干到枝、枝到叶、叶到花、花到果的顺序，构建成多角度、多层次、全方位的识记和理解的"知识体系"，能够提高知识提取的速度和准确性，有效地促进学习。

名家语录

一切事情和知识在我的头脑里安放得像在橱柜的抽屉里一样，只要打开一定的抽屉，就能取出所需要的材料。

——（法）拿破仑

3. 对比记忆策略

对比记忆策略就是将所学知识按不同属性加以归纳比较，找出异同加以整理、提炼并进行记忆。学习中总有很多杂乱无章的内容，要全部记住会很困难，这时就可采用对比记忆策略。因类似的知识易于彼此联想，能轻易唤起过去经验，比较异同能进一步加深理解记忆。

4. 形象记忆策略

形象记忆策略就是对较抽象的知识进行联想，与熟悉的事物现象联系起来记忆，也可用图、表等形式加以形象化。例如，在理解经济生活中"通货膨胀和通货紧缩"知识点时，采用把国家经济想象成"钱袋子"的策略，可以有效帮助个体根据钱袋子的收缩和膨胀来理解记忆扩张性和收缩性的财政政策。结合学科不同特点，因人而异，找到适合自己特色的记忆策略能够有效帮助个体知识理解得更深刻透彻，识记速度更快捷，掌握知识更准确、全面、牢固。

（二）记忆策略的发展特点

随着个体年龄的增长，个体采用的记忆策略也在不断发展。

（%）　　　　　　表5-3　个体记忆策略发展时间表

发展时期	年龄范围	记忆策略的发展
婴儿期	0~3岁	没有策略（5岁以前）
幼儿期	3~6岁	过渡阶段——可以诱导使用策略（5~7岁）
童年期	7~12岁	主动自觉采用策略（10岁以后） ①复述 ②组织：归类、系列化
青春期	13、14~15、16岁	记忆最佳时期，有效运用各种记忆策略
青年期	17、18~35岁	多种记忆策略
中年期	35、40~60、65岁	多种记忆策略
老年期	60岁以后	记忆从70岁衰退明显

（三）记忆策略的影响因素

在众多的因素中，元记忆、知识水平和工作记忆广度3个因素备受关注。

1. 元记忆

元记忆是指人对自己记忆系统的认知，包括对记忆系统的内容、功能的认识和评价，以及对记忆过程的监控。元记忆在记忆的识记、保持和提取3个过程中都起着至关重要的作用：在识记阶段，元记忆的检测功能对学习材料的难易程度做出判断，对记忆不十分清楚的内容予以更多的关注；在保持阶段，元记忆主要是使个体根据材料的相对难度对记忆内容的遗忘程度进行推断，并选择回忆不出的项目进行再次学习；在提取阶段，知晓感（feeling of knowing）评估首先起作用，当个体对于需要回忆的内容有知道感时，就会快速进行搜索和积极的提取，如果没有知道感，提取过程将会迅速终止。

2. 知识水平

基础知识（关于世界的知识、关于特殊概念的知识）的发展，使个体在使用策略上变得更加容易。儿童策略使用率随年龄增加而升高，是因为年龄大的儿童具有更高的知识水平，可以使用更加精细的内部言语而不用过多的意识努力，这样他们就可以节省出更多的资源，去发展和执行策略。

3. 工作记忆广度

工作记忆是指在进行各种认知作业（理解、学习和推理等）的同时，所发生的短暂的信息存储和操作系统。工作记忆广度是工作记忆的一个主要指标，在操作上指在要求被试同时进行加工的条件下，能回忆的最大项目数。工作记忆为复述、转换和计算策略所必需，工作记忆广度在策略的获得与使用上具有较大的影响作用。记忆策略使用缺陷是工作记忆不足的表现。策略使用缺陷可以由压抑不适合的策略和使用适合的策略过程需要消耗大量的工作记忆容量引起。

第三节
思维和问题解决的发展

🎯 **学习目标**

1. 了解不同发展阶段个体思维的特点。
2. 了解不同阶段个体问题解决能力的发展特点。

思维，是人脑借助言语、表象或动作实现的、对客观现实的概括和间接的反映。[1] 其所反映的是事物的本质特征和事物之间的内在联系，具有概括性和间接性两个基本特征。思维是在知觉、注意、记忆等认知过程基础上的更高级的认知过程。1岁以前，儿童是没有思维的，随着言语的学习，儿童逐渐产生了具有概括性和间接性的思维。在2岁以前，儿童以直觉动作思维为主导，2~3岁开始由直观动作思维向具体形象思维转换。6~8岁出现抽象思维的萌芽。进入青春期后，形式逻辑思维和辩证逻辑思维逐渐发展。

一、婴儿的思维

婴儿刚生下来时是没有思维的，只有本能的无条件反射，如吃奶时的吮吸反射等。而在

1　黄希庭，杨治良，林崇德. 心理学大辞典. 上海：上海教育出版社，2003：1185.

出生后的1~2周内，婴儿就已经开始与这个世界建立起条件反射，如看到母亲，就知道可以吃奶。条件反射的建立意味着婴儿开始具有心理活动。婴儿通过建立条件反射、形成习惯化和观察模仿等方式进行学习。在此基础上，知觉、注意和记忆等认知能力得以飞速发展。正如前面所言，婴儿在几个月时就已经具有一定的知觉事物、进行记忆的能力。1岁以后，语言能力的发展让婴儿具有了概括能力。随着婴儿基本认知能力的发展和对世界的不断认识学习，婴儿最终会产生具有概括性和间接性的思维萌芽，其标志是延迟模仿能力的出现。皮亚杰认为婴儿在1.5岁后就具有了这种能力，延迟模仿即在新情境中对以前看过的行为进行模仿。延迟模仿的出现代表婴儿能够在头脑中储存一定的言语、表象或动作，并在需要时对所记忆的内容进行提取和再现。此时婴儿的动作开始具有目的性，能够在头脑中进行一定的心理操作。1岁以后，言语的进一步发展，让婴儿思维的概括性和间接性逐渐加强。

婴儿的主要思维形式是直觉动作思维，婴儿的思维活动是与感知觉和自身的行为分不开的。可以说，婴儿是在感知动作中思维。例如，当婴儿看到玩具车时，他会玩开车的游戏，但是当玩具车被收起来，他就会忘记开车这件事。3岁以前婴儿的这种思维特点表现最为明显，3~4岁儿童身上也偶有体现。

二、幼儿时期的思维

（一）形象思维的产生

幼儿时期，儿童最主要的活动是游戏。皮亚杰认为，2岁左右儿童开始进行一种象征性游戏，如他们可能会拿着电视遥控器假装在打电话。象征性游戏的出现标志着儿童开始应用象征性符号来进行思维活动。这意味着儿童已经脱离了具体的感知和动作，凭借对表象的联想和想象来进行思维。例如，儿童经常会玩"过家家""医生和病人"等游戏，将头脑中关于家庭生活或者医生看病的表象表现出来。幼儿期儿童思维的主导形式是具体形象思维，一般认为2.5~3岁是儿童从直觉动作思维向具体形象思维转换的关键时期。幼儿时期儿童思维的内容是具体的，他们更容易理解带有形象性的具体词汇，如"杯子"，而对于抽象性词汇，"道德"则较难理解。同时，他们也难以在头脑中进行抽象的思维操作，更多是借助表象。例如，3岁左右的幼儿能知道"6个苹果，2人平分，每人能分到几个"，却不知道"3+3=？"。这是因为"苹果"可以作为幼儿认识数量的工具，减轻其理解问题的认知负担，帮助他直观地理解。

（二）自我中心思维

皮亚杰认为自我中心性是2~7岁幼儿思维的一个显著特点。自我中心性，是指儿童还不能将自我与外界很好地区分开来，总是站在自己的角度去认识和适应外部世界。自我中心并非是自私或者自高自大的意思，而是儿童的一种认知特点。例如，一个3岁多的幼儿和一个8岁多的儿童一起为妈妈选择生日礼物，3岁多的孩子就会选择小汽车等自己喜欢的东西作为礼物，而8岁多的儿童则会选择妈妈喜欢的首饰等作为礼物。这就是因为幼儿以为自己喜欢的，别人也一定喜欢。

皮亚杰认为，当幼儿与同伴发生争执时，意味着幼儿发现同伴的观念与自己不同，这个过程就是克服自我中心的过程。为了使得自己了解他人，他们学会考虑他人的意见。因此，幼儿克服自我中心的有效途径就是增加与同伴交往的机会。家长和老师可以安排幼儿经常进行合作类游戏，即需要集体参加、合力完成的任务。

（三）抽象逻辑思维的萌芽

在幼儿后期（6~7岁），开始出现抽象逻辑思维的萌芽。抽象逻辑思维，是在实践活动和感性经验的基础上，以抽象概念为形式的思维。抽象思维尽管也依靠于实际动作和表象，但它主要是以概念、判断和推理的形式表现出来，是一种通过假设的、形式的、反省的思维。

到幼儿期结束时，儿童已能掌握许多不同的概念，包括自然概念、社会概念等（Dellatolas et.al., 2003；Wellsby & Pexman, 2014）。总体来看，随着年龄的增长，儿童掌握的概念会越来越丰富，具有的概念系统也越来越复杂（Drivera & Easley, 1978；Andrew & John, 1995；Bornstein, Hahn, Suwalsky, 2013）。概念形成的研究显示，4岁以后绝大部分儿童达到了数概念发展的最高水平（韩琭琭，陈蒲晶等，2010；韩琭琭，张静等，2010）。

儿童的推理能力发展于3~4岁。杨玉英（1983）发现，3岁时儿童基本不能进行推理活动；4岁时推理能力开始发生；5岁后大部分儿童都能进行推理活动，而到了六七岁，所有儿童都可以进行推理活动。龙长权等人（2006）则发现，3.5岁的儿童已经能够排除无关刺激，基于知觉相似或基于概念进行归纳推理，但二者无显著差异；4.5岁和5.5岁的儿童更倾向于基于概念进行归纳推理，这表明儿童的归纳推理经历了从依据知觉相似到依据概念关系的转变，转变的关键期在4.5岁之前。[1]

👁 专栏5-3

如何发展婴幼儿的抽象思维？

发展儿童的抽象思维能力并非是让孩子认识多少字、背多少首诗，或者做多难的计算题，而是根据儿童的思维发展特点，对其抽象逻辑思维能力进行培养。

---

[1] 龙长权，吴睿明，李红，陈安涛，冯廷勇，李富洪. 3.5~5.5岁儿童在知觉相似与概念冲突情形下的归纳推理. 心理学报，2006（01）：47~55.

1岁的孩子开始有了顺序的概念，而且他们很快还会发现顺序是可以随着自己的意愿发生改变的，此时家长可以鼓励孩子表达自己的要求，如先吃奶还是先玩。这样的选择可不断地加深孩子对时间和次序等抽象事物的理解。

2岁的孩子可以在家长的帮助下学习如何将不同的事物进行归纳和分类。家长选择的事物往往是孩子最熟悉和最感兴趣的，如要求孩子将画有大狗、小狗、黑狗、白狗、花狗的图片从许多混在一起的图片中选出来，归纳出它们的共性，即都是狗；或者要求孩子将画有萝卜、辣椒、豆荚的图片从许多混在一起的图片中选出来，归纳出它们的共性，即都是蔬菜。在此基础上，家长可以帮助孩子进行进一步的抽象思维的训练，即从各种不同的狗或蔬菜的图片中找出它们之间的不同点，如大小、颜色、形状等。

对于3岁的孩子，家长则可以从不同的角度训练他们更深层次的抽象思维，如要求孩子说出麻雀、蝙蝠、老鹰、蜻蜓、飞机、蝴蝶等事物的共同点，即都会飞。家长还可以要求孩子把各种颜色的事物归纳成若干类，如把苹果、西红柿、红旗等归为红色类。通过这类抽象思维活动，孩子自然能够从中提取有关各种颜色的抽象概念。

给一个故事设计出合乎逻辑的不同结尾，也能帮助孩子发展推理能力。通过分析、选择、舍弃和讨论，他们往往拥有了较高的思辨能力。[1]

三、学龄期儿童的思维

儿童在6~7岁开始进入小学接受系统的学校教育。儿童的主要活动从游戏变为学习。在教师的指导下，他们需要开始系统地学习语言、数学等抽象知识，为了掌握这些知识，他们必须通过分析、综合、概括、推理等过程，对知识进行梳理和理解。这样就促进了学龄儿童的抽象思维能力的不断发展。皮亚杰认为，儿童在这一时期逐渐克服了认知过程的不守恒性与自我中心性。因此，整个小学阶段是儿童思维发展的重大转折时期，儿童的主导思维由形象思维向抽象逻辑思维过渡。

（一）思维的具体性

虽然小学儿童的思维已经初步具有了抽象思维，但这种思维仍然带有一定的具体形象性。因此，在进行数学学习时，学生往往需要具体实物做支撑，才能对运算关系进行加工，如画线段图等方法。只有到小学高年级甚至初中之后，学生才能解决方程式解析等抽象问题。低年级儿童掌握的概念大多是具体的，他们很难指出概念中最本质的东西。只有到中高年级，儿童才能逐步区分概念中本质和非本质的东西。

1　苏扬. 德国人如何发展婴幼儿的抽象思维. 启蒙（0-3岁），2005（06）：23.

（二）思维发展的转折期

小学儿童的主导思维从形象思维向抽象思维转换的过程中存在一个转折期，这是思维发生质变的关键期。一般认为关键期是在小学四年级（10~11岁），这个关键年龄也有可能受到教育条件或先天因素的影响，有一定的前后波动。

（三）思维发展的不平衡性

在小学期间，儿童的抽象逻辑思维水平不断提高，但是具体到不同的个体或者思维对象时又存在一定的局限性。比如，儿童能够掌握整数的概念和运算方法，不需要实物支撑，但是对于分数的概念和运算却不能进行抽象理解，而需要借助实物表达。

四、青春期个体的思维

初中生和高中生正处于青春期（11~18岁），这一时期是个体逻辑思维发展的关键时期。他们不再必须依靠具体的事物来辅助思考，而是可以通过假设和反省来进行思维。我们可以将逻辑思维根据思维中所遵循的逻辑规律和所用的逻辑方法的不同分为两个发展阶段：形式运算思维阶段和辩证思维发展阶段。形式运算思维是个体抽象逻辑思维发展的初级形式，在初中阶段开始发展，高中时期达到完善，而辩证思维则以形式运算思维为基础进行发展，在青年初期（高中时期）迅速发展。逻辑思维中两个重要的表现形式为假设思维和演绎推理能力，此外，在青少年时期，个体又一次进入了"自我为中心"的时期，值得我们关注。

（一）形式运算思维与辩证思维

形式逻辑思维指能按假设验证的科学法则解决问题，能按形式逻辑的法则思考问题。它是个体抽象逻辑思维发展的初级形式，主要表现在概念、推理和逻辑法则的发展。该阶段大约从11岁开始（Inhelder & Piaget，1969），从这个时期起，个体开始摆脱具体事物对于思维的束缚，逐渐具备思考那些看不见、摸不着的思想的能力，并且能够掌握各种抽象概念和复杂的概念系统。以往研究表明初中生和小学儿童在个体概念形成方面有着很大的差异：相比小学生，初中生具有更高程度的建立和检验假设的能力，他们可以迅速放弃错误的假设，即时建立新的假设（Elkind，1970）。这为他们今后在代数、几何等科学学科的深入学习奠定了基础。

对于初中生而言，他们的形式运算思维还处在经验水平，理论思维还不是很成熟。虽然抽象逻辑思维能力占重要地位，但有时还需要具体形象的成分进行辅助。青春期是个体思维发展的关键时期，在这个时期中，形式运算阶段会从经验水平逐步向理论水平转化，并在高中时期发展完善。因此，这段时期的教育教学工作有着非常重要的意义。

高中阶段则是辩证思维发展特别迅速的一个时期。辩证思维以形式运算思维为基础进行发展，是反映客观现实的辩证法，是抽象逻辑思维的高级形式，强调人们的思维应反映事物的内部矛盾，符合事物的对立统一原理、量变和质变原理及辩证否定的原理。随着青少年的身心发展，在高中时期，个体的形式运算思维已经发展得相当完善了，青少年在概念、推理和逻辑法则方面的运用能力已经相当成熟，而更加复杂的学习和生活情境，要求个体使用对立和统一的观点去分析问题和解决问题，与之相关的实际活动需要并促进了辩证思维的发展。随着辩证思维的发展，青少年开始可以运用变化的、发展的眼光认识问题、分析问题和解决问题。不过，辩证思维在这一阶段的发展是不均衡的，也并没有达到成熟。

除了形式运算思维和辩证思维之外，青春期的个体也开始能够对于自己的思维活动进行监控和调节。这实际上是元认知的成分，是一种对于思维本身进行的思维，它使得个体可以通过监控来调节和改进自己的思维策略，获得更好的结果。

（二）假设思维

抽象逻辑思维在青春期的具体体现之一是假设思维。皮亚杰（Inhelder & Piaget，1969）的钟摆实验证实了青少年具有假设思维的能力：在实验中给儿童展示一个钟摆，并向其演示如何改变摆绳长度、砝码的重量、释放砝码的高度以及推砝码的力量这4个因素，要求儿童确定哪一种或几种因素的组合可以决定摆动的速度。结果表明，在形式运算阶段的青少年儿童能够在解决这种问题时挖掘所有可能的因素，然后进行假设，设计出检验所有假设的实验。在每次实验中，都只改变一个因素，并保持其他因素不变，直到获得正确的答案。而处在具体运算阶段的儿童却无法分离每个因素的作用，在实验中不会保持其他变量不变。这体现出了具体运算阶段和形式运算阶段的重大差异。具体运算阶段的儿童只能考虑现实的事物，而形式运算阶段的儿童则可以考虑可能的事物，即使那些事物与已知的现实相互矛盾。青春期的个体已经可以向科学家一样进行检验假设，并根据假设进行演绎推理，最终获得有关问题的符合逻辑的解释。青少年的这种假设思维的能力可以帮助其将问题情境中的一个或多个未知假设成已知条件，从而使复杂的关系变得简单、清晰。这种建立假设和检验假设的能力使他们的思想更具有深度、广度、精确性和灵活性。

（三）演绎推理

演绎推理，就是从一般性的前提出发，通过推导即"演绎"，得出具体陈述或个别结论的过程。有研究表明，虽然七年级的学生已经具备各种推理能力，但是还处于初级阶段，尤其是演绎推理方面的能力还很差，这种能力在九年级到高一阶段产生了显著的提高，而到了高中二年级以后，青少年的推理能力已经基本达到成熟。

演绎推理是逻辑推理的高级表现形式之一，对于青少年的学习和生活有着重要的意义。演绎推理不仅是数学推理中的重要方式，同时它也可以帮助个体解释掩藏在表面现象背后的深层规律，这种推理能力在问题解决中有着非常重要的作用。

（四）青春期自我中心

形式运算思维在为青少年的认知和社会发展的进步奠定基础的同时，也给他们带来了一些痛苦的经历。由于青春期的个体开始通过假设思维和演绎推理来思考这个世界，不再像年幼儿童那样轻易接受外界的影响，他们可能开始质疑一切，并开始感到迷茫，进而出现叛逆的情绪特点。这就是我们常常提到的青春期叛逆形成的原因之一。

此外，在青春期，青少年虽然已经能够对自己和他人的思想进行思考，但是由于他们过度关注自己的心理状态，因此常常会以自我为中心。他们通常认为周围的人和自己的想法是一样的。他们也通常认为他人会关注自己的一举一动，就像他们对待自己那样。同时，伴随着自我意识的高涨，他们会开始关注自己的外在形象，并认为自己觉得好看的样子，他人也会喜欢。这样的自我中心意识被称为"假想观众"（Imaginary audience, Elkind, 1967）。这种信念导致青少年对于他人想法的过度关注，使得青少年必须时刻保持警觉，避免做出任何可能导致尴尬、被嘲笑或拒绝的行为，对于他人的评价异常的敏感。

此外，埃尔凯德还提出了个人神话（personal fable, Elkind, 1967）作为青少年自我中心的另一个维度。个人神话是指青少年常常认为自己是特殊的，无懈可击的以及无所不能的。伴随着这种自我为中心，青少年常常认为自己的经历、体验、观点等都是独特的，并且会为自己带来极大的成就。同时，他们认为自己无所不能，可以抗拒一切侵害。这样的以自我为中心的想法可能会让青少年个体对于一些存在的危险常常视而不见。

虽然青春期的自我为中心会给青少年带来危害，应该给予足够的重视，但也应该意识到，这是儿童思维发展必经的一个阶段，大多数儿童都会伴随着形式运算思维的发展完善而走出这样的一个思想的误区。

五、问题解决的发展

问题解决（problem solving）是从问题的起始状态（给定）出发，经过一系列有目的指向的认知操作，达到目标状态的过程。[1]问题解决能力反映了思维的发展水平。虽然问题解决是一项复杂的认知活动，但有很多研究都发现人类婴儿已经表现出了最初的问题解决能力。随着年龄的发展个体的问题解决能力的各方面均表现出增长趋势，但并不像我们

1　陈英和. 认知发展心理学. 北京：北京师范大学出版社，2013：219.

认为得那么理想，因此对个体而言，问题解决能力的变化并不是突然出现的，而是一个渐变的过程。除了年龄这一因素之外，还有很多因素会影响问题解决能力，我们将在下文重点关注特殊领域知识的影响。

（一）婴儿的问题解决

制订计划是婴儿问题解决能力的第一个表现。以往人们认为婴儿大多数时候都会采用尝试—错误的方式解决面临的问题，但有研究发现2~8个月的婴儿为了看一张婴儿脸的彩色图片，并听到伴随的歌曲，会反复采取按压杠杆的行为（Lewis, Alessandri, Sullivan, 1990），这说明他已经逐渐学会有意识地控制环境中的某一方面，来实现一定的目标（Rovee-Collier & Gerhardstein, 1997），这就是婴儿计划能力最初发展的表现。婴儿在7~8个月时已经发展出了有意的动作序列，并能够以此来解决简单的问题，如用手拉动一块布料，从而拿到放在布料远端的玩具（Willatts, 1999）。随年龄增长，9个月的婴儿甚至能够灵活地根据情境采取不同的动作序列来达到自己的目的，如先推开障碍物，再伸手拖动布料，拿到布料上的玩具。

婴儿问题解决能力的第二个表现是工具的运用。有研究表明，在婴儿出现最初计划能力时，他们就能够用工具去解决问题了（Bjorklund, 2005）。大多数对婴儿工具运用的研究都是用科勒开创的引诱—提取任务（Lureretrieval Task），即把儿童渴望得到的东西放在他够不着的地方，并在旁边放了一些可供利用的工具，研究发现9~10个月的婴儿已经能够运用工具解决这一问题了（Bates, Carlson-Luden & Bretherton, 1980; Flavell, 2002; Bjorklund, 2005）。随着年龄增长，婴儿对工具的运用会随之增多，但在整个婴儿期自发运用工具的比例依然不高。

婴儿问题解决的第三个表现是运用规则。规则体现了两个或多个变量间的关系，许多问题的解决都需要发现并运用规则。奥弗曼等人（Overman et al., 1996）给16~31个月的婴儿呈现了一组3个物品，其中2个是同样的，如果被试选择"独特的个体"就能获得一个奖励，结果证明这对他们来说非常困难，但大多数婴儿在经过百次尝试后还是习得了"独特性"规则。在第二次实验中，当主试说"挑出不一样的那一个"时，大多数婴儿都解决了这个问题。有研究发现婴儿在3岁时已经能够遵循和运算规则，但他们运用规则解决问题的能力还远不成熟（Zelazo et al., 1996）。

婴儿问题解决的最后一个表现是迁移。陈哲等人（Chen, Sanchez & Campell, 1997）以10~13个月的婴儿为被试，让他们设法拿到够不到的玩具，实验中有两个玩具，一个拴着绳子，而另一个没有，两条绳子分别固定在两块布料上，婴儿要拿到玩具必须把布料拉向自己，并拉动系着玩具的绳子。实验中有3个类似任务，婴儿在第一个任务上的成功比例为29%，在经过父母的示范后，当面对第二个任务时，成功率上升为43%，第三个问题成功率上升为67%。实验中排除了众多影响因素，最终确定婴儿的成功率提高是因为把先前成功解决问题的方法迁移到了新的问题上。因此10个月的婴儿在提供一定支持的情况下也能在问题解决情境中对已有的方法进行迁移。

（二）儿童和青少年的问题解决

随着年龄增长，个体的问题解决能力不断发展。接下来我们仍然从制订计划、工具使用、运用规则和迁移4个方面介绍儿童和青少年的问题解决能力发展情况。

手段—目的分析是体现儿童和计划性的一种重要形式，手段—目的分析能力随年龄增长得到了较大程度的提高，主要表现在儿童在完成任务中，形成的子目标的数量增多，复杂性增加；还表现在儿童能够放弃眼前的一些小目标，直接向总目标迈进。3~6岁儿童在河内塔（Tower of Hanoi）问题（图5-4）上的表现充分体现出了这种发展变化（Klahr，1989；Welsh，1991）。大部分3岁儿童只能够解决2步移动问题，大部分4岁儿童能够解决4步移动问题，大部分5~6岁儿童能解决5~6步移动问题。计划性的另一个表现就是选择最有效的实验目标路线，随年龄增长，儿童选择路线的时间减少，正确率提高。当要求儿童模拟到杂货店取货，以考察儿童计划路线的能力时，3~4岁儿童选择路线的能力较差，他们更多选择"原路返回"，5岁儿童已经能较为自觉地进行计划，甚至准备一些预防错误的计划（Gauvain & Rogoff，1989；Hudson，Shapiro & Sosa，1995；Judith Hudson et al.，1995）。另一项研究要求4~10岁的儿童从一处到另一处，要求其中一半儿童避免错误，而对另一半儿童说速度和避免错误都很重要，结果发现7~10岁儿童会根据两组情境灵活地选择路线，而4~7岁儿童则表现得相对刻板。制订计划是一项难度较大的任务，年长儿童和甚至成人也常常很难进行计划（Chalmers & Lawrence，1993）。

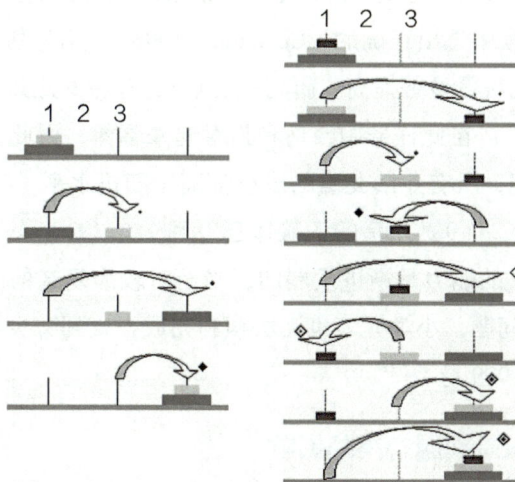

图5-4 三步移动问题和七步移动问题举例

婴儿运用工具的能力较差，但在随后几年这种能力得到了较大提高，三四岁的儿童已经能够使用很多工具，如筷子、勺子、铅笔、剪刀等。除了实体工具的使用外，随着儿童符号表征能力的发展，他们能够根据情境运用自我产生的工具（self-created tools）。有研究对7~11岁的儿童进行了实验，要求儿童在实验中扮演救护车司机，将病人送到医院，在运送病人之前，儿童要先制定一个路线。经过实验者的鼓励，即使是7岁的儿童也能使用一些标记来帮助自己记忆路线，如用"×"来表示此路不通。研究者发现在这个过程中，儿童不仅会做出各种尝试来找到最经济有效的标记方法，同时还会思考自己的行为，如为什么这种方法最有效、还有没有更好的方法等，这样的思考促进了儿童高效地运用工具并解决问题（Karmiloff-Smith，1979，1992）。

儿童发现和运用规则的能力都有显著进步，对规则认识的系统性、逻辑性和抽象性在不断提高。在皮亚杰的液体守恒任务中，大部分年幼儿童只能根据问题的一个维度（水平面的高低）来做出判断，而没有关注到另一维度的变化（水杯周长的变化），而年长儿童则能同时关注问题的多个维度，顺利完成这个任务。研究发现大部分4岁儿童已经能够较好地完成维度变化卡片分类任务（Zelazo，Frye & Rapus，1996）中描述和遵循规则的要求（Zelazo et al.，1995，1996）。研究者认为儿童抑制能力的发展促进了他们灵活地运用规则（Bjorklund，2005），同时他们有意控制能力的提高也会使他们在面临一个问题的多个规则时，自主选择最适当的原则，并用此原则解决问题（Zelazo，1997）。随着儿童抽象思维的发展，儿童逐渐学会对假设性的过程和事件进行逻辑推理，同时可以对概念命题进行心理操作，这些都促进了儿童掌握抽象规则，但儿童甚至很多成人对抽象规则的掌握程度仍然不高。

随着年龄增长，儿童利用迁移来解决问题的能力提高，逐渐从基于知觉性特征的迁移发展到基于关系型特征的迁移。在较熟悉的事物上，学前儿童已经能够利用物理关系相似性进行类比迁移，如给学前儿童呈现匹配问题："橡皮泥∶切开的橡皮泥∷苹果∶'？'"，3岁的儿童都能从一组答案中选出正确的（Goswami，1995）。儿童基于关系性特征实现问题解决的能力随年龄增长也获得显著提高。研究中要求4、5、9岁儿童完成一系列匹配任务，如鸟∶鸟巢∷狗∶'？'"，在此任务中，鸟和狗看起来不像，因此儿童需要根据关系相似性来解决问题，结果发现，所有年龄儿童的成绩都高于随机水平（0.25），4岁和5岁儿童的正确率分别为59%和66%，而9岁儿童的正确率已达到94%（Goswami & Brown，1990）。儿童利用迁移实现问题解决的能力是渐进发展的，当面对较为复杂的问题时，如皮亚杰等人（1958）曾研究过的钟摆问题，小学儿童也无法顺利完成，直到青少年期才能较好地完成此类任务（Chen & Klahe，1999）。

（三）特殊领域知识对问题解决的影响

专业领域的知识对问题解决往往有促进作用。专家与新手的差别在于前者具备大量有关某问题的知识，并且善于运用这些知识来解决问题，但特殊领域知识对于问题解决的促进作用只局限于特定领域，专家在其他领域并不一定能更好地解决问题。西蒙等人曾经对此做过研究[1]，他们向国际象棋大师和新手同时呈现5s含有25个棋子的棋局，其中第一种棋局是象棋高手下到一半的真实棋局，而另一种是随机摆上25个棋子的棋局。呈现棋局后要求两组被试将刚才的棋局复原，结果发现对于真实棋局，象棋高手可以还原25个棋子中的23个，而新手只能还原6个左右；对于随机摆放的棋局，不论是象棋高手还是新手都只能还原6个左右。之所以出现这样的结果是由于象棋高手拥有大量有关象棋的知识，存储有5万~10万个棋局组块知识，可以将真实棋局看作有规律的25个棋子，分组块进行记忆，而新手不具备这种知识，所以会把真实棋局和随机棋局都看作单独的25个棋子。从这个例子我们可以看出，特殊领域的知识会促进与此领域有关的问题的解决。

第四节
元认知的发展

🎯 学习目标

1．掌握元认知的概念和结构；了解元认知的发展规律。
2．了解元认知的培养方法。

🔍 案例引入

最近，网上流传着这样一张照片，照片上是一张课程表，在每一节课程的内容上，作者都写满了密密麻麻的小字来提醒自己在这个时间段要做什么。从表中可以看到，作者将自己每天的生活安排得井井有条：早晨6点起床早锻炼、吃饭，6:40—8:00预习，白天的时间上课，晚上还要写作业、听英语、背单词或者完成社团工作。更有趣的是，作者还对每项任务的完成情况和一天的生活给予了评价，如计划完成的情况是"高效、专注"，学习情况是"认真对待"，一天的总结是"确定目标，矢志不渝"。这份课程表的作者是清华大学精密仪器系本科生马冬晗，她在各项课程中的考试成绩都超过了95分，获得了2011年清华大学本科特等奖学金，这是清华授予学生的最高荣誉。

马冬晗能取得如此优异的成绩与她的努力分不开，更与她周密、细致的学习计划和及时的学习反思分不开，这些能力都属于元认知的范畴，可见，发展元认知对学生的学习能力的

1 张道祥. 当代普通心理学. 长春：吉林大学出版社，2006：137~138.

提升具有重要作用。

一、元认知的基本概念

（一）元认知的概念

元认知（metacognition）的概念最早出现于20世纪70年代，美国发展心理学家弗拉维尔（Flavell）将其定义为主体对自身认知活动的认知。[1]我国学者陈英和认为，元认知是认知主体对自身心理状态、能力、任务目标、认知策略等多方面因素的认知；它是以认知过程和认知结果为对象，以认知活动的调节和监控为外在表现的认知。[2]

（二）元认知的结构

关于元认知的结构，一般采用弗拉维尔的观点，将其分为3个成分：元认知知识、元认知体验和元认知监控。在发展中，这三者相互依靠和促进，共同构成了主体的元认知。

1. 元认知知识

元认知知识是主体通过经验而积累起来的、关于认知活动的一般性知识，是对认知活动的影响因素、各因素间的相互作用以及作用的结果等方面的认知。一般包括3个具体成分：有关认知主体的知识、有关认知任务的知识以及有关认知策略的知识。元认知知识通常储存于个体的长时记忆中，具有稳定性。

2. 元认知体验

元认知体验是主体在从事认知活动的过程中产生的情感体验。元认知体验可以发生在认知活动的各个阶段，既可能处于意识水平，也可能处于潜意识水平；可以是对知的体验，也可以是对不知的体验。元认知体验直接影响主体认知任务的完成情况，积极的元认知体验能提高认知动力、激发认知潜能，从而提高主体认知加工的速度和有效性。

3. 元认知监控

元认知监控是主体将正在进行的认知活动作为意识对象，自觉地进行计划、监测和调整的过程。其中，计划在整个认知活动中都发挥作用，是个体对将要进行的认知活动进行策划的过程；监测是主体对认知活动的进程和效果进行的评估和反馈的过程；调整是个体根据监测获得的信息，对认知活动采取适当校正性措施的过程。

1　Flavell, J. H., Metacognitive aspects of problem solving. In: L. B. Resnick ed. *The Nature of Intelligence*. Hillsdale, NJ: Erlbaum, 1976. 232.

2　陈英和. 认知发展心理学. 北京：北京师范大学出版社，2013.

（三）元认知与认知的区别

元认知能力与认知能力有着本质的区别。认知能力是那些指向具体认知对象的智力操作能力，如计算能力；元认知能力则是对认知能力进行调节和监控的能力，二者的对象、目的、作用方式等均存在差异。以计算能力为例，它本身是一种认知能力，元认知的作用是在计算的过程中选择更适合当前任务的技能和策略，并对这些技能和策略的使用进行调控，以保证计算任务的顺利完成，它作用于认知过程，因此是一种更高级的思维能力。同时认知与元认知也是紧密联系的，这种联系是心理学家关注的重点。有研究者认为元认知技能和智力有一定程度相关，并且二者都能预测儿童的学习成绩[1]。

（四）儿童元认知研究中的测量方法

常见的元认知测量方法主要包括问卷法、自我报告法、出声思维法和任务评定法等。目前，国内外学者编制了大量的元认知能力问卷，使用较为普遍的问卷有国外学者编制的《儿童元认知意识问卷》《学习的动机性策略向卷》《学习与学习策略问卷》等，以及国内学者编制的《元认知问卷》《自我监控学习能力》等。[2]元认知测量的自我报告法一般要求被试在实际完成或者想象自己完成了某一任务后报告自己的思维过程。这种方法与出声思维的差异在于，后者是在任务过程中进行的，但两种方法都需要通过记录被试的思维过程来分析和推断被试的元认知水平。元认知测量的任务评定法一般要求被试完成特定的任务，记录任务完成的过程或结果，从而推断被试的元认知能力。

二、元认知的发展

学生最重要的元认知能力体现在元记忆方面，因此以往研究者非常关注儿童青少年元记忆能力的发展，对其元记忆知识、监控等方面的发展等方面都有了深入探究。同时，很多研究也发现，学业不良学生的元认知能力存在一定的缺陷，导致他们不能很好地完成学习任务。作为教师，我们有必要了解一般和学业不良学生元记忆发展的规律。

（一）元记忆的发展

元记忆（metamemory）是指个体对自身和他人记忆的认识，主要分为元记忆知识和监控，其中元记忆知识包括个体对记忆任务的特点（如记忆较多的单词容易还是记忆较少的单

1　陈英和，赵业粉. 智力和元认知技能在发现学习中的作用：任务复杂性的影响. 心理与行为研究，2011（02）：81~87.

2　张雅明. 元认知发展与教学：学习中的自我监控与调节. 合肥：安徽教育出版社，2012.

词容易）、记忆策略（如应该复述策略还是组织策略）和对记忆主体（如预测成人还是儿童能记忆单词）等方面的认知。研究发现，3~4岁儿童就能认识到记忆较少的东西比记忆较多的东西容易，说明儿童关于任务特点的元记忆知识在幼儿期就已经有了初步发展；但是直到小学高年级，儿童的元记忆策略才得到较好的发展；到中学阶段，学生真正意识到可以用各种较为复杂的策略来帮助记忆，他们很少使用简单复述策略，但能合理应用联想或精细加工等策略来提高记忆成绩。[1]总之，随着年龄的增长，儿童的元认知知识不断增长，他们对元认知知识的使用也越来越合理和熟练。

元记忆监控包括个体对自己记忆状态的认识和对自己记忆程度的判断和估计，包含监测、控制和调节的过程。很多研究使用知晓感判断研究儿童元记忆监控发展。FOK指现在不能记忆，但相信自己能在将来回忆或者再认的一种心理状态。FOK的测量一般要求儿童在学习阶段记忆一系列的线索词和靶子词，在测试阶段首先要求儿童根据线索词回忆靶子词，再要求他们判断自己能再认靶子词的可能性，最后进行再认测验。邓铸和张庆林[2]总结了儿童在FOK判断中的表现，认为在小学低年级儿童的记忆监测能力有限，需要依靠尝试回忆来估计学习的程度或进行FOK判断，而且他们不能根据预测结果调整学习计划；到了小学高年级，儿童开始依靠直觉意识进行记忆监测判断，但还不能有效地依此进行记忆控制；到了中学和大学时期，学生更多依靠直觉进行FOK判断，并且能根据学习结果重新调整学习计划，元记忆监控能力发展成熟。

研究发现，影响元记忆发展的因素包括记忆任务特点因素（包括材料难度、材料性质、问题形式等），个体因素（记忆者的人格、情绪、动机、智力等）和环境因素（包括社会环境、教育训练、学习指导等）等[3]，在教育实践中，教师应该遵循元记忆发展的规律，善于利用对发展有积极影响的因素，从而提高儿童的元认知能力。

（二）学业不良儿童元认知的发展

学业不良指智力水平正常，但学习成绩未达到智力水平所期望达到的程度。学业不良是国内外教育实践中普遍出现的现象。很多研究对比了学业不良儿童和同年龄普通儿童的元认知能力，并发现学业不良儿童可能在元认知知识、元认知监控等方面都存在缺陷。如对四年级至六年级学业不良和普通儿童的研究发现，学业不良儿童对记忆策略为什么能起作用的理解水平低于普通儿童，因此难以将有效策略迁移到不同的情境中；而且随着年龄增长，普通儿童对策略的理解水平不断提高，但学业不良儿童的发展变化并不明显，因此随着儿童年龄

1　Bjorklund D. F.. How age changes in knowledge base contribute to the development of children's memory: An interpretive review. *Developmental Review*, 1987, 7(2): 93~130.

2　邓铸，张庆林. 青少年元记忆能力发展的认知研究. 心理学探新，2000（01）：38~41，51.

3　曹晓君，陈旭. 试论儿童元记忆监测能力的发展. 江苏教育学院学报（社会科学版），2009（03）：15~18.

的增大，学业不良儿童和普通儿童元认知的差距更为明显[1]。郝嘉佳、齐琳和陈英和[2]比较了数学学业不良的六年级儿童在解决应用题中的元认知表现同数学成绩优秀儿童的差异，发现学业不良儿童的计划制订、结果监控和检查等元认知监控过程存在缺陷。

可见不论是元认知知识还是对元认知知识的使用，学业不良儿童都较普通儿童存在差异，并且随着他们年龄的增长，这种差异可能进一步加大，对他们的学习和心理健康产生更为消极的影响。学业不良儿童的元认知有特殊的发展规律，需要引起教育者的关注。

三、元认知的培养和训练

（一）元认知对儿童学习和发展的意义

当学生遇到具有挑战性、与他们现有的能力水平相当的任务时，就需要用到元认知了。元认知过程中的计划、监控和评价能够有助于学生选择最好的方法完成任务；元认知还能够帮助学生制订计划、监控计划的实施以及及时反思。元认知技能较为丰富的学生，会设置明确的目标、有目的地组织自己的学习活动，选择恰当的学习方法，并能够及时调整自己的学习策略。可见，元认知对于学生的学习过程是必不可少的。那么，怎样通过训练来提升学生的元认知能力呢？困难的是，当我们使用元认知时往往是无意识的，甚至连专家也没有办法描述自己的元认知知识与技能。不过，使用好的学习策略可以帮助学生更好地学习，并且这些策略是能够通过教师传授给学生的。如果在课堂上重视策略的传授，并且给学生充分的机会练习这些策略，学生的元认知技能是可以提高的。

（二）培养元认知的方法——学习和使用策略

1. 实用学习策略

一些实用的学习策略，如写摘要、在课本上画下划线、做各种标记、写提纲、做总结等都体现了元认知在学习中的应用。如果定期对一年级和二年级的学生提问："今天，你作为一个读者/作者，你觉得自己学到了什么""你一遍一遍地做，能学到什么"等问题，他们将显示出相当老练的元认知理解和行为。[3]下表总结了一些有用的学习策略。

---

1 张雅明. 元认知发展与教学：学习中的自我监控与调节. 合肥：安徽教育出版社，2012.

2 郝嘉佳，齐琳，陈英和. 小学六年级数学困难儿童的元认知特点及其在应用题解决中的表现. 中国特殊教育，2011（02）：52~57.

3 Perry, N.E., Nordby, C. J. & Vanderkamp, K.O.. Promoting Self-regulated Reading and Writing at Home and School. *The Elementary School Journal*, 2003,103 (4), 317~338.

表5-4　学习策略示例

具 体 策 略	介 绍
筛选主要的观点	使用标题、粗体字、提纲或自行作标记来明确课文中作者要表达的观点
画出概念图	概念图指的是概念之间的关系的图示，可以帮助学生理解复杂的知识之间的联系、组织结构等。使用概念图可以帮助学生从纷繁的信息中理清思路，并改善记忆。"思维导图"练习就是一个例子（可以在网上搜索关于思维导图的信息）
自我提问和相互提问	采用自我提问和相互提问的方式能够帮助学生更好地理解应用题等复杂问题，提高解题效率和成绩
做笔记	课堂笔记能够有效地帮助学生集中注意力、回忆所学的知识。同时，如何正确地使用笔记也需要策略。在做笔记时，并不是照本宣科，而需要学生积极、有意识地、主动地进行概括和思考、迁移和类比，同时记下来自己当时的灵感和想法。同时，及时地复习和整理笔记也很重要

2. 确保学生使用策略

很多教师可能发现，即使学生学会了很多策略，但往往不会或不善于应用。教师需要确保学生能够真正使用他们知道的策略。为了达到这一目的，首先，要给学生设立恰当的学习任务。教师布置的学习任务要保证学生能够理解，并且该任务存在具体的、适合学生使用的学习策略。其次，要交给学生何时使用、在哪里使用以及为什么使用策略等相关知识。最后，学生需要相信使用学习策略能够得到相应的回报，在策略上花费一定的投入和努力是合理的。

3. 元认知的教学方法

直接教导、解释、示范和有反馈的练习都能够促进学生在学习中使用策略。教授元认知知识和技能的教学方法如下所示。

👁 专栏5-4

改进学生元认知知识和技能的教学方法

● 一次教少数几个策略，在课程教学时可以分散或集中进行。

● 示范和解释新的策略。

● 如果学生不理解策略的某些部分，那么就对那些在策略使用中容易产生混淆或误解的方面再次进行示范和解释。

● 向学生解释在什么地方以及何时使用策略。

● 提供大量练习，尽可能多地让学生在恰当的任务中使用策略。

● 鼓励学生监控他们是如何做的以及什么时候使用策略的。

● 通过提高学生的意识来增强学生使用策略的动机，即让学生意识到他们正在获得有价值的技能——这些技能是胜任学习的核心。

● 强调反思性加工而不是快速加工；尽可能地采取策略来消除学生的高度焦虑；鼓励学生不要分心，将注意力集中在学习任务上。

资料来源：Woloshyn，1995，转引自《教育心理学》，伍新春，等译

🔊 心理学家语录

知识的活动是一个主动的过程。学习者不应是信息的被动接受者，而应该是知识获得的主动参与者。

——杰罗姆·布鲁纳

本章小结

注意的发展	注意是心理活动对一定对象的指向和集中，可以分为无意注意、有意注意和有意后注意。注意品质包括注意的广度、注意的稳定性、注意的分配、注意的转移等因素，随年龄增长而逐渐发展。注意的各种特性发展得越好的儿童，其学业成绩、情绪调节能力等也较好。多动症是注意缺陷多动障碍的简称，核心症状为表现出与年龄和发育水平不相称的注意力不集中和注意时间短暂、活动过度和冲动，并导致学习和社交问题
记忆的发展	记忆是个体对经历过的事物进行识记、保持、再现的心理过程。工作记忆是指个体在执行认知任务中，对信息暂时保持与操作的能力。工作记忆的四成分模型认为，工作记忆包括语音回路、视觉空间模板、中央执行系统和情景缓冲器4个部分。儿童最初出现的记忆属于短时记忆，长时记忆出现和发展较晚。随着个体年龄的增长，个体所采用的记忆策略也在不断发展
思维和问题解决的发展	思维，是人脑借助言语、表象或动作实现的、对客观现实的概括和间接的反映。1岁以前，儿童是没有思维的，随着言语的学习，儿童逐渐产生了具有概括性和间接性的思维。在2岁以前，儿童以直觉动作思维为主导，2~3岁开始由直观动作思维向具体形象思维转换。6~8岁出现抽象思维的萌芽。进入青春期后，形式逻辑思维和辩证逻辑思维逐渐发展。问题解决是从问题的起始状态（给定）出发，经过一系列有目的指向的认知操作，达到目标状态的过程。对个体而言，问题解决能力的变化并不是突然出现的，而是一个渐变的过程
元认知的发展	元认知为主体对自身认知活动的认知，一般采用弗拉维尔的观点，将其分为3个成分：元认知知识、元认知体验和元认知监控。学生最重要的元认知能力体现在元记忆方面。随着年龄的增长，儿童的元记忆知识和元记忆监控发展不断增长

总结 >

Aa 关键术语

注意	记忆	工作记忆
attention	memory	working memory
思维	问题解决	元认知
thinking	problem solving	metacognition

🔗 章节链接

在这一章，你读到……	在其他章节中，你将发现相关讨论……
思维和问题解决的发展	第七章　智力和创造力的发展

应用 >

✎ 体验练习

一、选择题

1．注意的基本特征是什么（多选）（　　　）

　　A．指向性　　　B．持久性　　　C．集中性　　　D．敏捷性

2．对事件、情景或知识的记忆一般是（　　）和（　　）；对如何做事情的记忆一般是（　　）和（　　）。

　　A．陈述性记忆　　　　　　　　B．程序性记忆

　　C．内隐记忆　　　　　　　　　D．外显记忆

3．元认知在学习中的应用包括（多选）（　　　）

　　A．筛选出主要的观点　　　　　B．画出概念图

　　C．自我提问和互相提问　　　　D．做笔记

二、简答题

1．注意品质的发展表现在哪几个方面？请分别说说其发展趋势。

2．工作记忆在信息加工中的作用是什么？

三、论述题

1．个体在婴儿、幼儿、儿童和青春期的思维形式分别包括哪些？如何根据学生的思维特点进行教学？

2．元认知与学习之间有什么关系？你打算用怎样的教学方法改进学生元认知知识和技能？

拓展 >

补充读物

1　陈英和．认知发展心理学．北京：北京师范大学出版社，2013．

　　本书为认知发展心理学专著，书中从注意、记忆、思维和问题解决、元认知等方面，对从婴幼儿到青少年的认知发展做了详细介绍。

2　林崇德，杨治良，黄希庭．心理学大辞典．上海：上海教育出版社，2003．

　　本书编录了心理学领域的专业术语、理论、人物等词目，本章中出现的词汇和经典研究、理论都可在该书中查询。了解与本章内容相关的更多专业内容，也可查询该词典。

在线学习资源

1．中国注意缺陷障碍组织http://www.adhd.org.cn/

2．壹心理http://www.xinli001.com/

3．人民教育出版社"心理研究"http://www.pep.com.cn/xgjy/xlyj/

本章概述

　　言语的发展又称为言语的获得，指的是儿童对母语的产生和理解能力的获得。言语发展是儿童心理发展过程中最重要的内容之一，对其以后的心理发展有着深远而重大的影响。

　　严格地说，言语发展是从儿童1岁左右说出第一个真正理解的词开始。因而通常以词的出现为界，将整个过程划分为言语准备期（即前言语阶段）和言语发展期两大阶段。本章将主要从这两大阶段进行介绍，此外还将系统阐述言语发展的理论以及言语的学习与教育。

结构图

ⓐ	ⓑ	ⓐ	ⓑ	ⓒ	ⓓ
婴儿的听觉发展	婴儿的语音发展	语义的发展	语法的发展	阅读的发展	语用能力的发展

言语的准备期　　　　　　　　　　　言语的发展期

1　　　　　　　　　2

言语的
发展

4　　　　　　　　　3

言语的学习与教育　　　　　　　　言语发展的理论

ⓐ	ⓑ	ⓐ	ⓑ	ⓑ
影响言语发展的因素	言语学习策略与教育	先天遗传论	后天学习论	交互作用论

学完本章，你应该能够做到：

1. 理解婴儿前言语阶段的发展，包括婴儿的语音知觉能力、发音能力的发展阶段以及前言语阶段是如何为言语的发展奠定基础的。

2. 领悟儿童在言语发展阶段中各个领域的发展状况，包括语义、语法、阅读以及语用能力的发展。

3. 理解儿童言语发展的基本理论，能够区分先天遗传论、后天学习论和交互作用理论的异同。

4. 在了解言语发展的影响因素的基础上，针对儿童言语发展的特点进行策略培养。

学习
目标

读前
反思

　　在儿童成长过程中，言语的发生与发展问题常常引起家长的困惑。那么家长该如何引导儿童度过这一关键期呢？在阅读本章之前，请反思一下自己是否遇到过如下问题，又是如何思考和解决的呢？

1. 想想儿童是什么时候开口说话的？儿童说话的早与晚，是否曾引起你的关注与困惑？孩子说话的早与晚对智力发展有影响吗？如果有的话，具体有哪些有利与不利的影响？

2. 你是否发现儿童在刚会说话时总是自言自语呢？儿童的"话"，你能理解吗？

3. 儿童的言语发展是与生俱来的，还是后天学习获得呢？在儿童言语发展过程中真的存在敏感期吗？什么阶段是言语发展的敏感期？究竟是什么影响了儿童言语的发展？

4. 现在，想想家庭的言语环境对儿童言语发展的影响？你该如何对待儿童言语发展呢？什么样的方法和策略才能促进孩子的言语发展？

人们经常能谈论并使用"语言"和"言语"这个两个词语，但可曾想过：什么是语言，什么是言语？二者可通用吗？如不能，二者有什么区别呢？下面我们先带着这个生活中常见而又常被忽视的问题，揭开"谜底"吧！

➷ 知识热身

揭开"语言"和"言语"的面纱

"语言"是以语音或文字为物质外壳，以词为基本单位，以语法为构造规则的符号系统。语言是人们用以思维和交际的工具。例如，汉语、英语、德语、法语等。因此，语言是社会生活的客观现象。

"言语"则是一个人利用某种语言来表达自己的思维或与其他人交际的过程。是一种心理现象，具有个体性和多变性。

1. 言语与语言的区别

言语与语言是不同的概念。言语即说，语言即话。语言是语言学研究对象，言语是心理学研究对象。语言是社会现象，言语则是人的心理活动的过程。即语言是全民的、概括的、有限的、静态的系统（知识），言语是个人的、具体的、无限的、动态的现象（话语）。

2. 言语与语言的联系

言语与语言又互相联系。一方面，语言只是客观地存在于言语之中，一切语言要素只体现在人们的言语活动和言语作品中，并且从言语中吸取新的要素而不断得到发展；另一方面，言语是借助语言来进行的。个体只有借助语言中的词汇和语法结构，才能正确地表达自己的思想和接受别人的言语活动。因为言语活动是按照一定的语言规则并用语言材料进行的，离开了语言也就不会有言语活动，同时语言是在个体言语交际中形成和发展的，离开了言语活动，语言也就没有存在的形式了。

言语与语言的关系是个别与一般的关系。我们每个人不管说多少句话，都只是对语言的运用，是将词汇系统中的部分语词按照语法系统中的部分语法规则进行线性组合的结果，语言是从这千千万万的具体语句中概括出来的社会共同的语音单位和语义单位以及这些语音单位与语义单位的组合规律。语言体现在言语之中。

语言是人类沟通的桥梁，那么人类的言语活动，是如何发生和发展的？言语活动又分为哪几个阶段？人类到底是如何获得语言，进行言语活动的？影响言语发展的因素有哪些？教育究竟如何促进人类言语的发展？

通常以单词的出现为界，将整个言语发展过程划分为言语准备期（前言语阶段）和言语发展期两大阶段。

第一节
言语的准备期

🎯 **学习目标**

理解言语准备期言语的产生与理解，包括婴儿的语音知觉能力、发音能力的发展阶段以及在准备期是如何为言语的发展奠定基础的。

言语准备期又称前言语阶段。主要包括言语产生和言语理解两个方面的准备。婴儿的语音知觉能力以及发音能力正是在此期间逐步发展起来的。

一、婴儿的听觉发展

人类听觉的发生与发展，最早应追溯到胎儿期，刚出生的新生儿的听觉能力发展得相当好，而且很敏感。

（一）声音感知

👁 **专栏6-1**

沐浴在美妙声音中的宝宝

如果你用一个小塑料盒装一些黄豆，在新生儿睡醒的状态下，距小孩耳边约10厘米处轻轻摇动，新生儿的头会转向小盒的方向，有的新生儿还能用眼睛寻找声源，直到看见盒子为止。

如果用温柔的呼唤作为刺激，在宝宝的耳边轻轻地说一些话，孩子会转向说话的一侧。如换到另一侧呼唤，也会产生相同的结果。新生儿喜欢听母亲的声音，这种声音会使孩子感到亲切，他们不喜欢听过响的声音和噪声。如果在耳边听到过响的声音或噪声，婴儿的头会转到相反的方向，甚至用哭声来抗议。

听觉是重要的信息接收渠道，刚出生的新生儿就会对声音有所反应。当听到妈妈的声音时，宝宝的情绪会显得比较安定。而听到突如其来的巨大声响时，就会因为受到惊吓而睁大眼睛或大哭。

　　婴儿对言语刺激是非常敏感的。有研究发现，出生不到10天的新生儿就能区分语音和其他声音，并对之做出不同的反应。如母亲怀里刚刚停止吸奶的婴儿，在听到一段语音后又开始用力吸，并且吸吮速率大大增加，而听到非语音的乐音后，其吸吮速率则增加不多。另有研究发现，生下来1个月的婴儿听到成人讲话时，其肌肉运动的停顿和成人语流的停顿同步。这些研究结果都表明婴儿对言语刺激具有一定的敏感性。此外大量研究表明，婴儿喜欢倾听语言，尤其喜欢听母亲的语言。[1]

　　婴儿首先要能听到各种声音，然后才能通过模仿声音来发展言语能力。为了发展婴儿的声音感知力，建议抚养者应该多跟婴儿说话，以提供丰富的听觉刺激。如在喂奶或护理时，只要婴儿醒着，就要随时随地和婴儿说话，用亲切的语声和婴儿交谈，还可以为婴儿播放优美的音乐，摇动响声柔和的玩具，给予听觉刺激。

（二）语调及声调感知

　　新生儿在出生不久后就能区分人类言语活动中的语音语调。心理学家爱默斯曾对三四个月大的婴儿做过语音分辨实验。爱默斯利用习惯化和去习惯化的方法来推断婴儿对音节的反应。起初婴儿听到"pa"的音节时，婴儿为了能吃到奶，就以一种特定的力量吮吸口中的橡皮奶头。重复几次后，婴儿对这种情境和动作表现出明显的厌倦，吮吸频率降低。此时，研究者同时给一组婴儿播放"pa"音节，给另一组婴儿播放与"pa"音节十分相似的音节，给第三组婴儿播放"ba"音节。结果听到不同音节的婴儿有不同的反应。听到"pa"音节和听到与"pa"音节相似音节的婴儿依然表现出厌倦情绪，而听到"ba"音节的婴儿又开始增加吮吸奶头的频率和力量。说明婴儿对这个"ba"发生了兴趣，直到听腻了，吮吸节奏慢了下来，这时研究者换上"da"的音，婴儿又快速吸吮起来，这说明婴儿发现了"pa""ba""da"的不同。[2]

　　有研究表明，1个月的新生儿似乎已经对言语有了一定的知觉。7周左右的婴儿已经能区分升调和降调，身体各部位的活动与话语的节奏具有同步性，能分辨出带有不同感情的声音以及清辅音与浊辅音。2~3个月的婴儿，开始有意识地注意周围的声音。3个月的婴儿能主动寻找声源。4~5个月的婴儿不仅能区分男声和女声，而且已经初步具备了区别声音的音高、音长、音色以及不同的声音所具有的情感色彩的能力。6个月时，婴儿能对个别词语做出指令性反应。7个月的婴儿可以对少数的祈使句和疑问句做出反应，随后对语言的理解范围逐步扩大，类型逐渐增多，到1岁前已基本掌握了语调。婴儿对声音的听辨能力的发展早于发声能力的发展。

1　李燕，赵燕. 学前儿童发展心理学. 上海：华东师范大学出版社，2008：82.
2　张向葵，桑标. 发展心理学. 北京：教育科学出版社，2012：146.

（三）语音范畴知觉

语音范畴知觉指语音知觉可以将语音刺激识别为相对小的范畴的能力，人们识别语音时对不同范畴的语音很容易识别，表现出非此即彼的特点，而对同范畴中语音刺激的变化则不容易察觉。[1]

现实生活中，人类的大多数知觉都具有连续性。然而成人的语音知觉却不是连续的，表现为间断性或范畴性。

婴儿很早就具备语音范畴知觉能力，说明婴儿对言语刺激的敏感性，也说明婴儿听觉能力的发展。语音知觉范畴在言语理解的过程中具有重要的作用，因为只有大量地忽略语音范畴内的差异才能使言语的理解成为可能。语音知觉范畴很可能是一种先天的听觉能力，并专门用来获得和利用人类自然言语的声音特性。

二、婴儿的语音发展

（一）语音发展的单位

语音是指语言的声音，说话时发出的声音。[2]那么，婴儿以什么为单位来获得语音以及人们以什么来作为婴儿语音发展的研究对象呢？随着婴儿的成长，他们能发出的音位越来越多，音位的出现大致有一个秩序。然而一个音位有很多变体，它们的困难程度不同，很难确定各变体掌握到什么程度才算掌握了这个音位。

音位不是由一个语音单位构成的，而是由一簇音素构成的语音聚合体。从功能上看，音位通常被定义为最小的可以区别意义的语音单位；从构成上看，音位又可以理解为由一簇内部不区别意义的音素组成的语音聚合体。[3]

在语音获得过程中，儿童不是被动地模仿成人的语音，而是语音获得的主动参与者。在语音发展到某一时期，儿童获得了把听觉模式转换成自己发音方式的方法，一般称为语音规则或语音过程。儿童用这些规则或过程把复杂的单词简化到儿童可以表达的水平，由此产生许多发音上的错误。婴儿语音的发展，就是这些简化过程的逐渐减少，直至说出的单词与原型相符。这些规则可以分为两大类：改变与选择。改变包括替代、同化、删除等，选择包括避免发某个音和倾向发某个音。[4]

1　张向葵，桑标. 发展心理学. 北京：北京教育科学出版社，2012：227.

2　汉典. http://www.zdic.net/c/d/152/338738.htm. 2014-11-15引用.

3　韩宝育. 语言学概论. 西安：西北大学出版社，2007：142.

4　李丹. 儿童发展心理学. 上海：华东师范大学出版社，1987：125.

（二）语音发展的阶段

言语发展开始于新生儿期。0~3岁，婴幼儿的言语发育非常迅速。1~3岁的孩子言语的发展包括语音的发展与口语中句法结构的发展。

在正常的生活和教育下，口语发展可分3个阶段。乳儿期，是语音发展的阶段；婴儿期，是掌握词汇的主要阶段；幼儿期，3~4岁时语音、语法和口语表达能力方面都有迅速的发展。大部分孩子在2~3岁这个年龄阶段言语能力的发展可以从咿呀学语到妙语连珠，故而，这个阶段对语言的形成和发展十分重要。

第二节
言语的发展期

🎯 **学习目标**

领悟婴儿在言语发展阶段中各个领域的发展状况，包括语义、语法、阅读以及语用能力的发展。

现代心理学家认为，婴儿言语的发展主要表现为一个逐渐分化的过程，婴儿首先获得笼统的语言规则，然后逐渐把这些语言规则分化为较细致且具体的规则，一直分化到成人语言的水平为止。

一、语义的发展

从语言的结构层次来说，语义发展指的是婴儿在对词、句子、语段这 3 个层面上理解的发展。目前的研究主要集中于婴儿对词义、句义理解的发展上。

（一）婴儿早期的语义理解

在婴儿产生第一批真正的词之前，他们已经理解了许多词。大约在6个月时，婴儿已产生话语理解的萌芽，能对个别简单的词语做出指令性的反应。八九个月时，婴儿已经表现出能听懂成人的一些话，并做出相应的反应。如果母亲抱着婴儿问"爸爸在哪儿"时，婴儿就会把头转向父亲，对他说"拍拍手""摇摇头"时，他就会做出相应的动作。

婴儿这种以动作来表示回答的反应最初并非是对语词本身的确切反应，而是对包括语词在内的整个情境的反应。在这里词是无关紧要的。通常到11个月左右，词语才逐渐从复合情境中分解出来，作为信号而引起相应的反应，这时婴儿才开始真正理解词的意义。

（二）词义的发展

婴儿在产生第一批真正的词之前，就已经能根据情境做出简单的反应。儿童对词的掌握也是有一定顺序的。

1. 词汇的形成和发展

首先是单词句阶段（9个月至1.5岁），婴幼儿在这一阶段已经能够理解很多名词和动词。名词主要是儿童周围熟悉的家用物品、人物的称谓、动物的名称以及特征较明显的身体器官的名称等。动词则主要是指表示身体动作的动词以及表示活动事件的能源动词、判断动词。而从产生的层面来讲，婴儿产生的词汇远不如理解的词汇多。

大约在1.5岁，儿童的单词语开始结合为双词语。我们把儿童1.5～2岁这段时期称为"双词句"阶段。在双词句阶段，儿童能理解的词汇越来越多，尤其是对名词和动词的理解在本阶段更出现一个飞跃。但是幼儿能理解的词汇仍局限于日常生活范围之内，像科技词义、文学词义他们还是无法理解。从产生层面上来讲，这一阶段儿童的言语表达能力也是突飞猛进，出现"词语爆炸"的现象。他们每个月平均说出25个新单词，到2岁时平均能够说出300个左右的单词。[1]

在双词句阶段后，儿童仍以惊人的速度习得大量新词。3~6岁是人的一生中词汇数量增加最快的时期，其中3岁为第一个高速期，6岁为第二个高速期。

2. 词类的发展

儿童最初产生的是哪种类型的词？首先，从抽象和概括水平来说，儿童最初使用的是那些中等概括水平的词。例如，儿童可能最先学会"苹果"，然后才能学会下级类别（如"青苹果"）和上级类别的词（如"水果"）。中等概括水平的词最早被学会是因为它比较实用，另外父母也倾向于教孩子这方面的词。其次，从与儿童经验相联系的程度来说，儿童最初使用的都是在认知方面、社会交往方面与他们关系最为密切的词，如他们经常接触的人和物。

儿童对于不同类词的掌握是有一定顺序的，他们在单词句和双词句阶段总是先学会名词，然后是动词、形容词等。同时，儿童对每一类词的掌握都是有一定顺序的。

3. 词义外延的扩展与缩小

词义外延的扩展指的是儿童超越和扩充了词义的范围。例如，儿童不仅将"苹果"称为"苹果"，也将"棒球""橘子""洋葱"等圆形的物体都称为苹果。对扩展产生原因的解释为，儿童最初学习词时不是一下子就能理解所有的特征，而是把词义和某些特征等同起来，这样就出现了词的使用范围的扩展。以后随着掌握的词义特征的增加，每一个新的特征都会进一步限制这个词的使用范围，直至最终掌握词义。

1　（美）劳拉·E. 贝克. 婴儿、儿童和青少年（第5版）. 桑标，等译. 上海：上海人民出版社，2008：304.

值得注意的是，儿童对词义外延的扩展更多出现在语言产生的基础上，而在语言的理解上出现得却不多，这说明儿童对某些词义的理解比产生的语言更准确。

（三）句义的发展

句义是句子所表达的基本语义。句义的发展分为单词句阶段和双词句阶段。

在单词句阶段，儿童产生的语言还不存在意义，音位单一的词还不能体现复杂的语义关系，但已经能够理解一些句子的基本含义。

双词句阶段，儿童口语中开始出现句义。罗杰·布朗（Roger Brown，1973）认为，儿童说出的大多数双语词表达了8种语义关系，即施事—动作（如"爸爸抱"）、动作—对象（"玩玩具"）、施事—对象（"妈妈袜袜"）、动作—位置（"坐板凳"）、实体—位置（"饭饭碗"）、所有者—所有物（"姐姐发卡"）、实体—属性（"衣服漂亮"），以及指示词—实体（"那些糖"）。儿童就是利用上述这些词的组合来表示他们在感知运动阶段获得的概念和关系的，其表达也更具有意义，更加清楚。[1]

随着年龄的增长，儿童使用的句子逐渐变长，并开始显现出语言所特有的层级语法结构。到3岁左右，儿童已能用简单句进行表达。3岁以后，儿童尝试使用较复杂的句子，并有能力理解部分词语的抽象关系。大约5岁，儿童的语言能力更趋成熟。在这个过程中，儿童不断丰富自己的词汇，提高自己的表达能力，完善语言的使用。这个时期是儿童言语发展的重要时期，从这时开始到12岁，儿童使用的句子逐渐复杂化，句子的含义和语言的用途也开始向高级发展。[2]

二、语法的发展

语法是组词成句的规律，由一系列语法单位和有限的语法规则构成，是语言中最为抽象的基础系统。词汇必须按一定的语法构成句子，才能表达思想。儿童在掌握词汇的同时，也开始学习语法，口语表达能力也随之得到发展。

儿童语法的发展通常从两个方面表现出来，一是语法词素，即句子长度的发展；二是句子结构的发展。

（一）语法词素的发展

婴儿最初说出的句子是单词句，以后随着年龄的增长逐步说出双词句、多词句，逐渐增

1　（美）弗拉维尔等．认知发展（第四版）．邓赐平，译．上海：华东师范大学出版社，2002：391.

2　刘春玲，江琴娣．特殊教育概论．上海：华东师范大学出版社，2008：148.

加句子的长度。对婴儿来说，这些词最初只是作为具体的人或动作的标志，不久便出现含义丰富的"单词话语"，它们可以用来描述情景、事件或表达自身的某种愿望或意图等。到了双词句阶段，儿童句子结构的萌芽开始出现。此阶段儿童的语法基础仍是十分具体的，并没有形成超出具体语义关系的抽象语法范畴，而且儿童还不能理解主语、动词和宾语的抽象含义。

1.5~2岁的婴儿，开始说出结构完整但无修饰语的简单句，如妈妈吃、抱宝宝、妈妈吃饭等；2.5岁的婴儿已开始使用一定数量的简单修饰语；3岁的婴儿的词汇大幅增加，句子中的修饰语明显增多，并具有一定的语法规则；3.5岁的幼儿使用复杂修饰语句的数量增长最快；6岁时，儿童在句子中基本都使用修饰语。

（二）句子结构的发展

按儿童所讲的语句结构的完整性和复杂性，句子可分为不完整句、完整句和复合句几个层次。

1. 以词代句阶段

以词代句又称为单词句阶段，是指儿童用一个单词来表达一个比该词意义更为丰富的意思，属于不完整句的一种。儿童在1~1.5岁开始说出有意义的单词，看到父母时能分别叫出"爸爸""妈妈"。儿童可以用单词句来描述某种情景、事件或表达自己的愿望、感觉、状态等。

单词句具有以下几个特点：一是和动作紧密相连，因为儿童在用单词句表达自己的意义时常伴随动作和表情。二是意义不明确，语音不清晰。成人必须根据情境以及语调的线索才能推断出意思。三是词性不确定。也就是说，虽然用的是名词但不一定是当名词用。

由此可见，在单词句时期，儿童实际上并没有关于句子结构和语义范畴方面的知识，只不过是用单词对整个情境做笼统的描述。

2. 电报句阶段

儿童在1.5 ~ 2岁出现由双词或三词组合在一起的话语。这种句子虽然在表达意思上较单词句更明确，但其表现形式通常是断续的、简略的，结构不完整的，好像是成人的电报式文件，因此称为电报句。这时的儿童主要使用名词、动词、形容词等实词，而具有语法功能的虚词，如连词、介词等很少使用。

双词句的发展起先是缓慢的，而后则是突飞猛进的。布雷因（Braine）从一个儿童言语发展的研究中发现自1.5岁起，每月的双词句总数依次为14、24、54、69、350、1400、2500……在较短的时间内出现了词的大量组合。[1]

在电报句中儿童表达的是以儿童早期对事物间关系的认知为基础的语义关系。儿童用一

1　邓冰. 妇幼心理学. 贵阳：贵州人民出版社，2008：103.

定的词序来表达一定的语义关系。儿童多半是根据各个词在语句中所起的作用来安排词序，儿童不是在学习特定的顺序，而是在学习怎样处理语义关系。布朗从很多语种儿童的电报句中发现其表达的语义关系具有高度的一致性。

3. 完整句阶段

在单词句和电报句阶段，儿童能用一个词或两个词组合起来粗略表达语义关系。2岁左右儿童的话语大部分是完整句，3岁儿童的话语已基本上都是完整句。句法发展是从无修饰语的简单句到有修饰语的简单句再到有修饰语的复杂句的过程。

简单句是指句法结构完整的单句，包括没有修饰语和有修饰语两种。没有修饰语的简单句有主谓句（我睡觉了），主谓宾句（我吃饭了），主谓双宾句（妈妈给我一块糖）。1.5~2岁的儿童在说出电报句的同时开始能说出结构完整而无修饰的简单句。2岁儿童在句子中极少使用修饰语，有时即使形式上似有修饰语，如"坏宝宝""小白兔"等，但实际上是把整个词组当作一个名词来使用。随着儿童年龄的增长，无修饰语简单句的数量也在逐渐减少。

复杂句由几个结构相互连接或相互包含的单句组成。中国幼儿语言中出现的复杂句主要有3类。一是由几个动词性结构连用的连动句，即句子中有几个动词，动词表示的动作由同一主语发出，如"小红玩完球球就回家"，2岁儿童开始能说出连动句。二是由一个动宾结构和一个主谓结构套在一起，动宾结构中的宾语充当主谓结构中主语的递系句，如"妈妈教我吃饭"。2.5岁的儿童开始能说出这样的句子。三是句子中的主语或宾语中又包含主谓结构的句子，如"两个小朋友在一起玩就好了"。在这三类句子结构中，前两类出现的频率较高。儿童在2.5岁时已开始使用这几类结构，但数量极少，以后随着年龄的增长而增加，而且这些句子的使用将延续到入学以后。

三、阅读的发展

（一）连贯性语言能力的发展

连贯性语言能力是指能够连续讲出几句话或一段话，其意思前后连贯，使听者理解其内容的能力。连贯性语言能力是篇章能力发展的基础，如若语言不连贯就不可能构成篇章中自成一体的意义单位。[1]

连贯语言的特点是句子完整，前后连贯，能够反映完整而详细的思想内容，使听者从语言本身就能够理解所讲述的意思，不必事先熟悉所谈及的具体情境。而情境语言只有在结合具体情境时，才能使听者理解说话者的思想内容，并且还要结合手势、身体动作、面部表情进行辅助表达。

---

1 沈德立，白学军. 实验儿童心理学. 合肥：安徽教育出版社，2004：395.

3岁前儿童的语言主要是情境语言，单词句和电报句都不能离开具体情境。3~4岁儿童的语言还带有情境性，他们在说话时多运用没头没尾的短句，并且辅以各种手势和面部表情。4~5岁儿童说话时常是断断续续的，不能说明事物现象、行为动作之间的联系，只能说出一些片段。6~7岁的儿童已经能够完整、连贯地说话，开始从叙述外部联系发展到叙述内部联系。

连贯语言的发展使幼儿能够独立、完整、详细地表述自己的思想，在这个基础上幼儿能进行独白。连贯语言和独白语言的发展，不但能够促进儿童语言表达能力的发展，而且能够促进儿童逻辑思维的形成，并加强其独立性。同时，连贯语言和独白语言的发展又依赖于逻辑思维的发展。

（二）篇章能力的发展

篇章意识是指一种思维方式，它需要一定的分析、综合能力，体现在对事物各个方面或某一个方面做结构较完整、思维较紧凑的叙述。篇章意识源于日常生活，是语言交际所需。

一般来说，儿童篇章能力的发展有3个衡量的指标：衔接、发展和突出。衔接，是篇章内的前一成分（如句子）与后一成分的联系或后一成分对前一成分的呼应，联系、呼应是衔接的表现方式。发展，是使衔接起来的句子间形成一种有序化的表达方式，是篇章能力趋于成熟的标志。[1]

3岁儿童篇章意识和篇章能力尚不明显，话语以词组或单句为特征。此阶段的幼儿尚未摆脱模仿的影响。正常的儿童在5岁后，篇章意识及篇章能力有跳跃性的发展。6岁左右的儿童篇章意识和篇章能力已经发展到较好的程度，表达的有序化已形成，所讲的故事结构趋于完整，这一点可成为篇章意识和篇章能力趋向成熟的标志。

儿童的篇章意识与篇章能力并不是与生俱来的，后天的训练是促进其发展的主要因素。因此，儿童的教育应重视这方面的发展。通过各种途径为儿童创造更多的锻炼机会，引导儿童的话语从联系不密切、逻辑性不强的几个单句过渡到具有一定整体意义的篇章，从而促进儿童语言思维能力的发展。

四、语用能力的发展

语言中有许多现象不是句法和语义能说明的，它涉及说话者和听话者的条件以及说话时的语境和具体条件。有些话在不同的情境中有不同的含义，而有些话不在一定的情境中就无法理解其意义。因此，儿童的语用问题引起了人们的关注。

---

1 张向葵，桑标. 发展心理学. 北京：教育科学出版社，2012：241.

语用技能指交谈双方根据语言意图及语言环境，有效地使用语言工具的一系列技能，包括说者和听者两方面的技能。说者必须善于吸引听者的注意力，讲话的内容和方式必须符合听者的水平及需求，并根据听者的反馈随时调整自己的言语等。听者必须从直接和间接的言语中推断出说者的意图，且能对所听信息的可靠性和明确性做出判断和估计，并能及时做出反馈等。

（一）说话的语用技能的发展

儿童在获得语言之前，就能够使用这样或那样的方式与成人交流。1岁末的婴儿，不仅能够用指点、姿势说明物体的存在和请求得到某物体，还能检验这种方式的有效性，如用力拉着父母的手或衣服并指向某物体。而到了单词句和双词句阶段，词和姿势的结合成为儿童有效的交流方式。此外，儿童还能用不同的语调来表示自己的意图，如用升调来表示疑问，降调表示命令等。

在交往中，能够根据听者的特点来调节说话的内容和形式是语用能力的一种表现。国外的一项研究指出，4岁左右的幼儿已经知道根据本民族可接受的方式让自己的语言适合于年龄、性别、社会状态不同的听者，已初步学会了有效交流的基本规则之一，即必须使自己的话语适合听者的水平。如当他们对男性的教师或医生、父亲讲话时多会使用命令句，而当对女性或社会地位较低的人（如母亲、小学生等）说话时，更加礼貌，常使用间接的请求；他们对不认识的人说话时则给予更多的解释（Anderson，1984）。但年幼儿童的谈话还往往依赖于情境，如当他们得不到听者的反馈时，谈话会受到影响，这说明他们的语用能力还是不够成熟。

良好的语用技能还要求说话者能根据当时所处的具体情境来调节自己的言语。这种能力在2~3岁时有很大的进步。在连贯的交谈中，有一种需要学会的能力叫作省略，即前面提到的内容在后面用到时，要适当地缩减或直接消除。[1]

（二）听话的语用技能的发展

听话的语用技能主要表现为理解、推断说话者的意图，能否把自己的理解反馈给说话者。

年幼的儿童不能觉察自己是否能理解别人话语中的意思，儿童对诚实话和讽刺话、嘻嘻话和侮辱性话的辨别能力则出现得比较迟。他们常把成人的反话当作正面话理解。如幼儿擅自过马路，妈妈说"你再走走看"，他就更进一步；幼儿把爸爸的书乱扔，爸爸说"好啊，你把我的书弄得乱七八糟"，幼儿就搞得更起劲了。7岁左右的儿童尚不能理解说话者的讽刺意图，而9岁左右的儿童能够基本理解这种意图。小学低年级儿童不能理解话语的讽刺性

1　吴荔红. 学前儿童发展心理学. 福州：福建人民出版社，2010：77.

意图，是因为他们不能根据话语是否符合说话者知道事实的真相，来判断这种虚假话语的有意义性。

📢 名人语录

语言是人们沟通的桥梁，它能化解一切误会，让人们更亲近。

——雨果

第三节
言语发展的理论

🎯 学习目标

了解言语获得理论的基本观点，能够区分先天遗传论、后天学习论和交互作用论的异同。

儿童为什么能在短短的几年内掌握各种复杂而抽象的规则？儿童的语言知识能力是先天具有的，还是后天习得的？在言语获得的过程中儿童是主动的创造者，还是被动的模仿者？这些问题一直都是发展心理学家和语言心理学家争论的焦点。一些研究者认为，言语发展主要取决于生物因素，另一些研究者则认为言语是学习的结果，而大部分现代理论持中间立场，也就是说，对于言语的发展，他们既承认遗传，又承认环境的作用。

一、先天遗传论

🔍 案例6-1

说话早晚也遗传吗？

小奇奇1岁半了，生活在单亲家庭中，他是个聪明机灵的小男孩，能认识自己的水果卡片。比如，妈妈说苹果，奇奇就能在自己的水果卡片上准确无误地指出苹果，这使得一家人都非常自豪，但是可爱的奇奇就是不会说话，妈妈非常着急，妈妈小的时候也是非常聪明，而且说话也非常晚，于是妈妈心生疑问：奇奇说话晚是因为我吗？

言语发展的先天遗传论认为言语的获得基本上是由先天决定的，强调个体先天禀赋的作用，否定了环境和学习对言语发展的作用。先天遗传论主要包括转化生成说和自然成熟说。

（一）转化生成说

1. 观点

转换生成说又称先天语言能力说，是乔姆斯基（Chomsky，1959）提出的一种语言理论。他认为：①语言是通过规则去理解和创造的，而不是通过模仿和强化得来的。②语法是生成的。婴儿先天就具备一种普遍语法，言语获得过程就是由普遍语法向个别语法转化的过程。③每个句子都有其深层和表层结构。句子的深层结构（语义）通过转换规则变为表层结构（语音等），继而被感知和传达。

根据乔姆斯基的转化生成理论，婴儿生来就具有普遍语法知识，对所接受的具体语言素材进行处理并逐步形成一套个别的内化的语法系统。当然，一些语法结构形式的完全掌握直到儿童中期才得以实现。在此过程中，婴儿能发现语言的深层结构，并通过把深层结构转换为表层结构的规则，产生和理解无限多的新句子，创造性地使用语言。

2. 评价

乔姆斯基的语言理论有着许多合理之处。其一，它使人们在一定程度上认识到了在婴儿言语获得过程中神经系统的重要作用。其二，他向人们提出了言语过程中的心理机制的问题。但是他过于强调天赋和先天性，低估了环境和后天教育的作用，忽略语言的社会性。正如例子中的奇奇，说话晚真的只是因为遗传吗，和单亲家庭没有关系吗？

同时，乔姆斯基的理论中强调的"后天必须及时地暴露于语言的刺激下从而被激活，否则就会失败"，这一论述在一定程度上说明，乔姆斯基正在向言语发展的先天—后天交互作用理论靠近。

（二）自然成熟说

1. 观点

自然成熟说的代表人物是勒纳伯格（Lenneberg），其理论基础是生物学和神经生理学。勒纳伯格认为：①生物遗传素质是人类获得语言的决定因素。人类大脑具有其他动物所没有的专管语言的区域，所以语言为人类独有。语言是人类大脑机能成熟的产物，当大脑机能达到一定状态时，只要受到适当的外在条件刺激，就可激活、诱发出原来潜在的语言能力，使语言能力显露出来。②语言以大脑的基本认识功能为基础，人类大脑的基本功能是对相似的事物进行分类和抽取。语言理解和产生的过程在各种水平上都能归结为分类和抽取过程。③大脑功能的成熟存在关键期，由此言语的获得也有关键期。勒纳伯格根据他对获得性失语症病例的研究，提出言语获得的关键期是从2岁左右开始到青春期（十一二岁），一旦过了关键期，即使给予训练，也难以获得言语的发展。

2. 评价

自然成熟说的某些观点，如大脑中存在语言中枢、语言获得存在关键期等，得到一些相关学科研究的证实，有一定的科学性。即便如此，它仍旧否定了环境和语言交往在语言发展中的重要作用，将先天禀赋和自然成熟的作用提升到不适宜的高度是有缺陷的。这种理论无法解释为什么小奇奇不说话，也无法解释本身听力正常而父母聋哑的儿童为什么不能学会正常人的口语。

二、后天学习论

🔍 **案例6-2**

小蟋蟀，为什么要"诅咒"我们?

小蟋蟀在3岁的时候开始出现"语言诅咒期"，经常挂在嘴边的一句话就是"神经病"，整天"爸爸神经病""妈妈神经病""姥姥神经病""姥爷神经病"的……全家已经让小蟋蟀叫得举家"神经质"了，毫无办法。蟋蟀妈妈气得责骂儿子："就你不神经病，我看你最神经病！"

如今3岁半的小蟋蟀口中又经常冒出"讨厌"一词，遇到事情无论如意不如意，儿子经常会大声疾呼"讨厌、讨厌、讨厌"，本就没有多少耐性的妈妈，被儿子无休止的"讨厌"折腾得筋疲力尽，用手指着儿子的脑袋，说："你这孩子才最讨厌！"

小蟋蟀遇事不如意，甚至会对爸爸妈妈"恶语相向"："爸爸，我要把你撕成肉片""妈妈我要把你剁碎煮着吃""爸爸，我要打死你，把你扔到楼顶上去"等，真是什么话恶毒说什么。爸爸妈妈对此很伤心也很无奈。

（一）强化说

强化说的代表人物是巴甫洛夫和斯金纳，他们都认为言语的获得就是条件反射（无论是操作性条件反射还是经典性条件反射）的建立，强化在这一过程中起着非常重要的作用。

1. 观点

巴甫洛夫学派认为，婴儿言语活动的发展可按月龄划分为4个阶段：第一阶段0~7、8个月；第二阶段7、8~10、11个月；第三阶段12~18个月；第四阶段约18个月以后。斯金纳则特别强调"强化依随"（即紧跟在言语行为之后的强化刺激）在婴儿言语行为形成过程中起到决定作用。强化依随主要有两个特点。第一，最初被强化的是个体偶然发生的动作，如婴儿偶然发出"ma"声，妈妈就笑着来抱他，爱抚他。这种反应和强化之间只是一种时间上的关系，并非"目的"或"意志"的作用。第二，强化依随的程序是渐进的。如果让儿童学习一个复杂的句子，我们不需要等待他碰巧说出这句话以后才给予强化，只需听到他所说的稍微接近那个句子就给予强化，然后再强化更加接近该句的话语，通过这种逐步接近的强化方法，儿童最终能够学会非常复杂的句子。

2. 评价

乔姆斯基对强化说进行了深刻批评，他认为婴儿不可能通过强化而最终获得言语。在现实生活中，强化说也确实无法解答儿童言语发展的某些问题。既然强化是渐进、积累的过程，那么如何解释儿童在短短几年内就迅速获得听、说母语的能力？在儿童言语发展的进程中，成人通常很少对其语法的正确性进行强化，他们通常关心语句内容的真实性。强化说过分强调了儿童的无目的反应和狭隘的强化作用，忽视了儿童自身在语言学习中的作用。强化说中有些观点不是从对儿童言语行为的实际观察中得出的，而是从较低级的动物实验中得出的类比，因而带有一定的片面性。

（二）模仿说

1. 观点

研究者通过观察研究来探讨模仿对婴儿语法获得所起的作用，对传统的模仿说提出了质疑。首先，许多事实证明，如果要求婴幼儿模仿的某种语法结构和其已有的语法水平差距较大时，即使反复模仿也无济于事。婴幼儿习惯于用自己已有的句法形式去改变示范句的句型，或者是坚持自己原有的句型。其次，婴幼儿经常在没有模仿范型的情况下产生和理解许多新句子。这一点是模仿说所不能解释的。

为克服机械模仿说的不足，怀特赫斯特、瓦斯托等人又提出了"选择性模仿说"。选择性模仿说认为，婴儿对成人言语的模仿是有所创造、有所选择的，他们能把示范句的句法结构应用于新情境以表达新内容，或者将模仿到的结构重新组合成新的结构。[1]

和传统的模仿说相比，选择性模仿说具有两个特点：第一，示范者的行为和模仿者的反应之间具有功能关系，即二者不仅在形式上而且在功能上相似；第二，选择性模仿不是在强化和训练的情况下发生，而是在正常自然情境中发生的语言获得模式。因此，模仿者和示范者行为的关系，在时间上不是即时的，在形式上又非一对一的。这样获得的语言既有学习和模仿的基础，又具有新颖性。

2. 评价

我们认为，在婴儿获得言语的过程中有各种类型的模仿在起作用，而不是直接模仿（观察模仿）或选择性模仿所能独自承担的。概括起来，在婴儿言语获得过程中相继有4种类型的言语模仿行为：①即时的、完全的临摹；②即时的、不完全的临摹；③延迟模仿（有变形

1　袁萍，祝泽舟. 0~3岁婴幼儿语言发展教育. 上海：复旦大学出版社，2011：30.

或创造性因素）；④选择性模仿（可以按照语言范型结构、功能在新情境中表述新内容）。一般来说，即时性模仿在言语发展中的最初期起主要作用，但随后便被延迟模仿替代。这两种模仿在2岁前发挥着重要作用。案例中小蟋蟀家人反省道：小蟋蟀之所以喜欢说"神经病"，是因为他1岁多的时候听到一首歌中有一句歌词中有"神经病"一词，再加上妈妈的口头禅也是"神经病"，这很有可能导致小蟋蟀小小年纪就"满口荒唐言"。后来选择性模仿占据了主导地位，它使婴儿能迅速地掌握和运用大量语言材料和基本语法规则。但是，对于那些比婴儿已有认知能力更为复杂的语言范型，婴儿则不能模仿或者表现为不完全的模仿。因此，模仿说并不能解释清楚言语获得过程中的全部事实。

三、交互作用论

🔍 **案例6-3**

宝宝，你是百变小魔女吗？

朵朵妈妈近来十分着急，她的宝贝朵朵在家中的时候十分爱说话，在睡前还会拖着妈妈，要给妈妈讲个故事，要妈妈哄着睡觉。但是到了幼儿园，据老师反映，朵朵不愿意和小朋友们交流，老师带领的活动也不参与，只是静静地坐在一旁。这可急坏了朵朵妈妈，到底是为什么呢？她应该怎么办呢？

交互作用论以皮亚杰的认知学说为理论基础，强调儿童的言语发展是先天能力和客观经验相互作用的结果，即影响言语发展的既有遗传因素，也有环境因素。主张言语发展仅仅是由环境决定的，或仅仅是由生物遗传决定的，都带有一定的片面性。因此，交互作用论主张先天能力和后天环境的相互作用，使得婴幼儿能够在短短的几年之内获得惊人的言语成就这一现象得到合理解释。对于言语获得，一个具有丰富言语信息的社会环境是必不可少的，婴幼儿不是被动地接受言语信息的影响，生物进化使婴幼儿具有其他物种不能比拟的天生语言能力。作为生物有机体，婴幼儿是主动的，具有与他人交往的强烈愿望，他们积极参加各种社会交往活动，从交往获得的经验中逐渐发展语言的功能与规律。

（一）认知学说

1. 观点

皮亚杰认为，语言是儿童的一种符号功能。先天与后天相互作用论的代表性观点是皮亚杰的认知相互作用论，他认为认知结构是言语发展的基础，语言结构随着认知结构的发展而发展，个体的认知结构既不是环境强加的，也不是人脑先天具有的，而是来源于主体和客体之间的相互作用。现在又有学者认为言语发展要受到先天、后天多种因素的影响，这些先天能力和社会的、认知的、语言的因素是相互依赖、相互作用、互为因果的，言语发展在很大程度上是言语规则的获得。也就是说，语言并非构成逻辑的根源，恰恰相反，语言乃是由逻辑构成（皮亚杰，1959）。最后，儿童的语言结构具有创造性。

2. 评价

以皮亚杰为代表的认知发展理论，既不同于强化说，过多地强调后天环境的作用，也不同于转换生成说，片面地强调环境因素的作用，它特别强调了主客体相互作用在婴儿言语获得中的重要作用，阐明了思维和语言之间的相互作用、相互影响、相互制约的关系。就如案例中朵朵的父母看到的只是朵朵在家里和幼儿园的差异，或许在父母的眼里造成朵朵这种差异的原因只是家庭和幼儿园的环境的差距，但是其实与朵朵自身的性格也有关系，这一案例使我们对言语发生的内在机制有了更深入的反思，对言语有了进一步的认识。当然，"认知说"也有其不足之处，它也没有能完全地解释清楚言语发生的复杂过程和关系。

（二）社会交往说

1. 观点

社会交往说是布鲁纳、贝茨等学者的理论主张。他们认为语言获得不仅需要先天的言语能力，而且也需要一定的生理成熟和认知的发展，更需要在交往中发挥语言的实际交际功能。因此，他们认为儿童和成人语言交际的互动实践活动，对儿童言语发展起着决定性的作用。同时，社会交往几乎可以看作是儿童的一种天性。[1]

由于这方面的研究工作还没有全面展开，所积累的材料有限，因此该学说的系统性还不够，需要进一步的完善和发展。

2. 评价

这是一种比较有前途的理论，但即使是相互作用理论也没有逃过现代研究批判的眼光，因为相互作用论认为语言表达能力来自于交流的经验。可是我们没有发现儿童在言语技能的应用和其他方面之间显示出很大的不同。前文的案例中，朵朵在家和幼儿园的表现大相径庭，恰恰说明了交往的重要性。

尽管如此，我们还是认为应动态地、发展地考察婴儿言语发生的过程，而不能静止地、一般地来概括什么是决定因素。言语发生的过程，实质上应该被看作一个多种因素相互影响、相互作用、复杂动态系统的活动过程。人类独有的符号表征能力、适宜的发音器官及其活动则是言语系统发生发展的前提条件。

1　张明红. 0—3岁儿童语言发展与教育. 上海：华东师范大学出版社，2013：30.

第四节
言语学习与教育

学习目标

了解言语发展的影响因素，掌握言语学习策略。有针对性地进行阅读理解、作文写作。

儿童从咿呀学语到喊出"爸爸妈妈"，到说出周围事物的名称，再到说出一些简单句来，这种以惊人的速度进行着的儿童言语发展，使儿童能够积极地加入家庭的日常生活中。前一节中我们论述了儿童言语获得的理论，那么在这些理论基础上，影响儿童言语发展的因素有哪些呢？接下来，我们将从影响言语发展的因素和言语学习策略两个角度进行分析，进而为阅读、写作和语言的表达交流提供建议。

一、影响言语发展的因素

要想了解影响言语发展的因素，首先得回答如下两个问题：儿童的言语能力是如何形成的呢？为什么儿童要经历一定阶段才获得言语？对于这些基本问题，我们认为，儿童的言语能力是在人脑和言语器官发育以及认知发展的基础上，在与成人和其他儿童的交往过程中，经过成人的言语教授（示范、强化、扩展和激励）和儿童有选择地模仿学习，并经概括而形成的。下面我们将从生理因素、环境、认知发展等方面进行讨论。

（一）生理因素

儿童言语的发展深受生理因素影响。但是，生理因素只是提供了一种发展的可能性和规定性。这种先天潜在的可能性和规定性，要在后天得以实现，自然要受到后天因素的制约与影响。所谓生理因素，是指整套发音系统（如口腔、声带、气管、肺等）和大脑神经系统，发音系统和大脑神经系统的健全与否都会影响儿童的言语学习。此外，感觉器官包括眼（视觉）、耳（听觉）、皮肤（触觉）、口（味觉）、鼻（嗅觉）等，对言语的学习也会产生重要的影响。这些感觉器官把环境中的信息反映给大脑，大脑把信息进行记录、储存、分析，再运用到口语以至书面语上。[1]

感觉器官的活动是由大脑皮层有关神经中枢支配的。关于儿童语言中枢的发展与研究，包括以下几个方面。

1. 脑的生长发育与儿童的言语发展

儿童出生时平均脑重量为390g，3岁时达到1101g，7岁时为1280g，11.5岁以后，基本接

---

[1] 张明红. 学前儿童语言教育（第2版）. 上海：华东师范大学出版社，2006：74.

近成人的脑重量（1400克）。[1]脑内细胞的大量增殖已基本结束。随后出现的脑生长主要表现为脑细胞体积的增加，使得神经传导的数量增多，速度加快，内在联系复杂化。也就是说神经网络的复杂性不断增加，这是加工词语形成概念的物质基础。因为词概念的形成依赖于大脑能吸收和整合词所代表的事物或现象的全部信息，只有神经网络才能将这些信息相互联系，进行同时性的加工，对词做出本质的、全面的理解。

皮亚杰有关儿童智慧发展阶段的理论说明，18~20个月以后，婴幼儿形象表象和动作表象的发展，使词语有了形象的依托，使大脑加工言语信息的能力得到发展。如当儿童听到"气愤"一词，马上就会想到自己做错事时，妈妈生气、不高兴的样子，从而加深了对这一词义的理解。

有关研究也表明，儿童在20个月左右时的语言发展非常迅速，2岁儿童已具备300个左右的词汇量，3岁时达到1000个左右。儿童从20个月开始，每个月所能说出的新双词句以成倍的速度增长。21、22、23个月时，所能说出的双词句分别为50、100和250个。而到了24个月则可猛增到1000多个，这一增长速度在以后各个阶段都不再出现。由此看来，脑的生长发育与儿童言语发展的进程基本上是同步的。[2]

2. 言语功能的大脑定位和偏侧化与儿童言语发展

大脑功能呈现非对称性，即大脑半球偏侧化，其含义是大脑的复杂功能在左右半球之间有一定的分工。说话中枢（布洛卡卡区）和听话中枢（威尔尼克区）均在左半球。一般来说，左半球专门处理言词和符号信息，而右半球在视觉空间功能和情绪功能方面能力更强。因此，对于大多数人来说，主要的言语功能无疑是在左半球实现的，但这并不是说右半球就没有言语能力，它能够产生片断的词、短语，并能理解语言。

大脑语言中枢定位发展缓慢。在0~2岁婴幼儿两半球功能几乎呈等势。语言中枢单侧化于右半球，通常发生在2~12岁，这是语音定型的年龄，也是言语发展的最佳期，这说明偏侧化过程中大脑的可塑性最大。对于正常儿童语言中枢成熟的顺序和具体定位问题，可以从言语发展的外部行为表现和脑生长发育的顺序进行比较和推测。神经系统的发育顺序是从下到上，即从脊髓、脑干、皮层下中枢直至皮层，大脑皮层的发育顺序从后到前，即中央回后部各皮层区先发展，逐渐向中央回前部推进，最发达的额叶最后发育完成，这与儿童言语行为发展顺序基本一致，给我们进行学前儿童语言教育以很大的启迪。

第一，语言中枢的成熟顺序决定着学前儿童听、读、说、写的先后顺序。婴儿的听音、辨音能力和对词意的最初理解能力的发展早于发音能力和表达能力，这与听觉中枢（在大脑半球后部）发育较早有关。

---

1 张明红. 0-3岁儿童语言发展与教育. 上海：华东师范大学出版社，2013：19.
2 张明红. 0-3岁儿童语言发展与教育. 上海：华东师范大学出版社，2013：20.

婴儿在开始说话之前就能开始学习认字。书写中枢在大脑左半球额中回后部，在与手眼协调的相互作用中得到发展。无论从大脑半球的发育顺序还是从手部精细动作发展的顺序看，书写能力在听、说、阅读能力后面发展都是有根据的。

第二，语言中枢成熟水平的差异性导致学前儿童言语能力发展具有明显差异性。主要表现在开口说话的月龄不同。一些婴儿1岁就能说最初的几个单词，而大多数孩子到1.5岁左右才能开口说话，也有极个别的孩子则要到 2岁甚至3岁才能开口说话。这主要是因为他们的语言运动中枢成熟较迟，或者口腔运动能力发展迟缓，而语言吸收、加工储备阶段较长。当然儿童语言中枢的成熟速度也不排除遗传因素的影响，如有的儿童说话迟，有家族遗传史的缘由；有的儿童口吃，也有家族易感人群迹象。发音的清晰度不同，有的儿童说话比较清楚，成人容易倾听，容易辨析；有的儿童发音则含糊不清、吞吞吐吐，在与他人的语言交流中困难重重。

（二）环境因素

儿童的言语能力是在特定的社会生活环境中获得并发展的。社会生活环境是由家庭、学校和社会等诸多方面的物质和精神因素交叉组合而成。这些各种各样的因素会对儿童言语发展发生直接的或间接的、巨大的或细微的影响。

1. 家庭环境

家庭中父母的受教育程度、教养方式、沟通策略、与儿童会话过程中的情绪状态以及家庭的经济状况都会对儿童的言语发展造成影响。首先，家庭中父母的言语输入特点直接影响着儿童的言语发展。其次，父母的教养方式会影响儿童的言语学习。儿童在言语习得的过程中，父母的关爱和鼓励是至关重要的。那些得到父母的爱的儿童，通常有较多的时间与父母交流，有较多的机会去体验各种事情，包括游戏和接触外界环境，这就刺激他们表达和交谈能力的发展，从而积累丰富的语言经验。有些父母不尊重孩子，不肯耐心地倾听儿童的表述，很少和儿童交流，他们孩子的言语发展水平将由于他们不正确的语言教育观念而大打折扣。家庭生活质量、家庭教育素材等条件（家庭的书目数量和玩具数量及多样性）也会影响儿童言语的发展。当然，家庭语境也会影响儿童言语的发展。家庭活动路线、游戏、日常活动会话、和儿童一起读书和看电视节目等发展儿童听力技能相关的活动，会促进儿童使用语言转换、叙事、解释、联结口语和书面语的表达。

2. 学校环境

学校环境是贯穿于教学过程中影响教师教学和学生学习的生理因素、物理因素与心理因素的总和。从主体构成看，它包括教师教的环境和学生学的环境两部分。从内容构成上看，它包括生理环境、物理环境和心理环境3个部分。其中生理因素为内环境，物理和心理因素为外环境。生理环境指个体自身的生物特点，如健康状况、大脑发育、年龄和个性等。物理环境是教育环境中有形的、静态的硬环境部分，如教学场所、教学设施、班级规模、座位编排和自然条件（声、光、色彩、温度、气味）等。心理环境则是教育环境中无形的、动态的软环境部分，如人际关系、教学气氛、群体规范、班级文化和社会信息等，这些环境因素会在不同程度上对儿童言语的发展起到潜移默化的作用。而且，学校教育具有家庭教育无法取代的优点，它不仅有专门的教师、系统的教材、教具等，而且还有丰富多彩的合作性游戏，正是学龄前儿童心智发育的特点决定了他们倾向于合作性游戏，孩子们在游戏中通过互相接触、学习，可促进各自言语的发展。

3. 社会环境

社会文化背景不同，儿童言语的发展也会不同。例如，四川、湖南以吃辣椒而著称，这两个地区的儿童对于"辣"这个词的掌握，要比其他地区的儿童早1~1.5年。各地的方言习惯不同，也影响儿童语言的发展。比如，"皮、顽皮、调皮、淘气"这组同义形容词，各地使用的习惯有差别，儿童在学习这些形容词时也表现出较大的差异：上海地区的幼儿3.5岁会用"皮"，5.5岁会用"顽皮"；四川、广东、湖南和福建的幼儿则分别于4.5岁、5.5岁时会使用"调皮"一词；北京地区的幼儿在3.5岁时会使用"淘气"一词，但是对于其他几个形容词至6.5岁时，能够准确使用的儿童数量还没有超过一半。此外，有研究发现儿童对于"咖啡色"和"棕色"、"冷"和"凉"的使用，也反映出方言因素的影响。

（三）言语环境的作用

🔍 案例6-4

口音"变变变"？

小黄是大二学生，家住浙江绍兴，从小说当地方言，也学习普通话，2年前考入东北一所高校，由于周围同学都说普通话，刚入大学后，很快融入其中，也讲一口流利的普通话。但与家人及家乡朋友交流时，无论打电话还是面对面交谈，又很快转用家乡方言。此时，不懂他们当地方言的同学，一句都听不懂，同学们常常开玩笑说："小黄去了另外一个星球。"是什么样的语言环境影响了她言语发展变化？

言语环境对言语发展的影响早在公元前5世纪前就被人研究过。到了20世纪，人们对语言环境的研究更进了一步，并开始对由动物养育的儿童进行研究。迄今为止，心理语言学家仍然对语境十分感兴趣，尤其是它对语言的促进、刺激等作用。尽管新数据、新材料不断出现，但是问题始终如一，即语言是与社会相互作用中获得的，还是人类大脑里固有的？这一问题在近年来又一次被展开讨论，并涌现出一些较有说服力的研究结果。这些结果表明父母在与儿童交谈时要进行诸多语言调整。他们的语言特点往往较平常语言简短，发声缓慢而且清晰，声调有意夸张（如问句尾的升调）。说话中心往往是关于此地与现在的事，并且多数用昵称代替具体名词。从语用角度看，大多数的父母与儿童对话是用指令、要求等来教导孩子的行为。这种指示性用语在成人之间很少听到。

言语环境并不一定对言语发展有决定性的影响，家庭言语环境也不一定促进某一方面的言语发展而使另一方面发展缓慢。现在还无法得出复杂的言语环境会使儿童言语发展变得迟缓的定论，跨语言以及跨文化的语言环境的儿童言语发展的影响还有待于进一步的调查。总之，父母与儿童语言的相互作用对儿童言语的发展具有重要意义。

（四）认知发展的作用

婴儿快到1岁时就可以进行交际。虽然这时婴儿的言语尚未出现，但孩子们似乎已经拥有进行交际的直觉。9个月的孩子与1岁的孩子在很多方面的发展水平几乎是一样的，但1岁的孩子可以说几个字，而9个月的孩子仍然咿呀学语。

从认知理论观点出发，著名的认知心理学家皮亚杰认为，儿童言语的发展源于儿童智力的发展。婴儿之所以用手势交流是因为他们的智力发展到能用符号思维的阶段。"符号能力"就是孩子认识到手势或词表示事物或结果的能力。这一能力在人出生的两年之内发展出来。最初儿童理解符号的能力是在游戏中萌生，之后又用在手势交际上，最后到语言交际。总之，认知心理学家强调语言与思维在儿童发展过程中相互作用，不可分割。语言最能反映并影响人生不同阶段的思维能力。

把言语发展与认知因素，如智力发展阶段及处理信息能力等联系起来，是认知学派的理论。这种观点是不为以乔姆斯基为代表的语言先天能力说所接受的。乔姆斯基强调语言是一种具有独特发展规律的认知次系统，而且认知与言语这两个系统在某种程度上是互不干涉的。认知学者关注的是儿童如何从言语发生之前的手势交际过渡到早期语言，而持先天能力说者则力求找到非语言期与语言期的交接点。认知学者认为言语发展缓慢是由于认知系统的紊乱，而持先天能力说的学者则指出，语言紊乱时，其他智力功能仍然可以正常，因而语言是一个独立的认知系统。

（五）个人差异的作用

儿童言语获得的方法不尽相同，因人而异。儿童通常采用两种不同的方式：一种叫参考法，一种叫表达法。采用参考法的儿童较多。在他们学习名词时，有时也有动词或形容词，这往往借助于他们所知道的外界事物。相反，采用表达法的儿童词汇种类较多，包括社交套语，如"stop"（停住），"I want it"（我要）。这些套语似乎是作为一个完整的、未经分析的单位学会的。表达法儿童较参考法儿童能将整句说出。虽然整句中有些部分残缺，但整句语调完好，仍能表达所要表达的意思。另外，儿童学习语言的方式多种多样，如从字到句子，即把字组合成句子，或是从句子到具体字，这种方法强调整句表达，也就是从囫囵吞枣到学会具体分析每个字。因而参考法与表达法其实是一个连续统一体的两个极端，但对于这两种极端我们知道得还太少。

虽然由于个人差异的存在，使我们对有些问题尚不能做出准确的回答。但这并不是说获得方法有好坏之分，或代表语言程度的高低，到现在为止，我们尚不知道个人差异是否作用于这些方法，进而对言语的发展有长期影响，这些差异到底在言语发展中停留多久，又是哪些因素反过来影响这些个人差异。

总而言之，言语的发展是受多方面因素影响的。个人因素是其中之一，它告诉我们儿童言语的发展并不是人们描绘得那样层次分明，如语法、语音、语义、语用。相反，儿童必须借助多方面的知识学习语言。此外，个人差异的研究还告诉我们儿童言语获得的方式不只局限为一种，而是多种方式交叉作用的。

二、言语学习策略与教育

言语的发展受到言语学习者自身的认知结构和加工过程的影响，因此，言语学习者的学习策略对于其言语获得有很大影响。同时，言语发展还受到直接接触的言语环境的影响，包括家庭中言语的互动和教育，特别是母亲与儿童的言语交流，以及学校教育中言语环境和专门的语言教育。

（一）言语学习策略

1. 言语学习策略

言语学习策略是指学习者采用某种语言学习行为或行动计划，为解决某问题或达到某目标而有意识做出的一套活动。从信息加工的角度来看，言语学习策略会影响学习者编码过程的做法及想法，能辅助学习者吸收、储存及使用语言信息。从个体认知发展角度来说，言语习得过程就是言语学习策略的掌握和发展的过程。

言语学习策略是有意识的，可以被迁移到新的言语任务中，是学习者有意识地思想和行动。言语学习策略包括：认知策略（cognitive strategies），如记忆、重复、迁移等；元认知策略（metacognitive strategies），如确定目标、计划；情感策略（affective strategies），如降低焦虑、调控学习情感状态；社会策略（social strategies），如与他人合作、交流。[1]

对于大多数外语学习者，语言功能的使用就是学习的最终目的，但是人类学习和认知的

---

1 何庆华. 网络环境下的大学英语习得研究. 昆明：云南大学出版社，2011：46.

过程是复杂和变化的，而我们现在对这一过程并不是完全了解，武断地否定和排斥某种认知途径和方法有可能走很多弯路，欲速则不达。传统语法教学固然重要，但随着语言学研究的深入，一些新的观点和解释应该引入课堂。一种成功的语法教学体系应该是科学的、充足的，也应该是更容易让人接受的。[1]

2. 言语学习的影响因素

专栏6-2

儿童言语发展

农村儿童的言语发展落后于城市儿童的言语发展，现在儿童的言语发展要胜过过去儿童的言语发展。对于同年龄的农村儿童，特别是三四岁的幼儿，言语发展显著落后于城市幼儿，其主要原因是农村的教育环境和教育条件，特别是早期教育条件不如城市。有研究发现，幼儿到五六岁时，话语中才出现了"因为"。然而，现在的幼儿三四岁时就会使用"因为"。这样的年龄差异，正好说明了不同时期的教育状况对儿童言语发展的影响。

首先，年龄是语言学习策略发展的最主要因素。由于心智发展、认知成熟度及社会经验的不同，年龄越大的儿童，越能采用更复杂的策略，如抽象思维能力的句子结构分析法策略。除此之外，还与学习者自身的性别、认知风格、人格类型、文化背景等社会心理文化因素紧密相关。

美国心理学家桑代克曾以实验证明：女性在语言表达、短时记忆方面优于男性，比较偏重于对文字语言材料的记忆和机械识记；而男性在分析、综合、推理能力和空间知觉方面优于女性，偏重于理解记忆。而且，女性比男性会使用更多不同的学习策略，除了一般的学习策略，她们大多会使用功能性的练习策略、沟通策略及自我管理策略等做练习，尽量不死记硬背，而是将单词融入句子做汇总练习。[2]

其次，认知风格也会影响语言学习策略的使用。具有场依存型特征的个体往往依靠外部参照系来处理有关信息，善于从宏观上和整体上认识事物、看待和处理问题；具有场独立型特征的个体对客观事物做判断时通常利用自己的内部参照，不易受外来因素的干扰，能够把部分和整体区分开来，善于对事物或问题的某一方面进行分析判断。

1 鲁子问，张维友. 出版教育与研究：开拓与创新. 北京：印刷工业出版社，2010：205.
2 佘双好. 毕生发展心理学（第2版）. 武汉：武汉大学出版社，2013：150.

（二）言语发展的教育

言语的产生时间一般为出生后的9~12个月。婴儿说出的第一个词语往往与特定场合有关，显示出对语义理解的过度缩小现象，如有的孩子主动说过的词有"鱼"，是因为他认识自己家的"鱼"，但却不认识公园的鱼。在儿童具备简单的句法关系和句法范畴知识后，之所以还不能说出完整的句子是因为没有掌握足够的词汇。1~1.5岁的这段时间里，多数幼儿的词汇发展较为缓慢，每个月仅能增加几个新词。到1.5岁以后，幼儿平均掌握的词汇数是50个，能够理解100个左右的词汇。[1]

1岁左右是婴幼儿言语发展开始萌芽的时期，这个时期家长首先要给孩子创造丰富的语言环境，家长要用正确的语言多与孩子沟通，可以使用宝宝语。家长要不断鼓励孩子，在孩子需要什么东西时，尽量要求孩子说出来，再给他。在孩子首次说出某个词时要及时鼓励、表扬，给孩子肯定。即使宝宝不开口说话，只要是用心听你说话，那就表明有学习语言的欲望。我们要抓住这一时期，多给孩子讲故事、读儿歌、讲每天的所见所闻，看见什么就给孩子讲什么。让孩子积累丰富的词汇，一旦孩子开口说话，说出来的话一定会让我们吃惊的。

🔍 **案例6-5**

和宝宝一起看图说话

小宝的妈妈是个事业型的女强人，上班很忙，在对小宝的教育上也是毫不含糊的，有一套自己的方法。每天下班后都留出一家三口在一起做游戏的时间，在游戏过程中，妈妈抱着1岁半的小宝，带着宝宝一起看图说故事，一次翻一页，用简单易懂的语言告诉宝宝，"这是小熊""小熊在吃蜂蜜"，刚开始的时候在一页上不会停留太多时间，也不会在意书上更多的细节，这样小宝才有耐心看下去，等宝宝有初步印象后再配合图做些动作说明。爸爸妈妈每天都会轮流带着小宝做一次看图说话游戏。

早期儿童阅读是一个非常重要的过程，教育者应该采用综合的手段寻找合适的阅读指导策略，激发儿童的阅读兴趣，帮助儿童积累阅读经验，提高儿童的早期阅读能力。

1. 提供舒适的阅读环境

把阅读环境的位置放在首位，为儿童设立专门的阅读区域，准备舒适的工作毯、靠垫，营造一种温馨舒适的阅读环境；准备好儿童可以随手拿到书的小书架；提供适合儿童阅读的图书；教育者也要为儿童起到榜样作用。

---

1 刘万伦，田学红. 发展与教育心理学. 北京：高等教育出版社，2011：107.

儿童是天生的科学家，喜欢探索，喜欢问为什么，但也常常会缺乏耐心，尤其是在阅读时。儿童很少能从头到尾地看一本图书，或是从书中自己喜欢的地方读起，或是看一会儿就"放弃"了。这是他们年龄发展阶段正常的行为特点，不要着急，要有耐心。尽量为儿童创造宽松、自由的阅读环境：如果儿童想看这本，那就让他看，他不想看了，就不看；如果儿童想看这一页就让他看这一页。如果在儿童不想看书，就不要硬拉着，否则会引起孩子的反感。在这一方面，案例中的小宝妈妈就做得非常好，根据小宝的实际特点，从兴趣出发，适当地采用一些方法，逐步培养小宝对阅读的热爱。

2. 讲述与提问相结合的阅读方法

与儿童一起阅读时，在讲解故事的过程中，针对故事的内容进行提问，为的是让儿童进一步理解故事。这种方法不仅仅可以提高儿童的故事理解能力、语言能力，还能促进亲子感情的交融，同时也让儿童学会如何从头到尾有序地阅读。

教师首先应该注意自己的态度，应该尽量亲切与温柔，将自己融入故事展现的世界中；其次也应随时关注儿童的反应，适时给予帮助；最后，问题不能过多、过难。

3. 游戏阅读

游戏是儿童的天性，每个儿童都喜欢玩游戏。为了让阅读更有趣，教师可以在阅读前准备一些用于故事表演的道具。阅读后，可以组织孩子进行角色表演。让孩子在表演中重温故事内容，加深对其的理解。通过角色扮演的游戏，孩子一定会更深刻地理解故事的内容。

幼儿期是人类语言发展的关键期，而3~6岁是儿童言语获得的敏感期。具有学习的巨大潜能，在这期间儿童学习语言的能力是惊人的，因此，对幼儿期儿童的科学的语言培养是十分重要的。

首先，要有意识地加强完整语言训练，使得各语言中枢在学前期协调发展。进行儿童语言训练时，要对听、说、读、写的能力全面训练，使其得到协调发展。尤其要加强听和说的训练，使听和说之间神经联系的频率增加、接通的速度加快，使儿童的听说能力同步发展。

其次，要选择语言和非语言的复合刺激促进语言活动分析器的联合协调，尽可能利用各种认识活动和交往活动去理解和表达，对大脑语言和非语言的加工区域进行广泛的刺激。刺激的量并非越多越好，而是应按神经系统兴奋和抑制的规律控制刺激量。语言训练要选择适当的时机和强度。

此外，还可以通过、编构故事、编写诗歌和散文等提高儿童学习语言的兴趣，优化外部语言刺激，促进和语言紧密相关的感知、记忆、思维等认知能力的发展。

本章小结

言语的准备期	言语准备期主要是对于言语产生和言语理解两个方面的准备。婴儿的语音知觉能力和发音能力在这个时期开始逐步发展，而且早就具备语音范畴知觉能力，是语音获得的主动参与者。在正常的生活和教育下，口语发展可分3个阶段。乳儿期：语音发展的阶段；婴儿期：掌握词汇的主要阶段；幼儿期：在语音、语法和口语表达能力方面都有迅速的发展
言语的发展期	在婴儿产生第一批真正的词之前，已经理解了许多词。同时，儿童对每一类词的掌握都是有一定顺序的。儿童对某些词义的理解比产生的语言更多。随着年龄的增长，儿童使用的句子逐渐变长，并开始显现出语言特有的层级语法结构。婴儿的句子结构发展主要包括3个阶段：以词代句阶段，电报句阶段，完整句阶段。后天的训练是促进儿童的篇章意识与篇章能力发展的主要因素。因此，儿童的教育应重视这方面的发展。在交往中，能够根据听者的特点来调节说话的内容和形式，但是年幼的儿童不能觉察自己是否能理解别人话语中的意思，儿童对诚实话和讽刺话、嬉嬉话和侮辱性话的辨别能力则出现得比较迟
言语发展的理论	现代关于言语发展的理论既承认遗传，又承认环境的作用。以乔姆斯基和勒纳伯格为代表的先天遗传论认为语言的获得基本上是由先天决定的，强调个体先天禀赋的作用，否定环境和学习对言语发展的作用。而以巴甫洛夫和斯金纳为代表的后天学习论认为言语的获得就是条件反射的建立，强化在这一过程中起着非常重要的作用，但该理论并不能解释清楚言语获得过程中的全部事实。社会交往说是布鲁纳、贝茨等学者的理论主张。他们认为语言获得不仅需要先天的言语能力，而且需要一定的生理成熟和认知的发展，更需要在交往中发挥语言的实际交际功能。我们应该动态地、发展地考察婴儿言语发生的过程
言语的学习与教育	影响言语发展的因素包括：生理因素，环境因素，言语环境的作用，认知发展的作用，个人差异的作用。言语学习策略是有意识的，可以被迁移到新的言语任务中，是学习者有意识的思想和行动。年龄越大的儿童，越能采用更复杂的策略，不同个体对客观事物做出的判断也不同。早期儿童阅读是一个非常重要的过程，家长应该采用综合的手段寻找合适的阅读指导策略，激发儿童的阅读兴趣，如提供舒适的阅读环境或是运用亲子阅读方法等

总结 >

Aa 关键术语

言语 language	语音 pronunciation	语义 semantics
语用 pragmatics/language use	言语策略 language strategy	

章节链接

在这一章，你读到……	在其他章节中，你将发现相关讨论……
婴儿的听觉发展	第四章　感知觉、动作发展
言语发展的理论	第三章　遗传和环境作用及生理发展

应用 >

批判性思考

1．儿童的言语发展到底应该顺其自然还是加以训练?

2．在什么时间点上，如果儿童不说话或说得非常少，教师、父母应该尤为注意?

3．儿童在语言敏感期处于多种言语环境中应该怎么办?

体验练习

一、单项选择题

1．儿童语音的发展需要遵循一些规则，以下不属于这些规则的选项是（　　　）。

　　A．替代　　　　B．异化　　　　C．删除　　　　D．选择

2．儿童开始真正理解词的意义是在（　　　）。

　　A．11个月　　　B．13个月　　　C．15个月　　　D．17个月

3．在单词句和双词句阶段，儿童对于不同类词的掌握有一定顺序，下列顺序正确的是（　　　）。

　　A．名词—动词—形容词　　　　　B．名词—形容词—动词

　　C．动词—名词—形容词　　　　　D．形容词—动词—名词

4．行为主义的语言模式来源于（　　　）和华生的基本概念。

　　A．坎特　　　B．布龙菲尔德　C．巴甫洛夫　D．斯金纳

5．行为主义的语言学习模式认为，语言的本质是（　　　）。

　　A．人类特有的一种特殊认知能力　　B．人类特有的心理现象

　　C．一定的语法规则　　　　　　　　D．刺激—反应联结

6．行为主义的语言学习模式认为，（　　　）是语言学的必要条件。

　　A．先天生理机制　　　　　　　　B．强化

C．认知结构　　　　　　　　D．思维

7．阿尔波特提出的模仿是儿童言语学习的重要选径。该观点在（　　）年代一直很流行。

    A．20世纪20~50　　　　　　B．19世纪20~50

    C．20世纪20~80　　　　　　D．19世纪20~80

8．先天论的言语学习模式主要是指（　　）的转换生成理论流派对儿童言语学习和获得所做的解释。

    A．乔姆斯基　　B．斯金纳　　　C．坎特　　　D．皮亚杰

9．认知相互作用论的语言学习模式认为儿童语言的发展以（　　）的发展为基础。

    A．环境　　　B．生理　　　C．认知　　　D．能力

10．认知相互作用论的语言学习模式认为，儿童的认知结构来自（　　）。

    A．外界环境的刺　　　　　　B．人脑

    C．主体和客体之间的相互作用　　D．成人的教育

二、简答题

1．怎样理解婴儿的语音范畴知觉？

2．连贯性言语能力的发展对儿童来说具有哪些意义？

3．说话和听话语用技能的发展主要体现在哪些方面？

4．先天论的言语学习模式的优点和局限性分别是什么？

5．影响言语发展的认知因素有哪些？

6．言语学习的策略有哪些？言语教育的重点是什么？

三、论述题

1．试述儿童言语获得关键期理论对促进儿童言语发展的启示。

2．试述几种主要的言语理论，谈谈你对婴儿言语发生发展内在机制的理解。

🔍 案例研究

    小月，4.5岁入园，由于言语发展水平低下，安排在小班就读，父亲是大学讲师，母亲是公司职员。据其家长介绍，孩子2岁前无言语活动，2岁后才无意识地发出"爸、妈"等单音，到3.5岁才开始叫"爸爸""妈妈""爷爷""奶奶"。曾到多家医院检查，发现智力和听力都正常，也曾到聋哑学校，经老师几个月的训练，能认读汉语拼音字母。后经家访，发现家人对小月过度溺爱，致使他胆子很小，不敢与陌生人甚至小朋友接触。4.5岁的小月言语能力仅相当于2岁

左右的幼儿，发音含含糊糊，喜欢坐在角落里自言自语地说一些别人听不懂的话，但在玩拼图游戏和数字游戏时所表现的智力却不低于同龄的幼儿。

根据案例，试分析导致小月言语发展水平低下的原因。

假如你是小月的幼儿园老师，你该如何与其家长沟通，共同解决小月的言语发展问题？

📓 教学一线纪事

甜甜3岁4个月了，最近总爱说"好麻烦"。不喜欢回家洗手，不喜欢洗头，也不喜欢刷牙。"妈妈，怎么又要洗手呀，我觉得洗手好麻烦呀""妈妈，怎么还要刷牙，还要漱口，我觉得好麻烦哟""妈妈怎么又要洗头发呀"……

当孩子学会"好麻烦"这个词后，会重复使用，不断否定一切可以否定的东西，以表达和宣泄自己所有的不满。这是孩子迫切想要表达自己后，忽然找到某一词可以表达自己意愿的方式，妈妈不必急着否定，而要耐心地引导并安抚孩子这种焦躁的情绪。

要丰富孩子的词汇，其实有很多的机会，可以从以下几个方面做起。①在日常生活中随时随地学习。儿童词汇学习一定要处在积极的状态中。②在观察中丰富儿童的词汇。教师可利用角色扮演的机会，让孩子仔细观察某一事物。这样，孩子就会将这对动词与具体情景相联系，更加深刻地理解这一对动词。③在学习活动中学习。儿童在看图画书时，也是一个很好的学习机会，儿童往往能从直观具体的形象中学习和模仿。④在人际交往的过程中学习词汇。教师要积极地创设各种机会，促进儿童与成人及同伴的交往。

拓展 >

☕ 补充读物

1 （美）劳拉·E.贝克. 婴儿、儿童和青少年（第5版）. 桑标，等译. 上海：上海人民出版社，2008.

本书为当前较有影响的比较权威的儿童发展心理学经典教材，全书图文并茂，资料翔实，富有可读性，充分反映了发展心理学的传统知识内容和研究的新方法与新进展。并将发展心理学的相关知识点置于社会发展的背景之中，将理论与知识同现实中的问题紧密联系，层次清晰，内容全面。

2 Beverly Otto.. Language Development in Early Childhood. Upper Saddle River. N. J.: Merrill/Prentice Hall, 2002.

本书是关于婴幼儿总体言语发展情况，主要内容和研究趋势内容翔实，体例完整，线索清晰，基本上包括了儿童语言发展与教育领域的重要问题。

3　周兢. 14~32个月普通话儿童语言运用能力的发展. 南京：南京师范大学出版社，2002.

　　本书是国内汉语语言研究较经典的教材，以质化研究和量化研究相结合的方法，采集汉语儿童的语用语料，并用哈佛大学的研究编码系统和目前国际儿童语言研究通用的计算机分析系统进行分析，揭示了汉语儿童语言运用能力发展的过程，引起国际儿童语言界对汉语儿童语言运用能力发展的关注，填补了汉语儿童语用发展研究的空白。

🖥 **在线学习资源**

1. 中国儿童中心 http://www.ccc.org.cn/

2. 太平洋亲子网 http://www.pcbaby.com.cn

第七章
智力和创造力
的发展

本章概述

　　本章首先介绍了智力的定义和分类，并阐述了智力的相关理论，如因素论、结构论、信息加工论，以及近期发展的一些智力理论。在智力测验方面，简述了智力测验的构成要素，并介绍了斯坦福—比奈智力测验、韦氏智力测验、贝利婴幼儿发展量表和考夫曼儿童评价量表。其次，从智力的一般发展趋势出发，分析了智力的稳定性、可变性和差异性，探讨了智力的超常和落后的特点及原因。再次，从遗传因素、环境因素和非智力因素三方面探讨了其对个体智力的影响，阐述了早期教育和智能训练对智力的作用。最后，介绍了创造力的概念、智力和创造力的关系、创造力的表现和发展，界定了特殊才能，阐述了特殊领域知识与特殊才能的关系、一般智力和个性与特殊才能的关系，以及探讨了如何对个体的特殊才能进行培养。

结构图

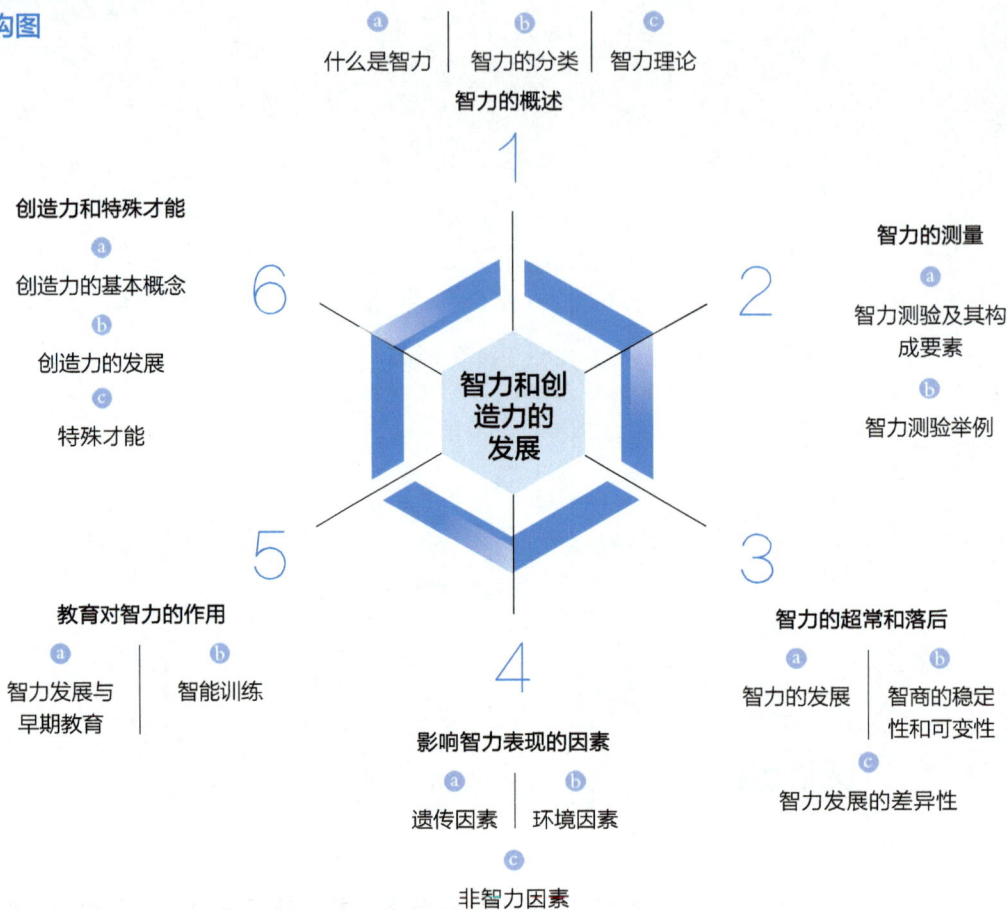

智力的概述
- ⓐ 什么是智力
- ⓑ 智力的分类
- ⓒ 智力理论

智力的测量
- ⓐ 智力测验及其构成要素
- ⓑ 智力测验举例

智力的超常和落后
- ⓐ 智力的发展
- ⓑ 智商的稳定性和可变性
- ⓒ 智力发展的差异性

影响智力表现的因素
- ⓐ 遗传因素
- ⓑ 环境因素
- ⓒ 非智力因素

教育对智力的作用
- ⓐ 智力发展与早期教育
- ⓑ 智能训练

创造力和特殊才能
- ⓐ 创造力的基本概念
- ⓑ 创造力的发展
- ⓒ 特殊才能

中心：智力和创造力的发展

学习目标

学完本章，你应该能够做到：

1. 掌握智力的定义，了解代表性智力理论。
2. 掌握智力测验的定义及构成要素，了解通用的智力测验
3. 掌握智力的发展，掌握智商的稳定性和可变性，了解智力发展的差异性。
4. 掌握影响智力表现的因素：遗传因素，环境因素，非智力因素。
5. 掌握智力发展和早期教育，了解智能训练。
6. 掌握创造力的基本概念和创造力的发展，了解特殊才能的特点。

读前反思

个体的智力水平有高有低，如何才能客观地测量智力？

智力在人的一生中会经过怎样的发展变化？

智力高低到底取决于什么因素？

如何衡量一个人创造力的大小？

每一个人的聪明程度不同，如何衡量一个人的智力，心理学家们是如何看待智力的本质的？他们又是用什么方法来测评智力的？哪些因素会影响个体智力的发展？

什么是创造力？在人生的不同阶段，创造力是如何发展的？哪些因素会影响创造力的发展？如何促进创造力的发展？本章将进一步论述这些问题。

第一节
智力的概述

🎯 **学习目标**

1．掌握智力的定义。
2．了解智力的代表性理论。

一、什么是智力

（一）中国传统文化对智力的认识

中国学者认为智力即智慧，是人认识客观事物及其规律并用其解决实际问题的能力。荀子在《正论》中指出，"天行者……道德纯备，智慧甚明"。三国时期魏国的刘劭在《人物志》书中提出心理观察的基本原理，即"观其感变以审常度"，意指在心理观察中根据个人行为的变化推测其一般心理活动。

我国民间常见的七巧板、九连环、猜谜语、打灯谜等，都是带有智力评估与训练的工具。

（二）西方学者对智力的认识

19世纪末，西方心理学家把心理学中的智力概念从哲学中区分出来。西方心理学史上曾有两次关于智力含义的专门讨论，其中对智力的基本认知加工（知觉、感觉、注意）和心理加工速度等属性达成了共识，并越来越多地提到高级心理活动水平的成分（抽象思维、表征、问题解决、决策）。除了这些传统内容，当前智力研究领域的学者们还强调适应环境的能力和获得知识的能力。

由于智力的本质很复杂，而且不同时代和不同文化对于智力含义的认识有所不同，研究者对智力的含义尚有争议。目前得到较多认可的定义是，智力是一种综合能力，是完成智力活动所必需的各种认知能力的有机结合，体现在学习、处理抽象概念、应对新情境和解决问题等方面。

二、智力的分类

（一）一般智力和特殊智力

根据智力活动的适用范围可以将智力分为一般智力和特殊智力。

一般智力是个体从事各种活动共同需要的，适用于广泛的活动范围。一般智力和人的认知活动紧密联系，如观察力、记忆力、抽象概括力、想象力等，其中抽象概括力是一般智力的核心。

特殊智力是在特殊领域内，个体为完成某种专业活动所必需的能力。例如，进行色彩辨别的能力、区别音高和旋律的能力等。个体可以同时具备多种特殊智力，但可能只有其中的某种特殊智力占优势。

（二）流体智力和晶体智力

根据智力在人一生中的发展趋势及智力和遗传因素与社会文化因素的关系，卡特尔将智力分为流体智力和晶体智力。

流体智力（fluid intelligence）是以神经生理为基础的认知能力，表现在基本的信息加工过程中。流体智力随年龄变化而发展，一般到20岁左右发展至顶峰之后，30岁后逐渐衰退，其个体差异受教育文化的影响较少。

晶体智力（crystallized intelligence）是以后天获得的知识和技能为基础的能力，反映在问题解决情境中。晶体智力随着后天经验增加和学习而不断发展，与社会文化有密切关系，是个体知识经验的结晶。晶体智力往往在人的一生中一直发展，不会随年龄增加而降低。

三、智力理论

（一）因素论

1. 智力的独立因素说

智力的因素理论关注智力的构成要素。最初，美国心理学家桑代克（Thorndike）提出智力的独立因素论，认为人的智力由多种特殊能力（因素）构成，而且这些能力相互独立。但是，现实中一个人在多种任务中的表现具有一定的相关，这就给独立因素中提出了挑战。

2. 智力的二因素说

英国心理学家、统计学家斯皮尔曼（Spearman，1904）根据个体完成智力作业时成绩的相关程度，提出智力的二因素理论。他将人的智力分为两个因素：一般因素或普遍因素（g因素）和特殊因素（s因素）。一方面，个体在多种智力测验中的分数都有中等程度的相关，这表明有一种能力是完成各种作业的共同基础。斯皮尔曼将其定义为g因素，即贯穿于一切智力活动的普遍因素，这是决定个体智力高低的主要因素。另一方面，个体可能在某些任务上表现很好，而在另一些任务上相对较差。这反映出人的智力中有一些是保证个体完成某些特定作业或活动所必需的能力，即s因素。许多特殊因素和某种普遍因素共同构成人的智力。

3. 智力的群因素理论

美国心理学家瑟斯顿（Thurston，1939）基于多因素统计方法提出了智力的群因素理论，认为智力由7种彼此独立的心理能力组成，即语词理解能力、语词流畅性、推理能力、计数能力、记忆能力、空间能力和知觉速度。个体的智力由这些因素共同构成，每个因素对智力的高低都有显著影响。

（二）结构论

1. 三维结构模型

美国心理学家吉尔福特（Guilford，1967）提出的智力三维结构模型（Three dimension structure of intelligence），从内容、操作和产品3个维度来阐释智力。内容指思维的对象，包括视觉、听觉、语义、符号、行为等。操作指思维方法，包括认知、记忆、发散思维、聚合思维、评价等。产品指运用智力操作加工某种内容得到的结果，包括应用、单元、类别、转换、关系、系统等。目前已有100多种能力通过相应的智力测验得到了证实。

2. 层次结构理论

英国心理学家卓南（Vernon，1971）提出的层次结构理论主张智力是按层次排列的心理结构。他将智力分为由高到低排列为4个层次，最高层次为一般因素g；第二层次为大因素群，即言语和教育方面的因素、机械和操作方面的因素；第三层次为小因素群，包括言语理解、数量、机械信息、空间能力、手工操作等；第四层次为特殊因素s，即各种各样的特殊能力。

近期，卡洛尔（Carroll，1997）提出了智力的三层级理论（Hierarchical theory），认为智力是一种一般能力，涵盖了多种与特定智力活动相关的特殊能力。他将智力分为有3个层次水平的因素，第一层能力由1种因素构成，即一般智力因素，类似于g因素；中间水平层能力由8种因素构成，即流体智力、晶体智力、一般记忆容量、一般流畅性、视知觉、加工速度、听知觉和认知难度；最低水平层由许多特殊的因素构成，如在某些任务上的加工速度、学习或记忆任务的通过率等。

3. 聚焦于思维结构的智力理论

林崇德（1987，2003）认为智力是指成功地解决某种问题（或完成任务）且表现出良好适应性的个性心理特征。林崇德的智力理论中对智力的先天与后天的关系，认知与社会认知的关系、内容与形式的关系，表层结构与深层结构的关系都进行了论述。他认为智力结构是一个成分难以穷尽的多元结构，包括感知（观察）、记忆、想象、言语和操作技能等成分，而智力的核心成分是思维。个体之间智力差异的根本原因就在于其思维结构的差异。因此，该理论被称为"聚焦于思维结构的智力理论"。思维的结构是一个多侧面、多形态、多水平、多联系的结构，是由思维的目的、思维的过程、思维的材料、思维的品质、思维的自我监控、思维的非认知因素构成的三棱模型。

（三）信息加工论

1. 智力的PASS模型

加拿大心理学家恩加利瑞和戴斯（Naglieri & Das，1990）基于信息加工观点提出"认知过程的评估—智力的PASS模型"。智力的PASS（Planning-Attention-Simultaneous-Successive Processing Model）模型，即"计划—注意—同时性加工—继时性加工模型"，主张智力活动包括注意—唤醒系统、编码—加工系统和计划系统3个既相互联系、协同作用，又执行各自的功能的认知系统。

注意—唤醒系统是个体心理活动的基础。个体维持自身合适的唤醒水平，对于有效获得和加工信息尤其重要，适当的唤醒水平同时也给个体提供注意的特定方向。

编码—加工系统与个体接受、加工、维持外界环境的信息有关。大脑皮层整合活动可分为两种基本活动形式：同时性加工过程，即同步地整合刺激信息；继时性加工过程，即将刺激信息整合成特定序列进而形成链状层级。这两种加工形式都是智力活动必需的。

计划系统是处于最高层的认知功能系统，涉及提出新问题、解决问题和自我监控以及运用信息进行编码加工的能力。

2. 智力的三元理论

美国心理学家斯腾伯格（Sternberg，1985）提出智力三元理论（Triarchic theory of intelligence）包括智力成分亚理论、智力情境亚理论和智力经验亚理论。

智力成分亚理论。智力包括3种信息加工成分及相应的3种过程，即元成分、操作成分和知识获得成分。元成分是用于计划、监控和决策的高级执行过程，是计划做什么；操作成分表现在任务的执行过程，是怎么做；知识获得成分是获取和保持新信息的过程，是学习如何去做。

智力情境亚理论。智力是一种适应现实社会、使人和环境更好匹配的能力，表现为有目的地适应当前环境、改变和塑造现有环境，以及选择更加理想的新环境的能力。

智力经验亚理论。个体的智力行为与其对任务和情境的经验相关。个体对于任务与情境的经验是一个连续体，一端是处理新任务和应对新环境，另一端是信息加工过程的自动化。个体应对新异任务的反应和对熟悉任务的自动化加工程度都可以看出其智力水平。

斯腾伯格的三元智力理论提示我们对个体智力评估需要考虑其智力表现的情境、与此相关的经验、完成任务的信息加工技能。

（四）智力理论的近期进展

1. 加德纳的多元理论

美国心理学家加德纳认为人的智力水平不能用单一的测量分数来描述，提出智力的内涵是多元的。加德纳（Gardner，1983）的多元智力理论（Multiple-intelligence theory）最初包括7种相对独立的智力成分，分别是言语智力、逻辑—数学智力、空间智力、音乐智力、运动智力、社交智力和自知智力，后来又补充了自然观察力和存在智力。这些智力成分分别与特定的认知领域或范畴相联系，每个人身上都或多或少地具有这些智力成分，并以不同程度的组合方式而存在。例如，有人擅长运用语言，有人擅长逻辑推理，而另一些人的身体运动能力很强。加德纳认为这些能力对于个体同样重要，因此应当从多维度来进行智力评价，并从多方面促进个体的智力潜能发展。

2. 斯腾伯格的成功智力理论

斯腾伯格（1996）提出的成功智力理论为智力赋予新的含义。所谓成功智力（successful intelligence），是为了完成个人的以及自己群体或者文化的目标，适应环境、改变环境和选择环境的能力。成功智力包括彼此联系的3个方面：分析性智力（analytical intelligence）、实践性智力（practical intelligence）和创造性智力（creative intelligence）。分析性智力是分析问题并找到正确答案的能力；实践性智力是应对环境中的人和事，解决实际生活中问题的能力；创造性智力是形成好的问题和想法的能力。成功智力理论强调个体在社会文化情境下获得现实世界中成功生活的能力，这就需要分析性、实践性和创造性智力的平衡发展。具有成功智力的人不仅仅具有这3种能力，而且可以在恰当的时候用恰当的方式来有效使用这些能力。

综上所述，智力的因素理论关注智力的构成要素，通过分析人们完成各项智力活动的相关表现来探索智力的因素。结构论关注智力的心理结构，探讨智力所涵盖能力的层次维度。而近期发展的智力理论则拓宽了以往对智力的理解，给智力赋予更加丰富的内涵。多元智力理论从强调认知能力拓展到强调与特定领域或范畴相联系的多种能力。成功智力则更加关注个体成功应对外界情境、达成自我目标的能力。

第二节
智力的测量

一、智力测验及其构成要素

智力测验是通过测量个体与智力有关的行为进而推断其智力水平的高低。一个好的智力测验包含以下构成要素。

（一）行为样组

智力测验并不能测量所有跟智力相关的行为，而是对智力活动进行取样，从中选取一些可观察、可测量的代表性行为，这些行为能够提供足够的信息来反映个体智力水平，构成智力测验的行为样组。

（二）标准化

智力测验的标准化指的是施测、评分和解释都有标准指导说明。施测的标准化包括测验进行的物理条件、主试特征、测试的程序、指导语等方面的一致性。评分和解释的标准化则体现在记分规则的客观性和常模的制定与参照。

（三）难度

智力测验要有适中的难度，并且尽可能达到难度的客观性。一般来说，智力测验的难度体现在测量分数的正态分布。

（四）信度

信度指的是测验的一致性。一个好的智力测验在评估个体智力时应当具有较高的一致性和稳定性，个体智力水平的高低不会随测试的时间、内容、评分者不同而变化。

（五）效度

效度指的是测验的有效性。智力测验的效度体现在测验确实能够测出个体真实的智力水平。

二、智力测验举例

（一）比奈—西蒙量表

1905年，法国心理学家比奈（A.Binet）接受法国教育部鉴别智力落后儿童的委托，与助手西蒙（T.Simon）一起完成了世界上第一个智力量表，即比奈—西蒙量表。1908年和1911年比奈和西蒙对量表进行了两次修订。在1911年的版本中，测验项目由第一版的30个调整到54个，所有项目按照年龄水平分组，每个项目难度逐渐上升，包括3~15岁每岁一组以及成人组，每个年龄组的测验项目为4~5个。比奈—西蒙量表首次使用了智力年龄的概念，依据儿童通过项目的多少来评定儿童的智力水平。如果一个小孩通过了5岁组的所有题目，6岁组的题目一个都没有通过，那么他的智力年龄，简称智龄，就是5岁。

（二）斯坦福—比奈量表

斯坦福—比奈量表（Stanford-Binet）是比奈—西蒙量表最著名的修订版。最初由美国斯坦福大学推孟教授在1916年第一次修订，除了对比奈—西蒙量表进行内容修订以外，还提出用智力商数来表示智力的水平，即我们日常生活中所说的智商（IQ）。智商的定义就是智力年龄与实际年龄（按月计算）的比值，其结果乘以100。5岁的小孩智龄是5岁6个月，那么他的智商就是110。

斯坦福—比奈量表分别于1937年、1960年、1986年、2003年进行修订。其中，斯坦福—比奈量表（第四版，1986）涉及言语推理、抽象/视觉推理、数量推理和短时记忆4个领域，共有15个分测验（词汇、理解、挑错、言语关系、数量、数字、等式建构、图形分析、临摹、矩阵推理、折纸与剪纸、串珠记忆、句子记忆、数字记忆、物体记忆）。该版本采用离差智商表示智力的水平。个体在各分测验上通过的题目数的原始分最终转化为平均数为100，标准差为16的标准分。

斯坦福—比奈量表（第五版，2003）将认知能力的等级模型应用于测验的编制，测量了流体智力、知识、数量推理、空间视觉、工作记忆5个一般智力因素，每个因素均包含语言任务和非语言任务，共10个分测验。被测者可以得到每个分测验的分数，以及用平均数为100、标准差为15的合成分数。

（三）韦克斯勒智力量表（韦氏智力量表）

韦克斯勒量表是包括一系列针对不同年龄阶段个体的量表。1939年韦克斯勒编制了韦克斯勒—贝勒维智力量表，在1955年进行了第一次修订并更名为韦克斯勒成人智力量表（Wechsler Adult Intelligence Scale，WAIS）。此后，韦克斯勒将韦氏量表的使用年龄往下推延，编制了适用于学龄阶段的儿童和青少年（6~16岁）的韦克斯勒儿童智力量表及修订版（Wechsler Intelligence Scale for Children，WISC，1949；WISC-R，1974），以及韦克斯勒学龄前儿童和学龄初期儿童智力量表（Wechsler Preschool and Primary Scale of Intelligence，WPPSI，1963，1967）。韦克斯勒智力量表首次将比率智商更新为离差智商，用个体智商在同龄人中的相对位置来表示个体的智力水平，即平均数为100、标准差为15的标准分数。早期的韦克斯勒智力量表可以提供言语智商、操作智商和综合智商。

目前，韦克斯勒成人智力量表已发展到第四版（WAIS-Ⅳ，2008），该版本包括词汇、类同、常识、积木、矩阵推理、拼图、算术、背数、译码、符号检索10个核心分测验。WAIS-Ⅳ可以提供各分测验标准分，言语理解、知觉推理、工作记忆指数、加工速度、一般能力指数和认知效率6个指标分数，以及全量表智商。

韦克斯勒儿童智力量表最近的版本为第五版（WISC-Ⅴ，2014），有传统纸笔测试和计算机测试两种形式，可以为6~16岁的儿童提供认知能力评估。该版本包括以下16个分测验：类同、词汇、常识、理解、积木、视觉谜题、矩阵推理、数字天平、图形概念、算数、数字广度、图片广度、字母—数字排序、译码、符号搜索、划消。WISC-Ⅴ的被测者可以得到总智商（表明儿童的总体认知能力）和言语理解、视空间、流体推理、工作记忆及加工速度5个合成分数。另外，WISC-Ⅴ还提供数量推理、听觉工作记忆、非言语、一般能力、认知数量，以及命名速度、符号转换、储存和提取等指标以更精细地对受测者的认知能力进行描述。

韦克斯勒学龄前儿童和学龄初期儿童智力量表近期的版本为第四版（WPPSI-Ⅳ，2012），WPPSI-Ⅳ的测试内容与WISC-Ⅴ的内容相似，但测试任务要相对简单，适用于2岁6个月至7岁7个月的儿童。

（四）贝利婴幼儿发展量表

贝利婴幼儿发展量表（Bayley Scales of Infant and Toddler Development）是美国儿童心理学家于1933年发表的用于测量婴幼儿心理发展水平的量表，1969年修订，1993年修订并出版了第二版，现在已经发展到第三版（Bayley-Ⅲ，2005）。Bayley-Ⅲ主要适用于1个月到42个月的婴幼儿。该量表包含认知、语言、动作3个由儿童完成的核心分测验，认知分测验主要评估儿童的思维、反应和学习，语言分测验评估儿童的言语理解和表达，动作分测验评估儿童的精细动作和大动作。另外，测试还包括由家长（或其他照料者）完成的关于儿童社会性情绪和适应性行为发展的问卷。具体的测试任务针对小婴儿、学步期儿童、学前儿童有所不同。以认知分测验为例，小婴儿的测试任务测量儿童对于新异物体的兴趣、对熟悉和不熟悉物体的注意、玩各种玩具的状态；学步期婴儿的测试项目是考查儿童探索新玩具、解决问题、完成拼图的能力；学前期儿童的测试任务则是假装游戏、搭建积木、颜色匹配和复杂拼图。

（五）考夫曼儿童评价量表

考夫曼儿童评价量表（Kaufman Assessment Battery for Children，K-ABC）是美国测量学家考夫曼夫妇于1983年编制的。该量表的理论基础是基于大量认知心理学和神经心理学研究成果的智力理论，量表编制设法缩小测验的文化偏差，是当前受到普遍欢迎的智力测验之一。

2004年考夫曼成套儿童评价量表第二版（KABC-Ⅱ）出版，将施测年龄从原来的2~12.5岁扩展到3~18岁。KABC-Ⅱ由以下18个分测验组成：按序指物、数列回忆、手部运动、路径移动、三角形拼图、概念思维、面孔再认、完形、积木数数、模式推理、故事补全、无意义命名学习、无意义命名延迟回忆、画谜学习、延迟画谜学习、谜语、词汇表达、语言知识。

KABC-Ⅱ测验的计分系统有两个版本，施测者可以根据受测儿童的具体情况来选择合适的版本。一个版本可测量儿童的学习能力、系列加工能力、平行加工能力和计划能力，提供心理加工过程指标（Mental Processing Index，MPI），适用于有双语背景、语言障碍、孤独症、听力障碍的儿童。另一个版本可测量流体智力、晶体智力、短时记忆、长时记忆储存和提取、视觉加工、数量知识，提供流体—晶体智力指标（Fliud-Crystallized Index，FCI），适用于大多数情况，而且尤其适用于有阅读/书写或数学困难、心理创伤、注意缺陷、情绪或行为紊乱的儿童和天才儿童。

第三节
智力的超常和落后

🎯 学习目标

1. 掌握智力的发展。
2. 掌握智商的稳定性和可变性。
3. 了解智力发展的差异性。

在同龄人中，有些人更聪明，而有些人更迟钝，智力在个体之间的表现不同。要了解智力的个体差异，首先要了解智力发展的一般趋势。这里，我们先从智力发展的一般趋势开始谈起。

一、智力的发展

智力是随着年龄的增长而变化的。贝利的研究认为，智力在十一二岁以前是快速发展的，其后发展放缓，到20岁前后达到了顶峰，随后即保持一个相当长的水平状态直至30多岁，之后开始出现衰退迹象。另有研究根据5种主要能力对成人进行测量，发现一般人的智力到35岁左右发展到顶峰，以后缓慢下降，到60岁左右迅速衰退（图7-2）。有些个体会在去世前5年出现智力能力突降（Suedfeld & Piedrahita，1984）。

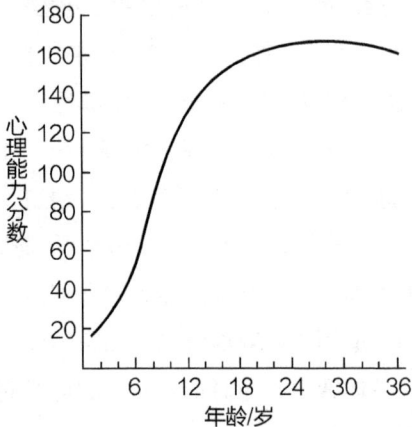

图7-1　智力的成长曲线

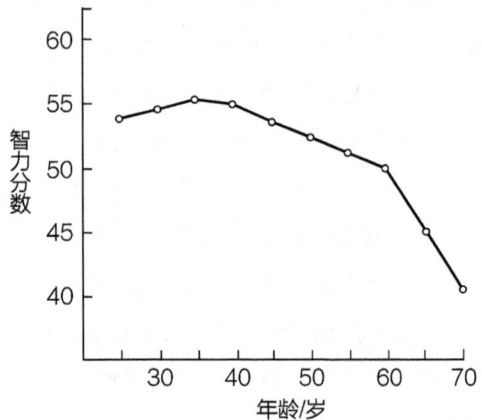

图7-2　智力的年龄变化

　　智力不仅作为整体而发展，而且智力中的各成分也分别在发展，且发展速度并不完全同步。瑟斯顿考察了不同智力因素的发展情况，结果发现发展速度各不相同。12岁时知觉速度已发展到成人水平的80%，而推理能力、词的理解力和词语运用能力等则要到14岁、18岁和20岁以后才分别达到同一水平。

　　有研究者认为智力的不同方面随年龄增长的变化是不同的。他们采用韦氏成人智力量表中国修订本（WAIS-RC）对25岁及其以上成年人城乡样本进行测查，比较了年龄和教育因素对成年人智力发展的影响。研究结果表明，言语智商和与晶体智力有关的测验成绩并不随年龄增长而下降，某些测验如知识、领悟等测验成绩甚至随年龄增长呈上升趋势，算术和词汇测验直至65岁前也均呈上升趋势；与流体智力有关的测验成绩随年龄增长而下降；而测量精神运动速度（数字符号测验）的成绩受年龄影响最为明显，随着年龄的增长，成人的精神运动速度明显减慢。流体—晶体智力理论能较好地解释成年人的典型智力发展模式。[1]

　　综上所述，智力的发展不是等速的，通常是先快后慢，到了一定的年龄后停止增长，其后开始缓慢下降。

1　戴晓阳，解亚宁，郑立新. 成年人智力发育与年龄和教育的关系. 中国心理卫生杂志，1993（5）：215~217.

二、智商的稳定性和可变性

长期以来，人们有一种观点认为智商是天生的和基本稳定的，认为当一名儿童接受过一次智力测验，那么其智力测验分数在这一生中都不会有大的波动。

但是之后越来越多的研究者对儿童智商进行研究发现，儿童智商并非一成不变，而是具有很大程度的波动。比如，对上海市101名小学生智商跟踪研究结果发现，儿童的智商水平有普遍的提高，中下等智力水平的儿童智商提高幅度比高智力水平的儿童更为显著。[1]如果儿童的智力发展速度相比其他儿童高一些或低一些，那么他的智商水平也会比其他儿童高一些或低一些。儿童的智力发展速度的加快或减慢都是有限度的。随着儿童年龄的增长，智商会变得越来越稳定，童年中期以后的变化不会很大。当然如果儿童在变化不大的环境中学习和生活，其智商分数也完全可能没有什么变动。

加利福尼亚大学学者（Honzik，Machfarlane & Allen，1948）对250多个儿童进行了一项研究，结果（表7-1）表明，两次测验间隔的时间越短，儿童智商的相关就越高，也可以看出经过多年以后，智商仍然是一个相当稳定的特征。儿童在8岁时的智商分数与10年之后的智商分数存在明显的相关。

表7-1 学前期和童年中期智商分数的相关（童年中期的智力测试选在10岁和18岁）

儿童年龄	与10岁测得智商相关	与18岁测得智商的相关
4	0.66	0.42
6	0.76	0.61
8	0.88	0.70
10	—	0.76
12	0.87	0.76

资料来源： Honzik, Machfarlane & Allen, 1948

总体来说，人的智商是相对稳定的，但又不是一成不变的。由于人的智商受到成熟、教育、经验和先天智力等多种因素的影响，因此，在40岁之前智商一直呈平缓上升的趋势。对于大多数健康的、受过良好教育的个体而言，他们的智商随年龄下降的幅度很小（Weintraub，2003）。

---

1 金瑜文. 智商的稳定性和可变性. 幼儿教育，1997（3）.

三、智力发展的差异性

智力发展的个体差异性很大，研究显示，智力优异者不仅发展速度快，而且延续发展的时间也长，而智力落后者不仅发展缓慢，并且有提前停止发展的倾向。有些人可能智商上升很快，有些人则可能下降很快，这种差异主要的原因在于，智力提高较快者在成年早期处于智力刺激较强的环境中，而智商下降较多者则往往承受着慢性病、酗酒问题或生活方式单调的痛苦（Honzik，1984）。

智力测验中得分超过130者通常被称为"超常"，一般智商在70分或70分以下者被定义为智力落后或智力低下。当一个人的智商高于130或低于70时，智力因素对人生的影响将会很大。这部分人群约占全部人口的3%。

现代智力测验的一个有趣特征是，其结果的分布都以IQ分数100为平均数，呈正态分布。这种分布模式当然不是巧合。通过人为的定义，各种年龄组受测者的平均分数被设置为100，这也是大多数人的得分（Neisser et al.，1996）。值得注意的是，大约一半人得分在100分以上，一半在100分以下。而且，得分为70和130的人数几乎是相等的，95%的人智商分数分布在距平均值30分以内（IQ为70~130）（Bjorkund，2005）。IQ为130是一个很高的分数，智商为这个分数的人很出众，他的超过了97%的人。同样，大概只有3%的人智商低于70，这也是现在普遍用于确认智力落后的分数。

一般情况下，智商不能很好地预测个体后来取得的成功，然而，超常的智商与后来取得杰出成就的相关确实很高。推孟对智商140分以上的超常儿童进行追踪研究，直至他们长大成年。他发现，这些超常者社会适应良好，具有中等以上的领导才能，具有很好的心理调节能力，并且在长大后智商仍然在高分范围。他发现那些后来取得杰出成就的儿童的家长一般都受过良好教育并且注重孩子的学习，鼓励孩子成为爱学习的人。然而并不是所有的超常儿童在成人期都很出众，有的超常儿童在长大后成了罪犯、失业者和适应不良者。所以，超常的天赋只有在支持、鼓励、教育和努力下才可能朝好的方向发展并有所成就。

如何更好地对智力超常儿童进行教育，逐渐引起教育界的思考和重视。教育工作者提出了两个方法：丰富和加速。丰富法，指学生仍然处于原来的年级水平，但是为他们提供特殊的课程和个别化活动，以加深他们对于特定主题的理解。教育内容丰富的目的在于为天才儿童提供智力上的挑战，鼓励他们进行更高层次的思考。加速法允许天才儿童以自己的速度向前发展，即使这意味着他们会跳级到更高年级。1978年3月，中国科技大学为超常儿童教育创办了少年班；20世纪80年代，北京大学、西安交通大学等相继开办了超常儿童实验班；1984年，天津实验小学建立了我国第一个小学超常儿童实验班；1985年，北京八中建立了中学超常教育实验班。目前，全国范围已有几十所学校建立了各种类型的超常儿童实验班。进入各级实验班的儿童必须经过一定的测试和选拔（如智商测试），才能进入这些特殊儿童教育实验班学习。学校根据其智力特点进行专门的教学设计，以便使教育能与其特长相符合，使其潜能得到充分发挥，对超常儿童的培养应注重早期发现与培养，并针对每个超常儿童的特殊性进行因人而异的教育。超常儿童实验班通常采取加速学制的办法。加速学制实验班的儿童一般比普通班的同龄儿童要高两个学年。研究发现，加速学制组的儿童在信息加工速度任务上要明显地快于常规学制组的儿童。因此，对于高智力的儿童进行加速学制的教育方式可以明显地促进其基本认知能力的发展。[1]

最能说明加速计划有效的一个例子是范德堡大学（Vanderbit University）进行的"数学天才青少年研究"（Study Mathematically Precious Youth）计划。在该计划中具有非凡数学能力的七年级和八年级学生参加了多种特殊班级、工作特殊班级和工作坊。其结果非常好，这些学生成功地完成了大学课程，有些学生提前进入大学，一些学生甚至18岁之前就已经大学毕业。

智商低于70的智力落后程度可有不同分类。极度智力落后者的智商低于25，完全需要他人的照顾，重度智力落后者的智商为25~40，中度智力落后者的智商为40~55，这两类智力落后者有一定程度的生活自理能力，可以在残疾人工厂从事简单劳动；轻度智力落后者的智商为55~70，这组人可以参加精心设计的特殊教育，成年后能够生活自理，可以结婚，但要达到社会对正常人的要求还是有一定的困难。

智力落后者的一般特点：知觉速度很慢、范围狭窄、内容笼统、贫乏；对词和直观材料记忆都很差，再现时歪曲和错误都很多；他们的语言发展缓慢，词汇量少，缺乏连贯性；在认知活动中缺乏概括力；严重丧失社会自理能力。

智力落后主要是什么原因造成的呢？一部分智力落后是由器质性原因或生理原因造成。胎儿生产时产程过长而导致缺氧等产伤，以及由于感染、疾病或母亲怀孕期用药导致的胎儿损伤、代谢障碍以及基因变异等。另外，还有一些智力落后是由于家庭环境极度贫困导致的。由于家庭贫困，导致儿童缺乏营养和智力刺激，没有必要的医疗救治，缺少情感关怀和悉心的照顾，从而造成儿童智力落后，这些儿童的智力多可以通过改善营养，丰富刺激条件而得到改善。

随着计算机科学的进步和发展，研究者开始广泛地采用EEG和ERP等脑电技术来探索智力差异的生理机制和心理机制。EEG脑电信号根据频率分成不同的频段，如δ波（<4Hz）、θ波（4~7Hz）、α波（8~12 Hz）、β波（13~30 Hz）和γ波（30~70 Hz）。大多数有关智力差异的脑电研究均发现，α波的绝对功率与IQ之间存在正相关。[2]事件相关去同步化（event-related desynchronization，ERD）是一种测量大脑皮质激活程度的有效方法，其原理是当被试进行某认知

---

1 程黎，周丹，施建农. 不同教育方式对高智力儿童信息加工速度的影响. 中国临床心理学杂志，2009（4）：408~410.

2 Schmid R. G., Tirsch W. S. & Scherb H.. Correlation between spectral EEG parameters and intelligence test variables in school-age children. *Clinical Neurophysiology*，2002，113（10）：1647~1656.

任务时，大脑某一皮层区域活跃起来，α波段的脑电节律幅度减少。研究发现，智力水平高的被试在进行不同类型认知任务时（如数字广度任务、中央执行任务以及计数广度任务）呈现更小的α波段ERD。[1]研究者发现，任务难度可能影响IQ和大脑激活程度的相关。研究者在计算机上呈现瑞文推理测验图片，并根据被试的反应正确率区分出不同的任务难度，结果发现，智力水平高的被试在θ波段表现出明显更强的激活，而任务难度与智力水平在α波段存在显著的交互作用，即在简单的任务中高智商的被试激活程度低，但是随着任务难度的增加，高智商被试的激活程度也不断增加，而智力水平一般的被试大脑激活的程度则没有变化。[2]

　　研究表明，高智力水平个体和一般智力水平个体在ERP成分的潜伏期、波幅以及波形轨迹上存在差异。很多研究表明，智力水平高的被试P300潜伏期短，说明其信息加工速度要比智力水平一般的被试快。[3]与低智力水平的被试相比，高智力水平的被试在完成检测任务时刺激出现后140~200ms内ERP波形（N1–P2）上升曲线波形走势更陡，而低智力水平的被试上升曲线波形走势则比较平缓。斯托等人（Stough et al., 1990）通过对20名被试的研究发现在100~200ms内ERP轨迹长度与IQ的相关最显著，相关系数为0.60。

　　虽然认知神经科学对智力差异的研究还处于探索阶段，尚未提出系统的智力理论，但是其研究意义十分重要。过去研究者关于智力先天遗传与后天教养一直在理论层面争论，而认知神经科学技术为研究者彻底解决这一问题提供了可能。[4]

第四节
影响智力表现的因素

🎯 **学习目标**

掌握影响智力表现的三种因素。

在对智力的发展趋势、智力的稳定性和差异性以及智力的超常和低下有了初步认识的基础上，还需要进一步认识影响智力表现的因素。智力不仅仅是单一因素影响的结果，而是多种因素综合影响的结果。下面将介绍影响智力表现的各种因素。

1 Grabner R. H., Fink A., Stipacek A., Neuper C., Neubauer A. C.. Intelligence and working memory systems: evidence of neural efficiency in alpha band ERD. *Cogn. Brain Res.*, 2004, 20: 212~225.

2 Doppelmayr M., Klimesch W., Sauseng P., Hödlmoser K., Stadler W., Hanslmayr S.. Intelligence related differences in EEG—bandpower. *Neuroscience Letters*, 2005, 381（3）: 309~313.

3 Beauchamp C. M., Stelmack R. M.. The chronometry of mental ability: An event-related potential analysis of an auditory oddball discrimination task. *Intelligence*, 2006, 34: 571~586.

4 马妍妍，李寿欣. 个体智力差异的脑电生理学基础—来自EEG和ERP的证据.心理科学进展, 2007, 15（6）: 872~877.

一、遗传因素

20世纪初，高尔顿就提出了遗传因素对儿童智力发展起决定作用的观点。他认为，一个人的能力是由遗传得来的，其受遗传的程度与机体的形态和组织受遗传决定一样。一般而言，我们认为父母与孩子之间或兄弟姐妹之间在智力发展上有一定的相似性。父母与子女间智商的相关系数大约为0.3，与在一起生活的兄弟姐妹智商相关系数为0.41，与不在一起生活的兄弟姐妹的智商相关系数仅为0.24。随着双生子法在医学上的应用，人们对遗传因素在儿童智力发展中的作用，进行了更加深入的研究。双生子分为同卵双生子和异卵双生子。同卵双生子是由单个卵子发育而成，具有完全相同的基因。在同一家庭中长大的同卵双生子的智商分数有很高的相关，达到0.86；将同卵双生子分开抚养，结果发现他们的智商分数相关依旧很高，仅从0.86下降到0.72。遗传论者认为这个结果可以解释为遗传的作用，并认为智力差异大约50%为遗传导致。但是也有研究者认为，分开抚养的双生子通常被送到社会地位和教育背景相似的家庭中抚养，所以环境在这其中也起部分作用，因此遗传对智力的影响可能小于50%。异卵双生子分别来自两个同时受精的卵子，在遗传学上他们并不比普通的兄弟姐妹更相近。异卵双生子的智商分数比一般的兄弟姐妹相关更高，达到0.62。这种与一般兄弟姐妹差异的主要原因在于环境，父母处处以同样的标准对待双生子，结果使得双生子的智力发展更为相似。

那么心理学家是如何来区分遗传和环境的作用呢？高尔顿认为，同卵双生子具有完全相同的基因，因此，他们之间的任何差别可以完全认为是来源于环境的不同；异卵双生子因为基因有50%是相同的，所以他们之间的差异同时来源于遗传和环境，而将这两类双生子进行比较，就能区分遗传和环境作用的大小。研究发现，同卵双生子智商的偶内差异明显小于异卵双生子，而偶内相关系数则大于异卵双生子，但它们的差别无显著意义。研究者通过3种计算遗传度的方法，得到的遗传度是不同的。言语智商的遗传度为32%~47%，操作智商的遗传度为35%~48%，反应时的遗传度为56%~61%。[1]这些结果表明，反应时受遗传因素的影响较大，儿童的智力发展主要受到环境因素的影响，遗传因素在儿童智力发展中仅起到相对次要的作用。

二、环境因素

儿童的智力除受遗传因素影响外，还与家庭环境有着密切的关系。遗传只提供儿童心理发展的可能性，而环境教育则规定儿童心理发展的现实性。环境对智力影响的有利证据来自

1　徐勇，曾广玉，张洪波，陶芳标. 119对双生子智力遗传度的研究. 心理科学，1996（5）：316~317.

于同一家庭中的亲生子和养子的研究。如果智商主要由遗传决定，那么父母和亲生子的智商相关应该高于与养子的相关，因为父母为亲生子提供了遗传和环境，而仅为养子提供了环境。结果却发现，由同一个母亲抚养的亲生子和养子与她的智商的相关程度相当，这说明遗传对子女与父母间智商的相关影响不大，而环境起主要作用。

另外，可以比较不同社会地位家庭收养的孩子的智商，以考察环境对智商的作用。结果不出所料，家庭经济条件较好的家庭收养的儿童的智商高于那些家庭经济条件差的家庭收养的儿童的智商，主要的原因在于家庭经济条件好的家庭往往能够给儿童提供更充足的营养，更丰富的教育环境和更多的培养条件，导致儿童智商得到较大发展。

研究者采用"家庭环境指数"和"艾氏行为问题量表"探讨家庭环境对儿童智力和行为的影响。对上海3所普通小学2109名8~11岁的学生进行智商测验，从中抽取智商大于130和低于90的儿童各50名，及分层随机抽样调查来自离婚、个体户和寄读3类家庭的儿童各50名，同时抽取来自一般家庭的儿童50名作为对照组。研究结果发现父母素质、教育方式、家庭气氛等对儿童智力发展和行为表现都有极其重要的影响。[1]

科林贝格（Otto Klineberg，1963）提出了"累计缺陷假说"：贫困的环境会阻碍智力的发展，而且这种抑制效应会随着时间而累计。个体处于贫瘠智力环境中越久，智力测验的成绩就越差。一项对罗马贫困儿童的研究支持这一假设。这些罗马儿童处于贫困威胁且无人照管的环境中，后来分别在不同年龄时被英国中产阶级家庭领养。结果发现，出生6个月之内被领养的罗马儿童和普通英国儿童在6岁时的智力测验分数相似。相反，年龄较大之后才被领养的罗马儿童在6岁时，还会表现出延迟性认知缺陷。在这些儿童中，处于贫困状态越久的孤儿，在智力测验分数越低（或者说缺陷严重）。

三、非智力因素

（一）非智力因素的本质及作用

1. 非智力因素的含义

非智力因素最早是由美国心理学家亚历山大1935年在其论文《智力：具体与抽象》中提出的。1987年，在第七届世界天才儿童与天才教育学术大会上，美国心理学家加德纳提出的多种智力观点就包括人际关系等非智力因素。我国自1983年燕国材教授倡导重视非智力因素培养以来，许多心理学家对智力活动中的非智力因素进行了广泛探讨。

非智力因素是指除了智力与能力之外又同智力活动效益发生相互作用的一切心理因素。具体解释为：①非智力因素是指在智力活动中表现出来的非智力因素，而不包括诸如豪爽等

1 武桂英，张国栋等. 不同家庭环境对儿童智力和行为的影响. 中国心理卫生杂志，1991（5）：212~215.

与智力活动无关的心理因素，也就是说，它不是指智力活动以外的心理因素，而是指在智力活动中影响并决定智力活动效益、与智力活动有关的一切心理因素；②非智力因素是一个整体，具有一定结构和功能；③非智力因素只有与智力因素一起才能发挥它在智力活动中的作用。[1]

2. 非智力因素的结构

非智力因素的结构有以下几个方面。

①情感过程。包括情感强度、情感性质、理智感等成分。

②意志过程。主要指意志品质，如意志自觉性、果断性、坚持性和自制力等。

③个性意识倾向性。主要是与智力活动有关的因素，如理想、动机和兴趣。

④气质。影响智力活动的气质因素主要包括心理活动的速度或灵活性与强度两个方面。

⑤性格。与智力活动相关的主要是性格的态度特征、意志特征和理智特征。

3. 非智力因素的作用

研究表明，非智力因素在智力与能力中的作用有以下3种。

①动力作用。引起智力与能力发展的内驱力。

②习惯作用。把某种认识或动作的组织情况越来越固定化。在智力和能力发展中，良好智力或能力的固定化，往往取决于学生主体原有的意志、气质等非智力因素及智力、能力的各种技能的重复练习的程度。

③补偿作用。非智力因素能够弥补智力与能力的某方面的缺陷或不足。性格在这方面的作用比较突出。如学生学习的主动、坚持、勤奋、踏实的性格特征，都可以使学生克服因知识基础较差而带来的能力上的弱点。

（二）非智力因素的培养

鉴于非智力因素对学生的智力和能力的影响，教师在教学过程中从以下几个方面来培养学生的非智力因素。[2]

1. 发展兴趣

①了解学生，尊重学生，发现、甄别学生的特长和爱好并加以适当的鼓励、肯定和引导；

②培养师生间深厚的感情；

③教师和家长做好言传身教，尽量将自己的兴趣爱好在孩子面前展示，从而感染、熏陶、浸润孩子，激发其想学、要学的冲动和愿望，达到发展兴趣的目的；

④处理好教学过程中智力与全面发展的关系、好中差学生的关系、留作业与改作业的

1　林崇德，申继亮，辛涛. 非智力因素与学生能力的发展——从非智力因素入手培养学生的智力与能力. 应用心理学，1994（9）：27~33.

2　林崇德. 学习与发展. 北京：北京教育出版社，1992：12.

关系、讲和练的关系、教和学的关系；

⑤不断地创设问题情境，进行启发式教学。

2. 养成科学的学习习惯

①按年龄特征制定学生学习习惯的要求；

②训练必要的学习常规；

③严慈相济，引导中小学生有目的地进行良好的学习行为和心智技能的训练；

④进行学习方法的训练。

3. 顾及气质，培养良好的性格特征

①根据学生的不同气质特点，有目的地使学生的智力与能力朝着与其自身特点相适应的方向发展；

②抓住学生良好的性格特征，如勤奋、踏实、自信、坚韧等加以有目的地培养；

③重视强化训练的作用，通过大量的强化训练，使学生形成优秀的性格特征，从而形成良好的习惯系统。

第五节
教育对智力的作用

🎯 **学习目标**

1. 掌握智力发展的早期教育。
2. 了解智能训练。

儿童的基因从出生后就不能再改变，那么如何改善他们的教育和成长环境，让儿童的潜能得到最大限度的发展，是目前人们关心的最重要问题。

生物遗传特征为智力发展提供了可能性，而教育则使这种可能性变成现实。环境对人的智力发展是有影响的，这种影响往往是无计划的、无思想的。而教育则是根据教育者的特点，采用一定教育方法，按照儿童的心理发展规律有计划、有步骤地施加影响和引导，使儿童获得系统的知识，促进儿童智力的发展。

一、智力发展与早期教育

（一）早期教育的定义

早期教育是指孩子在0~6岁这个阶段，根据孩子生理和心理发展的特点以及敏感期的发展特点，进行有针对性的指导和培养，为孩子多元智能和健康人格的培养打下良好的基

础，侧重开发儿童的潜能，促进儿童在语言、智力、艺术、情感、人格和社会性等方面的全面发展。

（二）早期教育的效果

神经系统的生长发育具有特殊的规律性，因而大脑发育存在关键时期。早期教育就是在这个关键时期内给婴儿施以适当的刺激和教育。早期教育对儿童心理和智力的发展起着巨大的作用。主要是由于及早通过心理过程促进有关基因的作用，使神经细胞的体积和纤维、神经突出的数量和长度、神经髓鞘等方面得到充分而完善的发展，并建立许多暂时联系的结果。日本学者木村久一认为，儿童的潜在能力遵循着一种递减规律，即生下来具有100分潜在能力的儿童如果一出生就进行理想的教育，就可以成为具有100分能力的人；若从5岁开始教育，即使是理想的教育，也只能成为具有80分能力的人；若从10岁开始教育，就只能成为具有60分能力的人。

早期教育能促进大脑的发育。一些研究者曾经用动物的大脑和生化的变化的研究说明，早期丰富的环境刺激与学习机会不但不会伤害大脑的发育，反而会促进大脑的发育。一项儿童早期教育计划研究从婴儿期到整个学前期给来自低收入家庭的孩子提供强化的环境条件，结果发现刚2岁时他们的智商已经比控制组高，7年之后他们仍然高出5分（Campbell & Ramey，1994）。还有研究发现早期干预对智力发育低下婴幼儿的智能发展有显著效果，其中药物干预的作用较小，培训工作的作用较大，早期干预是降低智力残疾发生率的有效措施。[1]

"卡罗来纳州初学者计划"（Carolina Abecedarian Project）就是为了回答早期干预是否会对提高处境不利儿童的智力和学业成绩起到长期作用而进行的一个充满挑战性的早期干预项目（Campbell & Ramey，1994，1995；Cambelltal et al.，2001）。参加项目的被试是那些可能一出生就患有轻度智力落后危险的儿童。他们的家庭都是依靠社会福利生活的，绝大多数是只有母亲的单亲家庭，母亲的智力测验得分显著低于平均水平（IQ为70~80）。干预工作在婴儿6~12周就开始，一直持续5年。这些高危儿童中有一半被试被随机分配到日托养护项目中，日托养护是全日制的，从早上7：15到下午5：15，每周5天，每年50周，直至儿童入学。与实验组儿童相比，控制组儿童的饮食供应、社会服务及照料都相同，他们只是不参加日托养护项目。在接下来的15年，研究者对两组高危儿童进行了定期的智力测验，同时学校也对他们进行了定期的学业考试。结果是让人震惊的。参加卡罗来纳州初学者计划的实验组儿童从18个月开始，智商分数就比对照组儿童高出很多，这种优势一直保持到被试15岁时。

由此可以看出，早期教育对儿童的大脑智力发育有显著的积极影响，但随着年龄的增

1　陈达光，陈燕惠，张镜源，等.早期干预对智力发育低下婴幼儿智能发展的作用.中国心理卫生杂志，2007（1）：10~13.

长，这种积极作用减弱。

（三）早期教育需注意的问题

第一，不要将早期教育仅视为知识的教育。早期教育是身体、情感、智力、人格、精神全面成长的教育，可以重视智力的开发，但是单纯地进行知识教育就误解了早期教育的目的，如果提前给学龄前儿童教授英语、数学和识字，会导致儿童厌学情绪的增加。0~3岁的孩子正处于情绪情感和语言发展的关键时期，因此，早教的重点是把握幼儿身心发展规律，采取鼓励性学习，创造快乐的环境，开发其本身已有的潜能。

第二，要儿童快乐地享受早期教育的过程。如果儿童在早期教育过程中情绪不好，其在早期教育过程中与所教育的内容是对立的、反抗的，那么孩子什么也学不到。紧张的早期教育不仅阻碍了儿童潜能的开发，还阻碍了其他技能的学习。

第三，早期教育不要简单地给孩子灌输。早期教育过程中要注意对话、互动。早期教育不但是对孩子进行教育，也是增加亲子互动的教育。通过谈话、做游戏、做运动等方式来实现和父母的良好沟通，让亲子关系更融洽，这对孩子以后注意力以及行为习惯的培养都非常重要。

二、智能训练

智力是一种复杂的心理现象，虽然关于智力的定义和理论众说纷纭，难以统一，但是并不影响关于智力培养的探讨。

（一）思维训练的有效性和实质

西方早期历史中，很多思想家看到了智力的可教育性，承认智力可以培养提高。一些观点认为可以通过直接训练提高智力，如训练心理官能、对特殊技能和习惯加以训练或训练掌握一些特殊知识；另一些观点认为运用一些教学法可以间接提高智力。

思维训练是20世纪中期诞生的一种头脑智能开发和训练技术。思维训练的实质是开设智力教学课程，在这类课程的学习中，学生不是以掌握知识、技能、熟巧为主，而是要学会如何掌握知识、技能、熟巧的一般策略与方法，再自发地用到各种知识、技能、熟巧的学习中去。

这种把培养智力作为教学内容的思维训练课程主要有4个方面的内容。第一，符尔斯坦的工具强化教学和米克尔以吉尔福特三维智力结构为基础教材的教学。第二，对流体智力的训练：吉尔福特对儿童进行过流体智力的教学与训练；威利斯等人做过老人流体能力的训练；斯腾伯格和威尔等人对青年大学生掌握三段论方面的流体能力的训练。第三，元认知和其他非认知因素的培养。第四，英国心理学家德·波诺开设学思维课程，这是培养一般思维能力的典型实例；科文顿开设创造思维教学；托伦斯等人进行的培养创造力的教学；还有逻辑思维的教学课等。

这些思维训练课程对学生学习能力的提高具有显著效果。不同的工具学习可以提高不同的机能，这种思维训练课程除了改善和提高认知机能以外，还可以通过习惯化产生内部动机，改变迟钝操作者的态度，增强其自信，使他们从消极接受信息者转变为积极的产生新信息的创造者。有研究者采用德·波诺的学思维课程方案对学生进行思维训练，探讨思维训练课对学生的思维水平、智力和创造力的影响，结果表明思维训练课程显著提高了学生的思维水平、智力水平和创造力水平。而且思维课不仅对学生智力和思维活动发展起促进作用，而且注意培养学生的元认知能力、自信心、学习动机和兴趣。更重要的是，学习思维方法之后，学生能自觉应用所学策略去解决内容不同、情境各异的思维课习题，而且还把这些方法用到智力、思维水平和创造力测验的各类问题的解答中，并且活学活用到日常生活和各科学习中去。[1]

（二）思维训练方案

下面具体介绍几种具体的思维训练课程方案[2]。

1. 工具强化教学

符尔斯坦提出从多方面培养智力的工具强化（instrumental enrichment）教学课程。1979年，他出版了《成绩低下者的动态评价——学习潜能评定法、理论、工具和技巧》一书，主要谈如何在学习过程中进行动态评定。动态评定是对差生行为可变性的了解，主要用来评价学生在解决复杂问题过程中能力改变的范围。整个工具由5个分测验组成：其一，连接点子成图形（如图7-3）；其二，数字盘分布推理测验；其三，瑞文推理矩阵和它的学习潜能评定变式；其四，表征模板设计测验；其五，数列。该测验主要以图形操作工具为主。1980年符尔斯坦又出版了另一本书《工具强化——认知可变性的训练课程》，该书主要是对促进成绩低下者或迟钝学生智力发展教学的总结。符尔斯坦工具强化课程在于把成就低下者从消极和依赖的认知类型改变为自发和独立的认知类型的思考者，从而完全改变他们的认知结构。这种课程的目的不是给学生补充知识内容，而是改善学习过程本身，不是改变个体的环境，而是改变学习者本身。

1　王晓平. 通过思维教学培养儿童智力的实验研究. 心理学报，1987（1）：25~33.
2　王晓平. 国外关于智力培养的观点与研究. 应用心理学，1986（3）：34~37.

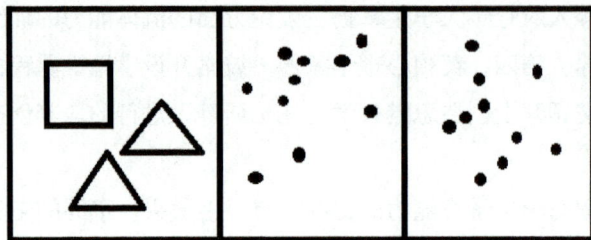

图7-3 符尔斯坦的工具强化课程分测验举例

工具强化教学有15个工具，可以分为3大部分。第一部分为非言语个别实施的工具，包括连接点子成图形，即根据所给图形，从一组点子云中选出合适的点子连接成为图形；知觉分析，选择简单或局部图形组合成给定的复杂图形；图解，拿出一组随机排列的图片，要学生观察，经过头脑加工后，正确排列并理解深层含义。第二部分需要教师读题，师生由语言交流来理解的工具，包括空间定向Ⅰ、Ⅱ、Ⅲ3个工具；还有比较，主要是对物体色、形、尺寸大小、方向等的比较；家庭关系；数列；演绎推理。第三部分，由学生自己读题并理解，包括归类；指导；时间关系；关系转换；表征模板设计，学习者从给出的模板中选择几块合适的模板使之复原产生指定的图形。

2. 学思维课程

德·波诺把思维分为旁通思维和直达思维两种。他认为，直达思维就是逻辑思维，是人们按部就班地依照逻辑系列解决问题，而旁通思维是冲破旧观念的束缚，建立新观点。

德·波诺的学思维课程有6个单元，分别为广度、组织、相互作用、创造力、信息和感情活动。例如，思维广度的学习分为10个课题：第一章，探讨想法的正面、反面和有趣性；第二章，考虑各种因素；第三章，制定规则；第四章，预见后果；第五章，明确目的；第六章，定计划；第七章，分清主次；第八章，寻求更多的可能性；第九章，做决定；第十章，听取别人的意见。

学习第四单元创造力的目的是让学生掌握一些增强他们创造思维的方法，通过教学提高创造力。具体内容是：第一章，探讨（以深入研究的态度对待事物而不是评判它）；第二章，利用跳板（利用某些想法意见作为跳板以产生新思想，而不是判断它的好坏）；第三章，利用随机刺激（利用偶然遇到的事物来引起新思路）；第四章，向概念挑战（对已有概念提出疑问）；第五章，识别和摆脱优势想法以产生新想法；第六章，给问题下定义；第七章，找事物的缺点；第八章，有意识地结合；第九章，制定要求；第十章，对想法与事物做出评价。

学思维课程的具体教学方法是：①课题定向阶段：每次课堂上当堂发讲义，讲义中提出本章学习的内容，做必要解释，然后自学例题，教师可以提供实物与图片帮助理解，全班同学补充意见，必要时补充其他例子。②学习阶段：采用全班课堂讨论与分小组讨论的形式，讨论是对本课所学思维方法的实践，分组讨论2个或3个练习题，每小组4~6人，组长轮流担任，负责组织、记录并向全班汇报本组情况。每题讨论三四分钟，讨论练习题后，组长汇报本组主要答案，其他同学可以补充或评价。③概括总结阶段：采用分组或自学的形式学习讲义上的小结部分，这主要是深入探讨学习本章的章义和总结学习思维方法的方法。学生可以根据自己学习这章的方法，解决问题的思路，提出不同意见或补充建议，有时在学习小结后再补充一个练习题来检验这些方法。④检查阶段：最后留出10分钟时间完成书面作业题，以便了解学生独立完成课题的情况，发现学习中存在的问题，对所学方法迁移和应用情况。接着教师（包括学生）对某个同学的课堂反应做些评价。课后或下次课前张贴批改过的学生作业，做简短总结，这些是对学生活动的反馈。学思维课程每周进行一次，每次课持续35分钟。

3. 托伦斯的创造力培养教学课程

托伦斯对智力和创造力的培养工作做出了重要贡献。主要从培养教师和学生两方面着手。首先是培养教师，使教师了解自己，了解学生，并教给教师培养学生并提高其创造能力的方式；其次是教育学生，教给学生获得信息和创造活动的方法技能。教的内容可以就一件事情、一张图画、一段文章，包括确立问题，进行讨论，并提出新想法等。

第六节
创造力和特殊才能

🎯 **学习目标**

1. 掌握创造力的基本概念。
2. 掌握创造力的发展。
3. 了解特殊才能的特点。

通过前面几节的学习，我们已经了解智力、智力测验及智力的培养等内容，创造力是人类特有的一种综合性能力，是知识、智力、能力及优良的个性品质等多因素综合优化构建而成的一种能力，是人类的最高级的能力。那么什么是创造力，以及个体的特殊才能又该如何培养呢？这就是这一节要学习和讨论的内容。

一、创造力的基本概念

（一）创造力的概念

研究者们对创造力的概念存在种种不同的观点，尚未形成一致的看法，但是研究者越来越倾向于把创造力看作一种认知、人格和社会层面的综合体。许多研究者支持创造力的多侧面的本质，建议从人格、过程、情景和产品4个角度来发展创造力的操作性定义。我国心理学家林崇德把创造力定义为："根据一定目的，运用一切已知知识，产生出某种新颖、独特、有社会意义或个人价值的产品的智力品质。"罗兹（Rhodes，1961）曾提出创造力定义的4个P：个体（person）、环境及环境与人的互动（place）、产品（product）及过程（process），而此4P包含了创造力的广泛定义。[1]

1. 创造性个体

创造性个体是指某些个体比其他个体更具有创造力，这里主要是从创意者具备的人格特质或态度来探讨的。斯腾伯格（1994）曾整理创造力人格特点如下：忍受模糊、坚持不懈、对新经验的开放、愿意冒险、对自己的信念有胆识、自我肯定、支配性、独立等。[2]有研究曾以科技界（包括科技软件及硬件开发）高创意者为对象进行访谈和问卷调查，结果发现下列9类个人特质因素有助于科技界人员创意的发展。这些人格特质因素为：尝新求变、乐在工作、情绪智力、多角度推理、独立思考、掌握重点、解决问题、慎思互动、兴趣广泛、欣赏艺术、自由想象。[3]

2. 创造性环境

创造性环境是指一种物理或社会环境，这种环境比其他环境更能产生创造力。目前较为认可的创造性环境因子包括：社会互动、内在及外在动机、充分的挑战、可获得资源及组织的支持等。

3. 创造性产品

创造性产品即一些点子、解答及机械设计等。这些产品需包含新颖性和适合性等主要特性。精致性、流畅性、变通性、市场性、可行性、包含性及顿悟性等其他的特点也是衡量创造产品的指标。

新颖性是指具有高变异及未曾或鲜少出现过的点子，也就是说创造性产品需要具有一些与先前产品相异的特性。适合性是指产品或点子是有用的，它不仅能够符合问题要求，更能够有效解决问题并提供某种用途。研究者认为，新颖性和适合性是创造产品必备的两项要素，缺一不可。

4. 创造过程

创造过程是指有关创造的认知性思维技巧、过程或阶段。基本上，创造性个体都有其特殊的认知过程。沃拉斯（Wallas，1926）认为，创造的过程可以区分为准备期、酝酿期、豁

---

1 Rhodes，M.. An analysis of creativity. *Phi Delta Kappa*，1961，42，305~310.

2 Sternberg，R.J.. *Thinking and problem solving*.（2nd Ed.）San Diego，CA，US：Academic Press，1994.

3 叶玉珠，吴静吉，郑英耀.科技信息产业人员创意思考及其相关因素之研究.台湾师范大学学报，1999，45（2）：39~63.

朗期和验证期4个阶段[1]，这是目前认知心理学介绍创造力基本架构的重要理论。

准备阶段：创造者在此阶段的任务中，主要是对问题进行审慎的分析，全力搜集、积累与问题有关的信息、知识和技能，并尝试将其组织，以利于问题解决。

酝酿阶段：若问题解决者无法在准备阶段得到问题的解答，那么其认知过程则进入酝酿阶段，创造者不再对该问题进行意识性的心理操作，但创意的想法可能正在潜意识或潜意识领域激荡，而不受逻辑思考路径所限。因此，意想不到的成果可能在此阶段形成。

豁朗阶段：经过短期或长期的酝酿之后，在对问题顿悟的时刻，问题解决的答案就像灵光一闪般跃入创造者的意识层面中，也就是说创造者已经形成了初期的创造成果。

验证阶段：创造者将依据自己的内在标准与相关的外在标准，来检验、判断、确认自己的见解和点子是否有价值，并对其进行进一步的探究和修正。

（二）智力与创造力的关系

一般来说，智力和创造力一样，都具有领域特定性。特定领域的智力很难进行评估。智力是一个人获得知识和技能以适应环境的能力，具备基本的智力水平是创造的先决条件。然而，智力与创造力并不是线性关系。巴伦等人（Barron & Harrington）发现建筑师的创造力与其智力呈弱相关。[2]他们认为，如果个体的智商超过120分的话，那么智力并不如低于120分时那样能够预测创造力，这表明存在一个智商阈限，一个人需要高于智商阈限，以致能够学习并充分掌握他们所从事活动的领域知识。因此，智力是个体进行创造的一个必要条件但不是充分条件。

在传统教科书里，人们在讨论智力与创造力的关系时，通常有这样的描述：①智力水平低的人，不可能具有高的创造力或高水平的创造思维；②高智力水平的人，创造力也不一定高，也就是说智力水平高的人也可能创造力高，也可能创造力低；③创造力高的人不一定智力水平高，但一定高于一般水平。这些观点来自对于对大量测验结果的总结，而且也能很好地概括现实生活中表现出来的真实现象。

（三）创造力的表现

独创性（originality）：对事物有不同寻常的独特观点。

变通性（flexibility）：思维能随机应变，举一反三，不易受功能固着等心理定势的干扰，因此能产生超常的构想，提出新观念。

流畅性（fluency）：反应既快又多，能够在较短时间内表达出较多的观念。

4　Wallas, G.. *The art of thought*. New York：Harcourt, Brace, 1926.

1　Barron, F. & Harrington, D.M.. Creativity, intelligence and personality. *Annual Review Psychology*, 1981, 32：439~476.

精致性（elaboration）：在原来的构想或基本观念上再加上新观念，增加有趣的细节和组成概念群的能力。

敏锐性（sensitivity）：觉察事物，发现缺漏、需求、不寻常及未完成部分的能力，也就是对问题的敏感度。

二、创造力的发展

最早对创造力的年龄发展特征进行研究的是莱蔓（Lehman，1953）。但是研究者对创造力的发展特点仍然存在争论。

已有研究表明，研究者所持的创造力发展观主要有两类：一类观点认为创造力水平随着个体生理的成熟和社会经验的获得而呈连续增长趋势。[1]例如，陈（Chein，1982）对天才学生的创造力研究发现，随着年龄的增加学生的创造力不断提高。[2]张德秀（1984）发现青少年的创造能力随着年龄增长而逐渐提高。[3]查尔斯（Charles & Runco）选取小学三年级、四年级和五年级的117名学生为被试，测量发散性思维和评价技能是否是小学生创造性思维发展的重要加工过程，结果表明，随着年龄的增加，小学生的创意判断的正确性显著提高，并且优先选择适当的想法。[4]胡（Hu，2002）采用托兰斯的"创造性思维测验"测量了英格兰160名初中学生的创造力，结果表明，初中学生的科学创造力随着年龄的增加而增高。[5]

另一类观点认为，创造力并不是随年龄一直增加，而是会有起伏。创造力水平随着年龄的增长交替呈现高峰期和低谷期，9岁、12~14岁、17岁都有可能是青少年创造力发展的低谷期，而10~13岁、16岁则可能是创造力发展的高峰期。托拉斯（1967）指出，中学生的创造力发展进程中总共有2次"低潮"：13岁和17岁。[6]张景焕（1998）的研究结果表明，青少年创造力的发展是有起伏、波动的；青少年创造力、创造性想象的发展在七年级（12岁）、八年级（13岁）年级处于下降期，此后一直稳步发展到高中毕业[7]。申继亮等人（2005）采用问卷调查的方法，选取五、六、七、八年级及高中一、二年级的学生为被试，结果表明，青少

1 Gardner，H.. *Art，mind，and brain：A cognitive approach to creativity*. New York：Basic Books，1982.

2 Chein M. F.. Creative thinking abilities of gifted children in Taiwan. *Bulletin of Education Psychology*，1982，15（6）：97~110.

3 张德秀. 青少年创造性思维能力的探测.心理科学，1984，7（4）：20~25.

4 Charles R. E. & Runco M. A.. Developmental trends in the evaluative and divergent thinking of children. *Creativity Research Journal*，2000–2001，13（3，4）：417~437.

5 Hu weiping. A scientific creativity test for secondary school students. *International Journal of Science Education*，2002，24（4）：389~403.

6 Torrance E. P.. The Minnesota studies of creative behaviors：National and international extensions. *Journal of creative behavior*，1967，1：28~34.

7 张景焕. 创造教育原理. 沈阳：辽宁人民出版社，1998.

年创造性倾向的发展趋势总体上呈现倒V形，七年级（12岁）是创造性倾向发展的关键期。[1]
沃建中等人对青少年的创造力的发展研究发现，青少年的创造力整体呈阶段性发展，在同一
阶段内呈连续性，从四年级起一直处于上升阶段，六年级到七年级时有明显的跃升，九年级
时达到最高水平，高中阶段开始呈现下降趋势，高二高三水平基本持平。总之，六年级到七
年级为发展创造力的关键期。[2]

另有研究者的观点则与上面两种创造力发展观点皆不同。芬德利等人（Findley & Lumsden，
1988）指出，创造力从7岁到青春期早期呈现不断下降的趋势，这主要是因为随着年龄的增
加，儿童对同伴压力和社会习俗给予了更大的关注因而限制了其创造力。

三、特殊才能

社会发展和人类进步不但要提高人的一般素质，也需要培养在不同领域具有特殊才能、
能做出特殊贡献的人才。因此，研究特殊人才的培养，探讨特殊才能超常发展的促进问题，
具有重要的现实意义。

（一）特殊才能的定义

特殊才能是个体顺利从事某种专门活动的特殊能力的有机组合。仅有一种特殊能力还不
能形成特殊才能，特殊才能是多种特殊能力的有机组合。所谓有机组合是指：第一，构成特
殊才能的特殊能力，具有一致的活动倾向性。第二，构成特殊才能的特殊能力，按顺利完成
和高质量完成专门活动的需要组合起来。例如，一个具有绘画才能的人，他具有的感知、观
察、记忆和想象能力等，都具有一致的活动倾向性并有机地组合在一起，既能从头脑的记忆
仓库中调取事物的构形和局部特点，又能自立新意，独创性地构思，创造性造新形象。[3]

社会生活的各个领域，都有该领域的专门活动，每个人都可以从事许多种活动，但并不
是每个人都具有完成这些活动的特殊才能。特殊才能主要表现在完成专门活动的顺利情况和
质量上。特殊才能通常是指在下列领域中有卓越潜能或杰出表现者：一般智能、学术倾向、
艺术才能、创造能力、领导能力及其他特殊才能。特殊才能也指传统智力以外，人类所具有
的卓越潜能，如在音乐、技艺、体育、刺绣、烹饪等活动上具有特殊的表现与造诣。古今中
外不乏这样的人才。例如，在科学领域，德国数学家高斯，3岁时就能改正父亲计算中的错
误，9岁就能解出级数求和的习题。控制论创始者维纳4岁开始写专著，11岁发表论文，14岁
进大学。在文学领域，初唐时期王勃6岁善文辞，9岁读汉书，13岁就写出了著名的《滕王阁

1 申继亮，王鑫，师保国. 青少年创造性倾向的结构与发展特征研究. 心理发展与教育，2005，21（4）：28~33.
2 沃建中，王烨晖，刘彩梅，林崇德. 青少年创造力的发展研究. 心理科学，2009，32（3）：535~539.
3 查子秀. 特殊才能的超常发展（一）. 专家讲座.

序》，白居易16岁写下了"野火烧不尽，春风吹又生"的诗句，流传千古。骆宾王7岁时写就了《咏鹅》。在美术领域，齐白石从小就爱画画，只要他拿起笔来轻轻点上几点，纸上就能奇迹般地出现栩栩如生翱翔蓝天的飞鸟，或是潜游的鱼虾。在音乐领域，贝多芬7岁时就举行音乐演奏会，12岁就谱写了一组钢琴变奏曲。奥地利作曲家莫扎特5岁开始作曲，8岁开始制作交响乐，11岁创作歌剧等。

（二）特殊领域知识与特殊才能的关系

人们普遍认为一个人的创造力往往局限于特定技术或知识领域。例如，作家在写作方面是高创造力者，但是在艺术或者商业领域则往往毫无创造性。这可能是由于发明总是建立在对特定领域的知识大量占有的基础上。个别高创造者可能还会存在特定的认知障碍。例如，诵读困难症患者甚至自闭症患者都存在学习障碍，但是他们可能在其他领域表现出创造性才能甚至达到创造性天才的水平。最近研究发现著名画家达·芬奇可能有发展性阅读障碍。[1]然而，达·芬奇却是一个少见的多领域的创造性人才。毕加索和爱因斯坦都有可能存在学习障碍。因此，单靠一般智力不能解释特定的障碍或特定的才能，而是更强调特殊因素的作用。因此，特定领域知识是个体进行创造的一个必要条件。这些知识通常储存在顶下小叶区域后面的皮层里和颞叶后部分。这些区域在许多高级认知活动中起重要作用。

（三）特殊才能与一般智力和个性的关系

特殊才能与一般智力有着非常密切的关系。一般智力是特殊才能形成和发展的基础，特殊才能是一般智能长期专门从事某种活动的发展结果。我国研究发现，有些具有特殊才能的超常儿童的智力发展水平也比较高，表明特殊才能与一般智力有高相关。但是也有一些特殊才能儿童，他们在诸如音乐、舞蹈、绘画、体育等领域表现出特殊才能。只要其具有中等以上的智力，在良好的教育条件下，其特殊才能也能突出发展。

研究结果初步表明，特殊才能的发展与个性发展有密切关系。我国对超常儿童的追踪研究发现，学龄前超常儿童具有不同于常态儿童的个性特点，主要突出表现在主动性、坚持性、自制力、自尊心、自信心和个性的某些情绪特征方面。

（四）特殊才能的培养

特殊才能是在先天素质基础上，在后天的环境和教育影响下形成和发展来的。有目的、有计划的教育训练，对特殊才能的培养具有重要意义。例如，①根据超常儿童具有的特殊才能类型的特点和发展要求，有针对性地举办特长班；②教师或家长根据儿童的特点，利用课余

---

1 Rosstad, A.. Leonardo da Vincia dyslectic genius? *Tidsskr Nor Laegeforen*，2002，122：2887~2894.

时间，进行有目的、有计划的教学、训练和指导；③社会举办的培养和训练特殊才能的活动等。

（五）培养特殊才能应注意的问题

对于某些特殊才能早期超常发展的儿童，我们在培养和教育活动中应该注意以下问题。

一是正确处理特殊才能的发展与一般智力的发展，掌握必要的自然和社会方面基础技能的关系。

二是特殊才能的训练应当考虑儿童的年龄特点，应该以启发引导为主，不要强制儿童进行训练。儿童特殊才能的早期发展离不开儿童对某活动的兴趣，教育者应该根据儿童兴趣，加以引导，创造条件，指导他们掌握方法，帮助他们解决问题，进而促进特殊才能的发展。

三是特殊才能的训练应该持之以恒，掌握好训练的节奏。技能的发展速度通常是先快后慢，经过一段时间的练习，成绩就上升得比较缓慢了，相对地停滞下来。

总而言之，教师或家长可以根据上述特殊才能培养原则，根据儿童的兴趣，对其特殊才能进行持之以恒的培养。

本章小结

智力的概述	智力是一种综合能力，是完成智力活动所必需的各种认知能力的有机结合。 智力的因素理论关注智力的构成要素，如斯皮尔曼提出的二因素理论和瑟斯顿提出的群因素论。 结构论探讨智力的心理结构，如吉尔福特提出的智力三维结构模型、阜南提出的智力层次理论和卡洛尔提出的智力的三层级理论、林崇德提出的"聚焦于思维结构的智力理论"。 智力的信息加工论则基于认知心理学的信息加工观点来构建智力的模型，如恩加利瑞和戴斯提出智力的PASS模型，即"计划—注意—同时性加工—继时性加工模型"和斯腾伯格提出的智力三元理论。 近期发展的代表性智力理论有加德纳提出的智力多元理论、斯腾伯格提出的成功智力理论
智力的测量	智力测验通过测量个体与智力有关的行为进而推断其智力水平的高低，其中包括行为样组、标准化、难度、信度、效度等构成要素。 目前广泛使用的智力测验有斯坦福—比奈智力测验、韦氏智力测验、贝利婴幼儿发展量表和考夫曼儿童评价量表
智力的超常和落后	智力发展的一般趋势通常是先快后慢，到了一定的年龄后停止增长，其后开始缓慢下降。 智力具有稳定性和可变性；智力和智力的发展速度皆存在个体差异性，有些人智力测验得分超过130，称为"超常"，有些人智商在70分或70分以下，称为"智力落后"或"智力低下"。这部分人群约占全部人口的3%。超常的天赋只有在支持、鼓励、教育和努力下才可能朝好的方向发展并有所成就。一部分智力落后是由器质性原因或生理原因造成，还有一部分智力落后是由于家庭环境极度贫困导致的

影响智力发展的因素	遗传因素、环境因素和非智力因素影响智力的发展。遗传在智力的发展中起到相对次要的作用，儿童的智力发展主要受到环境因素的影响，家庭社会地位、家庭经济条件、父母素质、教育方式、家庭气氛等对儿童智力发展和行为表现都有极其重要的影响。非智力因素是指在智力活动中表现出来的非智力因素，非智力因素只有与智力因素一起才能发挥它在智力活动中的作用，非智力因素对智力的发展起到动力作用、习惯作用和补偿作用
教育对智力发展的作用	早期教育是指孩子在0~6岁这个阶段，根据孩子生理和心理发展的特点以及敏感期的发展特点，而进行有针对性的指导和培养。早期教育对智力发展具有促进作用。 可以通过智能培训来促进个体的智力。思维训练策略主要有工具强化教学、学思维课程和创造力培养活动等。早期教育不是单纯的知识教育，早期教育可以重视智能开发，但是早期教育更是身体、情感、智力、人格、精神全面成长的教育；早期教育要让儿童快乐地享受教育过程；早期教育方式不是简单的灌输，而是更多地采用亲子互动、沟通交流的方式
创造力和特殊才能	创造力需要结合4个方面的内容来进行广泛定义，包括创造性的人格特质或态度、环境及环境与人的互动、创造性产品和创造过程。 智力是个体进行创造的一个必要条件但不充分条件。 创造力的表现主要有独创性、变通性、流畅性、精致性和敏锐性。人们普遍认为一个人的创造力往往局限于特定技术或知识领域。特定领域知识是个体进行创造的一个必要条件。 一般智力是特殊才能形成和发展的基础，特殊才能是一般智能长期专门从事某种活动的发展结果。特殊才能是在先天素质基础上，在后天的环境和教育影响下形成和发展来的。有目的、有计划的教育训练，对特殊才能的培养具有重要意义

总结 >

Aa 关键术语 ┈┈┈┈┈┈┈┈┈┈┈┈┈┈┈┈┈┈┈┈┈┈┈┈┈┈┈┈┈┈┈┈┈┈

智力	流体智力	晶体智力
intelligence	fluid intelligence	crystallized intelligence
智力测验	创造力	
intelligence test	creativity	

章节链接 ┈┈┈┈┈┈┈┈┈┈┈┈┈┈┈┈┈┈┈┈┈┈┈┈┈┈┈┈┈┈┈┈┈┈

在这一章，你读到……	在其他章节中，你将发现相关讨论……
智能训练	第五章　认知的发展
影响智力表现的因素	第三章　遗传和环境作用及生理发展

应用 >

体验练习

一、名词解释

1. 智力

2. 晶体智力

3. 流体智力

4. 创造力

5. 特殊才能

二、简答题

1. 智力的影响因素有哪些？

2. 智能训练方法有哪些？

3. 创造力的表现有哪些？

三、拓展题

1. 请结合你的生活经验和学习经历谈谈如何提高个体的智力。

2. 谈谈你对儿童早期特殊才能超常发展的培养计划和应注意的问题。

拓展 >

补充读物

1　朱智贤，林崇德．思维发展心理学．北京：北京师范大学出版社，1986．

　　人因为具有思维能力，因而可以认识客观事物的规律，从而能改造世界；人因为具有思维能力，因而可以认识"我"与"非我"，认识人我关系和物我关系，从而能在社会生活中正确定向。人依靠了思维这个主观条件，才有可能创造出人类特有的灿烂文化和高度文明。但是，思维是什么？思维是怎样产生和发展的？思维表现为哪些主要形态？思维的结构是什么？思维仅仅是心理学研究的对象吗？怎样正确评价各主要心理学派关于思维和思维发展的理论？如果你想知道答案，就在本书中寻找吧！

2　中国超常儿童追踪研究协作组．怎样培养超常儿童．西安：西安交通大学出版社，1987．

　　本书收入的文章分析了非智力心理因素在超常儿童成长过程中的重要作用，介绍了在数学、绘图等领域具有突出才能的儿童发展情况等。是一部关于中国超常儿童研究的重要成果。

3　施建农，徐凡．超常儿童发展心理学．合肥：安徽教育出版社，2004．

　　本书探讨了超常儿童的心理发展特点和规律以及超常儿童的早期教育等问题。该书共11章，分别论述了超常儿童的界定，中外关于超常儿童研究的概况，超常儿童的智力发展理论，超常儿童的生理及神经系统发育，早期发育、素质教育和超常教育，家庭教育与超常儿童的心理发展，超常儿童的个性和情绪，超常儿童的信息加工能力和超常儿童的形式表现等。

在线学习资源

中科院心理研究所超常儿童研究中心 http：//cngifted.psych.ac.cn/

北京师范大学公开课《创造性心理学》http：//v.163.com/special/cuvocw/
chuangzaoxinlixue.html

本章概述

　　情绪是个体对外部和内部事物的主观体验，包含生理成分、表情成分和体验成分。本章主要从情绪表达、情绪理解两方面描绘基本情绪和复合情绪发展的一般特征，分析探讨恐惧、焦虑、抑郁等常见的发展性情绪问题及其干预，并梳理了情绪调节的发展进程。

结构图

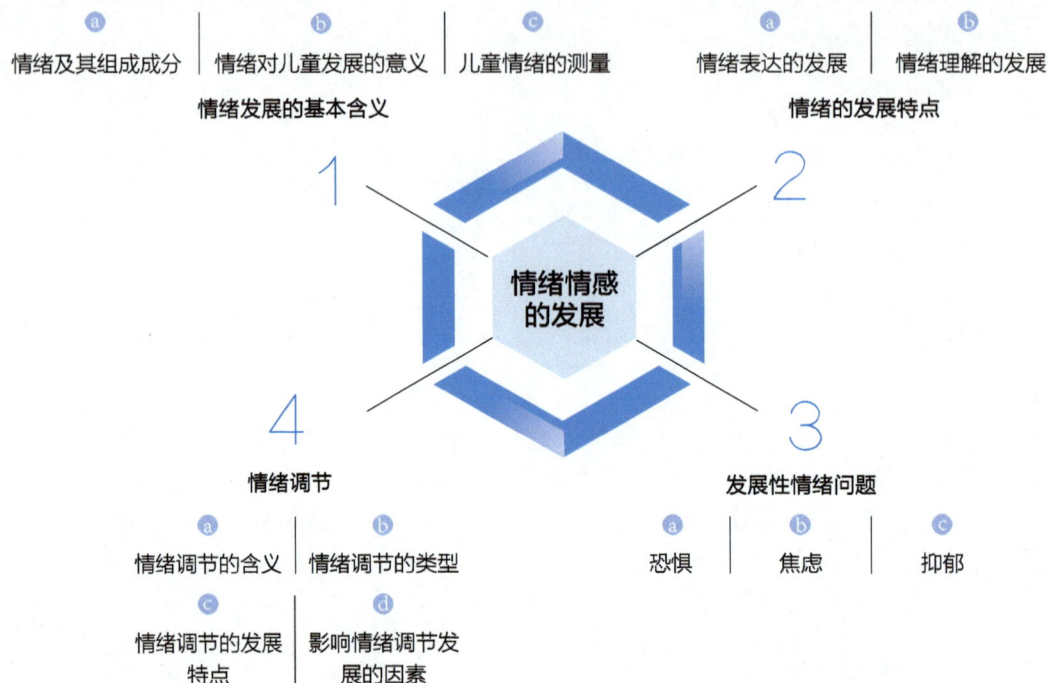

ⓐ	ⓑ	ⓒ	ⓐ	ⓑ
情绪及其组成成分	情绪对儿童发展的意义	儿童情绪的测量	情绪表达的发展	情绪理解的发展

情绪发展的基本含义　　　　　　　　　　　　情绪的发展特点

1　　　　　　**情绪情感
的发展**　　　　　　**2**

4　　　　　　　　　　　　**3**

情绪调节　　　　　　　　　　　发展性情绪问题

ⓐ	ⓑ	ⓐ	ⓑ	ⓒ
情绪调节的含义	情绪调节的类型	恐惧	焦虑	抑郁

ⓒ	ⓓ
情绪调节的发展特点	影响情绪调节发展的因素

学完本章，你应该能够做到：

1. 把握儿童常见的基本情绪和复合情绪发展的特点。
2. 掌握儿童情绪理解能力的含义、构成及发展特点。
3. 了解发展性情绪问题的主要表现及干预措施。
4. 掌握情绪调节的含义及主要发展特点。

学习目标

读前反思

1. 婴幼儿可以通过观察周围人的面部表情，来适应或回避其所处的环境。他是怎么做到的呢？

2. 儿童与青少年在成长过程中，主要有哪些情绪方面的困惑，又有什么样的方法可以帮助他们解决此类困惑？

3. 对于情绪调节，有两种截然不同的态度。一种认为，"不以物喜，不以己悲"（抑制）是情绪调节的最高境界；另一种则认为，"人生得意须尽欢，莫使金樽空对月"（宣泄）才真正达到了情绪调节的目的。你认可哪一种？为什么？

个体的发展过程经历了一个由生物属性为主发展到以社会属性为主的复杂过程，在这一过程中，情绪始终扮演着重要的角色。

第一节
情绪发展的基本含义

🎯 **学习目标**

1．了解情绪的生理成分、行为成分、主观体验成分及其测量。
2．把握情绪对儿童发展的适应价值。

一、情绪及其组成成分

情绪是个体对外部事物和内部需要的主观体验，其组成成分主要包括生理成分、行为成分和主观体验成分。

（一）生理成分

情绪既是心理的，同时也是生理的，任何一次情绪的产生和变化都必然伴随着个体生理特征的变化。情绪涉及的生理活动非常复杂，包括中枢神经系统、自主神经系统、内分泌系统等多个系统的变化。这些系统大体可以分为两大类，即外周神经系统和中枢神经系统。

外周神经系统的变化主要包括植物性神经系统的变化和躯体变化。例如，个体在做出防御反应时，会出现动脉压、心率和心脏输出的升高，而整个外周电阻却没有什么变化。而在警觉反应中，动脉压和整个外周电阻升高，心率和心脏输出却是下降的。研究者还试图找出与特定情绪相关联的特定生理反应。如有研究表明，人在生气时心率会加快，恐惧时心率会减慢，悲哀时心率会加快，厌恶时心率会减慢，恐惧比愤怒激起更多的心血管收缩等。但就目前的研究结果来看，情绪变化与外周神经系统变化之间的对应关系非常复杂。

中枢神经系统的变化是研究情绪生理反应的另一重要研究领域。早在20世纪30年代，帕佩兹（Papez）就已经提出情绪产生于包括下丘脑、丘脑前核、扣带回和海马在内的回路中，这就是情绪的"帕佩兹环路"理论。之后，研究者在帕佩兹研究的基础上，增加了一些新的大脑区域，如杏仁核、前额叶皮层和隔核等区域，统称为边缘系统。在很长一段时间里，边缘系统在情绪中枢神经机制的解释中都占据统治地位。然而20世纪80年代以来，这一概念由于在结构和功能上的不精确而受到广泛的质疑。随着认知神经科学研究的兴起，对情绪中枢神经系统各部位的描述更为精确。目前大部分研究认为，情绪并非产生于一个神经回路，而是产生于多个神经回路，如悲伤情绪回路、恐惧情绪回路、好奇情绪回路等。

（二）行为成分

情绪产生和变化时，不仅伴随着个体内部生理的变化，同时也会产生身体外部的变化。这些变化大体可分为言语表情和非言语表情两大类。其中言语表情是通过个人言语时的音响、音速、音调等变化来反映不同的情绪。非言语表情包括面部表情和体态表情两方面。面部表情主要通过脸部肌肉活动来反映情绪，而体态表情则主要通过四肢运动和身体姿势来反映情绪。

研究发现，人类表情具有一系列特点。首先，表情具有一定的先天性。某些基本的表情可以在新生儿身上观察到，而且这些表情具有跨文化的一致性。情绪研究的先驱达尔文认为，这种遗传的共同性表明表情是适应和进化的产物，同时也是适应与进化的手段。其次，表情具有后天习得性。研究发现，先天盲童在出生后不久与正常儿童的表情相差不大。但在后天的环境中，由于缺乏反馈和强化，表情逐渐变得单调、呆板。而正常儿童的表情则在与他人的交往过程中变得日趋丰富和细腻。上述两个特点的结合，导致表情在一定程度上既具有跨文化的一致性，又存在一定的文化差异。

（三）主观体验成分

情绪的成分不仅包括生理反应和行为反应，同时也包括我们的意识经验，即我们的主观体验。个体的情绪体验可以进行两种划分，一种是划分成不同的情绪体验范畴，如悲伤体验、恐惧体验、愤怒体验等；另外一种划分则采用不同的维度（如效价和唤醒度两大维度），不同的情绪体验都可以在这些维度构成的平面空间中找到位置。

需要指出的是，情绪体验分为不同的水平，前言语阶段婴儿的情绪体验更多停留在感觉水平。而只有当个体的认知发展到一定的水平，能够解释和评价自己的情绪时，情绪体验才会变得精确而丰富。例如，一个儿童在说"我感到高兴"时，他必须认识到与"高兴"相关的内部和外部线索。此外，他还必须有比较成熟的自我概念。在情绪体验产生时，语言是一个很重要的工具，它帮助识别模糊的内部感受和区分各种情绪。

二、情绪对儿童发展的意义

情绪在儿童的发展过程中具有重要的价值，主要体现在以下几个方面。

（一）适应生存

情绪是早期儿童适应生存的心理工具。从进化的意义来讲，情绪可以帮助儿童，尤其是新生儿更好地适应与生存。对于新生儿而言，生存是其发展的首要目标。他们需要各种各样的物质供给和其他生存所必需的要素，而这些要素的获得在很大程度上依赖于成人的抚育。

因此从一出生，婴儿便参与到与成人相互作用的情境之中。婴儿与成人的相互作用最初凭借的不是语言，而是情绪性信息。喜怒哀乐表达了他们的生存需要，使他们不是被动地接受成人的抚育，而是与外界进行主动的信息交流。因此，婴儿的情绪反应是其适应生存有效的心理工具。

（二）适应社会生活

情绪是儿童适应社会生活的心理工具。婴儿出生后便进入社会的人际交往之中，他们凭借自己已有的情绪能力，积极主动地参与人际沟通。婴儿的情绪表现可以影响抚育者的行为，如哭泣会引来抚育者的关注，早期的微笑和好奇会让抚育者感觉到孩子愿意并渴望与自己建立社会关系，而恐惧和伤心则暗示婴儿感到不安全或需要照顾。婴儿的愤怒说明抚育者的行为让他不高兴，应该停止，而愉快则鼓励抚育者继续当前的行为。所有的这一切促成了儿童与成人之间良好的社会交往，从而帮助他们适应社会生活。许多研究表明，婴儿与成人之间良好的感情联结是婴儿成长过程中形成健康情绪情感，养成乐观自信、勇于探索的个性，以及发展智能和良好社会交往技能的重要途径。

（三）组织心理活动

情绪是儿童组织心理活动的工具。情绪对于儿童的其他行为和心理过程起着引发、保持或干扰的作用。无论是感知、记忆、注意、思维都会影响情绪，同时也会受到情绪的调节。情绪对儿童心理活动的组织首先表现在其动力功能上。新鲜事物所引发的兴趣会诱导儿童进行视觉追踪、听觉定位和触摸动作。现代情绪心理学认为，情绪不仅可以放大个体的内驱力，而且其本身就可以直接起到动机的作用，诱发个体产生相应的行为。对儿童而言，兴趣、愉悦等积极情绪会推动他们从事一些探索性和创造性的活动。

情绪对儿童心理活动的组织，还表现在其对儿童认知活动的调节上。研究发现，情绪既可以促进个体的认知活动，也有可能抑制个体的认知活动。一般来说，积极情绪有助于提高儿童的认知操作水平，而消极情绪则会干扰和抑制儿童的认知操作活动。情绪对认知活动的影响还表现在对情绪强度的影响上。早在20世纪50年代，心理学家赫布（Hebb）就发现，一个人的情绪唤醒水平和智能操作效率之间存在一种非线性的关系，即情绪与认知的"U"形关系曲线。情绪唤醒水平过高或过低均不利于认知操作活动，只有中等程度的唤醒水平才能使认知操作达到最优的效果。

三、儿童情绪的测量

由于情绪的复杂性，如何对个体情绪进行有效的测量成为研究者们面临的一个重要问题。在研究过程中，研究者需要综合多方面的证据：生理的证据、表情的证据和体验的证据，尽可能准确地反映儿童的情绪状态。对儿童情绪的测量方法大体可以分为三大类。

（一）生理测量

人处在某种情绪状态下，会表现出许多生理反应，这些生理变化可以作为情绪的客观指标，如心率的变化、呼吸的变化、皮肤电阻的变化以及神经生化指标的变化等。尤其是20世纪70年代以来，认知神经科学的飞速发展使得一系列无创伤性神经观测技术日趋成熟，如事件相关电位（ERP）技术、功能性核磁共振成像（fMRI）技术等。这使得研究者可以在儿童身上实时地观察和记录其脑内电位变化和化学成分变化等，为研究情绪发展提供了重要而有效的支持。

（二）行为测量

婴幼儿情绪测量的另一类方法是对儿童的行为进行测量，研究者关注的焦点主要集中于对儿童面部表情以及言语表情的分析上。情绪事件引起的面部表情变化是普遍的，而且伴随着大脑和自主神经系统的活动变化（Fox，1991）。儿童处于高兴、悲伤、愤怒和其他情绪状态时，眉毛、眼睛和嘴部肌肉都会产生细微的运动变化（Izard et al.，1982）。类似地，儿童发声的频率、响度、持续时间和声音模式也是情绪状态的指标（Papousek et al.，1986）。

表情的现代测量技术主要由艾克曼（Ekman，1978）和伊扎得（Izard，1982）等人发展起来。艾克曼等人在总结过去对面部表情评定工作的基础上，制定了一个可能最大区分面部运动的综合系统——面部动作编码系统（Facial Action Coding System，FACS）。伊扎得（1982）发展了一套儿童面部表情变化的编码系统，并利用这套系统发现：儿童在4个月时出现了惊奇和悲伤的表情，5~7个月时出现害怕或愤怒的表情，害羞和羞愧的表情直到6~8个月时才出现，而假装和内疚的表情直到2岁时才会出现。在婴幼儿面部表情中，研究最多的是微笑，因为婴儿的微笑是最受欢迎的表情。

（三）主观体验测量

第三类测量婴幼儿情绪的方法是主观体验测量，即评定儿童对自己或他人情绪的解释。主观体验测量运用标准化的量表测量被试的情绪体验，要求被试报告其直接感受的经验（如"告诉我，上星期什么事让你感到高兴"），或者要求儿童完成命名、匹配或表现情绪性表情（如"告诉我图片上这个人感觉怎么样""请指出谁感到伤心"）。随着儿童的发展成长，他们开始用成人教的概念来对情绪进行解释和命名。例如，假设两个孩子在争一个玩具，父母拿走了玩具，孩子们号啕大哭。一位家长可能告诉孩子们，他们因为生气而哭；另一位家长可能会说，孩子们因为害怕即将受到的惩罚而哭；第三位家长则可能告诉他们，孩子们因为羞愧而哭。儿童就从具体的情境和感受中学会了"生气""害怕"和"羞愧"等情绪标签。此后，他们在类似的情境中产生相同或类似的感受时，就会运用先前学到的情绪标签。

第二节
情绪的发展特点

学习目标

1. 了解婴儿最初的情绪表现。
2. 了解儿童微笑、哭泣、害怕等基本情绪的发展规律。
3. 把握自我意识情绪的发展特征。
4. 理解情绪的社会性参照作用。

　　情绪是个体心理过程的重要组成部分，它具有建立、维持和改变个体与外界关系的功能。我们主要围绕情绪表达与情绪理解来看情绪发展的一般特点。

一、情绪表达的发展

　　儿童情绪的表现与表达，总体上呈现如下发展趋势：①从情绪表现的形式来看，是从外显到内隐，即从明显的、外露的情绪向不明显的、含蓄的情绪表达发展；②从情绪表达的内容来看，是从生理需要到社会性需要发展。最初的情绪表示儿童的生理需要是否得到满足，以后产生了与社会性需要是否满足的情绪，最后又产生了与社会评价相联系的情绪，情绪反应的社会性越来越强。

（一）最初的情绪表现

　　探讨个体情绪的发展，首要的问题是回答情绪究竟是何时出现的，即情绪的起源问题。不同的研究者对这一问题提出了不同的见解。

　　行为主义心理学创始人华生认为，新生儿有3种非习得性情绪：爱、怒和怕。他详细地描述了这些情绪的表现：爱——婴儿对柔和轻拍或抚摸产生的一种广泛的松弛反应，或像展开手指或脚作咕咕和咯咯声那样的一些反应；怒——如果限制婴儿的运动，就会产生身体僵直、屏息、尖叫之类的反应；怕——听到突然发出的声音会产生吃惊反应，当突然失去身体支持时就发抖、噪、屏息、啜泣。随着行为主义的兴起，关于新生儿有三大基本情绪的推论也随之流行起来。

　　加拿大心理学家布里奇斯（Bridges，1932）提出情绪分化理论，认为新生儿的情绪只是一种弥散性的兴奋或激动，是一种杂乱无章的未分化的反应。它包括一些由强烈的刺激引起的不协调的内脏和肌肉反应。通过成熟与学习，各种不同性质的情绪才渐渐分化出来。新生儿在3个月时，初生时的原始激动分化为两种矛盾的情绪状态，即痛苦和快乐；到6个月时，痛苦又进一步分化为怕、厌恶和愤怒；到12个月时，快乐又分化出高兴与喜爱；再过半年，又可看出喜爱成人与喜爱儿童的区别，与此同时，痛苦中又分化出妒忌；到24个月时，可以从快乐的情绪中区分出较稳定的欢乐来。以羞愧情绪的发展为例，随着儿童年龄的增长，先是分化为指向自己的羞愧和指向他人的羞愧，指向自己的羞愧又可分化为害怕丢面子以及丢面子和内疚，指向他人的羞愧可以分化为耻辱、不知羞耻以及困窘。

孟昭兰（1989）根据自己的研究及对前人研究的总结提出了婴儿情绪分化理论：①人类婴儿有8~10种从种族进化中获得的情绪；②个体情绪发生有一定的时间次序和诱因（见表8-1）；③情绪发展有一定规律，也有个别差异。

表8-1　婴儿情绪发生的时间、诱因和情绪表现

时　间	诱　因	情　绪
初生	痛—异味—新异光、声、运动	痛苦—厌恶—感兴趣和微笑
3~6周	看到人脸或听到高频语声	社会性微笑
2个月	打针	愤怒
3~4个月	痛刺激	悲伤
7个月	与熟人分离，在高处	悲伤、怕
1岁	新异刺激突然出现	惊奇
1~1.5岁	在熟悉的环境遇到陌生人 做了不对的事	害羞 内疚、不安

（二）基本情绪的发展

基本情绪（primary/basic emotions）是指那些先天的、在进化中为适应个体的生存演化而来的情绪，这些情绪具有不同的适应功能，并且可以在不需要认知参与的情况下自发地产生，是物种长期进化的结果。儿童的基本情绪主要包括微笑、哭泣、害怕、兴趣、惊奇、厌恶等，每一种基本情绪都有其特定的发展规律。

1. 微笑

微笑是婴儿的第一个社会性行为。婴儿通过笑可以引出其他人对他积极的反应。许多心理学家，如鲍尔贝（Bowlby，1969）、斯罗夫等人（Sroufe & Waters，1976），研究了婴儿微笑发展经历的几个阶段。

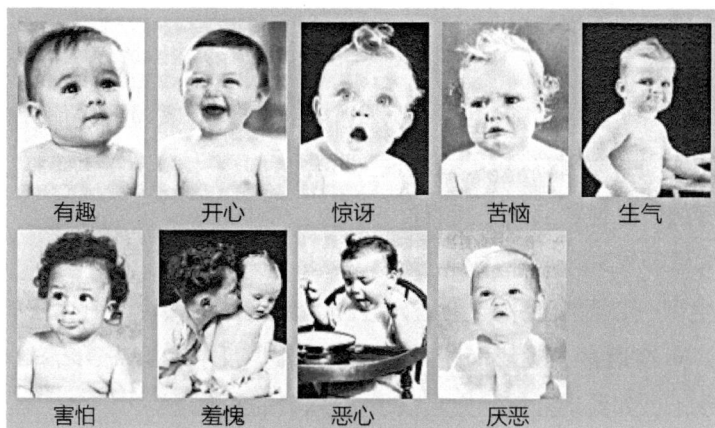

图8-1　儿童的基本情绪

第一阶段：自发微笑（0~5周），又称内源性微笑。这个阶段婴儿的微笑主要是用嘴做怪相，它与中枢神经系统活动不稳定有关。婴儿在笑的时候，眼睛周围的肌肉并未收缩，脸的其余部分仍保持松弛状态。这种早期的微笑可以在没有外部刺激的情况下发生，是自发的笑或反射性的笑，在快速眼动睡眠（REM）时会发生。由于这种早期的微笑可以由各种广泛的刺激引起，因而还称不上真正的"社会性"的微笑。

第二阶段：无选择的社会性微笑（三四周起）。这种微笑由外源性刺激引起，如运动、发声物体或人脸。虽然这个时候婴儿还不会区分那些对他有特殊意义的个体，但是人的声音和面孔特别容易引发他们的微笑。大约到第5周时，婴儿开始对移动着的脸微笑。到第8周时，会对一张不移动的脸发出持久的微笑。从3个月开始，婴儿微笑的次数增加，对视觉刺激发出更多的微笑，特别是当最初的照料者（通常为母亲）出现的时候（Adamson & Bakeman，1985）。这种发展标志着有选择性的社会性微笑的开始。这种社会性微笑在模仿和维持婴儿和成人之间的互动过程中起了一种替代作用，被认为是婴儿发展的重要里程碑。但是，这时候婴儿对陌生人的微笑与对熟悉的照顾者的微笑没有太大区别，见到熟悉人的脸、陌生的脸，乃至假面具都会笑，只是对熟人的微笑比对陌生人的微笑多一些，这种情况持续到6个月左右。

第三阶段：有选择的社会性微笑（五六个月起）。随着婴儿处理视觉刺激的能力增强，他能够认出熟悉的脸和其他的东西，开始对不同的个体做出不同的反应。婴儿对熟悉的人会无拘无束地微笑，而对陌生人则是带有一种警惕的注意。这种有选择的社会性微笑增加了婴儿与照顾者间的依恋。

此外，与儿童微笑相关的几个问题值得一提。首先，儿童的积极情绪表达与其认知成熟有关。随着年龄的增长，儿童会对更加复杂的刺激、与过去经验不一致的刺激发笑。其次，儿童对那些引起发笑的刺激作出越来越主动的反应。儿童的微笑从自发性行为向可控制的行为转变，可能与大脑皮层的成熟有关。

2. 哭泣

哭泣是婴儿表达情绪的另一种常见方式。就像微笑一样，哭泣可以加强婴儿与照顾者之间的联系。新生儿哭泣的原因有很多，最初主要是因为饥饿、冷、湿、疼痛、睡眠被扰醒。婴儿发出不同类型的哭泣通常反映了其痛苦的性质。

儿童的哭泣大致经过3个发展阶段。

第一阶段：生理—心理激活（出生至1个月）。新生儿的哭泣通常由于饥饿、腹部疼痛或一般身体不适。母亲通常会对新生儿的哭泣迅速作出反应：首先，看孩子是否有生理需要；然后，安抚孩子，如晃动摇篮，抱起孩子，或轻拍孩子。

第二阶段：心理激活（1个月起）。这一阶段儿童表现为一种低频、无节奏的没有眼泪的"假哭"。许多父母认为，这种哭泣通常意味着婴儿想得到注意或照看。当婴儿得到注意或照看时，"假哭"就会停止。大约在第六周时，当母子对视时，婴儿倾向于停止哭泣。到了3个月，吮吸拇指可以减少哭泣。但是，在所有减少哭泣的行为中，身体接触最有效。

第三阶段：有区别的哭泣（2~22个月）。在这一阶段，不同的人可以激活或终止哭泣。这种哭泣是一种社会行为，反映出儿童的某种需要。在8个月时，儿童可能终止哭泣，观察成人或父母是否在接收他传递的信息（Bruner，1983）。这种有区别的哭泣表明，婴儿依恋某一个特定的人。当依恋对象离开或不在附近时，婴儿就会哭泣。

3. 害怕

婴儿经常表现出来的第三种基本情绪是害怕。害怕是一种消极情绪，它会导致儿童的知觉范围狭窄、活动受到限制，但是从进化的角度看，害怕具有适应价值。它的原始适应功能在于警戒的作用，有助于个体摆脱威胁或危险的情境，从而保全个体，这对处于弱势地位的儿童而言，具有重要的价值。诱发儿童害怕情绪的刺激有很多，大体可以分为两大类，即对人的害怕和对物及情境的害怕。

（1）对人的害怕——怯生

婴幼儿对不熟悉的人所表现的害怕反应通常称为怯生（wariness of strangers）。7~12个月的儿童会出现几种明显的害怕，其中最典型的就是对陌生人的害怕。在这个年龄阶段，一种中等强度的陌生事件可以引发儿童的兴趣，有时儿童还会发出牙牙语和微笑。但是，非常陌生的事件可能使儿童产生不确定感和害怕。

4个月的婴儿对陌生人也笑，只是比对母亲笑得要少，不过并不害怕陌生人。他们对新奇的对象包括陌生人显示了极大的兴趣。四五个月的婴儿注视陌生人的时间要多于注视熟悉人的时间，有一个来回注视比较陌生的脸和熟悉者的脸的比较期。5~7个月时，婴儿见到陌生人往往会出现一种严肃的表情，7~9个月见到陌生人就感到苦恼了。

　　婴儿并非见到陌生人就一定会害怕，而是受许多因素的影响。这些因素主要有以下一些。

　　①父母是否在场。如果婴儿坐在母亲膝盖上，或由母亲抱着，那么陌生人过来几乎不产生什么影响；如果母亲与婴儿有一定距离，婴儿就可能产生害怕。

　　②环境的熟悉性。据一些心理学家（Sroufe et al.，1974）报告，若在婴儿家里测定10个月的婴儿对陌生人害怕的反应，婴儿几乎很少出现怯生；若在不熟悉的实验室进行测定，近50%的儿童怯生；如果给婴儿一段熟悉环境的时间，那么害怕的人数则相应减少。

　　③陌生人的特点。婴儿并不是对所有的陌生人都感到害怕。刘易斯等人（Lewis et al.，1974）的实验表明，婴儿并不是对所有的陌生人都害怕，而只是对陌生的成人感到害怕，脸部特征是重要的线索。

　　④抚养者的多少。婴儿抚养者的多少会影响其怯生程度。如果一个婴儿由少数几个成人抚养，他的怯生程度可能比由许多成人抚养的婴儿来得高。一般来说，在托儿所抚养的婴儿与在家里抚养的婴儿相比，前者怯生少些。

　　⑤婴儿与母亲的亲密程度。婴儿与抚养者（主要是母亲）的关系越密切，见到生人就越易产生害怕。

　　⑥婴儿接受的刺激。婴儿获得的听觉刺激和视觉刺激越多，怯生程度越小，因为这样的儿童已习惯于接受各种新奇的刺激，能对付并同化"陌生"的事物。因此，无论陌生人还是陌生的事物，对他们来说，并不算是太新奇，因而也不易引起害怕。

　　（2）对物及情境的害怕

　　儿童除了在幼年时害怕陌生人以外，还怕其他一些客体和情境。随着年龄的增长，儿童的害怕情绪也在变化。学走步的孩子怕痛，怕带给他们痛的体验的人（如打针的医生）；幼儿期间的儿童害怕具体的东西，如狮子、老虎，但并不把它们与以前的痛联系起来；学龄儿童害怕学业失败。有些过去不害怕的人、物与事件，渐渐变成儿童害怕的对象，而过去曾经害怕的人、物与事件反倒变得不那么可怕了。

　　杰赛尔等人（Jersild et al.，1935）通过访问母亲、孩子本人以及在实验情境里唤起孩子害怕的刺激反应等方式收集了儿童害怕的材料。他们发现，儿童从2岁到5岁，对噪声、陌生的物体或陌生人、痛、坠落、突然失去身体支持以及突然的移动等刺激的害怕减少了；与此同时，对想象中的生物、黑暗、动物、嘲笑、有伤害性的威胁，如过马路、落水、火以及其他有潜在危险性的情境的害怕增加了。后一种害怕是随儿童认知能力的发展而发展起来的，也就是说，儿童渐渐可以预见潜在的害怕。

　　巴尼特（Barnett，1969）的研究也发现，对7~12岁女孩而言，随着年龄的增长，对想象中的生物和个体安全所引起的害怕明显降低，而对学校和社会关系所引起的害怕明显增多（图8-2）。

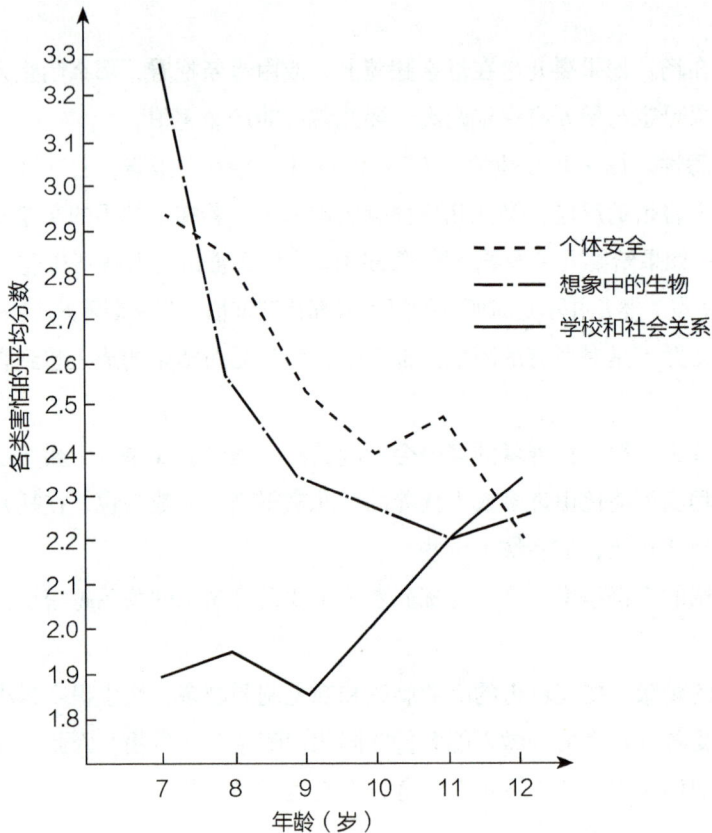

图8-2　随年龄增长儿童害怕的变化

（三）复合情绪的发展

与基本情绪相对应的是复合情绪（complex emotions），复合情绪是在基本情绪的基础上，在社会情境中经由自我的认知评价而产生的情绪。如果说基本情绪是进化的产物，为人类和其他物种所共有，那么复合情绪就是人类有别于其他物种的一个显著特征。复合情绪又称次级情绪（secondary emotions），是在基本情绪的基础上发展起来的，社会情境以及个体对社会情境的认知和评价在复合情绪的发展过程中扮演了重要角色。儿童的复合情绪主要包括自我意识情绪（self-conscious emotion）和移情等。

1. 自我意识情绪

自我意识情绪是个体在具有一定自我评价的基础上，通过自我反思而产生的情绪，是将自我卷入情绪中的一种特殊情绪类型，包含内疚、羞耻、尴尬、妒忌、自豪等。自我意识情绪对个体的行为具有显著的调节功能，能促使个体通过引发和协调自己的行为来达到特定的社会目标，从而保持与真实的或理想中的自我表征相一致。个体在从事某种社会行为时，自我意识情绪的产生可以帮助其识别和改正自己的行为，以避免做一些可能会引起自己或他人不满的事情。

自我意识情绪的产生涉及一系列复杂的认知活动，这也是自我意识情绪出现比较晚的原因。刘易斯等人（Lewis & Michalson，1983）认为，自我意识情绪是与认知过程结合在一起的，自我意识情绪的发展要以认知能力的发展为前提。第一，个体必须内化一系列标准、规则和目标。第二，个体必须具有自我的意识。自我意识情绪与初级情绪最重要的区别在于，前者须在个体具备稳定的自我意识和自我表征的基础上才发展起来。因为只有个体意识到他们已经达到或没有达到一些真实的或理想中的自我表征时，个体才会体验到自我意识情绪。当然自我评价过程可能会引发初级情绪，也可能会引发自我意识情绪，然而初级情绪在缺乏自我评价过程时也可能会产生，但自我意识情绪必须在个体具备了稳定的自我意识和自我表征，并能进行自我评价时才会产生。比如，不管是因为运气好还是因为自己的能力而赢得比赛，个体都会感到高兴，但很显然，只有后者才会引发个体的自我评价过程（如在比赛中获胜意味着我具备这方面的天赋和能力），因而产生自我意识情绪——自豪（Tracy & Robinson，2004）。也有一些研究者通过对比研究发现，大多数动物之所以不会体验到自我意识情绪，就是因为其缺乏自我意识的能力。第三，个体还必须将自我与这些标准、规则和目标作比较，以决定自己成功与否，如果成败的原因被个体归为内部原因，也就是指向自我时，这时产生的情绪即为自我意识情绪。对失败做出内部归因很容易引发内疚和羞愧，而对成功做出内部归因则比较容易引发自豪。

自我意识情绪之所以出现得比较晚，也可能是因为儿童必须先理解特定的规则和标准以确定哪些行为是合适的社交行为。对儿童来说，产生自我意识情绪必要的一个条件就是将外在的评价（如"我把牛奶打翻了，妈妈会气得发疯"）内化为稳定的自我评价（如"我把牛奶打翻了，我很笨"）。随着儿童年龄的增长，他们会逐渐从根据外在标准转而根据自己内在标准来评价行为。比如，年幼的儿童可能会根据其他人的反应来体验内疚或羞愧的情绪（如"我害怕别人再也不喜欢我了"），但是年长的儿童会用自己的标准来做出自我评价（如"我感到很愚蠢"）（Ferguson et al.，1991）。

自我意识情绪服务于个体重要的社会化需求，促使个体达到一些特定的社会目标。比如，个体表现出羞愧可以赢得谅解和同情（Keltner & Harker，1998），通过取得某种社会价值而表现出自豪，可以提高其社会地位（Tracy & Robins，2003）。此外，自我意识情绪还会引导个体做一些对社会有价值的事。社会告诉我们该成为什么样的人，因而我们会将这些信念内化为真实或理想的自我表征，自我意识情绪则引导我们的行为指向这些自我表征。

2. 移情

移情是指知觉到他人的情绪体验，并产生相应的情绪反应，也就是对他人情绪产生共感的反应。研究发现，刚刚出生的新生儿在听到别的孩子哭泣时自己也会哭，而且这种移情性哭泣依赖于刺激的性质。而新生儿对于自己哭声的录音和黑猩猩的哭声不会做出这样的反应。

霍夫曼（Hoffman，2000）将移情行为与认知发展联系起来，指出在认知上能区分自我和他人是产生移情行为的重要因素。他据此提出了移情发展的阶段模型，把移情的发展划分为4个阶段。

阶段1：物我不分的移情阶段（0~1岁）。这一阶段的儿童尚不能清楚地区分自我和他人，他人的苦恼和痛苦往往引发的是一种综合的苦恼反应。他们并不清楚到底是自己还是他人在经历着痛苦与悲伤。

阶段2：自我中心的移情阶段（1~2岁）。处于这一阶段的儿童逐渐学会区分别人与自己的痛苦。然而，由于年龄小的儿童不能清楚地区别自己和他人的内部状态，他们经常将二者混淆起来。因此，儿童的助人行为是"自我中心"的，也就是说，儿童试图通过行动减轻他人的苦恼看起来也许只是为了减轻自己的苦恼。

阶段3：认知的移情阶段（两三岁开始）。处于这一阶段的儿童已经具备了区别自己与他人观点和情感的能力。两三岁儿童的助人行为比年幼儿童更恰如其分地反映了他人的需要和情感。这是因为随着年龄的增长，儿童学会了搜寻关于他人的信息、与理解他人苦恼有关的信息，以及能够用来形成有效的助人策略的信息。

阶段4：超越直接情境的移情阶段（童年晚期以后）。尽管儿童的移情还是由他人的直接苦恼所唤醒，但移情已经可以超越直接情境。即使在直接情境中并没有关于这种痛苦的线索，儿童还可能会想象另一个人所经历的痛苦来产生移情。因此，在移情发展的最高阶段，各种类型的信息——包括来自需要者的表达线索、直接情境线索和关于他人生活状况的认识——都能引发移情反应。

二、情绪理解的发展

情绪理解是指儿童理解情绪的原因和结果的能力，以及应用这些信息对自我和他人产生适当情绪反应的能力。情绪理解包含的内容非常广泛，表情识别、对情绪情境的识别、对混合情绪的理解、对情绪表达规则的认识等都可以归为情绪理解的范畴。许多研究表明，情绪理解能力可以帮助儿童更好地与他人相处，是个体发展和社会适应的良好反映指标。

表情识别是指对他人表情（主要是面部表情）所包含情绪意义的准确辨别和理解。有研究者认为（Nelson，1979），面部表情的识别能力反映出儿童能通过情绪表情推测他人内部心理状态的能力。情绪情境识别是指儿童能对特定情境中个体的情绪进行识别、判断和预测。一定年龄的儿童已经学会根据外部情境提供的线索，准确地识别和判断他人的情绪。例如，打针的时候会害怕，收到想要的礼物会很开心等。混合情绪理解是指儿童认识到同一情境可能会引发同一个体两种不同或矛盾的情绪反应。例如，开学的第一天既有与小伙伴重逢的喜悦，也有对假期留恋而产生的难过。

　　研究发现，幼儿阶段是个体情绪理解发展最为迅速的时期。在这一时期，儿童随着年龄的增长、认知能力尤其是语言能力的飞速发展、社会交往日趋频繁，其情绪理解的水平也得到了迅速的提高。

　　有研究者（Pons & Harris，2004）对3~11岁儿童的情绪理解进行了综合性的研究。在研究中，情绪理解分为9个具体成分：识别（recognition）、外部引发（external cause）、期望（desire）、信念（belief）、提醒（reminder）、管理（regulation）、隐藏（hiding）、情绪混合（mixed）和道德情绪（morality）。研究发现，可以将儿童情绪的理解分为3个发展阶段，每一发展阶段发展完成了3个情绪理解成分：第一阶段为5岁，包含识别、提醒和外部引发这3个成分；第二阶段为7岁，包含信念、期望和隐藏这3个成分；第三阶段为9~11岁，包含道德情绪、情绪管理和混合情绪这3个成分。

（一）表情识别

　　面部表情是人们情绪的外在表现，研究发现婴儿很早就能够对他人的面部表情进行识别和模仿。费尔德及其同事（Field et al.，1982，1983）做的几项研究表明，一个3天大的孩子已经可以模仿成年人所作的高兴、伤心和惊奇的表情。在他们的研究中，新生儿被垂直地抱着，脸部与一个女模特的脸相距约25.4cm。女模特做出以上3种表情中的一种，直到婴儿的视线移开。与此同时，观察者仅观察婴儿，记录婴儿的眼睛、眉毛和嘴的变化，并且猜测婴儿模仿的是何种表情。婴儿在模仿"惊奇"时睁大眼睛和嘴，在模仿"高兴"时张大嘴唇，在模仿"伤心"时紧闭嘴唇或锁住眉毛。

　　当然，也有一些研究者质疑这些发现，因为这究竟只是儿童基于表情的面部特征进行的辨别，还是在理解表情所代表情绪意义的基础上做出的判断，研究者还不得而知，即这种辨别和模仿并不能够说明婴儿能完全理解不同表情所代表的情绪意义。但许多研究者相信婴儿对情绪表情具备早期的敏感性，或者说，婴儿很早就能识别和模仿成人的面部表情。目前研究可以确定的是，2岁的儿童能正确辨别面部表情，能谈论和情绪有关的话题，4~5岁的儿童能对高兴、愤怒的表情进行识别。此外，有研究发现，幼儿对于积极表情的识别能力要高于对消极表情的识别，即在4种基本情绪中，幼儿对高兴情绪的识别水平显著高于对伤心、生气和恐惧情绪的识别。

　　有一项研究是从全国14个省、市、自治区选取被试12327名，包括从幼儿园小班到高中三年级的每个年级。研究者将高兴、惊讶、恐惧、愤怒、厌恶、轻蔑6种面部表情的彩色照片作为实验材料，让儿童进行辨认。结果发现：儿童青少年对不同情绪的面部识别的速度是不同的，最早趋于成熟稳定的是高兴、愤怒，其次是轻蔑，然后是惊讶、恐惧和厌恶的表情认知（黄煜峰等，1986）。这表明儿童已经能够正确辨认与理解他人的情绪状态。

（二）对混合情绪的理解

混合情绪指的是个体在同一情境产生两种不同情绪的现象，如果这两种情绪在性质上具有一定的冲突性，则又可称为冲突情绪。对混合情绪的正确理解和判断是儿童情绪理解能力发展过程中的一次重大飞跃。

有研究者（Gordis et al.，1999）设置了同时诱发两种截然相反情绪的情境，如主人公在学校即将放暑假的前一天会同时产生高兴和难过两种情绪，高兴是因为放假了，难过是因为不能和同学玩了。然后，询问儿童情境中主人公的感受，结果发现6岁的儿童已开始对混合情绪有所了解。进一步的研究（Harter，1987）更强调了混合情绪的同时性，并且将混合情绪更细致地区分为同一性质的混合情绪和不同性质的混合情绪。结果发现，7岁儿童只能识别同一性质的情绪，如同为积极情绪，或者同为消极情绪；只有到了11岁，儿童才能理解存在一种以上不同性质的情绪会同时发生在同一个个体身上的现象。

唐纳德森等人（Donaldson et al.，1986）对儿童理解冲突情绪的能力进行了考察，提出了儿童的不同发展水平。

水平0：儿童能够正确识别单个的情绪反应，而不能理解多重情绪（包括情绪冲突）的存在。

水平1：儿童能够理解多种情绪，包括冲突情绪的存在，但他们理解的冲突情绪是针对不同行为事件的，即这些情绪是顺序发生的，而不是同时出现的。

水平2：儿童能够认识到同一个人或针对同一件事可能产生冲突的情绪，并且能够考虑到情绪之间相互影响的可能性，但他们还不能理解混合的情绪，不能理解过去的记忆或内部的心理过程是如何影响当前情绪的。

水平3：儿童能够理解混合的情绪，认识到针对同一个人或同一个情境可能同时存在两种冲突的情绪，并能够把当前的情绪与人的记忆、思想和态度等协调起来。

研究发现，儿童理解不同冲突情绪的能力呈现出系列化的发展模式，4~5岁儿童大部分处于水平0或水平1，大部分7~8岁儿童处于水平1或水平2，而10~11岁儿童则主要处于水平2或水平3。

（三）情绪归因的发展

情绪归因，是对各种引发情绪的原因的认识和解释。对于情绪归因的研究，往往会采用半结构式访谈的方式。研究者向儿童演示一个故事，然后让儿童探讨故事主人公情绪产生的原因。有研究表明，从3岁开始，儿童能够对情绪进行归因，并能够评价引发情绪的原因。如研究发现，3岁儿童可以推测当故事中主人公得到渴望已久的兔子时，会感到高兴，但当兔子换成小狗时，将感到难过（Wellman et al.，1991）。同时，有研究发现，大约从3岁开始，儿童开始能识别情绪和引发情绪的情境。上述结果表明，大约从3岁开始，儿童能够对情绪产生的原因进行解释和评价，并能将情绪与引发情绪的情境相联系，并在此基础上对这种联系有一定理解。而到了5~6岁时，儿童已经能够对自己和他人的情绪体验做出合理的解释。

研究结果表明（Fabes et al., 1991），相对于对积极情绪产生原因的识别，儿童对消极情绪产生原因的识别更为稳定。研究者认为，这是因为消极情绪的强度更大，更加频繁而且更容易突出情绪唤起的来源。也有的研究者探讨了特定领域的情绪归因，如徐琴美等人（2004）的研究发现，儿童在成功情境下趋向于他人归因，而在失败情境下趋向于自我归因。另外，对内疚和羞愧等复合情绪理解的研究发现，9岁儿童还不能很好地理解内疚情绪，他们更多地是从行为产生有利于违规者的结果来理解违规者的情绪，而11岁儿童已经能够理解羞愧情绪。

（四）情绪的社会性参照作用

婴儿对他人情绪的识别和理解有利于他们对自己行为的选择和判断，并促进其对外部环境的了解。情绪的社会性参照（social reference of emotion）效应很好地反映了这一点。情绪的社会性参照效应是指婴儿在不确定的情境中，通过他人表情做出推断、并引导其后续行为的现象。在7~10个月，婴儿识别和理解某种特定表情的能力大大提高，当他们遇到不熟悉的情境或陌生的物体，不能做出确定的反应时，主动从母亲或照料者的面部表情中寻找线索或信息，以决定自己的行动。此时，母亲或照料者的面部表情就影响婴儿的情绪和相应的行为。譬如，妈妈对一只宠物狗的积极反应告诉婴儿，这个毛茸茸的动物很友善。在这里，婴儿通过抚养者的表情来理解自己生活的世界。

情绪的社会性参照是一种复杂的心理技能，婴儿获得这一能力不是轻而易举的。这一心理技能至少包括以下几部分：①朝向情绪信息源；②对信息源的情绪进行筛选；③整合信息源的面部综合模式；④鉴别这一情绪模式的意义；⑤做出采取行动的决定（孟昭兰，1989）。社会性参照行为的发展是婴儿情绪社会化发展的一个标志，对下列两方面的发展具有明显的意义。

第一，促进自我觉知的发展。社会参照行为发生之后，出现了儿童与成人在同一件事情上联系起来的结果，产生了所谓"意义分享"（meaning sharing）现象。意义分享包括：分享对当前事物的理解；分享共同的期望；分享共同的感情；导致成人和儿童在注意、意向、感情等方面心理功能处于同一境遇中。

第二，促进道德感和道德行为的发展。由于儿童活动能力的发展，他们的行为常常受到阻止。通过情绪的社会参照作用，特别是对儿童行为的阻止和矫正，在儿童原有意向和外来阻止之间的变化可以内化为一种自我体验的变换和转化。被鼓励的行为导致快乐、成功感、满足感；被斥责的行为导致悲伤、害羞、沮丧和内疚。儿童对行为标准的是非判断，是在同成人分享情绪体验的过程中产生的。

第三节
发展性情绪问题

🎯 **学习目标**

了解儿童恐惧、焦虑、抑郁等发展性情绪问题的一般特点。

良好的情绪一般涉及以下几方面的特征：正向或积极情绪占主导地位；情绪体验丰富多样；情绪稳定；以合适的方式表达情绪；能控制情绪冲动；能及时地宣泄、转移和摆脱不良情绪的困扰。

情绪问题是很多心理健康问题的核心。从现实中儿童成长的状况看，发展性情绪问题是困扰众多儿童及其家庭的主要心理问题之一。

为了解我国小学生不良情绪状况的年龄特点，有研究者采用自编的小学生不良情绪量表，从全国3个城市选取小学三年级到六年级被试3315名，测评其焦虑、抑郁、孤独、敌对、恐惧情绪，发现小学生不良情绪状况如表8-2所示（沃建中，刘慧娟，2003）。从中可见，三年级到六年级儿童都存在较高的不良情绪，年级差异不大。

表8-2　小学生的不良情绪表现（人数）

	焦 虑		抑 郁		孤 独		敌 对		恐 惧	
	平均数	标准差	平均数	标准差	平均数	标准差	平均数	标准差	平均数	标准差
三年级（n=572）	26.25	5.87	27.66	5.76	28.84	6.67	27.18	6.02	26.85	7.28
四年级（n=888）	27.59	6.88	28.65	5.66	26.68	7.15	28.16	6.64	26.43	7.99
五年级（n=891）	27.47	6.27	28.32	5.59	26.76	7.79	28.46	6.27	25.67	7.76
六年级（n=964）	26.94	5.99	27.78	5.30	27.15	7.67	28.03	5.94	25.75	7.47

从儿童出现发展性情绪问题出现的频率出发，我们着重分析儿童的恐惧、中小学生的焦虑特别是考试焦虑，以及青少年的抑郁情绪状况。

一、恐惧

造成儿童恐惧的原因，大多与环境和文化有关。儿童提到接触负面信息，尤其是电视上的信息，是他们的恐惧最常见的来源，其次是直接接触到令人恐惧的事件（Muris et al., 2001）。现代儿童由于身体发育加速、性成熟提前、学习任务繁重，社会性害怕和焦虑有明显增长，如学校恐惧症、考试焦虑等发生率都比以前高。

多数儿童会积极对待恐惧，采取和父母、教师、同伴进行讲述以及依靠有效的处理策略等方式来克服。因此，10岁以后，儿童的恐惧慢慢减少。但是大约5%的学龄儿童产生强烈的无法控制的恐惧，从而导致对恐惧情境的持续逃避，称为恐怖症（phobia）。气质内向的儿童危险性更高，他们表现出恐怖症的概率比其他儿童高出若干倍。

学龄儿童有可能出现学校恐怖症，儿童对上学感到十分恐惧，常常伴随着身体疾病（眩晕、恶心、胃痛、呕吐），但一旦允许他们留在家中，这些症状就会消失。多数学校恐怖症出现在11~13岁，即从儿童期向青春期转变的过程中。引起学校恐怖症的主要原因在于儿童通常发现学校生活的某个方面，如教师对学生过于严格与苛求、学校中频频发生同伴欺负、学生父母对孩子学业成功的过高压力，十分令人恐惧，只能设法回避方能感到心安。

有研究者比较了1200名美国、澳大利亚、中国、尼日利亚7~17岁儿童与青少年的害怕与恐惧状况（Ollendick et al.，1996）。调查发现，在害怕与恐惧的数量、内容、方式、水平上，都体现出明显的文化差异。总体而言，尼日利亚的儿童与青少年比另3个国家的儿童与青少年害怕与恐惧的水平高。在我国，由于特别崇尚自我克制和遵守社会标准，因此比起澳大利亚或美国的儿童，更多的中国儿童在提到失败和成人批评时有更显著的恐惧。表8-3列举了儿童青少年报告的感到最害怕与恐惧的10个项目。

表8-3　4个国家儿童青少年报告的感到最害怕与恐惧的10个项目（%）

项　目	平　均	美　国	澳大利亚	中　国	尼日利亚
不能呼吸	49.9	43.7	56.0	57.7	42.1
被车撞	48.5	48.3	53.7	42.0	49.8
炸弹袭击	42.6	39.7	55.3	31.3	44.0
地震	42.4	26.7	47.3	51.0	44.5
身上着火	42.4	36.3	51.7	41.0	40.7
高处坠落	41.2	37.0	46.7	37.3	44.0
考试失败	38.7	27.0	37.3	51.7	38.9
父母吵架	37.6	27.0	38.7	47.0	37.8
拿到低分	37.3	33.0	32.3	41.0	42.8
面对死人	36.9	37.0	36.7	30.0	42.1

二、焦虑

焦虑实质上就是由外在的模糊的危险的刺激（包括人和事）引起的一种强烈的、持久的、消极的情绪体验，并引起相应的生理和行为的变化，如个体遇到不能克服的障碍时，形成主观上的焦虑紧张和行为上的局促不安。焦虑涉及轻重不等的一系列情绪，最轻的是不安和担心，其次是心里害怕和惊慌，最重的是极端恐怖。表现形式上，它至少包括主观紧张不安的体验、行为上的局促不安以及植物神经唤起症状。

如果焦虑的程度恰当并主要针对某种特定的情境，可视为一种正常的反应，若已泛化且强度过大，则成为一种异常或病理的状态。也就是说，适度的焦虑是人们处于应激状态时的正常反应；过度焦虑则会影响正常的学习和生活，不利于身心健康。

对上海市中学生的调查表明（张劲松等，2005），中学生焦虑的特点是：总焦虑程度为中等偏下水平，具体表现为中等水平的广泛性焦虑、学习焦虑、对人焦虑和自责。女生的焦虑程度普遍高于男生，焦虑程度随年龄变化，尤其男生的焦虑呈现降低趋势。青少年随年龄增高对焦虑的承受、社会交往和行为控制的能力普遍增强，男生突出，女生较平稳，但女性更敏感，容易有广泛焦虑的症状。与焦虑程度增高相关的不利环境因素有：父母文化程度过低、父母个性焦虑忧郁、主要抚养者的养育态度专断或冷漠、父母之间的养育态度经常或完全矛盾、父母经常吵架、较长时间不与父母生活、被打骂的经历较多和遇到困难缺乏其他人的关心等。

考试焦虑就是在一定的应试情境下激发的，在家庭、学校的压力以及考生自身的生理心理等主客观因素的共同作用下形成的，以对考试结果担忧为特征，以防御或逃避为行为方式的负性情绪反应。考试焦虑者往往具有自我怀疑、无能感、自我非难等特征，严重的考试焦虑会影响智力活动的正常发挥和认知任务的顺利操作，是儿童青少年发展性情绪问题中最普遍的一种形式。

采用认知评价问卷进行的研究表明（肖玮，肖琼，2005），引起中学生考试焦虑的相关评价主要来自6个方面，即"证明自己""担忧心情""过度引申""抵触心理""考试准备""考试效能"。

考试焦虑与个体对考试情境（考试的难度、机会因素等）的认知有关。当环境向个体做出要求后，这些要求会被知觉为一个机遇或是一个威胁。当一件事情被认为是具有机遇性质的，就会激发个体的一些行为手段来解决问题，而且会伴随着创造性的动机。当一件事情被知觉为威胁性的，就会引起焦虑，而且对伤害或者丧失的估计将会引起愤怒、悲伤或无助感。将事件看作是威胁的学生，会更多地考虑他的学习成绩、预期到失败、体验到竞争、体验到更多的不安全感。

考试焦虑与能力自我知觉有着密切的关系。能力自我知觉越高，考试焦虑越低；能力自我知觉越低，考试焦虑越高。此外，考试焦虑的学生通常会感到无助和无法改变考试情境，所以他在认知层面上相信在考试上的任何努力都是无用的。当考试中出现障碍时，如果努力是无效的，有考试焦虑的学生将会立刻放弃努力。学习焦虑对成败归因有着直接的影响，不同学习焦虑水平的学生，对于成功或失败的学习结果有着不同的归因，在成功情境中，低焦虑者更倾向于进行能力归因，而在失败情境中，高焦虑者更倾向于进行非能力归因。而且这些不同的归因倾向有着与学生焦虑水平相关联的激励后效（乔建中等，1997）。

国外对考试焦虑已做了大量的干预研究。通过对475个研究的统计分析，证明心理分析、格式塔心理学、来访者中心疗法、系统脱敏疗法、行为榜样疗法、认知行为疗法都具有明显效果。图8-3综合了有关考试焦虑的矫治方法。

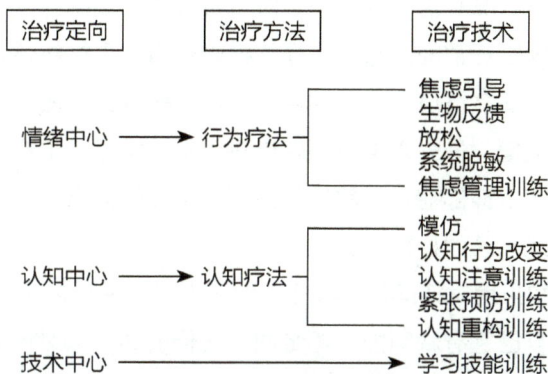

图8-3　考试焦虑的矫治

由学业压力或考试导致的焦虑往往同时有以下3类特征：以担心为特征的、由消极的自我评价形成的意识体验，这是焦虑的认知特征；与自主神经系统活动增强相联系的特定的情绪反应，如心慌、心率加快、呼吸加剧、肠胃不适、多汗尿频等，是焦虑的生理特征；通过防御或逃避表现出来的一定的行为方式，如多余动作增加、躲避学习与考试等，是焦虑的行为特征。

三、抑郁

抑郁是一种复杂的复合情绪，它以痛苦体验为主，并视情况不同而合并诱发愤怒、悲伤、忧愁、自罪感、羞愧等情绪（Izard，1977，1991），并对生活感觉悲哀、受挫、无助，对多数活动丧失兴致，睡眠、食欲、注意力和精力都受到搅扰。抑郁比任何单一的消极情绪体验都更强烈和持久。抑郁在青春期急剧增加，而且女青少年比男青少年更容易体验到抑郁——这一性别差异将持续终身（Nolen-Hoeksema，2002）。

生活压力是青少年体验到消极情感的主要原因之一，也部分解释了女孩比男孩更容易抑郁的原因。在一项日记研究中，和男孩相比，13~15岁的女孩不仅报告说她们与家庭成员、同龄人之间的压力体验更多，而且对这些压力源的反应也更为消极，特别是在处理和同伴的争执上（Hankin et al.，2007）。

遗憾的是，教师和父母往往会轻视儿童与青少年抑郁的严重性。由于人们普遍对青少年期怀有成见，认为这是一个"暴风骤雨"的时期，所以许多成人都将青少年抑郁仅仅解释为一种短暂的状态。同时，青少年抑郁也常因表现形式多样而难以鉴别。有些青少年抑郁者会垂头丧气、担心健康、难以安宁、缺乏方向；还有一些人则会逃避现实，或桀骜不驯、表现反抗。

抑郁有正常与异常之分。抑郁者可能开始是忧郁的，可称为抑郁状态。一般来说，忧郁者如果对自身处境与身体状况有恰当的认识，对自身行为的控制与调节符合社会常规，并有足够的自信和自尊，是属于正常的。它不会导致极端行为和人格解体，也不会导致思维的严重障碍。但人处在某种不适宜情境下，长期经受忧郁的痛苦就可能向病态抑郁转化。如由于过度压力而情绪低落或绝望，失去兴趣而不能进行正常的学习、工作，甚至产生自杀企图等极端意念和行为，就可产生抑郁症。从叙述的内容和关注的重点看，抑郁状态倾向于叙述事件，而抑郁症倾向于叙述自己的抑郁体验。

心理学家贝克从认知角度对抑郁作了解释。他认为抑郁主要是3组消极认知导致的：①对自我的消极看法：认为自己是有缺陷的、不足的、无价值的；②对世界的消极看法：对当前的生活状况不满，认为这个世界对他们有不合理的要求；③对未来的消极看法：认为未来前景黑暗一片。由于这些消极认知，导致悲观情绪，继而引发抑郁。

以贝克抑郁自评问卷作为抑郁的评价指标，对中学生抑郁症状的发展进行调查研究，结果发现（冯正直，张大均，2005）：中学生抑郁症状发展水平的关键年龄是13岁，关键年级为七年级，因为这个时间段正好是向青少年期过渡的时期，心理和行为发生了显著的变化（图8-4）。

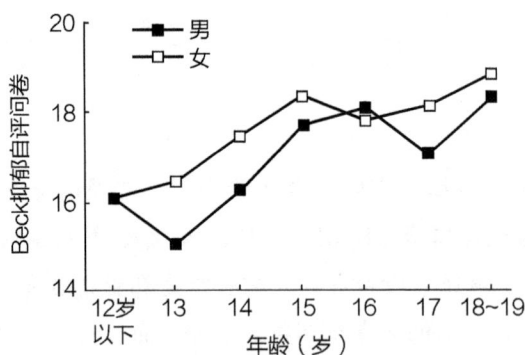

图8-4　不同年龄中学生抑郁症状的发展状况

生物和环境因素会结合在一起导致抑郁的发生；而两者结合的方式因个体的不同而有所差异。对血缘关系的调查显示，遗传因素对抑郁有重要影响。基因能够通过影响大脑神经递质的平衡、改变抑制负面情绪脑区的发展或者调节身体在应对压力时的荷尔蒙反应等多种方式来引发抑郁（Kaufman & Charney，2003）。

此外，儿童青少年焦虑和抑郁障碍常常出现共病（comorbidity）状况。焦虑障碍和抑郁障碍同属于内化性（internalizing）障碍，研究发现在儿童中焦虑、抑郁问题存在较普遍，焦虑、抑郁共存比例高（苏林雁，2006）。调查发现，初中生的抑郁、焦虑都具有一定的内在结构，抑郁包括无助与孤独感、绝望与无价值感、能力减退感、不良心境和生理症状5个维度；焦虑则包括担忧与过敏倾向、对人不安、恐惧倾向、生理症状4个因素。初中生的抑郁与焦虑的总体水平表现出明显的年龄特征，即随年龄的增长，其抑郁与焦虑的水平有所上升，八年级是重要的转折期（阳德华等，2000）。而少年儿童焦虑和抑郁障碍通常与遇到的应激事件有关。有研究者也提出（Axelson，2001），因为儿童的认识和社会化过程以及环境是随年龄而变化的，环境因素改变的时间决定了障碍表现的形式，如果应激或环境改变发生在童年早期，就会产生焦虑；如果发生在青少年期，就发生抑郁。而焦虑和抑郁的青少年，往往都具有信息加工的消极偏差（negative bias）。

第四节
情绪调节

🎯 **学习目标**

1．了解儿童情绪调节的发展特点。
2．把握影响儿童情绪调节发展的主要因素。

儿童的情绪并不总是与环境的变化相一致，当儿童的情绪与其所处的生活环境发生矛盾和冲突的时候，需要他们对情绪进行调节以适应社会生活环境。有关情绪调节的研究最早可以追溯到弗洛伊德，在他的相关论述中已经可以看到对情绪调节的形式以及功能角色的探讨。其后，拉扎鲁斯的应激与应对研究，鲍尔贝的依恋理论等对此也均有所涉及。然而，情绪调节作为独立的研究领域最早出现于20世纪80年代的发展心理学，随后扩展到对成人的研究。

儿童的情绪调节能力，总体上呈现出从毫无控制地表现，到有一定程度地控制情绪的方向发展。

一、情绪调节的含义

情绪调节是对情绪的内在过程和外部行为采取的监控、调节，以适应外界环境和人际关系需要的动力过程。对于情绪调节概念的理解需要把握以下3个方面。

首先，情绪调节既包括对负性情绪的调节，也包括对正性情绪的调节。日常生活中，情绪调节通常涉及对负性情绪（如愤怒、痛苦）的抑制，在一项访谈研究中，青年人报告最多的就是对负性情绪的抑制调节（Gross et al.，2006）。而事实上，情绪调节既可以是抑制、削弱的过程，也可以是对正性情绪（如高兴）的维持和增强的过程。为了符合社会适应的需要，正性情绪在某些情况下也需要调整。一般来讲，人们对负性情绪的调节要比对正性情绪的调节来得频繁（Gross & Thompson，2005）。此外，情绪调节不仅只针对具有强烈感受和过高生理唤醒的情绪，较低强度的、需要增强的情绪同样也需要调节。正如一些研究者指出的，情绪调节应包括削弱或除去正在进行的情绪，激活需要的情绪，掩盖或假装一种情绪，是回避、忽视、转移、抑制或增强情绪的过程（Cole et al.，1994）。

其次，情绪调节既包含有意识的过程，同样包含无意识的过程。马斯特斯（Masters，1991）试图对情绪调节中的意识和无意识过程进行区分。他认为情绪调节过程是在一些策略和机制作用下，情绪被管理和调整的过程。其中，机制是不需要个体努力和有意图控制的自动化的过程，而策略是个体为了调节情绪有意图、有计划的努力。情绪调节机制可以体现在调节过程中自动运作的生理、认知、情绪、情绪与认知相互作用、情绪与行为相互影响等过程。而策略可以是认知水平、行为水平有意图的努力，如认知策略、表情行为调节策略、人际策略等。策略可以带动相应的机制，策略的长期使用也可以成为新的机制。所以，情绪调节既包含意识的、努力的、控制的调节，也包括无意识的、无须努力的、自动的调节，我们可以将情绪调节理解为一个从意识到无意识的连续体（Gross，1998）。

最后，情绪调节具有情境依赖性。我们不能先验地假定某一种形式的情绪调节是好的或是不好的（Thompson & Calkins，1996）。情绪调节的过程既可能会得到一个比较好的结果，也可能会让事情变得更糟，这依赖于当时的情境。例如，抑制负性情绪的调节策略，可以使外科医生在做手术时，更好地应对一些压力情境。但在另外一种情境下，负性情绪的抑制可能会使个体表现出较低水平的移情，从而降低了帮助他人的动机。不仅如此，按照功能主义的观点，个体使用各种调节策略往往是用来达成个人的目标，这样的调节过程与调节结果，在他人眼中也有可能被知觉成是一种不良的适应。

二、情绪调节的类型

情绪调节是一个非常复杂的主观动力过程，它包括对情绪不同成分的调节，包括对其他心理过程的影响，同时也涉及对外在情境的影响。因此可以从不同的角度对情绪调节进行划分。

（一）内部调节和外部调节

从情绪调节过程的来源划分，可以将情绪调节分为内部调节和外部调节两大类。其中，内部调节主要由个体自身完成，包括对神经生理、认知体验和动作行为的调节。而外部调节则是来源于个体以外的环境，如幼儿痛哭时，大人的抚慰可以帮助幼儿尽快从痛苦中走出来。外部环境调节可以分为支持性环境调节和破坏性环境调节两大类。有的环境因素有利于良好的情绪调节，而有的环境因素则不利于情绪的调节。

（二）减弱调节、维持调节和增强调节

根据调节努力的程度，可以将情绪调节分为减弱调节、维持调节和增强调节3大类。其中，减弱调节主要针对消极情绪，尤其是对强度过高的消极情绪进行的调整和修正。维持调节主要针对那些有益的积极情绪，如兴趣、快乐等。增强调节则是对一些需要适当增加强度的情绪进行的向上调节，这种调节在日常生活中出现的频率并不太多。

（三）原因调节与反应调节

格罗斯（Gross，1998）明确地将情绪调节分为原因调节和反应调节两类。原因调节是指对系统输入进行的操作，是对引发情绪的原因进行加工和调整，它包括情境选择、情境修正、注意分配、改变认知等。反应调节则是发生于情绪反应过程，此时情绪已经被激活，是个体从生理反应、主观体验和表情行为3个方面通过增强、减少、延长等策略调整一个正在体验中的情绪。

（四）认知调节、体验调节、行为调节和生理调节

根据情绪调节的对象，或者从情绪调节的主要成分来看，可以把情绪调节分成认知调节、主观体验调节、行为调节和生理调节。认知调节，即个体如何解释情绪产生的原因，由于主观情绪体验的产生受自身认知评价的引导，因此认知评价是情绪产生过程中的重要环节，是引起情绪和调节情绪的重要过程，对评价构成的调整就可以有效地改变情绪体验。体验调节则是指对个体主观的情绪感受进行调节。行为调节则是个体通过控制和改变自己的表情和行为来实现的调节，如抑制和掩盖不适当的情绪表达，或表露适当的交流信号。生理调节则是指由于情绪和生理反应相互影响，生理反应常常会进一步加强情绪体验，因此，适当的生理唤醒会使个体神经系统强度适中，能更好地进行其他心理活动，思考更有效地应付当前情境的方法和策略，采取恰当的行为。

三、情绪调节的发展特点

儿童在很小的时候（大约3个月）就能够采取一些方法来调节自己的情绪，减少情绪压力。婴幼儿的情绪调节行为主要有4类：安慰行为（comforting behaviors）、分心行为（distraction behaviors）、工具性行为（instrumental behaviors）和认知重评（cognitive reappraisals）。

安慰行为是指使内在的消极情绪体验恢复到平静状态，如父母的安慰或婴幼儿自己获得安慰，也有研究者称之为身体的自我平静（physical self-soothing）或寻求身体安慰（physical comfort-seeking）。研究认为安慰行为是婴儿最先出现的情绪调节行为。

分心行为是指目光或注意离开引起消极情绪的情境，朝向其他目标，分心行为也表现为主动地从事其他替代的活动。研究发现自觉地进行分心或转移注意是在自觉运用安慰行为策略之后形成的另一重要的情绪调节方式。

工具性行为是指消除消极情绪源，如口头反对、离开、寻求看护者的帮助，或触摸喜欢的玩具、试图重新找回、盯视暂时得不到的目标等。1岁左右工具性情绪调节行为已经出现，但这种情绪调节方式的发展主要是在婴幼儿动作技能和言语能力有了一定发展之后。

认知重评是以积极的方式看待消极的情绪事件，没有研究证明2岁以前能够运用认知重评策略调节情绪，但这一时期的婴儿能够用语言表达自己的情绪体验，出现安慰他人的现象，逐渐能够理解养育者的解释，如"不怕、不怕，没有危险"等，说明认知调节已经萌发。

从2~3岁开始，儿童的语言、认知能力发展迅速，自我意识开始萌芽，其用来调节情绪的手段和方法也变得日趋复杂。伴随着表征和言语能力的出现，以及控制情绪的社会期望的出现，儿童开始采用多种类型的情绪调节策略来调节自己的情绪。与此同时，受表征和注意保持能力的限制，其调节情绪的策略和方式仍有很大的局限。

一般来说，儿童的情绪表现是比较外露的、易激动的。研究发现，随着儿童年龄的增长，儿童的归因能力不断增加，情绪体验逐步深刻，愤怒的情绪开始逐渐减少，并更加现实化。5岁儿童会因为下雨父母取消了野餐计划而感到愤怒，小学生则可能了解到实际原因而产生失望感；学前儿童常因父母的各种规定（吃饭、睡觉、洗澡）而产生愤怒，小学生产生愤怒则经常源自同伴交往，或在学校情境中受到戏弄、讽刺、不平等对待；学前儿童常用哭泣等直接的方式来表示自己的不满，小学生则逐渐学会以言语来表达自己的心情。小学生开始使用问题解决、寻求支持、远离、内化以及寻求外在原因等应对策略（Saarni，1997），并越来越倾向于使用那些既有利于达成目标而又不破坏人际关系的方式，来应付人与人之间的情绪冲突。

总体而言，随着年龄的增长，儿童的情绪调节策略发展表现出以下4个方面特点。

其一，从被动的、外部的调节到主动的、内部的情绪调节。在学步期和学龄前期，儿童使用的情绪调节方式多是依靠照料者提供的支持性的情绪调节（Denham，1998），如照料者抱着婴儿哄其入睡、给婴儿唱摇篮曲、轻轻地拍打婴儿等。随着年龄的增长，儿童即使是在没有他人支持的情况下，也可以独立运用一些情绪调节策略（Kopp，1989）。

其二，从具体的、感觉运动调节到抽象的认知调节。在2岁以前，儿童的情绪调节策略主要是通过感觉运动方式来进行，而从2岁末开始，言语能力的发展使儿童获得了新的情绪调节策略，即言语调节，如用语言描述自己的感觉和使他们不开心的情境。儿童可以准确地识别自己和他人的简单情绪，能谈论过去、现在和将来的情绪，能谈论情绪的原因和后果，可以识别与特定情境相联系的情绪。之后，到了儿童中期，随着认知能力的进一步发展，儿童明白同样的事件可以引发不同人的不同感受，在事件发生后，情绪可以持续很久，他们控制、调节情绪以适应社会标准的意识逐渐增强，开始越来越多地使用认知调节策略。

其三，从单一情绪调节策略到多种情绪调节策略的综合运用。在早期，儿童的情绪调节策略比较有限，身体活动、寻求安慰等是他们应对和调节情绪体验的主要方式。随着认知能力的发展，儿童逐渐掌握了多种情绪调节策略。到了青少年时期，他们开始能够在不同的场合灵活运用各种情绪调节策略，从而有效地应对突发的情绪压力。

其四，随着年龄的增长，积极的调节策略越来越多，消极的调节策略越来越少。研究发现，随着儿童年龄的增长，他们越来越多地使用一些建设性的认知调节策略。

我国研究者对中国青少年情绪调节的发展特点进行了系统的探索，发现中国青少年情绪调节的发展以减弱调节策略的运用为主导，并形成了非享乐主义的调节模式（Deng et al.，2013；Sang et al.，2014）。

随着儿童年龄的增长，他们能更好地区分真正的情绪与假装的情绪，能更好地掩藏自己的情绪，更多地表现出社会接受的情绪。这些变化，都建立在儿童对不同情绪与社会交往之间关系理解的基础上，以及儿童的情绪调节能力发展基础上。

四、影响情绪调节发展的因素

在影响儿童情绪调节发展的因素中，个体的气质、认知能力以及社会环境扮演了重要的角色。与此同时，儿童的情绪调节能力又进一步对其认知和社会性发展产生了重要的影响。

气质与儿童的情绪调节能力发展有着密切的联系。艾森伯格等人（Eisenberg，1998）指出要预测儿童采用的情绪调节策略，必须评估两个重要的气质维度，即①情绪强度的高低，②调节程度的高低。他们提出，这两种特征的结合会出现4种可能。他们认为，中等调节水平和中等情绪强度可能是儿童最佳的情绪调节，因为这种儿童具有情绪表达能力、计划能力、以问题为中心的应付能力以及灵活运用各种情绪调节策略的能力。

社会环境是塑造个体情绪调节能力的重要方面。其中，照料者与儿童之间的人际互动是形成情绪调节个体差异的重要原因。在一项对婴儿情绪的研究中发现，在父母和孩子的互动中如果父母面无表情（still-face），婴儿就会感到困惑，表现出的积极情绪反应少，消极、冷漠的情绪反应多，婴儿会更多地求助于内化的调节行为，如自我安慰或视线转移。艾森伯格等人（1998）概括了父母影响儿童情绪调节能力发展的3个方面：①父母对儿童情绪的反应，②父母与孩子间关于情绪的谈话，③父母自身对情绪的表达。他们认为，父母对儿童的情绪反应方式如果是积极的，即对儿童的情绪反应表现为敏感、热情、能表示理解的父母，其孩子的情绪调节良好，情绪出现唤醒过度的可能性更少。相比之下，父母对孩子情绪表达的要求过于严格，甚至进行惩罚，则会促使孩子隐藏而不是调节他们的情绪。

儿童的情绪调节同时也受到周围环境变化的影响，在不同的场合中，儿童在面对同样的情绪刺激时有可能会运用不同的调节策略。有研究发现，在只有陌生人的悲伤情境中，幼儿自我安慰的行为更多；而如果有同伴或兄弟姐妹陪伴时，儿童表现出悲伤情绪的潜伏期更短，情绪的起伏也更大。比起恐惧情境，儿童在愤怒情境中采取的情绪调节策略更多，这可能是因为在愤怒情境中，儿童会利用多种办法去努力获得想要的东西，而在恐惧情境下，很多策略显然是无效的。因此，在研究情绪调节时，还应结合具体的环境条件进行综合考虑。

本章小结

情绪发展的基本含义	情绪是个体对外部事物和内部需要的主观体验，主要包括生理成分、行为成分和主观体验成分3个方面。情绪是早期儿童适应生存、适应社会生活、组织心理活动的心理工具。研究者可以借助于生理的证据、表情的证据和体验的证据，来把握儿童的情绪状态
情绪的发展特点	可以从情绪表达与情绪理解来看情绪发展的一般特点。 儿童的基本情绪主要包括微笑、哭泣、害怕、兴趣、惊奇、厌恶等，每一种基本情绪都有其特定的发展规律。儿童的复合情绪主要包括自我意识情绪和移情等。 婴儿很早就能够对他人的面部表情进行识别和模仿。在7~10个月，当婴儿遇到不熟悉的情境或陌生的物体，不能做出确定的反应时，能从母亲或照料者的面部表情中寻找线索或信息，以决定自己的行动。对混合情绪的正确理解和判断是儿童情绪理解能力发展过程中的一次重大飞跃
发展性情绪问题	发展性情绪问题是困扰众多儿童及其家庭的主要心理问题之一。接触负面信息，尤其是电视上的信息，是儿童恐惧最常见的来源，其次是直接接触令人恐惧的事件。中学生焦虑的特点是：总焦虑程度为中等偏下水平，具体表现为中等水平的广泛性焦虑、学习焦虑、对人焦虑和自责。中学生抑郁症状发展水平的关键年龄是13岁，关键年级为七年级，女性比男性更容易体验到抑郁。焦虑和抑郁的青少年，往往都具有信息加工的消极偏差
情绪调节	情绪调节是对情绪的内在过程和外部行为所采取的监控、调节，以适应外界环境和人际关系需要的动力过程。婴幼儿的情绪调节行为主要有4类：安慰行为、分心行为、工具性行为和认知重评。随着年龄的增长，儿童的情绪调节策略发展表现出以下4个方面特点：从被动的、外部的调节到主动的、内部的情绪调节；从具体的、感觉运动调节到抽象的认知调节；从单一情绪调节策略到多种情绪调节策略的综合运用；积极的调节策略越来越多，消极的调节策略越来越少

总结 >

Aa　关键术语

情绪的社会性参照　　　　　　　　基本情绪
social reference of emotion　　　　primary/basic emotions

复合情绪　　　　　　　　　　　　情绪调节
complex emotions　　　　　　　　emotion regulation

🔗　章节链接

在这一章，你读到……	在其他章节中，你将发现相关讨论……
情绪调节	第五章　认知的发展
发展性情绪问题	第十章　社会性发展

应用 >

✏️　体验练习

一、简答题

1. 情绪的社会性参照作用有何适应价值和现实意义？

2. 儿童自我意识情绪涉及哪些方面？有何适应价值？

3. 如何认识与科学处置儿童成长过程中的发展性情绪问题？

4. 试分别针对幼儿园儿童、小学生、中学生的年龄特点和情绪调节水平，设计一组情绪调节训练方案。

二、材料题

美国心理学家阿奈特（Arnett，1999）总结了有关"青春期风暴"的众多研究，认为青春期是一个比其他时期更容易产生各种各样问题的时期。"青春期风暴"的典型表现可以概括为3个方面：与父母冲突、情绪激荡（mood disruption）和冒险行为。

研究者提出，或许是青少年期飞速发展的抽象思维能力对情绪波动起了主要的作用。青少年开始能由表及里地思考威胁自己将来生存与发展的长远性问题，不仅是青少年经历某一事件本身造成的压力，更重要的是青少年如何体验和看待这些变化导致了情绪波动。有时候，即使对同样的或类似的事件，青少年也比儿童或成人更多地表现出极端的情绪。

试回顾自己的青春期，梳理当时的情绪体验特点与采用的主要情绪调节策略。

拓展 >

☕ 补充读物

1　孟昭兰. 人类情绪. 上海：上海人民出版社，1989.

　　本书系统介绍了与人类情绪相关的问题，主要包括：情绪理论、情绪的成分、情绪与人格结构、情绪的研究方法、情绪的个体发展、情绪与生活色调、情绪与智慧活动、情绪异常与健康、情绪社会化、表演艺术和竞技运动中的情绪问题。

2　（美）劳拉·E.贝克. 婴儿、儿童和青少年. 桑标，译. 上海：上海人民出版社. 2008.

　　本书涵盖了6大部分共17章内容，涉及儿童发展心理学的理论与研究方法、发展的生理与环境基础、从婴儿到始成年期（emerging adulthood）各个不同人生发展阶段，全方位展示了个体身体成长、认知发展、情绪与社会性发展的各个层面。全书图文并茂，资料翔实，富有可读性，不但充分反映了发展心理学的传统知识内容，而且在很大程度上为读者呈现出发展心理学研究的新方法与新进展。

3　（美）詹姆斯·格罗斯. 情绪调节手册. 桑标，等译. 上海：上海人民出版社，2010.

　　本书为旨在了解情绪、情感与自我调节的读者提供了非常丰富的知识和资源。读者除了可以从书中获得有关"何种情绪调节策略是合适且具有适应性的"这个核心问题相关的信息以外，还能就情绪调节的神经生理机制、与情绪调节有关的认知加工过程、情绪调节所涉及的社会性因素等获得前沿与权威的解答。

4　Arnett, J. J. Adolescent storm and stress: reconsidered. American Psychologist, 1999, 54（5）: 317-326.

　　作者运用元分析的方法，梳理了近百年来有关"青春期风暴"的研究，认为"青春期风暴"的典型表现可以概括为3个方面：与父母冲突、情绪激荡和冒险行为。论文对读者深入了解青春期心理发展具有很强的参考价值。

🖥 在线学习资源

1. 中国儿童中心网站　　http://www.ccc.org.cn

2. 世界卫生组织合作性跨国研究：学龄儿童行为健康　　http://www.hbsc.org

"The health behavior in school-aged children"

本章概述

　　本章阐述了自我意识的基本问题，即"自我是什么时候出现的""有多少个自我""自我是如何发展的"。从自我意识的认知层面，探讨了学业自我概念的形成、发展特点及其与学业成就的关系；从自我意识的情感层面，探讨了自尊的形成、发展特点及影响因素；从自我意识的行为层面，探讨了自我导向的两个方面：自我规划和自我管理的理论和方法。本章还介绍了性别角色及其性别差异，总结了性别角色的形成与发展，并介绍了心理的双性化概念及其适应性。

结构图

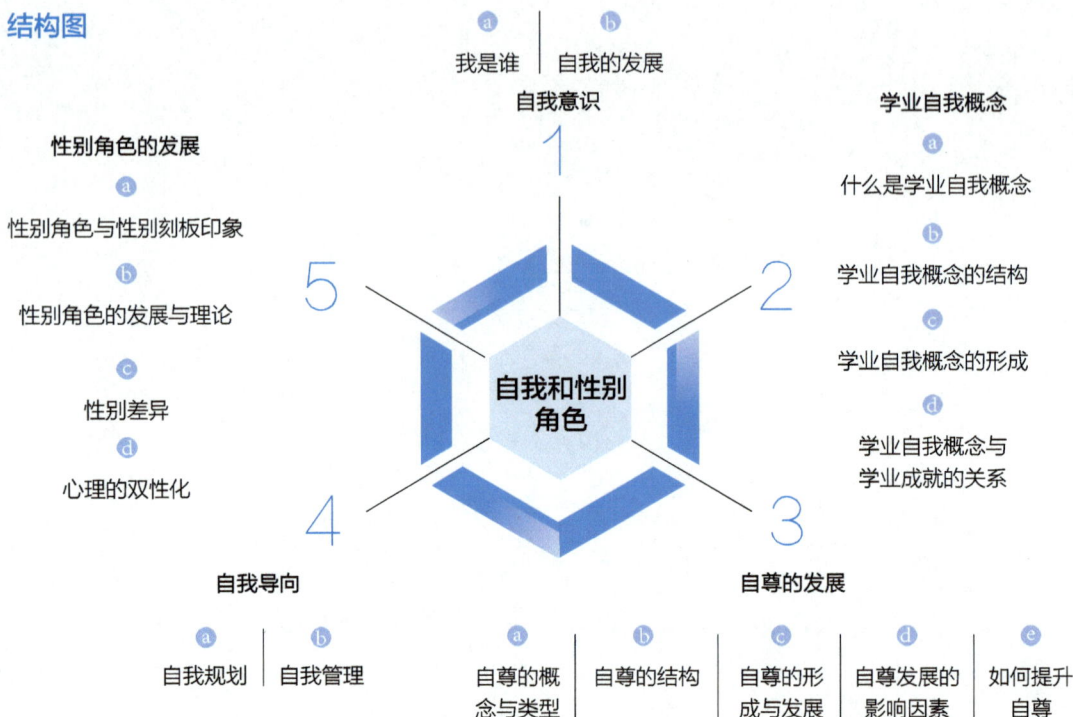

我是谁 ⓐ | 自我的发展 ⓑ

自我意识 1

学业自我概念

ⓐ 什么是学业自我概念

ⓑ 学业自我概念的结构

ⓒ 学业自我概念的形成

ⓓ 学业自我概念与学业成就的关系

2

性别角色的发展

ⓐ 性别角色与性别刻板印象

ⓑ 性别角色的发展与理论

ⓒ 性别差异

ⓓ 心理的双性化

5

自我和性别角色

自我导向 4

ⓐ 自我规划 | ⓑ 自我管理

自尊的发展 3

ⓐ 自尊的概念与类型 | ⓑ 自尊的结构 | ⓒ 自尊的形成与发展 | ⓓ 自尊发展的影响因素 | ⓔ 如何提升自尊

学习目标

学完本章，你应该能够做到：

1. 了解自我意识产生的特点，掌握不同阶段自我的发展特点，青少年自我认同感的形成与发展；

2. 掌握学业自我概念及其形成与发展，了解学业自我概念与学业的关系；

3. 掌握自我导向的含义，了解自我规划和自我管理的有关理论；

4. 掌握性别角色的概念及其性别差异，掌握性别角色的形成和发展特点以及形成原因，了解心理的双性化问题和性教育。

读前反思

1. 我是谁？我了解自己吗？我们关于自我的意识是如何产生和发展的？我们有多少个自我？作为教师，面对教室里几十个鲜活的学生，他们有的自我感觉良好，对自己十分满意，有的觉得自己无用，甚至一无是处，该如何去认识和看待他们的自我？

2. 教育过程中遇到过这样的情形，学生迷失了自己，不知道自己今后要做什么，想要过什么样的生活。该如何对待和引导学生的自我认同感缺乏和危机？

3. 不同性别的学生存在心理差异吗？教师是否应该区别对待不同性别的学生？你在过去的教学中有没有区别对待男女同学？

自我的发展对个体的一生具有非常重要的意义。自我意识是人格的自我调控系统，也是人格发展的内在动因，在人格的形成和发展中起着组织、控制和推动作用。自我意识是人的意识发展的高级阶段，其发展特点体现了个体心理成熟的程度。自我意识与个体的成长和发展有着密切的联系，一方面，健全的自我意识在个体成长和发展中起着导向、激励、自控和自我教育等调节作用；另一方面，不完善的或扭曲的自我意识往往是心理困扰和问题的根源。

第一节
自我意识

🔍 事例引入

某大学一个四年级快要毕业的大学生，登上学校一座即将完工的教学楼，从7层楼上跳下。她，22岁，为人诚恳，心地善良，学习刻苦，成绩优异，英语通过了六级统考。她对自己要求严格，与同学相处，十分忍让，四年来没有与任何人发生过争执。她为什么会在即将毕业时走上绝路呢？——她的自我出了问题。

"由于留在B市的种种烦恼，搞得我头疼得想去自杀。""人才交流会上那么多单位，却在我的臆想之中，人家都是有内定了的，根本不可能凭自己的能力找到好单位。""今天上午去印刷厂的时候，痛苦异常，不去吧，别人不了解我想得到这份工作的心情，去吧，我又不会说话；不知该说什么，只会给人以不好的印象，真是难受死了。最后下决心去了，想着既然来了，不进去对不起这趟，结果可以预料，找份工作竟然这么难！况且这份工作在别人眼里是很低下的，中文系大学本科毕业生去干校对的工作。回来心情不好，无聊得不知干什么。""不知为什么？是由来已久的不动脑子的学习方法，还是心系考研报错了志愿。反正我这次是彻底暴露了。但大多数人还不了解我，我试图让别人剖析我，但别人如果赤裸裸地了解了我，她们便会鄙视我，而我若坚持向她们诉说，最终会落得祥林嫂那般的下场。我该怎么办？这是关系到我的生存的至关重要的问题。""我撇不下父母弟妹，却没能力使他们生活得更好，我想报答父母，可我能力这样有限，连自己都没法生活下去。""我总是意识到了问题却无力去改，无力去做，这到底是为了什么？真是浑浑噩噩地打发日子，我没想到自己竟然有这么悲惨的一天！""我真的不能接受这个社会。""不是社会抛弃了我，而是我抛弃了这

个社会。""我无力掌握自己的命运。"——摘自该生日记

分析：她自杀的根本原因是自卑，不能接纳自我、欣赏自我，反而排斥自我，走向自我毁灭。

一、我是谁

所谓自我是指一个独立而适应的个体对自己的所有认识、情感和态度。自我意识是关于人我关系的意识，亦即个体对自己的认识和态度。[1]

（一）自我的产生

刚出生的新生儿有没有自我？答案是否定的，3个月前的婴儿咬自己的脚趾就像咬其他玩具一样。他们还不能将自己和他人、物体区别开来。

自我的产生分为两个阶段，自我知觉阶段和自我意识阶段。自我知觉是指一种觉察到自己和他人不同，自己是独立统一的自我感。人类婴儿在3个月到1.5岁开始产生自我知觉，产生的标志有3个：我—他区别、身体的恒常性、行为—结果相倚性。我—他区别指能在感觉上区分身体自我与非身体自我。如我的胳膊、我的脚、我的头，触摸自己身体与触摸其他人或者其他物体产生的感觉不一样。身体的恒常性是指了解自己的身体在不同情境下是连续的。如换了不同的衣服、剃了头发、在不同的情境中还是自己。行为—结果相倚是指认识到自己的行为和行为结果之间的联系和一致性。例如，婴儿躺在玩具车中挥动手臂能让挂着的铃铛发出声音。这时婴儿对镜子中的自己与自己动作之间的关联有了清楚的觉知。

第二个阶段是自我意识的产生。自我意识是主体的我对客体的我的知觉，把自己当成物体来对待，自我反省的能力。标志事件为：自我再认、人称代词我的使用、自我有关的情绪出现。自我再认是指通过镜子和照片认出自己的能力，心理学家刘易斯（Lewis）用去掉胭脂实验和电视图像比较实验证明了自我再认现象（专栏9-1）。它开始于15个月左右，完全形成于2岁（表9-1）。

表9-1　婴儿对镜像和电视图像自我再认作业的阶段（G.Butterworth，1992）[2]

阶　　段	年　龄	描　　述
对他人镜像未经学习的吸引	头3个月	对头3个月的系统研究很少

1　林崇德，傅安球. 学龄前儿童心理发展与早期教育. 北京：北京出版社，1982：101.
2　Butterworth，G.. Origins of self-perception in infancy，*Psychological Inquiry*，1992，3：103~111.

续表

阶　　段	年　　龄	描　　述
偶然性察觉	3~8个月	对镜像的兴趣；接近、抚摸、微笑，社会性行为
恒常的自我	8~12月	意识到自己稳定的类型特征，用镜像寻找附在身体上的物体。能偶然区分出自我的电视图像和他人的电视图像
我-他的不同	12~15月	用镜像确定他人的空间位置，觉察到自己的电视图像与他人的电视图像不同
脸部特征察觉	15个月开始，2岁形成	依据自己的特殊特征再认；成功完成"去掉胭脂"作业

　　多数发展心理学家把人称代词"我"的正确使用作为自我意识产生的标准，即在语言上把自己和他人区别开来，如婴儿不说"宝宝"要什么，直接说"我"要什么。婴儿在2岁左右会出现自我意识，同时会出现自我意识情绪，如害羞、自豪等。

👁 **专栏9-1**

"去掉胭脂"实验

　　镜前自我再认实验：刘易斯及其同事比较了9~12个月、15~18个月、21~24个月3组婴儿在镜子前的自我再认行为。首先让母亲用手绢擦婴儿们的鼻子，同时悄悄抹上一点红胭脂在他们的鼻子上。然后将婴儿放在镜子前，观察他们是否会认出红点并做出反应。结果发现，9~12个月的婴儿对着自己的镜像反应是微笑和抚摸，但没有出现特别指向红点的行为，这在某种程度上表明婴儿并未意识到镜子里是自己。15~18个月的婴儿表现出自我再认行为，他们开始意识到镜子中的人是自己，在看到镜像时能用手去触摸鼻子。21~24个月的婴儿表现出完全的自我再认。

　　电视图像再认实验：刘易斯及其同事还比较了9~12个月、15~18个月、21~24个月3组婴儿对电视图像的自我再认行为。实验中包含3种电视图像，婴儿的"直播影像"、一周以前婴儿在电视前玩耍的影像和另一个婴儿的在电视前的活动的影像。结果发现，9~12个月的婴儿不能区分自己的影像和一周前其他婴儿的影像，即他们在区别自己身体运动影像的运动时依旧使用偶然行为作为自我知觉的线索。15~18个月的婴儿表现出对自己和他人一周前影像的不同反应，表明婴儿此时已具备自我再认的能力。

（二）有多少个自我

自我意识并非是一个单一的心理结构，而是一个多维度、多层次的复杂的心理系统。一个人可能有很多很多的自我，如工作自我、消遣自我、学校自我、家庭自我等。不同的自我形成一个自我家族。它们不是孤立的或相互分离的，而是以某种方式整合在一起形成统一的自我感。

1. 静态的自我

早期的研究多把自我作为知觉对象进行研究，注重对自我的成分的探讨，是一种静态自我观。从这个角度对自我的探讨主要有：①镜中我（Cooley，1902）：他人眼中的我，指对他人对自己的认识，包括自己对他人如何看待自己、如何评价自己和自己对他人评价的看法的知觉。例如，自作多情、一厢情愿。②好我、坏我、非我，受赞许的行为被自我接受而形成"好我"；受责备的行为形成"坏我"。例如，偷吃东西，偷拿别人的东西。自我系统拒绝接受的部分称为"非我"。③现实我、理想我（Rogers）：现实我是实际存在的我，理想我是希望成为的我。现实我与理想我、镜中我的距离越大，越容易出现心理障碍。④公我、私我（Carver & Scheier）：公我（public self）指关注别人如何看待自己和关注外在标准的我，如"我关心他人如何看我"。私我（private self）指个体关注自己的感受和内在标准的我，如"我对自己的反思很多"。

国内研究者对自我意识的划分形式主要有两种。一种是根据意识活动的表现形式划分，分为自我认知、自我体验和自我调节。自我认知指个体对自己生理、心理和社会等方面的认识，是自我意识的认知成分，包括自我感觉、自我观察、自我概念、自我分析以及自我评价等；自我体验，在自我认知的基础上产生，反映个体对自己所持的态度，是自我意识的情感成分，包括自爱、自卑、自尊、自傲、内疚、优越感等；自我调控指个体对自己行为与心理活动的自我作用过程，是自我意识的意志成分，包括自主、自立、自制、自律、自我控制、自我监督等。

另一种是根据意识活动的内容划分，分为生理自我、心理自我和社会自我。生理自我指个体对自己的身体属性的认识，如对自己的外貌、体能方面的认识。如"我长高了""我长胖了""我的柔韧性很好""我很有耐力"等。社会自我指个体对自己社会属性的认识，包括个人对自己在各种社会关系中的角色、地位、权利、义务、人际距离等方面的认识。如"我是一个学生""我有选举的权利""尽教师的责任"。心理自我指个体对自己的心理属性的认识，包括对自己的认识、情感等心理过程的认识和气质、性格等人格特点的认识等。如"我情感细腻""我记忆力好、思维敏捷""我性格开朗"等。

2. 动态的自我

近期的研究把自我看成行动的主宰，注重自我各成分的工作原理、活动规律，是一种动态自我观，如马库斯（Markus）的工作自我（working self）和可能自我（possible self）。工作自我指用于特定情境中的动态的我。可能自我指人们可能成为的自我，不仅具有组织信息作用，还具有动力影响，指导我们成为某种人而不是另一种人。班杜拉（Bandura）的自我调节（self regulation），指有机体调节自己，使自己朝向目标实现的能力。自我管理方面的研究均属自我调节，如自我的时间管理、自我的体重管理等。斯旺（Swann）的自我证实（self verification）指寻求确认自己的自我概念的信息加工过程，处处证实自己对自己的分析，验证自己的想法，即使是负面的，也希望得到确定。即让别人了解我们是谁，负面的自我概念也可以接受。自我提升（self enhancement）指寻求维持和提高个人自尊的信息加工过程。即让别人了解我们愿意成为谁，强调有利于自尊提高的积极方面。自我证实和自我提升都是与自我有关的动机过程。自我正是在这些动态的过程中不断地发展和完善。

综上，自我包括个体对自己的生理、心理和社会属性等各个方面的认识、体验和调节，是在与他人和社会的交互作用中形成的，一个独特的、持久的、同一性身份的、多维度、多层次、动态的心理结构。

名家语录

自我确实不止是一个单一的主题，它是多个松散相关主题的结合体。

——鲍迈斯特，1998

二、自我的发展

在自我的发展上存在质的不同发展，自我概念从具体到抽象，包括建构自我、心理断乳、自我认同感建立等重要时期。

（一）建构自我

不同年龄阶段自我发展呈现不同的特点。自我概念（self-concept）即个体对自己独特属性和特质的知觉。学前儿童的自我概念主要是具体的，以生理特征为主（如我的小嘴巴），还包括自己的拥有物（我有新衣服）、引以为傲的行为（我会骑车）等，心理特征较少。到儿童期和青春期，儿童的自我概念从生理、行为和外表特征扩展到恒定的内在品质，如人格特征、价值观，随年龄增长，自我概念更加心理化和抽象化。会出现自我的不一致，并为此烦恼。哈特和蒙索尔的研究[1]发现，当要求孩子报告和父母、朋友、恋人、教师和同学在一

1　D.R.Shaffer, K.Kipp. 发展心理学. 邹泓，等译. 北京：中国轻工业出版社，2009：433.

起时的自我描述时，13岁儿童报告自己的不一致很少，困惑也少（30%），15岁报告出很多相反特征（4.2）且非常困惑（50%），17岁的认同不一致相对减少（3.5），困惑也减少（40%）。

韩进之等人的研究表明：中小学生自我意识发展的总趋势呈现由低到高的曲线形，这一总趋势还呈现了3个上升期和3个平稳期。第一个上升期为一年级至三年级。由三年级到五年级进入平稳期。第二个上升期为五年级到七年级，此后进入九年级平稳期。第三个上升期为九年级到高一，此后至高三进入平稳期。其中自我评价随年级的增高几乎是直线上升的趋势；自我体验的发展，则是先快后慢，不能随理性认识的提高而同步上升；在自我控制方面，低年级学生行为控制偏向于外在权威，高年级学生行为控制的外在压力则逐年减弱，自主性增强。因为低年级学生主要认同权威的外在控制；而高年级儿童随自我意识的发展，对外在控制依赖减少，但自我控制不足。[1]

儿童青少年以社会信息建构自己的自我概念，并让它保持一致性和连续性。主要通过以下方式：①观察他人如何对待自己；②观察自己的行为结果，并记住从自己的行为中获得的因果推断；③观察和评价自己的意见、能力和情绪等与他人的异同。

（二）心理断乳

青春期的心理断乳是自我发展的重要特点。青春期是自我意识发展的第二个飞跃期，被称为"自我的第二次诞生""自我的发现"，主要有如下特点。

第一，独立性和自主性明显增强。青少年要求独立自主的行为，急于摆脱父母的控制，开始割断与父母之间的心理联结，形成所谓的"心理断乳期"。

第二，逻辑性和抽象性增强。青少年的自我意识中对自己的内心世界的认识，也逐步向逻辑性和可实现性发展，但是从某种程度上来说，这种认识可能是相当主观和抽象的。青少年认识到自我更为抽象的特质，并开始将童年期自我描述的具体、孤立的特质整合为概括、抽象的特质。

第三，关注自己的内心世界。青少年开始对自己的内心品质感兴趣，从关注自己行为的发展到关注自己的心理特质，从而能够独立自主地支配和调节自己的活动和行为，并逐步完善对自己和别人的心理特质的评价。

第四，自我评价能力提高。青春期是自我评价能力迅速发展并逐渐成熟的时期。青少年的自我评价的受暗示性和片面性减少，而且自我评价的范围也比学龄期时扩大。稍年长的青少年的自我评价能力无论在主动性和全面性上，还是在深刻性上，都逐渐向成人靠拢，并且自我评价的辩证性有了较高水平的发展。

第五，不平衡性和矛盾性。自我意识的发展在高中阶段已接近成熟，但仍不完善，且较

---

1 韩进之，魏华忠. 我国中小学生自我意识发展调查研究. 心理发展与教育，1985，1: 11~17.

高级的自我意识发展还很不平衡。青少年的自我开始分化，整体的自我分化为主体我和客体我，并出现了理想我和现实我。自我的分化同时也带来了自我的矛盾性，产生主体我对客体我认识和评价的准确与否、现实我与理想我贴切与否等问题。另外，还可能会出现主体我与客体我的矛盾斗争，造成对自我的肯定或否定的认知。

👁 专栏9-2

心理学家马库斯如何开始对自我产生研究兴趣？

　　我对自我和人格的兴趣源于我吃惊地发现，在我相对同质的家族中生活在一起的人居然有如此大的差异。20世纪60年代早期，我家从英格兰搬到圣地亚哥的加尼弗尼亚与我父亲的兄弟们及其家人住在一起。三个家庭常常在一起度周末或假期。在为即将来临的假期计划的过程中，我们会集体回忆去年的旅行经历。我的叔叔，常会说一些这样的话，"我们再去一次湖边吧，游泳真是美妙无比，还有许多大石头可以让我们进行跳水。还记得我们一起去滑水那天多么愉快吗"。我的另一个叔叔，一个喜欢低脂、不含防腐剂的食品，在食品安全方面走在他所处时代之前的预言家就会打断说："我不相信你还想再去那儿，那儿的食物有毒，充满了化学药品，除了在驻地吃的一些难吃的东西以外，那儿什么也没有。"这时，我那总是很在意"底线"的叔叔会说，那是因为那儿的住宿太贵，也因为我们没有在那儿待足够的时间。也许今年应该去露营。"不"，我的母亲会抗议说露营意味着我们会忍受比去年还要多的虫子，她还会详细地数落那些蚊子、黑苍蝇、蜘蛛等。那时我才11岁或12岁，这类讨论总是争来争去地进行着，我记得我曾问自己："他们说的是哪一次旅行，我去了没有？"

　　并不是我们所有人都度过了一个十分愉快的家庭旅行，而似乎是各自去了不同的地方旅行。想想我的旅行，我记不起任何的虫子，我认为食物是美味的（特别是那黄褐色的春卷让我觉得徒步去乡下比这次旅行还更值得）。我没有想过住宿得付钱的事；当然，我确实记得叔叔提到过的滑水，不过我不记得它好玩。那是我的第一次旅行，没有人告诉我落水后要把绳子弄开。我大概记得差点儿淹死。叔叔把这次旅行作为整个假期里最精彩的一部分来回忆让我感到吃惊。当时，我记得我环视了婶婶的大餐厅的桌子，我知道我们大家在同一时间同一地点，这是可以用文件证明的。然而，我们每个人都表现出是独自去避暑似的。每个人度过了我们的假期，并根据自己所关心的和所害怕的来包装各自的想法和记忆。

　　资料来源： L.A.柏文. 人格科学. 周榕，陈红，等译. 上海：华东师范大学出版社，2004：183.

（三）自我认同感

　　自我认同感（self-identity），也称自我同一性，是指青少年在对自我的思考和探索中，从别人对他的态度中以及从自己扮演的各种社会角色中，逐渐认清了自己，对自己的过去、现在和将来产生一种内在的连续感。埃里克森认为，自我同一性由连续性（continuity）、一贯性（consistency）和一致性（sameness）3个要素构成。这就是说，第一，人必须体验到内部一致性才能保证行动和决定不是任意的，获得确定一致的价值观、原则和社会期望，进而指导和规范一个人的行为；第二，内部一致性是跨时间连续的，即过去的行动和对将来的希望被体验为与现在的自我相关；第三，同一性体现在社会关系和角色中，社会关系和角色支持证实整合、连续的同一性。[1]

1. 自我认同感的四种发展水平

马西娅（Marcia）根据危机/探索与承诺两个标准，将自我认同的发展水平划分为自我认同扩散、自我认同早闭、自我认同延迟、自我认同完成4种状态。[2]自我认同扩散（弥散型），个体对自己的探索是肤浅的或者根本没有过对自己的探索，同时缺乏对明确价值观和目标的投入。这类人情感淡漠，对今后的生活无动于衷，如"我不知道也懒得去想自己将来该干什么"。自我认同早闭（排他型），个体获得了自我认同感，但他们大多将父母或社会的期望和建议纳入自己的价值体系之中，并未体验过明确的自我探索和思考。如"我父母希望我成为医生，那我应该成为医生"。自我认同延迟（延缓型），个体正在寻求自我认同，积极探索自己在价值观、信念、人生方向等方面的各种可能性，但还未作出最终决定。自我认同延迟通常被认为是自我认同感发展的一个阶段。如"我仍在探索和思考自己价值观和信念，不能确定哪一种最适合我"。自我认同完成（成就型），个体通过积极的自我探索与思考，已经做出了自己的决定，明确了自己的价值观、目标、发展方向和生活的意义，并对自己的这些选择全力投入，形成自我认同感。如"经过多方探索和比较，我最终确定了自己该信仰什么，不该信仰什么"。如果个体总是无法获得明确的认同感，会使得他们变得痛苦、压抑、失去自信，甚至导致消极的自我认同，变成自己不想成为的人，成为罪犯或者失败者。

2. 自我认同感的发展趋势

自我认同感的形成发生于青年后期即大学阶段，相比高中阶段，大学阶段自我认同感的发展较快。大约到青春晚期青少年才能从自我认同扩散或自我认同早闭水平进入自我认同延迟水平，并获得自我认同感。迈克曼（Meilman）发现在12~18岁有很多个体是自我认同扩散和自我认同早闭的；随着年龄增长，自我认同扩散和早闭的学生数相应减少；21岁之后，大部分个体才达到自我认同感延迟水平并获得稳定的认同感。[3]

自我认同感的发展趋势是否存在性别差异？女性在大部分领域中的认同感与男生没有差

1　Welchman K.. *Erik Erikson: His life, work, and significance*. Philadelphia, PA: Open University Press, 2000: 50.

2　Marcia J. E.. Identity in adolescence. *Handbook of adolescent psychology*, New York: Wiley, 1980: 159~187.

3　Meilman P. W.. Cross-sectional age changes in ego identity status during adolescence. *Developmental Psychology*, 1979, 15（2）: 230.

异，当代女性可能更加重视对性别角色以及家庭职业之间的平衡等方面的认同。并且，不同领域的自我认同感的发展可能是不平衡的。阿彻（Archer）对6~12年级学生在职业选择、性别角色态度、宗教信仰和政治意识形态上的自我认同感进行测量发现，大部分个体在这4个方面的自我认同感发展分布在两个甚至三个水平上。[1]这表明，青少年可能已经在某一领域达到了自我认同完成，而在其他领域还处于自我认同感发展的较低水平。

3. 自我认同感危机

个体在青春期阶段需要完成的发展任务是解决自我认同感危机。认同感危机是指青春期个体对他们现在和将来在生活中的角色感到混乱，从而体验到的不确定性和不适应性。如果个体不能建立并保持自我认同感，就会出现自我认同感危机，即不能确定自己是谁，不能确定自己的价值观或生活方向。

鲍迈斯特指出存在两种不同类型的认同感危机：自我认同感缺乏和自我认同感冲突。如果个体没有形成充分的自我认同感就会产生自我认同感缺失。当个体面临重要的人生抉择时，都会从自己的内心寻找答案，如"我要上大学吗""我应该选什么样的专业""我应该找什么样的工作""我应该结婚吗"。一般来说，大部分人都能找到答案，做出相应的决定并付诸行动。但自我认同感缺失的个体却会遇到麻烦，因为他们很难从内心找到做出某种选择的原因，进而陷入迷茫、困惑和抑郁。而自我认同感冲突是指个体在两个或者多个方面上的自我认同感不相容的现象。自我认同感冲突是一种"双趋冲突"，即两个方面都是个体想实现的，但某一个方面的实现会使另一方面无法实现。当个体面临类似"双趋冲突"的抉择时，就会产生认同感冲突。比如，大学生小明毕业时既想找工作，又想考研继续深造，找工作可以解决当前他家面临的经济困境，而考研可以进一步提升自己，对未来的发展更好，小明不知道如何抉择。自我认同感冲突经常涉及自责、愧疚感，这些人经常觉得自己让自己和他人都失望了。

解决认同感危机需要两个步骤：其一，决定哪种价值观对个体而言是最重要的；其二，将这些抽象的价值观转化为实际行动。[2]比如，某人认为对自己而言最重要的是事业有成，然后他便努力学习职业相关的理论知识，培养和训练自己的职业技能，锻炼自己的个人能力，为未来的职业生涯做好准备。当这个人开始朝着目标努力时，他便解决了自我认同感危机，获得了自我认同感。

1　转自（美）David. R. R.. 发展心理学：儿童与青少年. 邹泓，等译. 北京：中国轻工业出版社，2005：459.

2　Baumeister R. F.. Identity, self-concept, and self-esteem: The self lost and found. *Handbook of personality psychology*, New York：Academic Press，1997：681~711.

第二节
学业自我概念

自我概念是自我意识的认知成分，在个体众多的自我概念中，学业自我概念与学生的学习生活和学业成就直接相关，关乎学业的成功与失败。为什么有的学生从普通班转到重点班后成绩反而下降了呢？这与他的学业自我概念有关系吗？

一、什么是学业自我概念

研究者对学业自我概念主要从认知、情感和评价3种不同角度界定。一种是从认知的角度界定，如伯恩（Byrne）认为，学业自我概念是指个体在成就情境中对自己的知识的知觉。[1]豪斯（House，1992）认为，学业自我概念是个体对其学业能力的自我知觉，对自己在学业任务中能否获得成功，能否掌握某一具体、确定的学业任务的预期和判断。[2]

第二种是从评价角度界定，认为学业自我概念是指学生对自己在学业任务中的表现或能力高低的评价。多数心理学家综合了认知和评价两种观点。例如，加兹维尼（Ghazvini）提出，学业自我概念是学生对自己学业方面的特长、能力和知识形成的稳定的知觉和评价。[3]林崇德等人认为，学业自我概念是指个体在学校情境中对自己的学习行为和学习能力的觉知和评价。[4]

第三种是从情感角度界定，如马什（Marsh）认为学业自我概念应包括学业情感体验。邦等人（Bong & Clark）明确指出学业自我概念由认知和情感维度组成。[5]

综合上述3个方面，学业自我概念是指个体在学业情境中形成的对自己学习行为和学习能力的认知、评价和体验。

1 Byrne B. M.. The general/academic self-concept nomological network：A review of construct validation research. *Review of educational research*，1984，54（3）：427~456.

2 House J. D.. The relationship between academic self-concept, achievement-related expectancies, and college attrition. *Journal of College Student Development*，1992：5~10.

3 Ghazvini S. D.. Khajehpour M. Gender differences in factors affecting academic performance of high school students. *Procedia-Social and Behavioral Sciences*，2011，15：1040~1045.

4 林崇德，杨治良，黄希庭. 心理学大词典（下）. 2003.

5 Bong M., Clark R. E.. Comparison between self-concept and self-efficacy in academic motivation research. *Educational psychologist*，1999，34（3）：139~153.

二、学业自我概念的结构

学生的学业自我概念由哪些成分组成？它们之间是怎样的关系？以下介绍3种有代表性的观点。

（一）沙维尔森结构模型

沙维尔森（Shavelson）提出了自我概念的多维度层次性结构模型。他首次将自我概念区分为学业自我概念与非学业自我概念，其中学业自我概念又被分为具体学科的自我概念，如语文、数学、历史等，非学业自我概念被分为社会、情绪、身体自我概念。

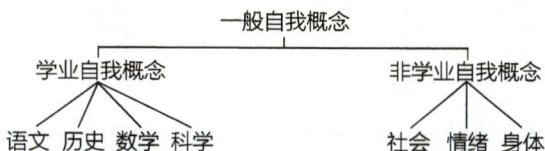

沙维尔森（1976）的自我概念多维度层次模型

（二）马什/沙维尔森模型

马什提出两种基本学业自我概念：数学和语文学业自我概念。随后他又对沙维尔森模型做了进一步修订，用学业语言和学业数学自我概念来代替学业自我概念，下面包括各种具体学科领域的自我概念以及一个学业自我概念。

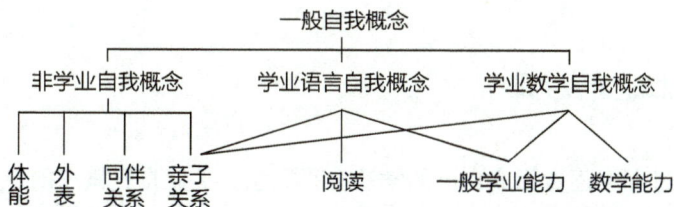

马什和沙维尔森（1985）修订后的学业自我概念结构模型

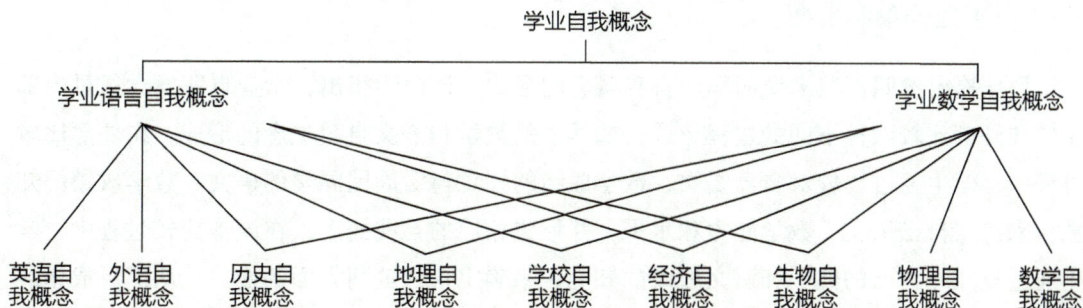

马什等人（1988）进一步修订后的学业自我概念结构模型

（三）桑—哈蒂模型

桑和哈蒂（Song & Hattie）对沙维尔森模型进行修正，把学业自我概念直接分为班级自我概念（个体在班级活动中的自信心）、能力自我概念（个体对自身能力的自我知觉）以及成就自我概念（个体对自己实际成就的自我知觉）3个部分，能力和成就自我概念又可细分为数学、语文、社会研究和自然科学4个领域。学业自我概念的内容更加结构化和具体化。

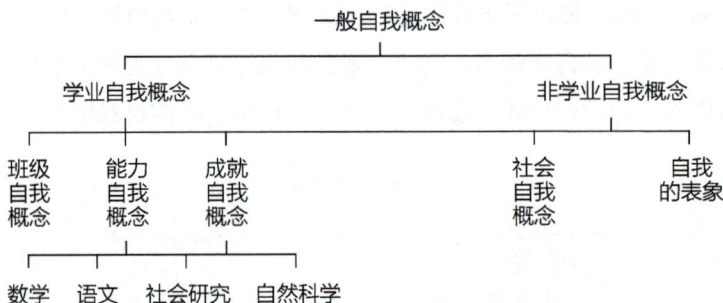

桑—哈蒂（1984）的学业自我概念结构模型

综上，学生的学业自我概念存在学科相关的自我概念和非学科的自我概念两类，前者对应为学生学习的具体科目，分为文科相关的如语文、数学、历史等"语言学业自我概念"和理科相关的如数学、物理、生物等"数学学业自我概念"。因学生对自己不同科目学习状况的认识和评价不同而异。后者涉及学生学习生活的相关方面，如班级、学习能力、学习成就等。

三、学业自我概念的形成

学生在学习过程中逐步形成自己的学业自我概念。学业自我概念的形成主要有以下几种模型。

（一）内外参照模型

马什提出参照模型来说明学业自我概念的形成。该模型指出，学业自我概念通过内部比较和外部比较两种不同的过程形成，如学生的数学和语文自我概念的形成，在外部比较过程中，学生通过比较对自己语文、数学成绩的知觉与对周围同学的语文、数学成绩的知觉，来确定自己语文、数学能力和水平，并形成相应的自我概念；在内部比较过程中，学生通过比较对自己的数学和语文成绩的知觉，来确定自己这两方面的能力，从而形成相应的自我概念。

　　萨尔维克（Skaalvik）提出了外部比较的4种参照对象：学校平均能力水平、班级平均能力水平、班级中特定学生的能力水平、班级外特定学生的能力水平。[1]同时他还提出了4种不同的内部比较过程：特定时间内不同学科之间相比较、不同时间内同一学科相比较、相同学科不同学校之间相比较、和自己所定的目标志愿相比较。正是在这些外部和内部的比较中，学生形成了关于自己学业的认识和态度的自我概念。

（二）大鱼小塘效应

　　在实际生活中我们常常会发现，某个学生刚刚从普通的学校考入重点学校或从普通班级调入重点班级，他的成绩不但没有上升，反而下降；相反，从重点学校或班级调入普通学校、普通班级的学生，其学习成绩反而会提升。这就是马什等人（Marsh & Parker）提出的大鱼小塘效应，加入高水平优秀学校的学生其学业自我概念会明显下降。这是因为学生将自己的学业成绩与其同学的学业成绩进行比较，并以比较的结果为基础形成个人的学业自我概念。

　　学生把其所在学校或班级的平均能力视作其比较的标准或参照系。当学生所在学校或班级平均能力水平发生变化时，其进行社会比较所需的参照系也随之发生变化，学生会发现自己的成绩低于或高于学校或班级的平均成绩，从而使得该生的学业自我概念降低或提升，进而影响该生的学业成绩。大鱼小塘效应可能随着年龄的增大而减小，年龄越大的学生，其学业自我概念形成可能基于更为广泛的评价标准，也会基于自己的学习能力进行自我评价，而不再单纯通过比较自己的学业成绩和同学的学业成绩以获得学业自我概念。

　　大鱼小塘效应有两种表现形式：①学生与那些成绩水平高的学生进行比较获得较低的学业自我概念，②与那些成绩水平低的学生进行比较获得较高的学业自我概念。这表明，学生加入的班级或学校的平均成绩水平与学业自我概念之间存在负相关，即加入成绩水平高的班级或学校会使学生形成低学业自我概念，而加入成绩水平高的班级或学校会使学生形成高学业自我概念。

　　此外，大鱼小塘效应还具有内容上的特殊性，主要表现为：①学校或班级的平均成绩水平只对学生的学业自我概念产生影响，而对非学业自我概念和总体自我概念影响不大。②学校或班级的英语平均成绩水平只对个体的英语学业自我概念产生影响，而对数学、历史和科学学业自我概念影响不大；学校或班级的历史平均成绩水平只对个体的历史学业自我概念产生影响，而对英语学业自我概念影响不大。

（三）同化效应

　　与大鱼小塘效应相反，同化效应则表明班级或学校的平均成绩水平对个体的学业自我概

1　Skaalvik E.M., Skaalvik S.. Internal and external frames of reference for academic self-concept. *Educational Psychologist*, 2002, 37（4）：233~244.

念有积极影响。学生可能会因为被选中加入高成绩水平的班级或学校，而感到自豪，进而导致其学业自我概念水平提高。

内外参照模型强调了自己同他人比较以及自己同自己比较；而大鱼小塘效应和同化效应都强调自己与他人的比较，前者侧重自己与他人比较中的对比效应，即班级或学校的平均成绩水平更高/低，学生个体的学业自我概念则更低/更高，后者侧重自己与他人比较中的同化效应，即班级或学校的平均成绩水平对学生个体学业自我概念的影响与大鱼小塘效应相反。那么，加入高成绩水平的班级或学校对学生产生的到底是消极的大鱼小塘效应还是积极的同化效应呢？马什等人对这两个效应进行了研究，结果发现了强烈的负向对比效应和微弱的正向同化效应，大鱼小塘效应的作用更为显著。[1]

四、学业自我概念与学业成就的关系

学业自我概念能促使学生根据学业目标调节、监控和维持有意义的学习行为，进而影响其学习成绩水平。伯恩认为学业成绩与学业自我概念的相关相对较高，而学业成绩与非学业自我概念的相关相对较低，并且具体某学科的成绩与其相对应的学科学业自我概念之间也存在较高相关。比如，语文和数学成绩与其相对应的学科自我概念存在高相关，语文成绩与数学自我概念以及数学成绩与语文自我概念之间存在较低相关。

那么，学业自我概念究竟是学业成绩的原因还是结果呢？当前对学业成绩和学业自我概念之间因果关系的解释主要有以下观点。

第一，自我增强模型。认为学业自我概念决定了学业成绩。即学生学业成绩的好坏受他认为自己能否学好的影响。学业自我概念具有动机性质，它通过影响个体的自我调节、自我监控、学习动机及情感态度间接地影响个体的学业成绩，所以学业自我概念的改变将引起学业成绩的改变。

第二，技能发展模型。认为学业成绩是因，学业自我概念是果，先前的学业成绩影响随后的学业自我概念。

第三，交互影响模型。认为学业成绩影响学业自我概念，同时学业自我概念也影响学业成绩，两者之间的关系是一种双向的、相互影响、互为因果的关系。在该模型中，学业自我概念与学业成绩的关系是自我提升和技能发展模型的综合。

第四，发展观。认为随着学生身心不断地成长，学业自我概念和学业成绩之间因果关系

1　Marsh H. W. , Kong C. K. , Hau K. T.. Longitudinal multilevel models of the big-fish-little-pond effect on academic self-concept: counterbalancing contrast and reflected-glory effects in Hong Kong schools. *Journal of personality and social psychology*, 2000, 78（2）: 337~349.

的顺序也发生了变化。主要表现如下：对于年龄较小的儿童而言，主要是学习成绩影响学业自我概念（技能发展模型），而对于年长的儿童和青少年来讲，主要是学业自我概念影响学业成绩以及两者之间的交互影响（自我增强模型和交互影响模型）。哈蒂认为这种发展趋势可以由以下两个方面来解释：一方面，年龄较大的儿童认知能力得到较好的发展，这使得他们能改善自我知觉，使得他们的自我概念与他人的评价指标更趋一致；另一方面，这种较高的认知技能使年龄较大的儿童开始进行社会比较，进而能形成更为和谐的自我概念。[1]

第三节
自尊的发展

🎯 **学习目标**

1. 掌握的概念与类型；了解自尊在各个年龄阶段的发展特点；了解自尊形成的影响因素。
2. 掌握提升自尊的技巧。

　　自尊是自我意识的情感成分，对个体的认知、动机、情感和社会行为等有着独特的作用，影响着个体的心理健康水平。自尊对我们有多重要？美国心理学家布兰登在其著作《自尊的六大支柱》中提出："自尊就像意识的免疫系统一样，为我们提供了抵抗力和再生力，一个人若无健康的自尊感就不可能实现自身的潜能。"[2]

一、自尊的概念与类型

　　自尊主要是指个人对自我价值（self-worth）和自我能力（self-competence）的情感体验，属于自我系统中的情感成分，具有评价的意义。按照不同的划分标准，自尊可划分为不同的类型。

（一）高自尊与低自尊

　　根据自尊的表现水平区分，高自尊是指个体对自己持有更为积极、正面的自我评价；低自尊是指个体对自己持有较为消极、负面的自我评价。高自尊个体具有较好的心理适应性，较易接纳自己，心理健康水平更高；而低自尊个体厌恶自己，或对自我感到困惑、不确定、

1　Harter S.. *The construction of the self: A developmental perspective.* Guilford Press，1999.
2　Branden N.. *The six pillars of self-esteem.* New York：Bantam. 1994：16~21.

矛盾等。但自尊不仅只有高低之分，还具有异质性差异。高自尊异质性（heterogeneity of high self-esteem）是指高自尊的性质不是单一的，而是存在多种类型，高自尊者的行为比低自尊者的行为更加复杂，如相对安全、稳定、非防御的高自尊和相对脆弱、不稳定且防御的高自尊。

（二）内隐自尊和外显自尊

根据自尊的表现方式区分，外显自尊（explicit self-esteem）指个体在意识中能够确认的一种自我评价，是有意识的、内省的、非自动的自尊；内隐自尊（implicit self-esteem）指个体在无意识或潜意识状态下对自我相关事物的评价，是无意识的、非内省的、自动的。与外显自尊相比，内隐自尊能更真实、准确地反映个体对自己的态度。

（三）整体自尊和具体自尊

根据自尊的结构层次区分，整体自尊（global self-esteem）指人们通常对自我总体的积极或消极态度，表达了个人对自己的一般的和抽象的评价和自我感受；具体自尊（specific self-esteem），又称特殊自尊，是指个体对自己在特定领域的能力或特质的评价和体验，它对应于某一具体领域或方面，如学业自尊、容貌自尊、社交自尊等。

（四）特质自尊和状态自尊

根据自尊的稳定性区分，特质自尊（trait self-esteem）指一般的、稳定的、个人对自己的情感性评定，它相对稳定，不易受其他因素干扰；状态自尊（state self-esteem）则指在某种情景或状态之下个体对自己的情感性评价，它具有波动性、不稳定性，易受当时所处的外界条件影响。

另外，还可以根据自尊的内容分为身体自尊、学业自尊、运动自尊、社会自尊等多种类型，不同的自尊的内容对应不同的自我相关领域。

二、自尊的结构

自尊是由不同成分组成的有层次的结构。那么，自尊是由哪些成分构成的？各成分之间的关系及其相互作用又是怎样的呢？研究者提出了如下不同假设。

（一）单因素结构

詹姆斯认为自尊就是指个体的成就感，自尊的水平完全取决于个体在实现其设定目标的过程中或成功或失败的感受。他提出的一个著名公式：自尊=成功/抱负，从公式中可以看出对个体自尊有重要影响的不是个体获得的实际结果，而是个体对所获得结果的认知，即个体对所获结果重要性的主观评价。

（二）双因素结构

波普（Pope）等人认为自尊是由知觉的自我（perceived-self）和理想的自我（ideal-self）构成。[1]知觉的自我就是自我概念，是个体对自己是否具备各种技能、特征和品质的客观认识。理想的自我是个体希望成为什么人的一种意向和一种想拥有某种特性的真诚愿望。当知觉的自我和理想的自我相一致时，自尊是积极的；当知觉的自我与理想的自我不一致时，自尊就是消极的。

（三）四因素结构

史密斯（Cooper Smith）认为自尊由4个部分组成：①重要性，即一个人是否感觉到自己受到生活中其他重要人物的喜欢和赞赏；②能力，即是否具有完成他人认为很重要的任务的能力；③品德，即达到伦理标准和道德标准的程度；④权力，即影响自己的生活和其他人生活的程度。[2]

（四）多因素结构

根据自尊的不同内容，姆博亚（Mboya）认为自尊由家庭关系、学校、生理能力、生理外貌、情绪稳定性、音乐能力、同伴关系、健康8个维度构成。[3]魏运华等人对中小学生的研究发现，儿童的自尊主要由外表、体育运动能力、成就感、纪律和公德与助人6个因素组成。[4]

三、自尊的形成与发展

作为一种自我意识情绪，自尊萌芽于3岁左右。个体的自尊发展不稳定，并不是一直处于上升的发展趋势，而是存在转折时期。

（一）婴幼儿期

婴儿期的早期经验是自尊形成的基础。根据情感模型假设，早期自尊形成以两种情感感

1　Pope A.W., McHale S. M., Craighead W. E.. *Self-esteem enhancement with children and adolescents*. Pergamon Press，1988.

2　Coopersmith S.. *The antecedents of self-esteem*. San Francisco：WH freeman，1967.

3　张文新. 儿童社会性发展. 北京：北京师范大学出版社，1999：395.

4　魏运华. 父母教养方式对少年儿童自尊发展影响的研究. 心理发展与教育，1999，3：7~11.

受为特征，即归属感和掌控感。[1]归属感是指被爱的感觉，以及由此带来的安全感。掌控感是指对世界能够施加影响的感觉，表现为对日常生活的控制。不同依恋类型的儿童，其归属感与掌控感的获得可能是不同的。回避型依恋的婴儿可能形成掌控感，但他们缺乏归属感，没有表现出与母亲很强的情感联系；焦虑或矛盾型依恋的婴儿可能表现出归属感，但不大可能形成掌控感，他们很容易悲伤，也不愿意接触世界；只有安全型依恋的婴儿才会同时具有很强的归属感和掌控感，因而可能形成高自尊。

在3岁左右，个体的自尊感开始萌芽，如犯错后感到羞愧、担心别人的嘲笑、不愿被人当众训斥等。随着幼儿的认知、社会技能和自我评价能力的发展，及其自主活动能力的提高，在与同辈群体的比较和接受成人的评价的过程中，他们发展出更为明确的自我认识以及更为丰富和深化的自我体验，特别是他们开始发展出社会情感的自我体验，如委屈感、骄傲感与羞愧感等。在韩进之等人的研究中，幼儿体验到自尊感的分别为：3~3.5岁的儿童体验到10%，4~4.5岁的体验到63.33%，5~5.5岁的体验到83.33%，6~6.5岁体验到93.33%。他们还发现，学龄前儿童的自尊感、羞愧感和委屈感发展较慢，自尊感稳定于学龄期。[2]除了幼儿体验到的自尊随年龄增加之外，幼儿也表现出较高的自尊水平。4~7岁的儿童可能处于自我膨胀阶段，因此他们倾向于在所有方面积极评价自己。

幼儿的自尊发展可能存在性别差异。杨丽珠和张丽华发现，4岁和7岁可能是自尊发展的转折年龄，并且此阶段存在显著的性别差异，女生自尊发展水平显著高于男生。[3]但总体自尊分数由不同的项目分数相加得到，这并不能充分证明自尊的性别差异，因为也许男孩在某一方面自尊得分较高，在另一方面自尊得分较低，而女孩在两种自尊上的得分情况与男孩相反，但他们的总体自尊分数差异不大。帕拉斯等人用由5个因素组成的儿童自尊问卷对儿童进行追踪研究发现，在运动和外表两个维度上，男孩比女孩高；而在性格、个人责任和学业上女孩比男孩高。[4]男生和女生可能因为表现自尊的内容和形式不同，因而总体自尊水平表现出差异。

（二）童年期

在儿童早期随着年龄的增长，自尊水平不断提高，然后自尊呈现相对稳定的趋势。在整个小学阶段，儿童的自尊基本保持稳定。童年期自尊发展的一个显著特征就是儿童开始与同龄人进行社会比较。该阶段，儿童的自我认知和自我评价发生重大变化，他们开始综合多方面对自己进行评价，并且通过社会比较，他们可能会在学业成就等方面体验到挫折感，儿童

1　（美）乔纳森·布朗. 自我. 陈浩莺，等译. 北京：人民邮电出版社，2004.

2　韩进之. 儿童个性发展与教育. 北京：人民教育出版社，1994：77~78，152.

3　佘双好. 毕生发展心理学. 武汉：武汉大学出版社，2013：281.

4　Pallas A. M., Entwisle D. R., Alexander K. L., et al.. Social structure and the development of self-esteem in young children. *Social Psychology Quarterly*，1990：302~315.

的自尊水平甚至可能有所下降，但下降程度不足以造成伤害。并且，大多数儿童对他们自己的特点和能力能有现实的积极的评价，能保持基本的自尊，大约8岁起，儿童的自我评价和他人对儿童的评价越来越接近。

对儿童自尊结构的研究发现，3~9岁儿童自尊结构包括重要感、外表感和自我胜任感3个维度。自尊的这3个维度之间密切联系，重要感是儿童自尊发展的基础，外表感是自尊获得的重要途径，自我胜任感是儿童自尊发展的最高表现形式。[1]

此外，童年期儿童自尊的发展也存在性别差异，男孩的自尊发展可能高于女孩。国内研究者程学超和古传华发现小学男生自尊发展显著高于女生。[2]国外研究者布洛克等人（Block&Robins）也发现，总的来看，从儿童早期到青春期男性的自尊趋于增高，而女性的自尊则趋于降低。[3]

（三）青春期

青春期个体的自尊发展极不稳定，自尊呈现下降的趋势。总的来说，个体的自尊水平在13~15岁（初中阶段）明显下降，但国外研究者认为12~13岁（七年级）是自尊发展的转折阶段，而国内研究者则认为从八年级开始自尊呈现下降趋势。可以发现，我国儿童自尊发展发生转折的时间似乎要比国外儿童晚一年左右。青春期自尊下降的原因是青少年对自己的长处和不足有了更现实的了解；他们从小学升入中学时会产生暂时的对自己的不确定感；对自己的身体变化也不满意。[4]青少年在走出童年开始寻求稳定的成人认同感的过程中，面临着生理的成熟、认知的发展和社会情境等一系列变化。例如，第二性征出现、自我意识的迅速增强导致过度的自我关注，更关注自己的形象和别人对自己的看法，并且更经常地与同学进行社会比较，小学升入初中带来的学业变化和人际关系变化的压力等。这一系列变化常常使青少年感到紧张和压力，使他们怀疑自己、怀疑自己的能力，从而削弱自尊。

青少年自尊的各成分发展有所不同。刘春梅发现，初中生在利他自尊、人际自尊、生理自尊和自尊的总分上存在显著的年级差异，八年级学生的自尊水平显著低于七年级，而八年级与九年级学生的差异不显著，表明八年级是利他自尊、人际自尊和生理自尊发展的转折点。[5]

青春期个体的自尊是否存在性别差异？大部分国内外学者都认为青少年总体自尊不存在性别差异。男女在总体自尊上的因素结构是相似的，女性可能在某些因素上表现出较高的自尊，而男性则在另一些因素上表现出较高的自尊，因此男女自尊的总体水平不存在显著差

1　杨丽珠，张丽华. 儿童自尊的发展与促进. 合肥：安徽教育出版社，2011：56.
2　程学超，谷传华. 母亲行为与小学儿童自尊的关系. 心理发展与教育，2001（4）：23~27.
3　Block J, Robins R. W.. A Longitudinal Study of Consistency and Change in Self - Esteem from Early Adolescence to Early Adulthood. *Child development*, 1993, 64（3）：909~923.
4　Sigelman C., Rider E.. *Life-span human development*. 7edition, Wadsworth, 2010：357.
5　张丽华，杨丽珠. 儿童自尊的发展与促进. 合肥：安徽教育出版社，2011：57.

异。魏运华发现，少年儿童在自尊的总体水平上不存在性别差异，但在个别因素上存在差异，男生在体育运动因素上自尊显著高于女生，女生在纪律因素上显著高于男生。[1]但也有部分研究者发现了青少年的自尊存在性别差异。例如，索恩等人（Thorne & Michaelieu）发现，青春期男孩的自尊比女生有更多的提升[2]；布洛克等人发现，女孩的自尊到了青春期以后比男孩下降的幅度大[3]。可能因为在青春期，女生比男生更关注自己的外表，她们对自己身材和相貌的满意度下降。

（四）成年期

度过青春期后，个体的自尊水平在成年期早期逐步上升，在成年中期达到相对平稳的"高原状态"，在成年晚期又开始下降。因为成年中期个体心理成熟度以及心理和社会适应水平达到顶峰，其婚姻、家庭、事业都进入稳定的阶段，此时个体的精力充沛，在事业上成就感和创造性十足，同时还能指导和教育下一代成长，这些都直接导致个体自尊水上升且保持相对稳定。成年晚期个体的自尊水平急剧下降，因为成年晚期负性生活事件出现的概率增加，如退休、丧偶、衰老、疾病、社会经济地位下降、孩子独立等，这些都可能会对个体的自我体验带来巨大冲击，引起个体对自己以及对自己能力的信心下降，自尊水平随之下降。

四、自尊发展的影响因素

随着个体的生理和心理的发展成熟，个体的自尊也在与社会的交互作用中不断发展。

（一）影响自尊发展的个人因素

生理因素。随年龄的增长，个体自我意识及自我评价能力不断增强，这直接影响了自尊的发展水平。因此，在不同的年龄阶段，自尊的发展表现出不同的特点。

心理因素。①自我期待。个体自我期待的行为结果若与实际结果一致，自尊就会朝向积极的方向发展；反之，若实际结果不如预期结果，个体将会体验到挫折感，自尊水平降低。②归因方式。归因是指个体根据有关信息、线索对行为原因进行推测与判断的过程。积极的自我归因能够提升自尊，而消极的自我归因则会减损自尊。比如，如果一个学生将自己某次考试的失利归因于外部的偶然因素（考试太难、运气差），或者将某次考试的成功归因于内

1　魏运华. 少年儿童的自尊发展与人格建构. 社会心理科学，1998，1：8~14.

2　Thorne A., Michaelieu Q.. Situating Adolescent Gender and Self-Esteem with Personal Memories. *Child Development*，1996，67（4）：1374~1390.

3　Block J., Robins R.W..A Longitudinal Study of Consistency and Change in Self - Esteem from Early Adolescence to Early Adulthood. *Child development*，1993，64（3）：909~923

部的稳定因素（自己的能力强、努力），这就是积极的自我归因，能提高自尊；反之，如果学生将失利归因于自己能力不足，将成功归因于运气好，这是消极的自我归因，会减损个体自尊。③自我提升和自我保护动机。自我提升和自我保护动机是高、低自尊者的行为动机。高自尊者的行为动机来自于对自我提升的关注，他们希望别人钦佩自己、看重自己，往往通过成功来提升自我概念；而低自尊者的行为动机来自对自我保护的关注，他们也希望得到别人的赞扬，但往往通过避免失败来维护自我概念。

（二）影响自尊发展的社会因素

家庭因素。①教养方式。在儿童自尊的形成过程中，父母的作用至关重要。温和、支持、民主的教养方式使孩子能感受到自己的价值，更易形成积极正确的自我评价，有利于提高自尊水平；反之则会阻碍子女的自尊发展。②亲子关系。无条件的归属感和掌控感是自尊的重要成分，这些情感通常在生命早期发展，是亲子相互作用的结果。早期父母对孩子的关爱、尊重、支持和帮助，是孩子建立积极自尊的重要条件。孩子感受到的父母的情感温暖和理解越多，自尊水平越高。

学校因素。①师生关系。个体成长过程中除了家庭外，学校的师生关系对其自尊的发展相当重要。教师对学生的支持、关心、鼓励和期望都会有利于儿童自尊的发展。②同伴关系。早在4~5岁时，儿童就开始使用社会比较信息获知在许多方面自己和同伴的优劣，随着年龄的增长这种比较不断增长，这对儿童的自尊形成有重要作用。此外，如果个体有适当的同伴，并为群体所接纳，那么他的自尊就会提升。相反，如果个体总是被同辈群体排斥，那么他就会对自己产生消极的评价，降低自尊。③学业成就。在学校里的成功体验是影响自尊的重要因素。一般来说，学业上的成功会导致自尊的提高。

五、如何提升自尊

高自尊表现为积极的自我体验和自我价值感，是个体较高幸福感的重要特征，更有利于儿童和青少年成长。通过以下方法可增强儿童和青少年的自尊。

第一，找出自尊较低的原因，鼓励儿童和青少年去发现自己擅长的领域并发展所长。每个人的天赋不同，有的擅长英语，有的擅长数学，有的擅长体育，孩子们在各自擅长的领域中更容易体验到成功感、成就感，进而提升自尊。

第二，帮助儿童和青少年获得知识技能、培养人际关系和处理问题的能力，并帮助他们在自己重视的领域获得一定成就。具备某领域的知识技能是个体在该领域取得成功的前提条件，培养孩子们在其重视领域中的知识技能有助于他们获得成功体验。

第三，帮助儿童和青少年树立自信，相信自己有能力做些什么。自信心是成功的一半，一旦建立了自信，个体就变得乐观、豁达、坚定，无形中为成功奠定了基础。

第四，给予儿童和青少年情感支持和社会认可，关心和鼓励他们并及时予以适当赞许，让他们看到自己的重要性。对遭受失败的人及时表达关心，鼓励他们分析问题所在，并解决问题；对获得成功的人，及时给予肯定和赞赏。

第五，鼓励儿童和青少年积极应对自己发展过程中出现的问题，引导他们面对问题并尝试解决问题，而不是回避问题。面对困难和挫折，鼓励他们迎难而上，从多方面、多角度尝试解决问题。

👁 专栏9-3

心理学家库伯·史密斯在《自尊的前提》一书中指出有5个方面与孩子的自尊有关。

一是孩子体验到他人对自己的思想、情感和价值的完全接受；

二是孩子生活于一个有明确界定和强制约束的环境中，在这个环境中可以受到公正的对待，不受压迫，凡事可以与人协商；

三是孩子体验到父母对其作为人的尊严的尊重，父母能够严肃对待孩子的欲望和要求，两者在一个仔细划定的范围内讨论家庭规则；

四是父母对孩子的行为举止持有较高的标准和期望，而不是"怎么样都行"的态度；

五是父母自身也有较高的自尊，他们以切身的经历为孩子做出榜样。

第四节
自我导向

🎯 学习目标

1. 掌握制定自我发展规划的方法。
2. 了解自我管理理论。

心理学家詹姆斯曾描述过早上努力起床的情境"我们知道，在寒冷的早晨，在一个没有火的房间起床会怎样，也知道在我们内心的重要原则是如何对抗这一严酷的考验的。可能许多人会躺在床上一小时之久，却无法振作起来解决这个问题。我们心里想会迟到的，今天有许多工作要受影响；我们说'我必须起床了，这太可耻了'等。但温暖的床太舒服，外面的严寒太残酷，决心渐渐变淡，还一次一次地拖延"。

多数人都很熟悉这样的场景，这需要自我控制和自我管理的参与，涉及自我意识的行为层面。在此，我们将其统称为自我导向（self guides），它有两层含义，一是指个体设定自己要达到的目标即自我规划，二是指个体管理自己，以朝向目标实现的能力即自我管理（self regulation）。儿童和青少年的自我意识发展还不成熟，需要加以积极引导，以指导和规划他们的人生，促进其积极健康成长。

一、自我规划

自我发展规划是设定目标的过程，是基于对自我的充分认识，预先设计和安排如何实现理想自我的过程。常用的自我发展规划方法有两种，一是自我规划五步法，二是自我态势分析法。

（一）自我规划五步法

指通过回答5个有关自我的问题实现对人生的规划。规划建立在了解和认识自我的基础上，本章第1节"有多少个自我"部分详细分析了自我概念的构成，这些划分自我的视角都有助于我们客观、多角度地认识自我。五步规划法的具体做法见表9-2。

表9-2 自我规划五步法

问　题	回　答
我是谁	要从生理、心理和社会角色3个方面着手回答这个问题，越具体越好。如"自己的健康状况如何，身体各方面的机能状态如何，自己性格上有哪些优点，自己承担了哪些社会角色，这些角色的责任和义务是什么"等
我想做什么	这涉及个体的内在需求和兴趣爱好。要根据自己的兴趣爱好来制定自我发展规划，而且这种兴趣应该是基于自己的情感和价值观而形成的比较持久稳定的兴趣，这直接关系到个体在执行自我规划的过程中能否持之以恒
我会做什么	这涉及个体的能力，不仅包括自己现在具有的、已被自己发现了的能力，还包括那些尚未被自己识别的能力，即潜能。对自己能力充分认识可以帮助个体了解如何扬长避短，如何发掘自己的潜能
环境支持我做什么	这里的环境既指与个体直接发生作用的小环境（如个体的家庭、朋友圈子），也包括间接影响个体的大环境（如个体所在国家的经济、政治以及社会文化状况）。个体在进行自我规划的过程中，能够了解在当前环境中自己能够做些什么，环境中的哪些因素可以为自己将要进行的活动提供帮助，哪些因素又会形成阻碍
我的职业与生活规划是什么	在对上述4个问题做出了详细的、合理的回答之后，就需要做出具体的自我发展规划。首先，要提出发展目标。目标必须是明确的、可衡量的、可达到的、实际的和有时间规定的。其次，要将目标细化。自我规划的目标一般是比较长期的总体目标，只是指出一个总的方向，应将这一目标细化为更为具体的中短期目标，这样目标才能在执行自我规划过程中起到引导、矫正个体行为的作用

（二）自我态势分析法

另一种是自我态势分析法，又称为SWOT分析法，SWOT 4个英文字母分别代表优势（strength）、劣势（weakness）、机会（opportunity）和威胁（threat）。主要从内部条件（SW）和外部条件（OT）分析，帮助个体准确、客观、全面地认识自己及所处环境，发现已出现的问题，找出解决办法，并明确未来发展方向，从而做出最佳决策（见图9-3）。

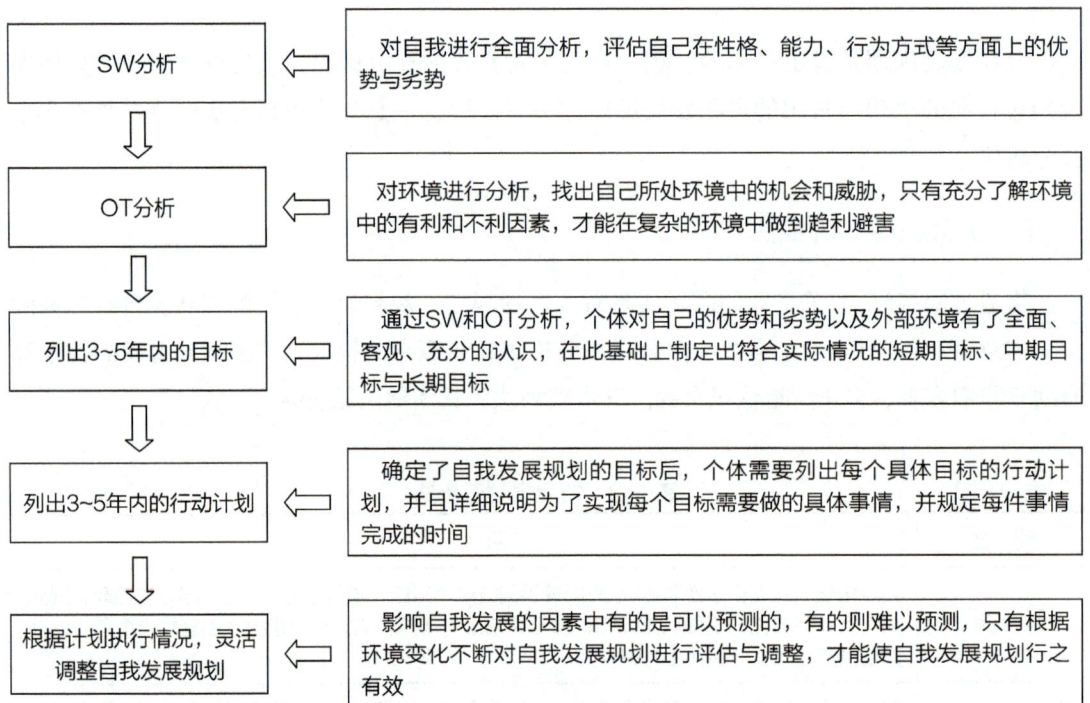

SW分析	⇐	对自我进行全面分析，评估自己在性格、能力、行为方式等方面上的优势与劣势
OT分析	⇐	对环境进行分析，找出自己所处环境中的机会和威胁，只有充分了解环境中的有利和不利因素，才能在复杂的环境中做到趋利避害
列出3~5年内的目标	⇐	通过SW和OT分析，个体对自己的优势和劣势以及外部环境有了全面、客观、充分的认识，在此基础上制定出符合实际情况的短期目标、中期目标与长期目标
列出3~5年内的行动计划	⇐	确定了自我发展规划的目标后，个体需要列出每个具体目标的行动计划，并且详细说明为了实现每个目标需要做的具体事情，并规定每件事情完成的时间
根据计划执行情况，灵活调整自我发展规划	⇐	影响自我发展的因素中有的是可以预测的，有的则难以预测，只有根据环境变化不断对自我发展规划进行评估与调整，才能使自我发展规划行之有效

图9-3　自我态势分析法

二、自我管理

个体朝向目标，努力实现目标的过程属于自我管理。在这个过程中，个体有时需要调整目标和计划，抵制外界诱惑，克服困难等。随着对动态自我研究的重视，不同的学者提出了关于自我发展过程中进行自我管理的理论。

（一）班杜拉自我管理模型

该模型注重表征目标、预测行为的结果、对成功或失败的归因以及自我效能的评价等认知变量在自我管理中的作用。目标具有动机性，激励人们行动的是目标的设定、对达到目标所需努力的估计以及对实现或未实现目标的后果预期。班杜拉区分了长远目标和近期目标，他发现特定的、有挑战性的、现实的和近期的目标比模糊的、不现实的、无挑战性的和长远的目标更有助于自我激励。但实现有挑战性的目标可能相当困难，为自己设立高目标的人也许更容易体验到失望、挫折和抑郁。班杜拉强调成功的自豪感和失败的负疚感是自我管理中强大的内在动力。正是通过这种自我强化（self reinforcement）过程，个体才能在缺乏外部强化物的情况下长期维持自己的目标导向行为。

班杜拉认为，自我效能信念在自我管理过程中起主要作用。首先，自我效能信念对确定目标水平起作用，个体只有觉得自己能实现目标时，才会接受有挑战性的目标。其次，自我效能信念影响个体对任务的情绪反应和努力程度，高自我效能信念个体在任务中经受的压力较少，而低自我效能信念个体的压力较大。再次，自我效能信念影响目标的设定，个体未实现目标时是感受到激励还是感受到挫折，受到其自我效能信念的影响。最后，自我效能信念还影响达到目标后的反应，将成功归因于自己的能力而不是运气才能获得巨大的快乐。

目标达成后，个体需要设定新的更高的目标，如此完善和重复自我管理的过程。

（二）斯奈德的自我监控理论

心理学家斯奈德提出了自我监控（self monitoring）的概念，自我监控是一种调节自我表现，使个人的行为适合情境的能力，是个体的一种社会适应机制。个体可能因为情境线索的不同而对自己行为的监察和调节程度不同。在斯奈德看来，高自我监控者对情境的适合性线索非常敏感，并能根据这些线索来调节自己的表现，这类人往往具有很好的变通性和适应性；反之，低自我监控的人较少注意社会情境中的信息和线索，并且总是根据自己的内在感受和态度行动，这类人的敏感性较低，适应性较弱。比如，高自我监控者总是能在适当的场合表现出适当的行为，在上课的时候能认真听课，在娱乐时能尽情放松；而低自我监控者的行为表现在不同的场合则可能更为一致，他们在正式上课时和娱乐时总是表现出认真严肃的样子。总之，自我监控水平高的人能在不同的社会情境下做出不同的反应；而自我监控水平低的人不太受情境的影响，外显行为与内部态度更加一致。

（三）埃蒙斯的个人奋斗理论

埃蒙斯认为，个人奋斗（personal strivings）是个体追求目标的一贯模式，目标追求代表个体通常尽力要做的事。个人奋斗表现为个体以其特有的行为方式选择并实现一个或多个预定目标，是个体在不同情境下希望实现目标的典型类型，如吸引异性注意力、努力取得好成绩等。值得注意的是，个人奋斗既包括要尽力达成的事又包括尽力避免的事，既可以是积极的（如"建立与他人的亲密关系"）也可以是消极的（如"不让太多的人接近我"），并且不同个体之间其生活由积极奋斗或消极奋斗构成的程度是不同的。

埃蒙斯指出个人奋斗具有如下特征。第一，个人奋斗对个体来说是独一无二的，尤其表现在构成个人奋斗的目标和一个人表达个人奋斗的方式上。尽管个人奋斗是个人特色，但还是可以找到一些共同的或规律性的个人奋斗类别，如积极的个人奋斗（考虑别人的需要）、成就（努力提高学习成绩）等。第二，个人奋斗包括认知、情感和行为的成分，三者之间要么相互联系要么相互独立。如"做个好人"包含了3种成分。第三，个人奋斗是比较稳定的，但也不是固定不变的。一个人要做的事随着情境的不同和生活的改变而变化。第四，一项个人奋斗中某个部分的实现并不代表整个奋斗过程的完成。第五，个人奋斗按等级序列组织，或相互联系或相互冲突。

总之，自我管理既强调认知变量的作用，又强调个体对情境的适应性，既强调个人特色，又强调共同规律性。只有这样，个体才能更好地实现自己的目标。

第五节
性别角色的发展

🎯 学习目标

1. 掌握性别角色与性别刻板印象的概念，了解在能力和人格上的性别差异，了解性别角色的形成、发展特点。
2. 了解心理的双性化问题。

男性和女性是人类最基本的分类，但两性除了生理上的差异之外，还存在社会行为上的差异。

一、性别角色与性别刻板印象

性别角色是指社会期望男性和女性表现出符合其性别的社会行为模式。如生活中父母教育女孩子应该乖巧、文静，教育男孩子应该勇敢、坚强。女孩子小时候一般喜欢洋娃娃和过家家，而男孩子一般喜欢汽车模型和玩具手枪。人们认为男性应该充满事业心和责任心，女性应该温柔贤惠，相夫教子。

"性别"一词简单来说指男女两性之别，英语中"sex"通常指的是男性和女性的生理差异，即生理性别，而"gender"通常指与社会文化有关的性别特征和性别差异，即社会性别。而性别角色的英文是"gender role"，所以性别角色关注的是社会性别。性别角色是指在一定的社会文化群体中，人们认为能代表男性或女性的典型行为与态度，或符合社会期望的男性或女性的典型行为与态度。性别角色按照内容可分为工具性角色和表达性角色，前者是一种针对男性的社会规范，即男性应该是具有影响力的、坚定的、独立的和富有竞争力的；

而后者是一种针对女性的社会规范，即女性应该是亲切的、富于感情的、善于照顾他人的、能敏感觉察他人要求的。

性别刻板印象是一种普遍的社会现象，是指对男性或女性应有行为模式的一种过于简单或偏激的看法和态度。性别刻板印象的内容有着跨文化的高度相似性，大部分社会文化要求男性应该勇敢、独立、理性、果断、坚毅、主动、阳刚，女性应该温柔、文静、被动、依赖、委婉、阴柔。其中，部分性别刻板印象曾深深植根于历史中（如女性应该"三从四德"、相夫教子，男主外女主内等），但随着社会的进步，这些性别角色已经发生了新的变化。女性已经从过去生育和抚养孩子的责任中解放出来了，并与男性一同承担赚钱养家的责任。

二、性别角色的发展与理论

（一）性别概念的发展

性别概念的第一步是区分男性和女性，并将自己归入其中的一类。简单的性别区分在很早就已实现，4个月的婴儿可以在感知觉测验中将男性和女性的声音与照片进行匹配。3岁时，儿童普遍对性别有了初步认识，他们能正确地识别自己的性别，并根据身体的外在特征判断他人的性别，如长头发穿裙子的是女人、短发的是男人等。而且，3~4岁的儿童也知道了性别是不会因时间而发生变化的，接受了性别稳定性；但此时性别的恒常性还不稳定，儿童对性别的辨认仍会受到个体外在特征的影响，如穿上裙子、戴上长假发的男孩就变成女孩。5~7岁的时候儿童具备了性别恒常性，认识到在任何情况下，性别都是不变的。

（二）性别角色刻板印象的发展

儿童在知道了自己的性别是男孩还是女孩的同时，就开始习得性别角色刻板印象。许多3~7岁的儿童易形成较牢固的性别角色刻板印象，将性别角色标准看作是不容侵犯的，是所有人必须遵从的准则，如"男孩不能玩芭比娃娃，那是女孩玩的玩具，这样会被人笑话"。可能因为该阶段是儿童确定自己性别、获得性别恒常性的时期，他们可能夸大性别刻板印象以获得对性别的明确认知，这样他们对性别角色的认知才与他们对自己性别的认识一致。8~9岁时，儿童的性别角色观念更加灵活，对待一些违背性别角色规范的行为更加宽容。但是这种宽容更多用在违背性别角色规范的女孩身上，而对言行像女孩的男孩却十分严苛。从青春期开始，这种宽容的性别角色规范又逐渐僵化，个体开始不能容忍一些跨性别的风格和行为。该阶段的青少年开始意识到，只有遵循传统的性别角色标准才能吸引异性，因此男孩开始重视自己的男子气，女孩开始强调自己女性化的一面。此后，个体对性别角色的认识再次变得灵活。但值得注意的是，即使到成年阶段，人们对男性表现出女子气的风格和行为也无法容忍，男性比女性承受着更大的性别角色压力。

（三）性别角色行为的发展

评估儿童性别角色行为发展适宜性最常用的方法是观察他们和谁玩以及玩什么。

性别分离现象。这是指男孩和女孩喜欢与同性别儿童交往，而将异性伙伴看作圈外人的倾向。女孩在2岁就表现出性别分离现象，而男孩在3岁时才有稳定的表现。性别分离现象随着儿童年龄的增长逐渐显著，小学儿童与同性别儿童相处的时间远超过与异性儿童相处的时间，他们一般会觉得与异性儿童相处很不愉快，并且对异性儿童不像对同性儿童那么友善。男孩和女孩游戏风格的差异以及他们获得的性别角色刻板印象，共同导致了性别分离。不过，性别界限和对异性同伴的偏见在青春期会逐渐模糊和减弱，因为青春期的各种生理和心理因素会激发青少年对异性的兴趣。

玩具与游戏偏爱。男孩和女孩在喜欢的玩具上的分化很早就出现了。1岁开始，男孩和女孩就喜欢不同的玩具，女孩大都喜欢洋娃娃之类的玩具，男孩大多喜欢枪炮、汽车之类的玩具，并且男孩比女孩更早形成这种玩具偏好。3岁开始，男孩和女孩喜欢不同类型的游戏，女孩更喜欢交谈型的、室内的游戏（如过家家），男孩更喜欢活动型、室外的游戏（如打仗之类的角色扮演游戏）。5~7岁时，男孩喜欢成群结队地玩耍，女孩喜欢与一两个同伴玩耍；并且女孩的友谊以感情亲密和身体亲密为特征，男孩的友谊建立在分享活动和兴趣之上。8~12岁，男孩和女孩仍然偏爱不同的玩具和游戏。例如，大多数男孩喜欢竞赛性游戏，男孩可能花时间玩竞赛游戏；而女孩更多将时间用于与好朋友交谈，分享秘密或谈论相互感兴趣的东西。值得注意的是，童年中期的女孩更有可能参与男孩的游戏，扮演男性化的角色。因为女孩们逐渐意识到社会赋予男性角色更高的地位，并且社会给女孩的性别角色压力较小，如人们对"假小子"比较宽容，却总是嘲笑"娘娘腔"。然而，从青春期开始，大多数女孩都会遵从性别角色标准，表现出女性化的一面，因为她们认为只有这样才能够吸引异性。

（四）性别角色的发展理论

性别角色发展理论从不同的视角阐述了性别角色产生的原因，代表性观点主要有生物进化论、心理分析论、社会学习论、认知发展论以及性别图式论。

生物进化论。该理论认为性别角色的形成可能是因为在人类发展过程中，自然选择使得男性和女性面临着不同劳动性别分工，因而面临不同的进化过程。女性要生育、养育后代，因而变得善良、温柔；而男性要为母子提供食物并保护其安全，因而变得富于竞争性、果断性和积极进取性。两性在生理上的不同之处将主导两性在人类进化历史上面临不同的适应问题。

心理分析论。弗洛伊德以性心理的发展来解释性别角色的发展。他认为，性别分化在性器期开始出现，孩子为了取悦异性父母而模仿同性父母的言行。该阶段，男孩形成"恋母情结"，内化父亲的行为方式，认同父亲的角色规范；而女孩形成"恋父情结"，认为只有以母亲为榜样，不断内化母亲的行为方式，才能赢得父亲的爱。性器期若能成功度过，则男性和女性会各自发展出合适的性别角色。这样的观点虽然可以解释个体早期性别角色的成形，但是过于强调性驱动力在性别角色形成过程中的作用。

社会学习论。以班杜拉为代表的社会学习理论认为性别角色是儿童习得的行为方式，是通过经验获得的。在父母和社会的直接强化下，男孩和女孩学会了一些社会赞许的、与其性别相适应的行为方式。但这种被动的直接学习不足以使儿童在短时间内学会大量与性别相关的行为方式，这就需要主动的模仿和观察学习，即间接学习。儿童模仿同性的行为往往会受到正强化，而模仿异性的行为会受到负强化甚至是惩罚。间接学习在儿童的性别角色形成中起着决定性的作用。

认知发展论。科尔伯格（1964）最早将皮亚杰的认知发展理论用于儿童性别角色发展的研究。他认为性别角色是儿童对社会的认知组织，儿童要经历性别认同阶段、性别稳定阶段和性别恒常性阶段，才会形成完整的性别角色概念。首先是性别认同，即儿童对自己和他人的性别的正确识别，这是性别认知的第一步，儿童大约在3岁时能分清自己的性别；第二个阶段是性别稳定性，即儿童意识到一个人的性别将是终身不变的；第三个阶段是性别恒常性，指儿童认可一个人的性别是恒定的，不会随其外表的改变而改变。这三个阶段表征了儿童对性别的理解，即认识到一个人的性别是自我的固有成分。只有在儿童形成了相应的性别认知结构之后，才会观察和模仿同性别的榜样，这是获得性别角色的基础。

性别图式论。贝姆提出的性别图式论融合了社会学习论与认知发展论对性别角色形成的观点，既强调社会、文化因素的作用，又强调儿童能动性的作用。性别图式论提出"图式"假设，图式是引导个体选择及组织信息的认知结构。而性别图式就是一种可以组织并且导引个体知觉的认知结构，可以引导个体在性别的基础上处理社会信息。性别图式有以下功能：其一，引导功能，性别图式提供的信息可以引导儿童的行为符合传统性别角色的要求；其二，组织功能，儿童按性别图式搜索特定信息时，与图式一致的信息更为突出，而与图式不一致的信息弱化；其三，推论功能，无论在熟悉或不确定的信息环境中，儿童都能通过性别图式提供的信息对他人的行为和偏好进行推论。

三、性别差异

性别差异就是男性与女性在生理和心理

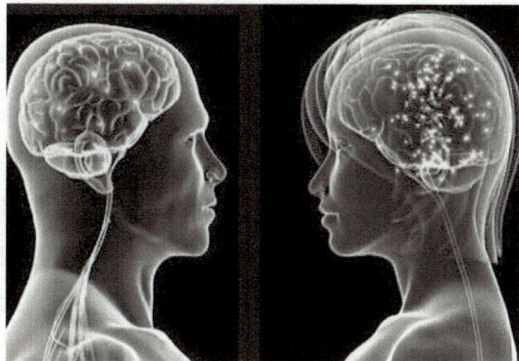

图9-4

行为上表现出来的不同特征，如在身体、认知、人格、行为方式上男女之间的差异。但是，性别差异并非一成不变，在不同的发展阶段和不同的社会文化环境中，性别差异的内容可能有所不同。

（一）能力的性别差异

麦克比和杰克林在分析了1500项研究之后确定了4种相对准确的性别差异，即言语能力、视觉/空间能力、数学能力和攻击性。[1]

言语能力。一般认为，女孩的言语能力优于男孩，特别是在词汇、阅读理解、言语流畅性和言语创造性上，女孩的优势更为明显。女孩获得语言以及言语技能发展的年龄要早于男孩，并且在青少年期开始的时候，女孩在言语能力上的优势十分明显，但在青少年后期言语的性别差异缩小。

视觉/空间能力。视觉/空间能力是指根据图片信息进行推理，或在心理上操作图片信息的能力，包括空间知觉、心理旋转和空间想象3个因素。空间知觉是指对物体距离、形状、大小、方位等空间特性的知觉；心理旋转是在头脑中想象旋转二维或三维图像；空间想象则是分析不同空间表征之间的关系。一般认为，男孩在视觉/空间能力上优于女孩，并且男孩在心理旋转和空间知觉上优于女孩，但在空间想象上无性别差异。男孩的视觉/空间能力优势在4岁就表现出来，并贯穿生命全程。

数学能力。儿童期似乎不存在这种性别差异，直到青春期开始（十二三岁），与女孩相比，男孩在数学能力上表现出微弱但持续的优势，这种优势在高中阶段最为显著。男孩掌握着更多的数学问题解决策略，因而能在复杂数学测验中比女孩成绩更好。另外，数学推理能力是以视觉/空间能力为基础的，因此可能是男孩在视觉/空间能力和问题解决策略上的优势共同导致了男孩在数学能力上的优势。

（二）人格的性别差异

攻击性。攻击性是存在显著性别差异的一种个性特征。男女在攻击性方面的性别差异从学前期（2~2.5岁，儿童开始与同伴玩耍的时候）开始出现，持续一生。男孩在身体和语言上都比女孩更具有攻击性，并且男孩和女孩表现攻击性的方式也存在差异，女孩可能以更为隐蔽的方式向其他人表现敌意，如冷落他人、忽略他人、故意破

图9-5

1　（美）David. R. R.. 发展心理学：儿童与青少年. 邹泓，等译. 北京：中国轻工业出版社，2005：476.

坏他人的人际关系和社交地位等。在不同的发展阶段，攻击性的性别差异大小与表现方式也不同。在学前期，儿童的攻击行为的发生频率上存在性别差异，从2岁开始男孩的身体攻击和语言攻击就都多于女孩。在青少年期，攻击行为发生频率的性别差异减小，但在攻击类型和严重程度上存在显著的性别差异：男孩更多采用直接攻击，女孩更多采用间接攻击；与女孩相比，男孩会实施更为严重的攻击。

自我。自我系统的很多成分都存在性别差异，如自我概念、自尊等。青少年期，男孩的数学和身体技能的自我概念得分高于女孩，女孩的阅读自我概念得分高于男孩。在儿童期，自尊的性别差异较小；进入青春期个体的总体自尊开始降低，女孩的自尊降低幅度大于男孩，自尊的性别差异增大；成年期开始，自尊的性别差异开始减小。

支配性与依赖性。支配性表现为独立自主，在社会交往中能引导、控制和影响他人。依赖性则表现为缺乏独立，希望亲近别人并得到别人的支持和认可以获得安全感，在社会交往中处于被支配的地位。一般来说，男性比女性有更强的支配性，女性则比男性有更强的依赖性。从学前期开始，女孩对于父母、教师的要求就比男孩更为顺从。

情绪表达/情绪性。女性比男性更容易也更善于表达感情。2岁的时候，女孩就比男孩更多地使用情绪词，并且与男孩相比，母亲也更经常与女孩谈论情绪以及与情绪相关的事件。情绪性是指在性格上情绪易于激动的特征。一般来说，女性比男性更敏感，更多愁善感，更具情绪性。可能因为男性自我防卫更强，并且可能因为性别刻板印象，需要维护自己的男子气概而羞于表达情绪，而女性则没有这种性别刻板印象的束缚。

交流方式。男性和女性在言语和非言语交流方式上存在性别差异。在言语交流方式上，男性比女性说话更多，并且女性说话经常被男性打断，只有当女性处于人际关系中的强势地位时，她们的话语才会更多。在非言语交流方式上，女性容易表现得顺从和热情，男性则更多地表现出掌控和身份的重要，但女性对非言语的暗示更加敏感。

整体上说，男女虽然存在上述差异，但这些差异是微小的，教学中可以根据男女的差异因材施教，但不应该对男生和女生区别对待。

四、心理的双性化

早期心理学家认为性别角色的维度是单一的，男性化和女性化是同一维度上的两极，即一个具有男性化特征的人必定不具有女性化特征，具有女性化特征的人必定不具有男性化特征。然而，罗西（1964）提出了一个与上述看法不同的"双性化"概念，双性化就是个体同时具有传统的男性化和女性化特质。贝姆（1974）也提出，男性化和女性化是两个彼此独立的维度，因此一个人可以在这两个维度上都得高分或者都得低分。贝姆根据双性化概念，以社会赞许性为基础，制定了贝姆性别角色量表（见专栏9-3），并根据个体在男性化和女性化维度上的得分区分了4种性别角色类型，即男性化类型、女性化类型、双性化类型和未分化类型。如果一个人具有较多的男性化特征和少量的女性化特征就是男性化类型的个体，反之则是女性化类型的个体；若一个人同时具有较多的男性化和女性化特征就是心理双性化类型的个体；若一个人男性化和女性化的特征都较少就是未分化类型的个体。双性化人格是一种综合的人格类型，即在一个人身上同时具备男性与女性的兴趣爱好、能力、性格等心理特征，尤其是在气质方面具备男性与女性的长处与优点。双性化类型的人应该是既独立又合作，既坚强又敏感，既坚定又温和，既自信又谨慎等。

双性化的人可能更适应社会。随着社会的进步和劳动分工方式的变化，当前男女之间差距正在缩小，男性可以表现出女性化的一面，如温柔、善解人意，女性也可以表现出男性化的一面，如大方、果断、独立。与纯粹的男性化或女性化个体相比，心理双性化的个体可能有更高的自我评价，更受同伴欢迎，更具适应性，能更为灵活、有效地对各种情境做出反应。因为同时具有男性化特征和女性化特征能够使人们在适当的时间、适当的情境中表现出男性化特征，也能在适当的时机、情境中表现出女性化特征。

👁 专栏9-4

贝姆性别角色量表（BSRI）

美国心理学家贝姆于1974年发表了性别角色量表（Bem sex role inventory，BSRI）。BSRI根据被试的自陈是否具有社会赞许的男性化或女性化性格特征来评价其男性化和女性化程度。该量表包括60个描述性格特征的形容词，男性化量表、女性化量表和中性化量表各自包含20个形容词。男性化和女性化得分都很高的人属于双性化型，得分都低的属于未分化型，在一个量表上得分高，但在另一个量表上得分低的人属于男性化或女性化类型。

指导语：下面有60个形容词，请你根据自身情况，在每个词语上从1（完全不符合）到7（完全符合）给自己打分。

1.自我信赖	21.可信赖的	41.温和的
2.柔顺	22.善于分析的	42.庄严的
3.乐于助人	23.表示同情的	43.愿意表明立场的
4.维护自己的信念	24.嫉妒的	44.温柔
5.快活的	25.具有领导能力的	45.友好的
6.忧郁的	26.对他人的需求敏感	46.具有侵犯性
7.独立的	27.诚实的	47.轻信的
8.害羞的	28.乐于冒险	48.无能的
9.诚心诚意	29.有理解力的	49.像个领导

10.活跃的	30.守口如瓶	50.幼稚的
11.情意绵绵	31.易于做出决策的	51.适应性强的
12.夸耀的	32.有同情心的	52.个人主义的
13.武断的	33.忠厚老实	53.不讲粗俗话的
14.值得赞赏的	34.自足的	54.冷漠无情
15.幸福的	35.乐于安抚受伤的感情	55.具有竞争心的
16.个性坚强的	36.自高自大	56.热爱孩子的
17.忠诚的	37.有支配力的	57.老练得体的
18.不可捉摸的	38.谈吐柔和的	58.雄心勃勃
19.强劲有力的	39.值得喜欢的	59.温文尔雅
20.女性的	40.男性的	60.保守

本章小结

自我的形成和发展	自我的形成包括自我知觉和自我意识两个阶段，3个月的婴儿已经开始发展自我知觉，1周岁左右应该开始出现自我意识。自我的发展在不同的年龄阶段呈现不同的特点，学前儿童的自我是具体的、与生理相关的；到儿童期和青春期，儿童的自我扩展到抽象的、与内在品质相关的。青春期是自我意识发展的第二次飞跃期，表现出心理断乳的特点。自我认同感的发展呈现4种水平即自我认同扩散、自我认同早闭、自我认同延迟、自我认同完成。青春早期阶段重要的发展任务是解决两类自我认同感危机，即自我认同感缺失和自我认同感冲突
学业自我概念	学业自我概念涉及认知、体验和评价3种成分。沙维尔森将学业自我概念区分为学业自我和非学业自我；马什进一步将学业自我区分为语言学业自我和数学学业自我；桑一哈蒂模型则区分了班级学业自我概念、能力学业自我概念和成就学业自我概念。关于学业自我概念的形成，内外参照模型强调自己同他人比较以及自己同自己比较；大鱼小塘效应和同化效应都强调自己与他人的比较。学业自我概念和学业成就的关系主要表现为相关关系和因果关系。一方面，学业成绩与学业自我概念存在高相关；另一方面，学业自我概念可能决定了学业成绩（自我增强模型），也有可能是学业成绩决定了学业自我概念（技能发展模型），二者有可能相互为因果（交互影响模型），也有可能在不同的发展阶段二者的因果方向不同（发展观）
自尊	自尊是自我意识的情感成分，可分为高自尊与低自尊、内隐自尊与外显自尊、整体自尊与具体自尊、特质自尊与状态自尊。自尊是一种由不同成分构成的多层次结构，主要包括单因素结构、双因素结构、三因素结构、四因素结构和多因素结构五种结构假设。自尊萌芽于3岁左右，在童年期自尊水平不断提高并保持相对稳定，然而青春期自尊发展极不稳定，呈现下降的趋势，七八年级是自尊发展的转折点，此后自尊水平在成年期早期逐步上升，在成年中期达到相对平稳的"高原状态"，在成年晚期又开始下降。个人的生理、心理因素以及家庭的教养方式、亲子关系和学校中的师生关系、同伴关系都影响着自尊的发展

自我导向	自我导向包括自我规划和自我管理，前者指个体设定自己要达到的目标，后者指个体管理自己以朝向目标实现的能力。常用的自我规划方法有自我规划五步法和自我态势分析法。自我规划五步法需要回答5个与自我有关的问题，即"我是谁""我想做什么""我会做什么""环境支持我做什么""我的职业与生活规划是什么"。自我态势分析法即SWOT分析法，从优势、劣势、机会和威胁进行分析，帮助个体全面认识自己及所处环境。自我管理理论中，班杜拉的自我管理模型强调表征目标、归因和自我效能等认知变量的作用。斯奈德的自我监控理论认为个体可能因为情境线索的不同而对自己行为的监察和调节程度不同。埃蒙斯的个人奋斗理论既强调个人奋斗的目标和方式是个人特色的，但又能找到共同的规律
性别角色	男女之间既存在能力上的性别差异（言语能力、视觉/空间能力和数学能力），又存在人格上的性别差异（攻击性、自我、支配性与依赖性、情绪表达/情绪性、交流方式）。个体的性别角色在不同的发展阶段表现出不同的特点：3岁时儿童开始发展出性别概念，5~7岁时才具备了性别恒常性；3~7岁以及青春期时儿童表现出性别角色刻板印象；青春期之前，儿童表现出性别分离现象，直到青春期这种现象才会逐渐减弱。在解释性别角色形成与发展的理论中，生物进化论强调自然选择导致的劳动分工差异，心理分析论强调性驱动力的作用，社会学习论则认为性别角色是儿童习得的行为方式，认知发展论侧重认知发展水平的影响，而性别图式论既强调社会、文化因素的作用，又强调儿童能动性的作用。双性化可能是更合适的、理想的性别角色模式，改变传统的性别角色教育方式，进行双性化教育，是未来性别角色教育的发展趋势

总结 >

Aa 关键术语

自我意识	学业自我概念	自尊
self-awareness	academic self-concept	self-esteem
性别角色	性别刻板印象	双性化
gender role	gender stereotype	androgyny

🔗 章节链接

在这一章，你读到……	在其他章节中，你将发现相关讨论……
关于自尊和自我的发展	第二章　发展心理学基本理论
自我意识	第九章　人格

应用 >

✏️ 体验练习

一、单项选择题

1. 根据詹姆斯·玛西亚的理论，自我认同发展水平的最高阶段是（　　　　）

A. 自我认同扩散　　　　　　　B. 自我认同早闭

C. 自我认同延迟　　　　　　　D. 自我认同完成

2. 学生李明从普通学校考入重点学校，他的成绩反而下降，这是学业自我概念中的（　　）。

A. 大鱼小塘效应　B. 同化效应　　C. 对比效应　　D. 从众效应

3. 青春期，个体自尊呈现（　　）趋势。

A. 上升　　　　　B. 下降　　　　C. 不变　　　　D. 波动

4. 自我的态势分析法即自我的SWOT分析法，其中"S"代表（　　）。

A. 优势　　　　　B. 劣势　　　　C. 机会　　　　D. 威胁

5. 在贝姆的性别角色量表中，若一个人同时具有较多的男性化和女性化特征，他属于（　　）类型的个体

A. 男性化　　　　B. 女性化　　　C.双性化　　　D.未分化

二、简答题

1. 从出生到青春期，个体的自我意识呈现怎样的发展特点？

2. 根据危机/探索与承诺两个标准，自我认同感可以划分成几种发展水平？

3. 学业自我概念的形成模型有哪几个？

4. 在不同的年龄阶段，个体自尊的发展表现出怎样的特点？

5. 自我规划五步法是如何做的？

6. 男女之间在能力和人格上存在哪些差异？

拓展 >

☕ 补充读物

1　（美）提摩西·威尔逊（Timothy, D., Wilson）. 最熟悉的陌生人：自我认知和潜能发现之旅. 段鑫星，武瑞芳，范韶维，译. 北京：人民邮电出版社，2014.

如何认识你自己？内省是了解自我的最佳途径吗？我们费尽心力，究竟想发现什么？在颇具启发性的潜意识之旅中，提摩西·威尔逊向我们展示了一个由判断、感觉和动机构成的潜藏的内心世界。我们为何了不了解自己——我们的潜能、感觉或动机？因为我们建构了一个脱离适应性潜意识的、似是而非的自我叙事。威尔逊指出，如果我们想知道自己是谁、自己的感觉如何，可以关注一下我们正在做什么以及他人对自己的评价。阅读该书，不但能更深刻地理解自我之谜，还能借助实用的心理学方法开发自我的无限潜能，从而在不同的社会角色和身份之间找到平衡，成就理想的自我。

2　佟新. 社会性别研究导论（第2版）. 北京：北京大学出版社，2011.

　　通过生动的案例，培养人们通过个人自身经验来理解、分析和反思社会性别不平等的建构过程，有助于我们深入寻找导致两性不平等关系的社会机制，深入讨论建立两性平等的、伙伴式关系的可能途径。主要内容涉及①从历史、心理、话语等方面讨论有关男性气质和女性气质刻板化的过程，分析社会性别建构的社会和文化基础；②从身体、婚姻家庭和反暴力的方面讨论性关系和在性关系上对女性双重标准建构出来的性别不平等，分析身体和性关系建立中的性别差异；③从劳动的性别分工、两性职业发展、消费和经济发展中的性别问题的视角分析家庭内外两性分工的意识形态如何深入地作用于现代经济发展过程中的男女，分析公私领域中的性别不平等；④对性别"知识"进行方法论和认识论的反思，介绍女权主义理论的发展及对性别研究的深入影响。

🖥 在线学习资源

1. 心灵咖啡网 http://www.psycofe.com

2. 壹心理 http://www.xinli001.com/

本章概述

人格差异表现为生活中特色鲜明、千差万别的个体。人格在个体的毕生发展中至关重要。本章介绍了人生各个时期人格的发展，包括婴儿期、儿童期、青少年期、成人期人格发展的特点。回顾了人格理论及人格测量的方法。阐述了人格发展的影响因素，健康人格的内涵，人格的差异性，以及如何根据学生的人格差异进行教育。

结构图

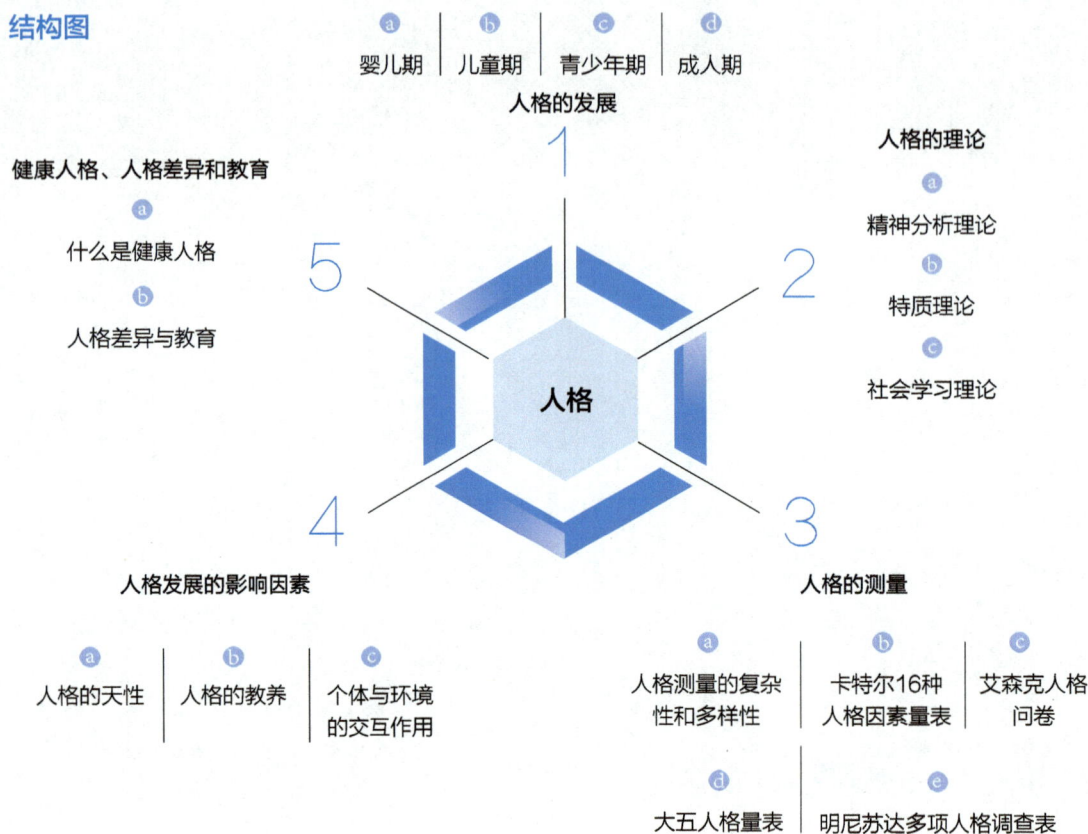

| a | b | c | d |
| 婴儿期 | 儿童期 | 青少年期 | 成人期 |

人格的发展

1

人格的理论

a

精神分析理论

b

特质理论

c

社会学习理论

健康人格、人格差异和教育

a

什么是健康人格

b

人格差异与教育

5

人格

2

4

3

人格发展的影响因素

a 人格的天性　b 人格的教养　c 个体与环境的交互作用

人格的测量

a 人格测量的复杂性和多样性　b 卡特尔16种人格因素量表　c 艾森克人格问卷

d 大五人格量表　e 明尼苏达多项人格调查表

学完本章，你应该能够做到：

学习目标

1. 了解生命各个阶段人格发展的特点；

2. 掌握弗洛伊德、奥尔波特、罗特和班杜拉的人格理论；

3. 掌握几种人格测量的方法；

4. 了解健康人格的内涵，以及如何根据学生的人格差异进行教育。

读前反思

1. 人格既然是因人而异的，有没有共同的特征呢？

2. 人格在什么时候形成？一生中人格的变化大吗？

3. 为什么出生在一个家庭的孩子，甚至是双胞胎，其性格会迥然不同呢？

4. "因材施教""个性化教育"的心理学依据是什么？

所有的人，包括你和我，都有人格，而且，每个人的人格不一样。人格控制了我们的行为、思维和情感，甚至无意识的情感。人格有可能帮助我们预测一个人在不同的情形下会有什么样的反应和行为。什么是人格？在生命的各个阶段，人格有什么重要的发展？哪些因素会影响人格的发展？如何开展个性化的教育？本章将分别阐述这些问题。

第一节
人格的发展

🎯 学习目标

了解生命各阶段的人格发展特点。

什么是人格？人格是个体在行为上的内部倾向，它表现为个体适应环境时的能力、情绪、需要动机、兴趣、态度、价值观、气质、性格和体质等方面的整合，是具有动力一致性和连续性的自我，是个体在社会化过程中形成的给人以特色的心身组织。[1]简洁地说，人格是作用于个体稳定的思想、情感和行为的持久的内在特征系统。[2]人格具有整体性、稳定性、独特定和社会性等特征。自我是人格的核心，它将人格的各个成分整合成统一的整体。生命发展过程的不同阶段里，个体的人格特征会随着年龄的增长和经验的积累而逐渐发生变化。人格发展是指一个人具有的跨时间的连续性、一致性与稳定性以及个体随时间的改变。[3]

🔊 名家语录

人格像每一种有生命的物体一样，随着成长而发生变化。

——高尔顿·奥尔波特

一、婴儿期（0~3岁）

刚出生的婴儿已经出现了明显的气质差异，有的比较安静，有的爱哭闹。在与亲人相互

1　黄希庭.人格心理学.杭州：浙江教育出版社，2002.

2　Derlega V. J.. *Personality Contemporary Theory and Research*. 3th ed. Thomson Wadsworth, 2005.

3　（美）拉森（Larsen, R.J.），巴斯（Buss, D.M.）人格心理学——人性的科学探索（第2版）. 郭永玉，等译. 北京：人民邮电出版社，2011：116.

作用的过程中，婴儿形成了不同的依恋关系，对后期人格的发展有重要的影响。同时自我也开始出现。

（一）气质

气质（temperament）反映个体对待他人及环境的行为反应倾向，是成年期人格的基石。婴儿在出生后的早期就明显表现出某种气质的特征，气质一定程度上受先天遗传的影响。

1. 抑制型和非抑制型气质

卡根（Kagan）及其同事采用追踪研究考察了婴儿的行为抑制性（behavioral inhibition），即个体面对陌生环境和陌生人时的退缩倾向的气质特征。据此可区分出抑制型和非抑制型气质。

抑制型。这类婴儿在面临不熟悉的人和情境时更容易焦虑。例如，婴儿在进入一个新的游戏室或遇见一个新的小朋友时，会慢慢地探索新玩具并且可能在几分钟之内什么也不说。面临新情境时，抑制型婴儿在4个月时比大多数婴儿更易扭动、焦虑和烦恼[1]，21个月时，他们需要很长的时间才能和新的看护者熟悉起来，且逃避不熟悉物体，感到焦虑，黏着母亲。在5.5~7.5岁时，在陌生的同伴面前更容易害羞，这种差异直至13岁还十分显著。成年后，当他们在新环境里感到不舒服时，会表现出一种社交退缩，或者总是等别人先说话。

非抑制型。这类婴儿在陌生环境中，会立刻开始玩新玩具，并在几分钟之内就开始讲话，以精力充沛和自发的方式表达自己。面临新情境时，愿意并且有极大的热情与陌生人接触，愿意体验所有新的经历。

2. 容易型和困难型气质

托马斯等人根据9个不同维度：活动水平、生理活动的节律性、注意分散程度、接近与回避、适应性、注意的强度和坚持性、反应的强度、反应阈限和心境质量[2]，区分了3种典型的气质类型：容易型，困难型和迟缓型。

容易型：约占40%，这类婴儿的吃、喝、睡等生理机能有规律，节奏明显，容易适应新环境，也容易接受新事物和不熟悉的人，情绪积极愉快，对成人的交往行为反应积极，因此他们容易受到成人的关怀和喜爱。

困难型：约占10%，这类婴儿时常大声哭闹，烦躁易怒，爱发脾气，不易安抚。在饮食、睡眠等生理机能活动方面缺乏规律性，对新事物、新环境接受很慢，情绪总是不愉快，在养育过程中，成人很难得到孩子的正面反馈，故亲子关系容易疏远。

迟缓型：约占15%，这类婴儿的活动水平低，行为反应强度弱，情绪消极，常常安静地

---

1 Fox, N, A., Henderson, H, A., Rubin, K, H., Calkins, S, D., Schmidt, L. A., Continuity and discontinuity of behavioral inhibition and exuberance: psychophysiological and behavioral influences across the first four years of life. *Child Development*. 2001，72：1~21

2 Thomas, A., Chess, S., Birch, H.G.. The origins of personality. *Scientific American*，1970，223（2）：102~109.

退缩。对外界环境和事物的变化适应较慢。但在没有压力的情况下，也会对新刺激缓慢地发生兴趣，逐渐地活跃起来。这类婴儿随年龄增长，因成人抚养和教育不同而发生分化。

此外，另有35%的婴儿难以划分明确的类型，往往具有2种或3种气质类型的混合特点，属于中间型或过渡型。

（二）自我

婴儿是何时注意到他们的存在并且感觉到自己是一个独特的个体呢？婴儿是否有其独特的人格？

将自己与他人区分开来是自我觉知的第一步。婴儿是什么时候知道自己是独立于他人的呢？当婴儿了解自己是与众不同的实体后，他们又是何时知道"我是谁"的呢？他们能够自我识别吗？罗切特等人发现4~9个月的婴儿对他人的照片比对自己的照片显示更多的兴趣。路易斯等人采用"去掉胭脂"实验（见第9章）比较了3组年龄段的婴儿在镜子前的自我再认行为，结果发现，9~12个月的婴儿不会摸自己的鼻子，15~18个月的婴儿表现出自我再认行为，开始意识到镜子中的人是自己，21~24个月的婴儿表现出完全的自我再认，这表明他们清楚地知道镜子里的孩子是谁。

当婴儿具有自我识别的能力后，他们获得了类别自我。婴儿会按照年龄、性别和其他显著特征将自己分到不同的社会类别中。婴儿最早出现的类别自我是性别。2岁的孩子清楚地知道自己是男孩还是女孩，2~3岁的孩子会选择与自己性别相符的玩具，3岁的孩子会偏爱与自己性别相同的玩伴。

二、儿童期（3~10、11岁）

随着认知水平的逐渐发展，儿童期的孩子能够更加深刻地理解作为一个独特个体的意义，自我意识有了明显的发展。

（一）具体的自我概念

学龄前儿童的自我概念非常具体。如果问孩子"你与其他小朋友有什么不同"他们会详细描述自己可见的身体特征、所有物、身体活动和兴趣爱好等。比如，"我穿了衣服""我有一个文具盒""我跑得快""我喜欢画画"等。常常强调"动作自我"，描述自己能够做的事情，如"我可以折纸飞机"，而很少描述自己内部的心理特征。最多使用一些综合的概括的词语来描述自己和他人，如"好""坏""好看""不好看"等。同时，学龄前儿童通常会高估自己的技能和知识，倾向于对自己作出积极评价。这种乐观的态度，部分是因为他们还没有开始把自己与他人相比较。

学龄期儿童会将自己的能力与同伴进行比较，更擅长通过社会比较来评价自己。比如，当问到"你的数学成绩有多好"时，儿童会通过与他人比较来判断自己的能力水平。同时，他们开始形成社会身份，开始将自己定义为社会团体的一部分，如"我是学校合唱团成员"。儿童不再从外部的身体特征而是更多地从心理特质来看待自己。该阶段，儿童容易做出这样的自我描述："我是友善的，我乐于助人"，对自己的认识更多基于心理特征和内部特质。

（二）相对稳定的自尊

在儿童早期随着年龄的增长，自尊水平不断提高，自尊呈现相对稳定的趋势。在整个小学阶段，儿童的自尊基本保持稳定。儿童通过与同龄人进行社会比较来进行自我评价，进而影响自尊水平。详见第9章第3节。

（三）自我控制的发展

自我发展的另一个方面是自我控制的发展。儿童进入幼儿园后，自控能力不断增强，具体表现为：儿童在进行某种活动之前，开始能提出一定的目的、意向和计划，并能或多或少地坚持一段时间，用以指导自己的行动；能有意抑制一种有诱惑力的愿望，不做成人不允许的事情；同时，延迟满足能力也得到了发展。大脑皮质抑制机能的逐步发展，使儿童的反射活动更加精确、完善。额叶是大脑控制有意行为的主要部分，7岁后才真正发展起来。到了童年中期，儿童的自控能力迅速发展。意志的调节作用由对外部行为动作的控制为主，逐渐转变到对内部的心理过程的控制为主。

（四）稳定的气质

在儿童期，随着个体社会经验的增加，气质逐渐稳定，并可以逐渐预测将来的人格。研究发现，害羞和害怕的3岁抑制型儿童会成长为谨慎的、不太自信、缺少社会支持的青少年。那些难以控制、爱发脾气、高情绪化的困难型的3岁儿童在童年晚期会难以控制，成为冲动的青少年和成人，人际关系不好，抵触法律并且酗酒。适应良好的容易型的3岁儿童趋向于保持良好的适应。[1]研究发现婴儿气质维度和大五人格特质维度相关。例如，学前期的行为抑制可以预测童年中期的低外向性，学前期的消极情感可以预测后期的神经质。[2]

儿童的气质并不是固着的，直到小学阶段气质特点才变得稳定，此后能够更好地预测今后的人格和适应。这可能是因为他们的行为方式与社会环境发生了某种相互作用并引起了他

---

1 Caspi，A.. The child is father of the man：personality continuities from childhood to adulthood. *Journal of Personality and Social Psychology*，2000，78（1）：158~172.

2 Hagekull，B.，Bohlin，G. Preschool Temperament and Environmental Factors Related to the Five-Factor Model of Personality in Middle Childhood. *Merrill-Palmer Quarterly*. 1998，44：194~215.

人的某些特定反应，因而这些行为方式随着时间流逝被强化和加强。当人格特质和社会期望之间达到良好适应时，它们便有可能稳定下来。

根据巴甫洛夫的神经类型学说，按个体与生俱来的神经活动的兴奋性、抑制性和灵活性的特点，可以将气质分为4种类型，分别是胆汁质、多血质、黏液质和抑郁质。胆汁质的人直率热情、精力旺盛、情绪易冲动，脾气急，具有外倾性；多血质的人活泼好动、敏感、反应迅速、爱交际，注意转移快，具有外倾性；黏液质的人安静稳重、反应慢、沉默寡言，具有内倾性；抑郁质的人孤独、反应迟缓、多愁善感，具有内倾性。

三、青少年期（11、12~17、18岁）

青少年期的人格发展，相比其他阶段而言，自我发展尤其重要。青少年期是一个"寻找自我"的阶段。青少年的自我概念、自尊都有了明显的发展，该阶段是自我认同感形成的关键时期。

（一）抽象的自我概念

青少年不再像儿童那样使用太具体的词语描述自我，而是采用更加概括的人格特质词，如"我是一个独立的人"。到了高中，青少年的自我描述更加抽象，不仅关注人格特点，也关注重要的价值观、意识形态和信念，如"我是一个环保主义者"。青少年比儿童有更好的自我觉察，会更多地反映自己在想什么。童年期的"社会自我"反映了同伴接受性，而青少年的"社会自我"则分为不同的方面，如被大范围内的同伴群体的接受性，被班级同学的接受性，以及被亲密朋友的接受性。

随着年龄的增长，青少年对"我是谁"的理解日益增长，以更加广阔的视角看待自己，能够综合考虑自己的观点和他人的观点。能将自我知觉到的相互冲突的方面整合成更加协调统一的自我。在15岁时，青少年可能会对识别出的不一致的自我产生困扰。比如，当他意识到，在与朋友相处时他很快乐，而与家人在一起很沮丧时，会对此感到很困扰，并且产生痛苦的情绪，这时青少年已经意识到了有不同的自我。到了十七八岁时，青少年可以更容易地接受不同情境引发的不同行为和感受，克服这种不愉快的情绪体验。

（二）自我认同感（同一性）的形成

埃里克森认为青少年期是个体形成自我同一性（见第9章）的关键时期。在这个时期，青少年开始对"我是谁""我将来会成为怎样的人"等问题进行思考和探索。埃里克森认为，青少年会努力发现自己独特的优点和缺点，在这个过程中，会尝试不同的角色或选择，体验其是否适合自己，经历"同一性"对"角色混乱"这一心理冲突。在同一性混乱的压力下，青少年会出现"心理的延缓偿付",即推迟承担即将面临的成人责任,探索各种角色和可能性。比如,当下流行的"间隔年"现象,指大学生毕业后用一年的时间旅游或工作,考察自己的优先选择。如果青少年的同一性问题不能得到解决,就会陷入同一性危机(见第9章),严重影响青少年的适应与发展。

(三)自尊

青少年期是一个充满情感风暴和压力的时期,青少年期的自尊发展极不稳定,自尊呈现下降的趋势。自尊各成分的发展各不相同,详见第9章第3节。

四、成人期(18岁以后)

进入成年期后,个体的自我概念已经形成,人格也基本稳定。那么,成人期的人格是固定不变的吗?它们是否还会发生变化?

(一)人格的跨时间稳定性

人格的稳定性有3个重要的形式,即等级顺序的稳定性、平均水平的稳定性和人格的一致性。

等级顺序的稳定性(rank order stability)是指在群体中保持个体的相对位置。例如,某儿童的智力测试分数处于中等,到青年期其智力有了发展和提高,但其他儿童也有了发展,该儿童的智力在群体中的等级还是中等。如果某些人与所处群体的其他人相比,其外向性水平保持稳定,说明外向性特质具有较高的等级顺序稳定性。相反,如果一个群体中顺从的人变多,支配的人变少,说明这个群体的等级顺序性不稳定或等级顺序可变性。

人格的一致性(personality coherence)是指人格因素的表现形式随时间的推移发生可预期的变化,但根本的人格特质保持稳定。如攻击性特质得分高的人,不管是7岁还是25岁同样具有攻击性,只是不同年龄时期,攻击性的表现方式不同。7岁时在与同伴玩耍中好斗、爱打架,25岁时在商场竞争中喜欢出击打败对手。又如,不友好的特征在婴儿期表现为爱发脾气,成年期表现为爱争论、急性子,虽是不同的行为,其反映的人格特质是一致的。

(二)人格的可变性

人格的改变是指个人内在、相对持久的改变。人格的稳定性并不排斥人格的变化。如布洛克等人对自尊的纵向研究[1],考察了14~23岁自尊的变化,发现整体上样本的自尊随年龄的

---

1 Block, J., & Robbins, R..W.A longitudinal study of consistency and change in self esteem from early adolescence to early adulthood. *Child Development*,1993,64,909~923.

增加没有变化，但分别考察男性和女性时发现了明显的差异，男性的自尊倾向于增加（约1/5个标准差），女性的自尊倾向于降低（约1个标准差）。

根据杜德克等人（Dudek & Hall）25年间对有创造力的设计师的研究[1]，发现成功且具有创造性的设计师在两次测试中高自发性、强动机和独立人格特征具有相当的稳定性，低创造性的设计师在服从性上得分稳定，但整体上，参与者的冲动性和灵活性随年龄的增加有明显的下降。

霍华德（Howard）等人[2]对美国电话电报公司男性经理候选人的研究发现，跟踪20年后，样本整体发现了人格特征的显著变化，即抱负得分急剧下降，但自主性、支配性的分数随时间的变化有所增加。此外，在冲动性、感觉寻求、女性化方面均发现了随年龄变化的证据。

人格的变化除上述表现形式和量的变化外，少数情况下会有质的变化，如某人因遭受重大人生变故（地震中失去家人），由活泼开朗的外向性格变成沉默寡言的内向性格。

（三）成人期人格发展趋于成熟

成年期人格具有跨时间的等级顺序稳定性，研究证据最多的是大五人格。罗宾斯（Robins）等人[3]对大学生大五人格的4年纵向研究发现，大五因素具有中等水平的等级顺序稳定性，分别为外向性0.63，宜人性0.60，尽责性0.59，神经质0.53，开放性0.70。对自尊的稳定性的元分析研究发现，自尊稳定性系数为0.50~0.70。人们的自信水平也具有跨时间的一致性。

那么，什么时候人格的稳定性达到最高点呢？元分析（用于发现大量各自独立的实证研究之间共同趋势的一系列统计程序）研究表明，人格一致性发展有两个特点：第一，随年龄的增加以阶梯式的方式增强，如十几岁时人格一致性的平均值为0.47，二十几岁时达到+0.57，三十几岁时达到+0.62；第二，人格的稳定性在五十几岁达到顶峰，一致性的平均值为+0.75。

同时，成人期人格也具有平均水平的稳定性。研究发现，人格的大五因素模型具有相当程度的均数水平稳定性，尤其在50岁以后，五因素的均数水平很少会有变化。当然，也会有一些细小但稳定的变化，如神经质与消极情绪随年龄的增加而下降，宜人性和尽责性则随年龄增加而提高。总之，人格的发展倾向于更加成熟，更能自我控制，更自信，更少的生气和被疏离。人格特质具有跨时间的稳定性，但它们也不是完全不变的。

1　Dudek, S.Z., & Hall, W.B..Personality consistency：Eminent architects 25 years later. *Creative Research Journal*, 1991, 4, 213~232.

2　Howard, A., & Bray, D..*Managerial lives in transition：Advanceing age and changing times*. New York：Guildford Press, 1998.

3　Robins, R.W., Fraley, R.C., Roberts, B.W. & Trzesniewski, K.H.. A longitudinal study of personality change in young adulthood. *Journal of personality*, 2001, 69, 4, 617~640.

第二节
人格的理论

人格理论（personality theory）是人格心理学家用来描述或解释人的心理和行为的一套假设系统或参考框架。人格理论对我们理解和解释人类行为是十分重要的，但是由于人格的心理和行为的复杂性以及人格心理学家对人的看法的不同，因而产生了多种不相同的人格理论。

一、精神分析理论

弗洛伊德创立的精神分析人格理论是内容最丰富、影响最大、争议最多的人格理论之一。他的著作不仅影响心理学，而且几乎影响现代人类文化的各个方面。

（一）弗洛伊德的精神分析论

西格蒙德·弗洛伊德（1856—1939）是奥地利著名的医生和心理学家，是精神分析学派的创始人。以无意识为基础的人格理论是弗洛伊德精神分析理论的核心，主要包括人格结构、人格动力以及人格发展3部分。

1. 人格结构

早期弗洛伊德把人格划分为潜意识（unconscious）、前意识（preconscious）和意识（conscious），他把这种划分称为地形说（the topographic model）。意识是人们正觉察到的想法；前意识是我们加以注意便能觉察到的心理内容；而潜意识是精神分析论的一个主要概念，是指个人不可能觉察的心理现象，但它对个人的思想和行为的影响极大。它处于心理深层，主要包括两个方面，其一是各种本能冲动，遵循快乐原则，力求实现对本能需要的满足；其二是被压抑的心理活动，这些心理内容往往是与社会伦理、道德相悖离的。

📢 名家语录

虽然弗洛伊德的很多令人吃惊的观点已经被现代生物学和心理学研究所推翻和取代，但是其他许多观点仍然很有生命力，即使在今天仍存在巨大的影响。

——Westen，1998

后期弗洛伊德提出了人格的结构模型（the structural model），将人格划分为本我（id）、自我（ego）和超我（superego）。本我又称为"伊底"，是力比多（生或性的本能）的大量存储器，是潜意识欲望的深部，是人格中最原始、最神秘而不可及的部分，它是由先天的本能和欲望组成。

弗洛伊德认为，本我的目的在于追求快乐，自我的目的在于追求现实，超我的目的在于追求完美。因而，本我、自我和超我分别遵守快乐原则（pleasure principle）、现实原则（reality principle）和道德原则（moral principle）。人格结构的3部分常常处在相抗衡的状态之中。健康人的自我会防止本我和超我过分操纵其人格，自我的目的是找到一条途径同时能满足本我和超我的需求。因而三者之间是联系着的，如果三者的密切配合使人满足基本需要，则可以实现人的理想和目的，若三者失调甚至被破坏，则会产生神经症等失常状态，从而破坏人格的发展。

图10-1 弗洛伊德理论的人格结构图示

2. 人格动力

弗洛伊德把人看作是一个复杂的能量系统，本能是这个系统的能量的源泉，它总是寻求排除紧张，求得满足，求得快乐。但是现实世界不可能让本能立即获得满足，因此便产生了焦虑。弗洛伊德认为，本能和焦虑是人格动力过程的核心概念。

在个体复杂的能量系统中，操纵人格结构运转和作用的能量都来自于本能（instinct）。各种本能归根到底可分为生本能（life instinct）和死本能（death instinct）。生本能是在欲望强烈地追求着某种器官的愉快或机体需要的满足，所有与生命延续有关的本能能量。死本能是在迫切地追求破坏、侵略等一系列毁灭性的行为。当它转向内部时，导致个人的自责，甚至自杀；当它转向外部时，导致对他人的攻击、仇恨、谋杀等。人的全部行为都受无意识的本能的支配。

焦虑（anxiety）是一种由紧张、不安、焦急、忧虑、惊恐等感受交织在一起的情绪体验。它反映了人格结构中3个系统之间的不适应状态，其功能是对自我提出警告。弗洛伊德认为焦虑主要有3种，即现实性焦虑（realistic anxiety）、神经性焦虑（neural anxiety）和道德性焦虑（moral anxiety）。现实性焦虑是感知到环境中真实的、客观的危险引起的情绪反应。神经性焦虑是担心本我的冲动会战胜自我时引起的恐惧感。道德性焦虑是个人良心上的不安产生的罪恶感和羞耻感。

防御机制（defense mechanisms）是指一些为保护自我免受冲突、内疚或焦虑之累的潜意识反应。这些机制通过篡改或曲解现实来达到降低与排除焦虑、维护健康和自尊的目的。几

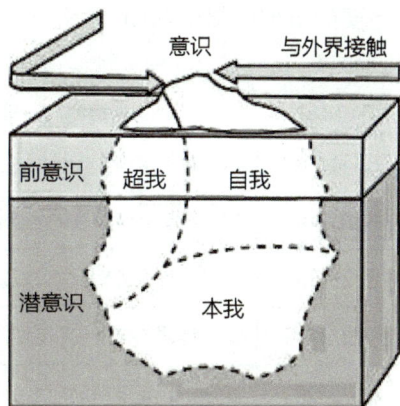

种主要的防御机制见表10-1。

表10-1　主要的防御机制

压抑机制	从清醒的意识中把一切引起焦虑的欲望、行为排挤到潜意识中去
投射作用	把自己不完全存在的但若承认就会引起焦虑的事转嫁于他人
反向作用	用过分夸大的相反举动来压抑激起焦虑的冲动
合理化作用	采用错误的推理使引起焦虑的不合理的行为合理化，可分为酸葡萄机制和甜柠檬机制
否认作用	有意识或无意识地拒绝承认那些使人感到痛苦的事件
抵消作用	用某种象征性的活动或事情来抵消已经发生的不愉快的事情
升华作用	把自己的欲望变成社会能接受的，对社会和人类有益的行为
退化作用	个人遇到挫折时以显得较为轻松的行为来应付现实的困境
固着作用	行为方式发展的停滞和反应方式的刻板化
认同作用	个体潜意识地向别人模仿的过程

3. 人格发展

弗洛伊德认为，所有人的人格发展都源于婴幼儿时期心理性欲发展的变化，即人格的发展和适应都源于力比多能量的变化和发展。每个儿童都要经历几个先后顺序的发展阶段，儿童在这些阶段获得的经验决定其人格特征。按力比多能量投注于人体有关部位的变化和发展，把人格分为5个时期：口唇期、肛门期、性器期、潜伏期和生殖期（见第2章）。每个时期都伴随着与性有关的特殊矛盾冲突，人格的差异与个人早期发展中性冲突的解决方式有关。如果某一时期的矛盾没有顺利解决，性的需要没有满足或过度满足，儿童就会在以后保持这个时期的某些行为，就可能产生固着（fixation）（指在力比多发展的过程中，应该进入后一个时期的个体，仍然停留在前面的某一阶段，裹足不前的现象）。

弗洛伊德认为，个人的完善和人格的健康，取决于人格各部分关系的和谐一致，以及个人与现实世界的协调。因此，适应在于自我必须调节本我、超我和外界，为满足本我的本能要求而发觉和选择机会，但又不违反超我所要求的准则。适应不良的产生源于心理性欲发展阶段的过程中遭遇过多或过少的挫折，导致力比多能力投注不均，因而产生心理疾病。如果挫折适度，人格便循着正常的过程发展。

（二）埃里克森的自我发展理论

埃里克·埃里克森（1902—1994）的贡献集中体现在对自我同一性问题的不断探索和阐

释中，他将弗洛伊德的发展阶段理论延伸到了青春期、成年和老年。

1. 自我心理学

和弗洛伊德把自我看作是本能冲动和超我需求之间的传递者不同的是，埃里克森认为，自我执行许多重要的建构功能。他认为，自我是人格中一个独立的部分，其作用是建立人的自我认同感和满足人控制外部环境的需要。自我的基本功能是建立并保持自我认同感。他把自我认同感描述为一个复杂的内部状态，包括我们的个体感、唯一感、完整感以及过去与未来的连续性。埃里克森强调自我对健康成长和适应的影响，同时自我也是自我觉察和同一性的根源。

2. 心理社会发展阶段理论

埃里克森认为，人格在人的一生中都在不断发展。人格的发展包括有机体成熟、自我成长和社会关系3个不可分割的过程，经受着内外部的一切冲突，其发展按渐成的固定顺序分为8个阶段（见第2章）。这8个阶段的顺序是由遗传决定的，每个阶段都有其发展的基本任务，并且都以一种确定的危机为其特征。但是每一阶段能否顺利度过却是由环境决定的，这就是心理社会发展阶段理论。

埃里克森认为，在每一个心理社会发展阶段中，解决了核心问题之后产生的人格特质，都包括了积极与消极两方面的品质，如果各个阶段都保持向积极品质发展，就算完成了这个阶段的任务，逐渐实现了健全的人格，否则就会产生心理社会危机，出现情绪障碍，形成不健全的人格。

二、特质理论

特质理论关注人格的结构，是以词汇学假设为基础建立起来的一种人格理论，使用有限的形容词或者形容词维度对个体人格进行描述和测量。主要代表人物是奥尔波特、卡特尔和艾森克。

（一）什么是特质

在生活中，我们经常使用诸如"诚实的""聪明的""乐观的"等形容词来描述我们自己或者身边的人。这些形容词能使我们判定个体行为一致性的特点，并且据此预测个体在某一特殊情境中将怎样做出反应。特质（traits）是持久（具有时间的延续性）而稳定（具有情境一致性）的行为倾向。[1]这种神经心理结构或先天的行为倾向使个体以相对一贯的方式对刺激做出反应。

---

1 黄希庭，人格心理学. 杭州：浙江教育出版社，2002：190.

（二）奥尔波特的特质理论

奥尔波特把特质分为共同特质和个人特质。共同特质是指人在一定程度上都拥有的特质，如外向性。个人特质是个人独有，代表个人的行为倾向的特质。主要体现为一种组织结构，即不同个体其特质的构成、重要性、组合方式不同。个体的独特人格主要是由个人特质决定的。

个人特质又分首要特质、中心特质和次要特质。首要特质是一个人最基本的品质，渗透于个人的一切活动之中，影响一个人如何组织生活。如特蕾莎修女的首要特质是为了他人的利益自我牺牲。但并不是每个人都会表现出这样明显的首要特质。这种特质几乎会影响这个人全部活动的所有方面。中心特质是指一个人的人格的基本方面，它构成个人人格的核心部分，一般可以用5~7个形容词来描述，如诚实、善良、乐观等。次要特质是指一个人的一些表面的特点并且不一定是很稳定的，如一些习惯和态度、食物偏好等。

（三）卡特尔的特质理论

卡特尔把人格的"可见部分"称为表面特质，把更基本的人格特质称为根源特质。表面特质是指一群看上去是关联的特征或行为。比如，一个人喜欢跟人打招呼、微笑，看上去有一种友善的特质。根源特质是指行为之间形成一种关联，会一起变动，从而成为单一的、独立的人格维度，它是人格结构的最重要部分，控制着个人所有的惯常行为。比如，一个学生在不同的学科表现上有某种关联，这种表面特质可以归于一种独立的根源特质 —— 智力。因此，表面特质是根源特质的表现，根源特质是表面特质的原因；每一种表面特质都来自一种或几种根源特质，而一种根源特质可以影响多种表面特质。卡特尔通过对大量表面特质进行分析，得出了16个根源特质，并编制出16种人格因素问卷（16PF）。

（四）艾森克的人格维度理论

英国心理学家艾森克认为，可以借助维度的概念来描述人格的个体差异，对人格的类型加以划分。根据内倾—外倾和情绪稳定—不稳定这两个基本的人格维度，可以把人分成4种类型：稳定内倾型、稳定外倾型、不稳定内倾型和不稳定外倾型。图10-2揭示了人格类型与4种传统气质类型的关联。为了解释心理异常者的人格，艾森克增加了第三个维度——精神病倾向。但这并非是独立于原来的两个维度之外的：个性内向而又情绪不稳定的人，其精神病倾向的可能性较高。在此基础上，艾森克根据外倾性（extraversion）、神经质（neuroticism）和精神质（psychoticism）3个维度编制了艾森克人格问卷（EPQ）。

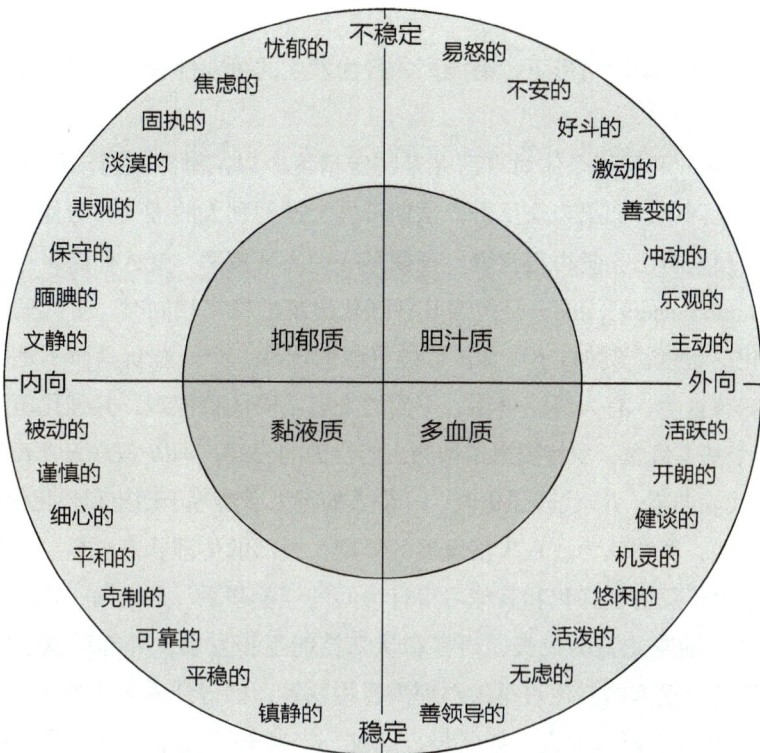

图10-2　艾森克的人格结构图示

三、社会学习理论

社会学习理论关注人格的发展，强调人和环境的交互作用对人格形成的影响。主要代表人物有罗特和班杜拉。

（一）罗特的社会学习理论

罗特强调人的基本行为模式是在社会情境中学得的，个人在寻求满足时必须以他人为媒介。他在结合强化理论和认知理论的基础上创立了人格的社会学习理论。罗特采用4个基本概念来理解人格：心理情境、行为潜能、预期、强化值。

心理情境（psychological situation）是指个体对特定情境的感知和解释，它决定个体的行为反应。同样的物理情境，不同的人会有不同的主观解释，如进入一个已经开始的演讲会场，害羞的人会觉得在众目睽睽之下进入，压力很大。一个外向大方的人，则可以坦然进入，没有心理压力。

行为潜能（behavior potential）是指在达成某种目标的特定情境中出现某种行为的可能性。例如，聚会上有人当众侮辱了你，你会怎样做呢？有多种可能性，对他反击，也大声辱骂，要求他道歉，或是伤心地离开。在多种可行的行为中，有些行为的潜能相对较高，另一些则相对较低。在某一特定情形下，潜能高的行为发生的可能性较大，而潜能低的行为发生的可能性较小。

预期（expectancy）是指个体对自己在某特定情境中以某种方式行动就会产生预测强化所抱的信念。如上例中，如果当众反击，预期可能会遭到别人的嘲笑，与他一样素质低，如果伤心地离开，预期自己会觉得很窝囊。预期是一种主观概率，受人们经历过的强化影响。

强化值（reinforcement value）是指当几种强化出现的概率相同时，个人偏向某种强化而不是另一种强化的程度。例如，6岁女孩可能更愿意选择一个娃娃玩具而不是一只精美的皮箱；有人喜欢麻辣食物，有人清淡食物。不同的人有不同的价值观，其强化值不同。

根据以上4个基本概念，罗特提出了预测人们行为的公式，即 $BP = f(E \& RV)$，其中 BP 代表行为潜能，E 代表期望，RV 代表强化值。一个人的行为潜能等于期望和强化值的函数。

关于人格发展，罗特认为，在人格发展的早期，内部的生理状态更重要，婴幼儿习得其心理需要主要来自于反射性强化和其他习得行为间的经验联系，如饥渴、排泄、回避痛苦等相关的心理需要。随着儿童的成长，语言和认知技能逐步发展，外部环境中的线索更加重要，儿童的心理需要更多同其他习得的心理需要相联系，如得到成人的关注、好奇心的满足等。心理需要的习得依赖于他人，如父母、朋友、老师等。儿童依赖父母的情感、爱、赞许、接纳等强化物而发展出与自己的目标期望、强化价值有关的经验，然后把在家庭中从父母身上获得的各种经验以相同或类似的方式迁移或类化到其他人身上。

罗特描述了6种主要的心理需要，即认可—地位的需要、支配的需要、独立的需要、保护—依赖的需要、爱与感情的需要、身体舒适的需要。这些需要的程度和组合因人的不同经验，接受的不同强化而异。

（二）班杜拉的社会学习论

班杜拉（Albert Bandura）认为，社会学习就是个体通过观察、模仿而学到别人的行为。他将信息加工理论和强化理论综合起来以解释个体的社会行为。

观察学习（observational learning）。指通过观察他人的行为而学到新行为的过程。这种学习无须对每个细小的反应进行强化，也无须尝试错误去摸索，又称无尝试学习。它由4个子过程组成，即注意过程、保持过程、动作复现过程和动机过程。注意过程是指只有当观察者注意到示范者的行为时，模仿才有可能；保持过程是指个体以某种象征性的形式保持原先观察到的输入信息，通过心象表征系统和言语表征系统在记忆中将示范行为的重要线索进行编码完成；动作复现过程是将以前编码的心象和言语表征转化为动作的再现；动机过程则是指对示范者行为的注意明显地受动机的影响，是否表现习得的行为也受动机的影响。

自我管理/自我调节（self-regulation）。指以个体内在行为标准和期望结果来解释个体有目的行为的过程。班杜拉认为，人具有自我反省的能力，能够为自己确定某些行为标准，并且以自我奖赏和自我惩罚的方式来指导自己的行动。自我调节由自我观察、自我评价和自我强化3个过程组成。表现为：第一，有示范情况下，人们学会根据别人如何对自己的行为反应来评价自己的行为；第二，当示范发生冲突时，采用儿童标准而非成人标准，避免失望；第三，不同示范标准不一致时，情况复杂，采纳高标准，则节制对自己的奖赏，采纳低标准会降低榜样的吸引力；第四，将行为标准和自我强化措施结合，因人不同而价值不同。

自我效能（self-efficacy）。指个人对自己从事某项工作所具备的能力和可能做到的地步的一种主观评估。人们往往根据对自己能力的评估反复权衡之后，才决定自己的行动。自我效能不仅可以决定人们对活动的选择，影响人们在困难面前的态度，还可以影响新行为的习得和已习得行为的表现。它主要受到4个方面的影响。第一，掌握的经验，个体已有的成功或失败经验是最有效的途径。第二，通过观察榜样而得到的替代性体验也能影响个体的效能信念。第三，社会说服是增强个体取得成功信念的重要因素。第四，个体的生理和情绪状态。影响因素中最主要的是个人的成败经验。成功的个人经验会提高自我效能，反复的失败会降低自我效能。

👁 **专栏10-1**

自我效能和儿童的学习成绩

班杜拉和他的同事（1996）曾对279名11~14岁的儿童进行研究，探讨儿童及其父母的自我效能水平对学习成绩的影响。对于儿童，要求陈述对自己完成功课能力的信心以及对改变周围环境以促进学习能力的信念（如当你在功课中遇到困难时你能很好地让你的老师帮助你吗）。对于父母，要求陈述自己激励孩子学习兴趣和成绩表现的能力（如你能够在多大程度上帮助你的孩子努力学习他们的功课），由儿童的老师提供对孩子的学习成绩评价。结果发现，父母和儿童的自我效能水平能够相当程度地影响儿童的学习成绩。尤其是，父母对孩子的激励有助于孩子获得好成绩。孩子的信念越强，其学习成绩越好。

资料来源：（美）理查德·格里格，菲利普·津巴多. 心理学与生活. 王垒，王甦，等译. 北京：人民邮电出版社，2003：403.

关于人格发展，班杜拉认为，个体不一定以固定的、有次序的方式来学习各种行为。他强调社会影响的作用，强调相同年龄个体间的差异，并试图从社会、文化、经济、种族等方面加以论证。在他看来，发展就是围绕着个体目标、计划、自我效能的变化，这种变化可以用观察学习、替代性强化、自我调节等原则来解释。

第三节
人格的测量

🎯 **学习目标**

了解4种人格测量的基本原理、评分方法及适用范围。

人格测量对于在较短的时间内较为全面准确地了解一个人的人格特征，对于因材施教、心理异常的诊断、人员的选拔与任用都具有重要的参考意义。

一、人格测量的复杂性和多样性

基于不同的人格理论和方法，对人格的测量也丰富多样。有的侧重个人的主观报告，最常见、运用最多的是自我报告测验，如卡特尔16PF测验、艾森克人格测验等，有的侧重与个体相关的客观数据分析，如生物学测量。各种人格测量方法举例及对应的优势和不足，详见表10-2。

表10-2 不同类型的人格测量[1]

测验类型	样 例	优势和不足
自我报告测验	卡特尔人格测验（16PF），明尼苏达多相人格测验（MMPI），大五人格测验（NEO-PI），人格调查表（PRF）	易于标准化，容易操作，可信度高，能收集个人观念，但不够丰富，容易造假，依赖于个人知识
行为观察	经验抽样，录像记录评价	可以看到个体真正的行为，但很难做出人格上的解释，无法看到个体行为的全貌
访谈	A型人格结构化访谈	可以深入了解，非常灵活，但可能会带有主试和反应偏见，花费多耗时长
投射测验	罗夏墨渍测验，画人测验，主题统觉测验	可以看到自我报告中表达不出的部分，但有明显的信效度问题
生物学测量	反应时，皮肤电，脑电图（EEG）正电子断层扫描（PET），功能核磁共振（fMRI）	可以在不依赖自我报告和评价者偏差的情况下显示个体的反应，但方法难，成本贵，且生物反应与行为模式之间并非简单而直接的关系
他人评定	父母、老师、朋友、配偶的评价，心理学家的判断	提供一种不带自我认知偏见的认识，清楚显现出可见的特质，可以做儿童或动物的测验，但当他人缺乏相关知识或带主观偏见时会影响效度

---

[1] （美）霍华德·S.弗里德曼，米利亚姆·W.舒斯塔克. 人格心理学：经典理论和当代研究. 许燕，王芳，等译. 北京：机械工业出版社，2011：28，40.

续表

测验类型	样 例	优势和不足
文献分析和传记	心理传记，梦的日记	可以跨时间测量人格，细节化，客观化，但只能反映人格某一方面，很难通过人对重大事件的反应推断其人格
Q分类测验	自我概念、自尊、家庭、治疗	较问卷调查更加灵活，可以对性格进行评估和分类，同样的词语可以测不同的目标，与自我报告有同样的局限

二、卡特尔16种人格因素量表（16PF）

由美国伊利诺伊州立大学雷蒙德·卡特尔编制，测量16个根源特质的人格量表，简称16PF。各因素的高低分特征见表10-3。问卷英文版有A、B两套等值测题，每套各有187个项目。每个因素包含13~26个项目。每个项目有"是的""不一定""不是的"3个选择，使用计分键计分，将16个因素的得分转换算成标准分数，在剖析图上找出相应的点，可绘制出受测者的个性轮廓图，根据卡特尔制定的人格因素组合公式评价受测者的整体人格。

16PF适用于初中以上文化程度的人。它可以个别测验，也可以团体测验。可以用于对心理健康因素、专业成就者的人格因素、创造能力人格因素、新环境中成长能力人格因素等的测验。16PF中国版的修订工作是由戴忠恒与祝蓓里主持完成，取得了全国范围内的信度和效度资料，制定了中国成人常模、中国大学生等常模。

表10-3 16PF人格因素问卷各因素得分解释

因 素	特质名称	低分者特征	高分者特征
A	乐群性	缄默孤独	热情外向
B	聪慧性	智力较低	智力较高
C	稳定性	情绪激动	情绪稳定
E	恃强性	谦逊顺从	好强固执
F	兴奋性	严肃稳重	轻松兴奋
G	有恒性	权宜敷衍	有恒负责
H	敢为性	畏缩退缩	冒险敢为
I	敏感性	理智、着重现实	敏感、感情用事
L	怀疑性	信赖随和	怀疑、刚愎
M	幻想性	合乎实际	富于幻想

续表

因　素	特质名称	低分者特征	高分者特征
N	世故性	坦白直率、天真	精明能干、世故
O	忧虑性	安详沉着	忧虑抑郁
Q1	实验性	保守	勇于尝试实验
Q2	独立性	依赖、附和	自立、当机立断
Q3	自律性	矛盾冲突	自律严谨
Q4	紧张性	心平气和	紧张困扰

三、艾森克人格问卷（EPQ）

由英国心理学家汉斯·艾森克和其夫人于1975年编制。艾森克经过长期的实验研究和临床观察，提出人格的3个基本维度：精神质、外倾性和神经质。人格维度代表着一个连续体，每个人都或多或少地具有这3个维度上的特征，但表现程度不同。

该问卷分为儿童和成人两种，儿童问卷共有97个项目，适用于7~15岁的受测者，成人问卷共有101个项目，适用于16岁以上的受测者。该问卷包含4个分量表，分别是精神质（P）、外倾性（E）和神经质（N）3个人格维度（见表10-4），1个说谎量表（L）。P量表考察行为异常的程度，E量表考察内外倾程度，N量表考察情绪稳定性，L量表用于识别受测者回答问题时的诚实程度。量表采取是非题的形式，按1或0计分。结果根据计分键的得分转化为T分数，在剖析图上找到各维度的T分数点，可绘出受测者人格特征的曲线图。EPQ中国版由龚耀先教授主持修订，取得了全国范围内的信度和效度资料，制定了中国儿童和成人常模。

表10-4　艾森克人格问卷分数的解释

维　度	高　分	低　分
内外向	人格外向，好交际，渴望刺激和冒险，情感易冲动	人格内向，好静，富于内省，不喜欢刺激，喜欢有秩序的生活方式，情绪比较稳定
神经质	常常焦虑、担忧，遇到刺激有强烈的情绪反应	情绪反应缓慢且轻微，稳重，性情温和，善于自我控制
精神质	孤独、不关心他人，难以适应外部环境，感觉迟钝，与他人不友好，喜欢寻衅搅扰，喜欢干奇特的事情并且不顾危险	

四、大五人格量表（NEO-PI）

由美国心理学家科斯塔和麦克雷编制，后来经过两次修订而成。该人格问卷以大五因素模型为理论基础，5个因素分别为开放性（Openness，O）、尽责性（Conscientiousness，C）、外向性（Extraversion，E）、宜人性（Agreeableness，A）和神经质（Neuroticism，N）。NEO-PI共有两个复本，总题数为240，另有3个效度量表。其简化本即NEO五因素问卷，简称NEO-FFI。NEO-PI有自陈量表式（S式）和他人评定式（R式）两种形式，前者由被试进行自我报告，后者由外部观察者进行评价。采用5点量表评分（非常不同意、不同意、中性、同意、非常同意）。5个维度的高分特征如表10-5。NEO-PI多用于研究人格的稳定性和终生变化，研究人格特点和生理健康、各种生活事件的关系等。目前，大五人格模型已经成为人格心理学中最有影响力的人格模型之一，它被众多心理学家认为是目前理解人格结构的最好范式。

表10-5　大五因素各维度的高分特征

五 因 素	高分特征
开放性（O）	想象，审美，情感丰富，求异，创造，智能
尽责性（C）	胜任，公正，条理，尽职，成就，自律，谨慎，克制
外向性（E）	热情，社交，果断，活跃，冒险，乐观
宜人性（A）	信任，直率，利他，依从，谦虚，移情
神经质（N）	焦虑，敌对，压抑，自我意识，冲动，脆弱

五、明尼苏达多项人格调查表（MMPI）

由美国明尼苏达大学哈撒韦和心理治疗家麦金利于20世纪40年代编制。经反复验证和修订，1966年修订版的项目确定为566个，其中16个项目为重复项目。566个项目中前399个项目分别分配在13个分量表中，包括10个临床量表和4个效度量表。10个临床量表分别为，疑病（Hs）、抑郁（D）、癔病（Hy）、精神病态（Pd）、男性化—女性化（Mf）、妄想狂（Pa）、精神衰弱（Pt）、精神分裂（Sc）、轻躁狂（Ma）和社会内向（Si）。4个效度量表分别是说谎量表（L）、诈病量表（F）、校正量表（K）和疑问量表（Q）。MMPI的项目内容包括身体各方面的状态（如心血管系统、生殖泌尿系统、呼吸系统）、精神状态以及个人对政治、法律、宗教、家庭、婚姻和社会的态度。测验题目按"是""否"或"不能确定"计分。测验者解释MMPI时，首先检查效度量表以确认测验是有效的，再看临床量表分数。常模采用T分数，也可绘出受测者人格特征的曲线图。多用于心理病理诊断，用于评估个体的临床问题。中文版的MMPI从1980年开始由宋维真等人主持试用修订，于1989年完成了标准化工作，取得了中国版的信度和效度资料，并制定了中国常模。

表10-6　MMPII临床量表

疑病（Hs）：对身体机能异常关心

抑郁（D）：悲观；无望；思想及行动迟缓

癔病（Hy）：无意识运用心理症状来回避冲突和责任

精神病态（Pd）：漠视社会习惯；情绪反应简单；不能吸取教训

男性化—女性化（Mf）：男性和女性反应的差异

妄想狂（Pa）：猜疑；夸大和被害妄想

精神衰弱（Pt）：着迷；强迫；恐惧；内疚；优柔寡断

精神分裂（Sc）：稀奇古怪的思想或行为；退缩；幻想；幻觉

轻躁狂（Ma）：情绪激动；思想奔逸；过于兴奋

社会内向（Si）：害羞；不关心他人；靠不住

第四节
人格发展的影响因素

学习目标

1. 了解影响人格发展的遗传生物因素和环境因素。
2. 了解什么是共享环境和非共享环境。
3. 了解个体和环境的交互作用如何影响人格的发展。

在人格的形成和发展中，有两个因素是必不可少的。一个是遗传因素即天性，一个是环境因素即教养。两者无法分离，相互依存、彼此渗透。人格是由多元因素决定的，是多种基因与多种环境以多种方式不断交互作用的结果。

一、人格的天性

人格的形成离不开个体的遗传基础。一个独特的个体是父亲的精细胞成功地与母亲的卵细胞相结合形成受精卵之后产生的。父母亲各自给予受精卵23对染色体。染色体主要由脱氧核糖核酸

（DNA）和蛋白质组成，其中DNA是遗传信息的保存者和传递者。基因是DNA的一个片段，由许多核苷酸组成。一般认为，基因是遗传的基本单位。基因不能直接支配行为，它对人格发展的影响是通过个体身体的生理机能起作用的。在父母给予的23对染色体中，每一对都含有2万个基因，它们是决定和影响个体特征的物质。按照数学上的概率计算，染色体与染色体结合，基因与基因结合，总的可能组合数为16777216种不同形式。因此，两个人要具有相同遗传结构是不大可能的。

图10-3　双生子

（一）行为遗传学研究

对人格的天性和教养关系研究的主要手段是遗传行为学（behavior genetics）研究。常用的方法如选择性繁殖、家族研究、双生子研究、收养研究等。最理想的考察人格形成中遗传和因素作用的是双生子研究。双生子分同卵双生子（monozygotic twins）和异卵双生子（fraternal twins）。前者的遗传因素完全相同，后者共享50%的遗传基因。比较同卵和异卵双生子的人格特质，尤其是比较他们在相同环境或是不同环境中被抚养长大，能提供遗传和环境对人格发展影响的有力证据。研究发现，同卵双生子的每一项人格特质的相关都高于异卵双生子，这表明了遗传因素对人格发展的影响。对智力的研究发现，同卵双生子之间的智商相关最高，无血缘关系者之间的智商相关最低，生父母与生子女之间的智商相关比养父母与养子女之间的智商相关高。对性格的研究表明，双生兄弟姐妹虽然长期生活在不同环境中，但性格特征非常相似。在气质的许多特征上，包括主动性、注意力、坚持性等方面，同卵双生子之间的相似程度远超过异卵双生子。对婴儿气质的研究也表明，同卵双生子对陌生人的反应比异卵双生子更相似。

👁 **专栏10-2**

什么是遗传率？

遗传率（heritability）是指从一组个体身上可观察到的变异（表现型）中，能由遗传因素解释（基因型）的比例。例如，人格的遗传率为0.40，表示人格的40%表现型可归因为基因型变异。相应的，一组个体的可观察的变异中能够归因于环境因素的百分比为环境解释力（environmentality）。遗传率越大，环境解释力越小。需要注意的是，遗传率只能运用于群体，不能应用于单一个体；遗传率是一个统计指标，是适用于某个时期的特定人群，随环境变化会发生改变；遗传率不是一个精确的指标，它只是一个估计值。

（二）进化论研究

进化论从另一视角强调人格的生物基础，根据进化论观点，物种在战胜环境和繁衍后代的过程中，经过自然选择，其生理特点不断进化，物种中有些个体具有的先天遗传特性能使他们适应自然环境，更容易繁衍后代，这些特征被保留下来，并遗传给后代。心理机制也如此，其适应的意义在于使人类更有可能生存和繁衍后代，如对陌生人的恐惧是为了不被袭击，愤怒有助于维护自己的权威和战胜敌人，从属和依附群体是因为协作的物种更容易生存。焦虑产生的原因是因为担心社会排斥，直接威胁到我们的依附需要。又如尝试从人类生存和繁衍的意义来解释人类的攻击、利他、抑郁及性别差异等行为模式。

最引人注目的是从进化论观点对择偶问题的研究。男人喜欢找什么样的女人？女人喜欢找什么样的男人呢？亲代投资理论（parental investment theory）认为，相比男性，女性对子孙有更大的亲代投资，因为女性的基因传给更少的子孙。在两者的生育期都有限的前提下，女性的生育期和男性相比更受年龄范围的限制，即人类要选择能成功地繁衍后代并有效地抚育孩子的配偶。基于这一进化论的假设，巴斯（Buss）的研究[1]发现，在寻找婚姻伴侣时，男性喜欢年轻的、在生理上有吸引力的女性，女性喜欢能给她们提供良好经济来源的男性。这一结果在37个不同的文化中得到了验证。

（三）神经心理学研究

近年来发展迅速的神经心理学研究，采用脑成像技术（脑电技术，通过置于头皮上的电极采集脑活动的信号的技术；功能性核磁共振成像术，可以通过监测血液中氧元素产生的磁脉冲得到特定时刻脑部最活跃区域的成像图）从多方面提供了人格的生物学基础的证据。

---

1 Buss，D.M.. Six difference in human mate preference：Evolutionary hypotheses tested in 37 cultures, *Behavioral and Brain Research*, 1989, 12：1~49.

上行网状激活系统。英国心理学家汉斯·艾森克认为上行网状激活系统是区分人格内外向的主要神经结构。它调节着我们的唤醒机制和抑制系统的平衡。他的假设得到部分证据的支持。内向者确实对刺激更敏感，反应更强烈，更回避刺激。

杏仁核与动机和情绪有关。对人类和动物的研究均显示，杏仁核对负性情绪（如生气和愤怒）有重要影响。该区域或附近的脑区受损，可能会产生与杀戮有关的动机。[1]

额叶与人类的认知功能（思考和计划）有关。脑电研究发现，个体在体验愉悦情绪时，左脑的额叶更活跃；在体验厌恶刺激时，右脑的额叶更活跃。功能核磁共振研究发现额叶在情绪调节和社会交往过程中起重要作用，几乎所有的高级认知任务的完成都需要额叶的参与。

前扣带回对控制情绪反应和行为冲动有重要作用。功能核磁共振研究[2]发现，相对于内向者，外向者在面对积极和中性词时，前扣带回更活跃，其激活水平与神经质维度无关。该区域在衡量外界的真实状态与自己的预期是否匹配上起重要作用。

二、人格的教养

如果说人格由于先天因素的影响具有某种稳定性，那么在后天环境刺激下，则表现出复杂性和动态性。影响人格发展的环境因素主要有家庭环境和社会环境两个方面。

（一）家庭环境的作用

来自同一家庭的孩子，他们的人格很不相同。首先需要区分共享环境和非共享环境的概念。共享环境（shared environment）由子女们在同一个家庭成长共同享有的环境构成。非共享环境（nonshared environment）指在同一个家庭成长却不被子女们共同享有的环境。[3]想想同一家庭里的兄弟姐妹，他们共享某些环境特征，如书籍的数量，家里的电视、电脑，食物的数量与质量，父母的价值观和态度等，这些都是共享环境。另外，同一家庭的孩子并不是共享所有的环境特征。例如，子女们因为性别差异、排行顺序或特定的生活事件而被父母区别对待，不同的朋友圈，不同的学校经验等，这些都是非共享环境。

那么，究竟是哪种环境因素对人格的影响更大，是共享环境，还是非共享环境？通过比较在相同和不同家庭环境中生长的亲生子女，比较在同一家庭环境中生长的收养子女可以研究这个问题。如果共享环境更重要，一起抚养的养子女应该比分开抚养的养子女更相似，如果非共享环境更重要，一起抚养的亲生子女就不会比分开抚养的亲生子女更相似。在生活中

1　（美）大卫·C.范德. 人格谜题（第4版）. 许燕，等译. 北京：世界图书出版公司，2009：205.

2　Canli, T..Function brain mapping of extraversion and neuroticism: Learning from individual differences in emotion processing. *Journal of Personality*, 2004, 72, 1105~1132.

3　L. A. 珀文. 人格科学. 周榕，陈红，等译. 上海：华东师范大学出版社，2004：171.

我们会发现，即使是来自同一个家庭的孩子，性格也会有相当大的差异。生活在同一家庭的被收养的子女，其人格变量之间的平均相关仍然较低，尽管他们有同样的父母，上同样的学校，但共享环境并没有导致他们人格的相似性，相反，环境作用的重点在于兄弟姐妹们经历的不同环境，即每个孩子独特的经历，也就是非共享环境。通过大量实验，普朗明等人得出结论，人格约35%的变异是非共享环境经验的因素，约5%的变异是共享环境经验的作用，另有40%是的遗传的作用，剩余的20%是测验误差的影响。[1]也就是说，人格的变异主要归于遗传因素，环境的影响几乎都可归于非共享的。

（二）社会环境的作用

除了家庭环境的影响，孩子人格发展还受到学校、社会等因素的影响。学校教育对学生人格发展有以下5方面的作用：①使学生形成思想品德、树立正确的人生观和价值观；②掌握系统的科学文化知识与技能，促进智力发展；③掌握运动技能，培养意志力和勇敢精神；④掌握审美知识，形成审美能力和审美情操；⑤形成正确的劳动观点，建立良好的劳动习惯。此外，学校的校园环境、校风、班风、教师的榜样作用等，都会潜移默化地影响学生人格的发展。

社会对学生人格的影响来自多方面，如生活在不同社会阶层的孩子，受到的教育和培养不同。中产阶级的父母比较随和，喜欢和孩子讲道理，在一些规矩上会向孩子妥协；工人阶级的父母则要求服从和遵命，常常体罚孩子。又如当今各种大众传媒尤其是互联网信息对孩子的生活有十分重大的影响，会影响孩子的审美观、交友方式等。

三、个体与环境的交互作用

人格的发展也是天性与教养之间交互作用的结果。天性与教养之间交互作用的方式有3种，分别是反应的交互作用、唤起的交互作用和超前的交互作用。

反应的交互作用（reactive interaction）。指面对同样的环境，不同的个体会以不同的方式感受、体验和解释来对这一环境反应。也就是说，同样的环境经验对具有不同遗传结构的个体作用不同。比如，敏感、神经质的孩子与和顺的、适应性强的孩子对于父母的体贴关怀，反应是不同的；在相同的人际环境下，外倾的孩子比内倾的孩子对周围的反应更加积极主动。每一个儿童的人格都能从客观环境中选取主观的心理环境，这种主观心理环境便构成其以后的人格发展。

唤起的交互作用（evocative interaction）。指具有不同遗传结构的个体可能会唤起不同

1 Dunn J., Plomin R.. *Separate lives：Why siblings are so different*. Basic Books，1990.

的环境反应。比如，一个烦躁不安、大哭大叫的婴儿与另一个易哄、爱笑的婴儿相比，后者比前者能够得到父母和周围人更多的关怀。父母的教养方式往往是由孩子的人格特征和行为唤起的，而这种教养方式又塑造了儿童的人格。再比如，有吸引力或者活跃的孩子唤起的同伴反应与吸引力较低或不活跃的孩子唤起的同伴反应不同。在各种情况下，遗传决定的特征都唤起了不同的来自环境的反应。这种唤起的交互作用，自始至终贯穿于人格发展的全部过程。

超前的交互作用（proactive interaction）。指个体主动选择和建构自己喜爱的环境，而这些环境反过来又进一步塑造其人格。也就是说，具有不同遗传结构的个体会寻求、改变和创造不同的环境。比如，一个攻击性强的儿童常选择与小伙伴们在一起打架的地方，而不会独自一个人待在家里，他主动创造了条件，促成有利于攻击性发展的环境，这一环境反过来又强化和维持了他的攻击性的人格特点；一个外向开朗的孩子寻求的环境很可能与一个内向害羞的兄弟姐妹不同。当个体开始日益有能力选择自己的环境时，这些影响将随时间推移而增加。

以上3种不同交互方式在不同阶段的表现强度是不同的。当儿童开始选择和建构他们自己的环境时，天性与教养的最初相关逐渐为超前的交互作用所代替。而反应的交互作用和唤起的交互作用在生活中仍经常起作用。总之，个体既是环境影响的相对被动的接受者，又可以通过自己唤起的反应在环境事件中起作用，还可以在选择和创造环境中发挥积极的作用。

第五节
健康人格、人格差异和教育

学习目标

1. 了解健康人格的概念。
2. 了解如何根据学生的人格差异进行教育。

具有健康人格的人是什么样的？他们在对待世界、对待他人、对待自己上有何特点？人格健全是心理健康的根本标志，了解学生的人格特点，根据学生的人格差异进行有针对性的教育，对引导学生成长和成才有着极其重要的意义。

一、什么是健康人格

健康人格（healthy personality）是一种与外界环境相适应、为自然及社会接纳和认同的健康和谐发展的人格模式，是多种良好人格特征的完备结合和有机统一。心理学家们提出了健康人格的不同模式与假设。

奥尔波特[1]提出了"成熟者"模式，认为健康人格者是成熟的人，有6项标准。①自我扩展能力。即参与超越自己的各种活动，关心他人福利。②与他人热情交往的能力。即与他人保持亲密关系，富有同情心，不侵犯他人隐私，容忍与他人信仰和价值的差异。③自我接纳能力和安全感。④实际的现实知觉，真实地看待各种事物，不歪曲事实，以问题为中心。⑤自我客观化。即能客观地了解自己，能洞察自己的能力与不足。⑥统一的人生哲学。即有相当清晰的自我意象和行动标准，有长远目标和计划。

马斯洛提出了"自我实现者"的模式，他认为自我实现使个人潜能和价值都得到最有效的挖掘和使用，从而成为自我实现者，具有健康的人格。他概括出自我实现者人格或健康人格的15个特征，如准确地知觉现实、自我认同和接纳、关注社会、意志自由、民主精神、高峰体验、鉴赏力、创造性等。[2]

罗杰斯的"功能充分发挥者"模式认为，健康人格是充分发挥机能的人，具有5个特征：经验的开放性，自我与经验的和谐一致，信任机体评估过程，富于自由感，高度创造性。[3]

国内学者黄希庭提出"幸福的进取者"模式，所谓健全人格的人，对世界抱有开放的态度，乐于学习和工作，不断吸取新经验；以辩证的态度看待他人，有良好的人际关系和团队精神；以辩证的态度看待自己，能自知、自尊、自我悦纳；以辩证的态度看待过去、现在和将来，力求使理想的我、现实的我和应该的我达成统一；以辩证的态度看待顺境和逆境，能调控情绪，心境良好；是一个自立、自信、自尊、自强、幸福的进取者。[4]

由此可见，不同心理学家对健康人格的强调各有侧重，相互补充，他们都强调健康人格的内部协调和统一性。

👁 **专栏10-3**

你的人格会影响你的健康吗？

20世纪50年代，弗里德曼（Friedman）和罗森曼（Rosenman）确定了A和B两种行为模式。A型行为模式包括极端好胜、富有攻击性、缺乏耐心、有时间急迫感和怀有敌意。B型行为模式恰好相反，他们有较少的竞争性，较少的敌意。研究显示，A型行为模式者比一般人群更容易患上冠心病，且与心脏病及其他许多并发症有关。A型行为模式中最具"毒性"的是敌意，它会导致长期的应激反应而危害健康。第三种行为模式，即C型行为模式。用以预测哪些个体容易患上癌症或者加速癌症病程。C型行为者的特点是隐忍或自我牺牲，不果断、

1 Allport, G. W.. *Pattern and growth in personality*. New York：Holt, Rinehart & Winston. 1961：288.
2 车文博. 人本主义心理学. 杭州：浙江教育出版社，2003. 133~141.
3 车文博. 人本主义心理学. 杭州：浙江教育出版社，2003. 183~185.
4 黄希庭，等. 健全人格与心理和谐. 重庆：重庆出版社，2010：63.

服从权威，消极情绪不外露，特别是气愤情绪，C型行为者的被动性不利于面对疾病。

二、人格差异与教育

世界上没有人格完全相同的两个人。教师只有了解学生的人格差异，才能采取合适而有针对性的教育方法，做到扬长避短，因材施教。人格差异，特别是非智力因素方面的差异，对教育效果有显著的影响。

（一）性格

性格是指个体在生活中形成的对现实的稳固的态度以及与之相适应的习惯化的行为方式，它表现在个体对现实的态度和行为方式中。性格的形成和发展主要决定于环境的影响和个人的自我塑造。性格会影响学生的学习方式。比如，外向者通常对学习新的难度较大的教材感兴趣，课堂中反应迅速，但课后较马虎。相反，内向者在课堂中反应缓慢，但课后认真。性格也会影响学习的速度和质量，良好的态度、情绪等特征有助于增强学生的学习信心，促使学业成功。不良的性格特征则会使学生产生负性情绪体验，产生学业退缩，从而导致学业失败。性格差异还会影响学生对学习内容的选择，研究发现男生和女生感兴趣的学习内容是不一样的。

因此，学校教育内容的选择和组织应该更好地适应学生的性格差异。为此，学校可以开设不同的选修课程，供不同的性格、兴趣爱好和能力特长的学生选择。其次，倡导非指导性学习。该教学方法由美国心理学家罗杰斯提出，强调以学生为中心，教学应较少有"直接性、命令性、指示性"，较多有"不明示性、间接性、非命令性"。在课堂中，教师注重创造促进经验学习的课堂气氛，以真诚的情感对待学生，给学生以无条件的关注，能设身处地地为学生着想。最后，提倡合作学习。学生们以主动合作的方式学习，分工合作实施学习计划，这样的学习使不同性格的学生相互包容，求同存异。

作为一种性格特征，成就动机是因材施教必须考虑的重要因素之一。成就动机（achievement motivation）是指个人在主动参与事关成败的活动时，不畏失败威胁，自愿全力以赴，以期达成目标并获得成功经验的内在心理历程。[1]学生的成就动机与学业成就之间有高相关，具有高成就动机的学生喜欢选择富有挑战性的任务，学习效果更好，成绩更优秀。高低不同的成就动机者对失败的反应截然不同，高者在失败后仍然坚持不懈、继续努力，低者在失败后丧失自信心、放弃退缩。另外，优生和差生在成就归因上也表现出明显差异，优生倾向于内归因，而差生倾向于外归因。值得注意的是，高成就动机以教师良好的教学风格为

1　张春兴. 教育心理学. 杭州：浙江教育出版社，2005：394.

前提。研究表明，成就动机的高低与教师的教学风格存在相互作用，对于拥有不同成就倾向的学生，即期望"通过独立"或是"通过依从"取得成绩的学生，鼓励独立的教学风格有助于前者而不利于后者的学习；要求依从的教学风格有利于后者而不利于前者的学习。因此，教师需要根据不同类型的学生特点采取相适应的教学风格，达到最佳的教学效果。

（二）气质

对不同气质类型的孩子，什么样的环境和教学方法更适合呢？根据托马斯等人提出的"良好适应模型"[1]，孩子在学校的表现，取决于学校环境对这个孩子的期望和要求与孩子的"能力、特性、行为风格"的匹配。虽然不能改变孩子的气质，但我们可以采用适合其气质特点的学习风格。例如，一个容易分心、集中注意力差的孩子，不能让他完成需要长时间集中注意的任务，而是将任务分成几步，让他分步完成。教师可以允许那些迟缓型儿童用低于全班平均水平的速度完成作业。研究表明，如果教师调整自己的教学风格，使之与孩子的气质匹配，能改进学习成绩，建立儿童良好的自我价值感。

对不同气质类型的学生，教育方法不同。如对胆汁质的学生，要讲明道理，耐心说服，不能简单粗暴，应重点培养其做事要持之以恒、自制镇静的品质；对多血质的学生，要注意严格要求，养成做事有计划、有目标的习惯，养成认真踏实的作风，着重培养其稳定的兴趣、恒心与坚持性；对黏液质的学生，应有热心和耐心，防止墨守成规、懒散疲塌，重在培养独立主动、探索和创新的精神；对抑郁质的学生，应个别谈心，侧面启发，不能公开指责，多给予关怀和帮助，鼓励其思考，参加活动，树立自信心、消除胆怯和害羞。

（三）能力

能力的差异体现在一般的认知能力差异上，如注意力、记忆力、语言和思维能力及创造力等方面。研究发现，当教学任务需要学生进行复杂的信息加工时，一般认知能力与学业成就之间的相关性增大，也就是说，如果恰当运用某种教学方法以减少对学生深层信息加工的要求，那么一般认知能力的影响力就可以降低。另外，低能力的学生在个别指导的教学方法下学得更好，而高能力的学生在集体教学方法下学得更好。对学习策略的训练也可以减少一般认知能力对学习的影响。当对学生进行有关学习策略的训练之后，一般认知能力对学习的影响就会变小。因此，采用个别指导的教学方法，提供恰当的学习策略训练，可以使一般认知能力低的学生变成学习效率较高者。

另外，在课堂中，有人提倡同质分组的教学组织形式，将能力和知识水平接近的学生组成教学班。优点是在一个小班里缩小了学生之间的能力差距，能较好地适应学生的个别差

1　（美）Jerry M. Burger. 人格心理学. 陈会昌，等译. 北京：中国轻工业出版社，2000：193.

异，便于用统一的进度和方法进行教学。有研究者在此基础上提出，一部分课程可以采用异质分组，如必修课，而其余的课程则采用同质分组，使两种不同的教学组织形式有机地统一起来。

综上，对于具有不同性格、气质和能力等人格特点的学生，采用不同的教育方法，可取得事半功倍的效果。

本章小结

人格发展	婴儿期表现出气质差异（容易型和困难型、抑制型和非抑制型）。婴儿在21~24个月表现出完全的自我再认，出现了类别自我。儿童期的孩子发展起了具体的自我概念，自尊水平不断提高，自我控制得到初步发展，气质逐渐稳定。青年期抽象自我概念得到发展，形成了协调统一的自我，是自我同一性形成的关键时期，自尊发展不稳定。成年期的人格发展表现为跨时间的稳定性和可变性，整体上趋于成熟
人格理论	弗洛伊德将人格结构划分为意识、前意识和潜意识，本我、自我和超我，认为本能和焦虑是人格动力过程的核心概念。他把人格发展分为5个时期，认为人格发展源于婴幼儿时期心理性欲发展的变化。埃里克森将人格发展分为8阶段，每个阶段都有其发展的基本任务和危机。特质论把人格看作是由许多不同特质构成。奥尔波特将特质分为共同特质和个人特质，卡特尔将特质分为表面特质和根源特质，艾森克将特质分为外倾性、神经质和精神质3个维度。社会学习理论强调人和环境的交互作用对人格形成的影响。罗特使用行为潜能、预期、强化值和心理情境4种结构或变量来预测人格。班杜拉提出了观察学习、自我调节和自我效能感理论
人格测量	人格测量丰富多样，各种方法有优势也有不足。卡特尔16种人格因素量表考察16个根源特质；艾森克人格问卷测量精神质、外倾性和神经质3个人格维度；大五人格量表测量开放性、尽责性、外向性、宜人性和神经质5个维度；明尼苏达多项人格调查表包含10个临床量表，主要用于心理病理诊断
人格发展的影响因素	人格是天性和教养共同作用的结果，研究者们一般采用双生子研究法来考察人格形成中天性因素和教养因素的作用。行为遗传学研究发现成年人人格特质中，大约40%来自于遗传因素。进化论研究和神经心理学研究也提供了人格的生物学基础的多种证据。环境对人格的影响来自家庭环境和社会环境两方面。影响人格发展最主要的家庭环境因素是非共享环境而非共享环境。最终，人格的发展是遗传与环境交互作用的结果
健康人格与教育	根据不同学者的界定，健康人格可以是"成熟者""自我实现者""功能充分发挥者"和"幸福的进取者"。在学校教育中，对于具有不同人格特点的学生，如依据学生不同性格、不同气质和不同能力的差异，教师采用不同的教育方法，可取得事半功倍的效果

总结 >

Aa 关键术语

人格发展	人格理论	人格测量	健康人格
personality development	personality theory	personality measurement	healthy personality

章节链接

在这一章，你读到……	在其他章节中，你将发现相关讨论……
自尊的发展，自我同一性的四种发展水平和自我认同感危机	第九章　自我和性别角色
精神分析理论	第二章　发展心理学基本理论

应用 >

体验练习

一、单项选择题

1. 儿童依恋不包括以下哪种类型（　　）

　　A. 安全型　　　　B. 反抗型　　　　C. 容易型　　　　D. 回避型

2. 在弗洛伊德的自我防御机制里面，采用错误的推理使引起焦虑的不合理的行为合理化，是下面哪一种机制（　　）

　　A. 压抑机制　　B. 否认作用　　C. 合理化作用　D. 退化作用

3. 明尼苏达多项人格调查表Hs分量表是（　　）

　　A. 抑郁　　　　B. 癔病　　　　C. 疑病　　　　D. 精神衰弱

4. 行为遗传学家认为，成年人人格特质中，大约40%的影响来自于（　　）

　　A. 共享环境　　B. 非共享环境　　C. 遗传　　　　D. 测验误差

5. 我国学者黄希庭提出的健全人格不包括（　　）

　　A. 自立　　　　B. 自信　　　　C. 自尊　　　　D. 自律

二、简答题

1. 简述从婴儿期到青少年期自我概念的发展特点。

2. 简述成人期人格的连续性和非连续性。

3. 奥尔波特、卡特尔和艾森克几位特质心理学家分别是怎样划分人格维度的？

4. 简述大五人格量表维度和其高分特征。

5. 如何采用双生子研究法来考察人格形成中遗传因素和环境因素的作用？

6. 共享环境和非共享环境是什么？谁对人格的影响更大？

7. 简述健康人格的特征。

拓展 >

补充读物

1　L．A．珀文．人格科学．周榕，陈红，等译．上海：华东师范大学出版社，2004．

　　人是复杂的，没有两个相同的人。我们该怎样在系统表达适合于所有人的普遍规律的同时，去把握这种复杂和多样性呢？这是人格心理学家面临的最大挑战。该书介绍了当今人格研究领域的状况，展示人格心理学家在尝试理解人时感受到的兴奋和面临的挑战。有助于系统了解人格心理学的主要理论范型及当前人格研究专题的重要进展。

2　黄希庭，等．健全人格与心理和谐．重庆：重庆出版社，2010．

　　面对生活，为什么有人积极热情，有人消极淡漠？面对失败，为什么有人屡败屡战，有人一蹶不振？面对人生，为什么有人积极进取，有人消极被动？该书融汇日常生活中大量生动事例和寓言故事，展示自立、自信、正直、诚信、爱心、乐观等健全人格的丰富内涵，及其在促进心理和谐、纾解心理困扰中的作用，并结合人格培养的策略方法和简便科学的测试量表，链接"心理学与人生""学以致用"等小专栏，全方位打开心理健康新视野，让你在轻松阅读中感悟人生哲理。

在线学习资源

心理学空间　http：//www.psychspace.com

心灵咖啡网　http：//www.psycofe.com/

第十一章
社会性发展

本章概述

　　社会性指个体在社会存在过程中获得的全部社会特性（相对于人作为生物个体的生物性而言）的总和。个体离开社会无法获得健康、正常的发展，社会性作为人的本质属性，是个体社会化过程的必然结果，在整个人生发展历程中会表现出不同的发展特点。本章将从依恋、同伴关系、游戏、亲社会行为与攻击行为5个方面来论述个体社会性发展的基本特点。

结构图

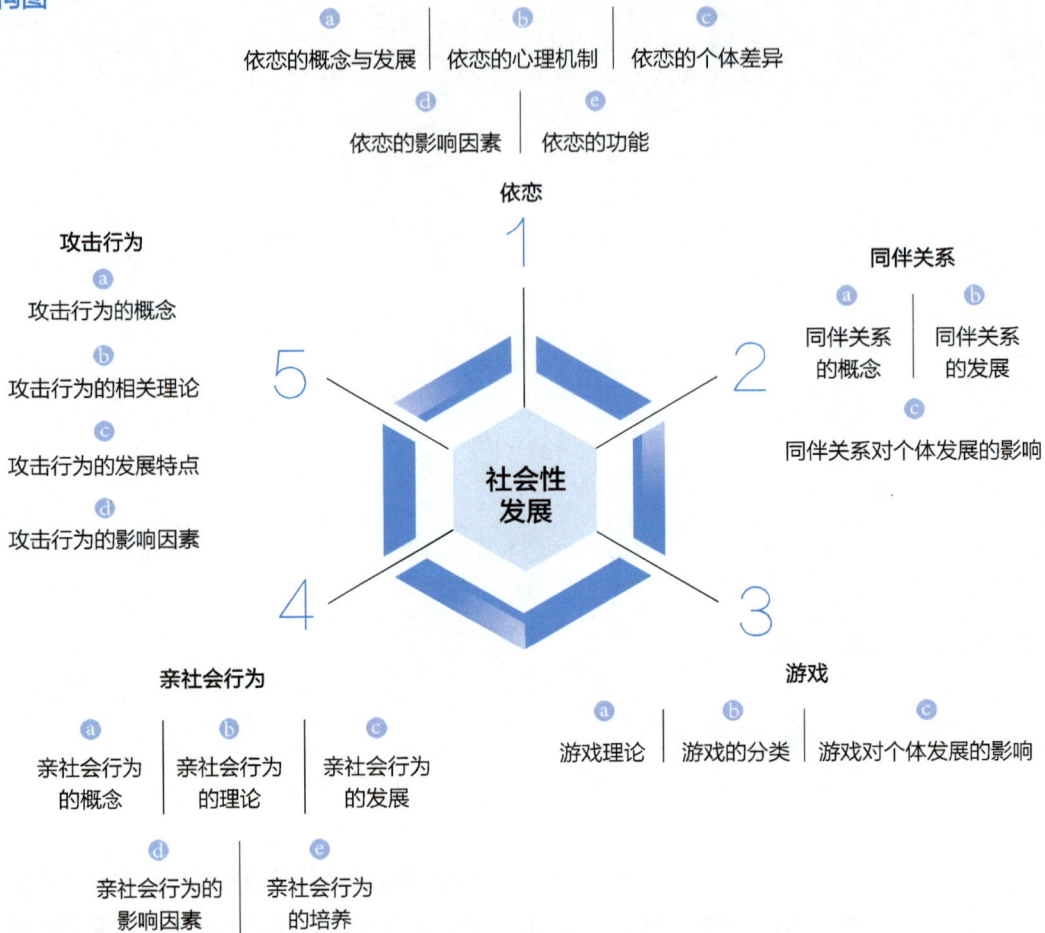

- **依恋**
  - a 依恋的概念与发展
  - b 依恋的心理机制
  - c 依恋的个体差异
  - d 依恋的影响因素
  - e 依恋的功能

- **攻击行为**
  - a 攻击行为的概念
  - b 攻击行为的相关理论
  - c 攻击行为的发展特点
  - d 攻击行为的影响因素

- **同伴关系**
  - a 同伴关系的概念
  - b 同伴关系的发展
  - c 同伴关系对个体发展的影响

- **社会性发展**

- **亲社会行为**
  - a 亲社会行为的概念
  - b 亲社会行为的理论
  - c 亲社会行为的发展
  - d 亲社会行为的影响因素
  - e 亲社会行为的培养

- **游戏**
  - a 游戏理论
  - b 游戏的分类
  - c 游戏对个体发展的影响

学习目标

学完本章，你应该能够做到：

1. 掌握依恋的概念与发展阶段、个体差异及其对个体毕生发展的影响。

2. 掌握同伴关系的概念，理解同伴关系的发展特点及其对个体适应的影响。

3. 理解早期和当代游戏理论，掌握游戏的类型及其对儿童发展的意义。

4. 了解亲社会行为的相关概念与理论，理解不同发展阶段亲社会行为的特点，在此基础上思考儿童亲社会行为的培养策略。

5. 掌握攻击行为的概念和相关理论，理解不同发展阶段攻击行为的特点，并在了解相关影响因素的基础上，了解儿童攻击行为的预防和矫正措施。

儿童的成长离不开社会，刚出生的婴儿主要在家庭中与父母一起生活，随年龄的增长，儿童逐渐离开家庭与其他儿童一起游戏打闹、互助合作，建立亲密友谊，学会社会行为规范。在此过程中，儿童常常会遇到各种烦恼，我们应如何帮助儿童顺利完成这一过程？阅读本章之前，请仔细思考下列问题。

1. 父母暂时离开会引起儿童的不同反应：有的大哭大闹，有的漠不关心……那么造成这种差异的原因是什么？不同的个体未来的发展有何特点？

2. 在小学校园里，一群孩子在愉快地玩老鹰捉小鸡，但总是会有一些儿童在旁边孤独地玩耍……如果这种情况长期持续下去，这两类儿童将会形成怎样的性格？

3. 小时候你扮演过妈妈、老师等角色吗？游戏对儿童的发展有怎样的作用呢？你是否认为这种游戏只会消耗儿童的体力？心理学家又是如何解释这种现象的？

4. 当婴儿注意到妈妈伤心的表情，他们也会变得伤心，或者伸出小手，触碰母亲的身体以表示安慰……儿童的这种安慰他人的能力是先天的，还是后天形成的？

5. 还记得小时候和小伙伴们一起做过的那些打架斗殴、调皮捣蛋、让老师头疼的事吗？你是如何看待这种行为的？有什么方法能够预防和矫正这种行为呢？

案例

1920年10月，一名传教士在印度加尔各答的丛林中发现了两个被狼哺育的女孩，大的卡玛拉7岁，小的阿玛拉1.5岁。她们的生活习惯与野兽一样：用四肢爬行；用牙齿撕咬食物；昼伏夜出；热的时候伸出舌头像狗一样喘气；不会说话，不肯洗澡和穿衣服……虽然外界为她们提供了耐心的抚养和教育，但阿玛拉被救后不到一年就死了，卡玛拉活到了17岁，但一直没有真正学会说话，不能与其他人进行正常的交流，其智力程度只相当于三四岁的儿童。

从上述的狼孩案例中可以发现，社会环境对个体发展有重要影响。狼孩的身体器官、大脑结构与正常孩子并无差异，但在狼群中成长，在早期生活中没有接触过教育，没有在社会环境中完成社会化过程。因此，她们的智力远远落后于同龄人，生活习性也与人类大相径庭，同时缺乏基本的生存技能和社会技能。

人是社会的产物，脱离社会人就丧失了"人性"。那么，个体是如何从一个自然人发展成社会人的？影响个体社会性发展的因素是什么？本章将从依恋、同伴关系、游戏、亲社会行为和攻击行为5个方面论述个体的社会性发展过程。

第一节
依恋

🎯 学习目标

1．理解依恋的概念。
2．理解依恋的发展阶段，依恋的内部工作模型和个体差异。
3．了解依恋的影响因素及其对个体毕生发展的影响。

母亲与婴儿的关系不仅局限在食物和物质的供求，温暖的情感联结更重要。当婴儿感受到威胁时会通过寻求与母亲的亲近获得安全感。依恋是婴儿与主要照料者在生命早期形成的亲密情感联系，在个体生命的头两年形成，却持续影响整个生命历程中的认知、情感和人际关系。本节将对依恋的概念、形成、内在机制、相关因素及功能进行介绍。

🔊 名家语录

爱是一种永远无法消除的饥渴，缺乏爱的人生是最悲惨的人生。

——大卫·梭罗

人世间最美丽的情景出现在我们回忆母亲的时刻。

——莫泊桑

一、依恋的概念与发展

依恋（attachment）是个体与重要他人间通过亲密互动形成的持久、强烈的情感联系或联结。这里的重要他人即依恋对象，具有不可替代性，可以是早期的主要照料者（父母），也可以是其他的亲人、同伴、恋人、配偶等。一般而言，依恋包含内在的情感成分（依恋情结）和外显的行为成分（依恋行为）两个方面，其中依恋行为是个体保持与依恋对象亲近的具体行为，如跟随、陪伴、依偎、哭、笑等；依恋情结（或依恋联结，attachment bond）则是个体与依恋对象在心理上产生的持久、强烈而亲密的情感纽带。诸多依恋行为会构成依恋行为系统，当面临危险时依恋行为系统自动激活，个体表现出依恋行为寻求与依恋对象的亲近并获得安全感，被迫分离时则会感到异常痛苦。[1]

依恋最早源于婴儿与主要照顾者（主要是父母）的同步互动，其形成包含密不可分的两个方面：一是依恋对象采取何种反应对待婴儿寻求亲近的行为；二是婴儿如何发出信号并对依恋对象做出响应，两者缺一不可。婴儿与父母的依恋关系开始于婴儿发出的一系列先天信号，并随认知和情感的发展经历以下阶段。

前依恋阶段（pre-attachment，0~6周），即无社会性反应阶段。刚出生到6周大的婴儿无法区分外界信息的社会性或非社会性特征，只能依据本能发出诸多信号，如抓、微笑、哭、看着成人的眼睛等。一旦成人做出回应，婴儿随后的反应则会鼓励成人围绕在其身边，并在被抱起、抚摸和听到温柔声音时感到安慰。研究也发现，刚出生不久的婴儿就能辨认出母亲的声音和气味，但仍无法对主要养育者与其他人进行区分，且很少表现出抗拒行为。此阶段末期，婴儿会逐渐表现出对社会性刺激（如微笑的面容）的初步反应偏好。

依恋形成期（attachment-in-the-making，6周至6~7个月），又被称为未分化的依恋期，期间婴儿逐渐对养育者的不同信号做出不同的反应期待。婴儿会对包括人在内的多种社会性刺激表现出偏好，如2~3个月的婴儿会对人而非其他物体（如会说话的木偶）有更多的微笑；婴儿对任何人（包括陌生人）的关注都感到快乐，一旦被人从怀里放下就会立刻感到不安。此阶段晚期，婴儿开始逐步将熟悉的照料者（主要是母亲）与其他人区别开，并表现出对两者的不同反应：母亲在时更多微笑、大笑或咿呀学语，伤心时更容易被抚慰等。但这种反应偏好还未进一步分化，婴儿在与父母分离时不会表示抗议，也没有明显的悲伤情绪出现。

明确依恋期（clear-cut attachment，7~8月至1.5~2岁）。7~9个月，婴儿对主要照料者（一般是母亲）的依恋变得非常明显，他们常常缠在母亲身边，与母亲分离时表现出抗拒和伤感，在母亲回来后则表现得非常开心，并开始出现陌生人警觉。在世界各地的不同文化中，婴儿6个月以后都会出现分离焦虑现象，并在随后一段时间内一直增强，直到约15个月时才减弱，意味着明确的依恋行为已经形成。同时，依恋的形成也促进了婴儿进一步的探索行为，婴儿开始将依恋对象作为安全基地表现出对外界的更自由、广泛的探索。

互惠关系期（reciprocal relationships，1.5 ~ 2岁以上）。随着认知表征能力和语言表达技能的迅速发展，婴儿开始能够理解父母的离开和返回事件的意义，与父母的分离不再是一件充满威胁和不确定的事件。此阶段依恋关系逐渐变为一种双向调控的关系，儿童可通过请求和说服等方式参与关系的调控，并对自身行为进行调整以忍受与依恋对象的长时间分离，依恋系统的目标矫正功能逐步形成，儿童对亲密寻求的争取与照料者的目标和偏好间的同步化基本形成。此外，婴儿也开始与其他人如父亲、兄弟姊妹、祖父母等建立起多重的依恋关系。

1　Ainsworth，M. D. S.. Attachments beyond infancy. *American psychologist*，1989（4）：709~716.

鲍尔比指出，通过以上阶段婴儿与养育者建立起一种持久的亲密情感联系，并形成依恋的内部工作模型，其中包含的对依恋对象的期望和互动经验逐渐成为人格的重要部分，成为将来各种关系的榜样或指导，其影响一直延续到成年期。

二、依恋的心理机制

依恋理论指出，依恋的内部工作模型是一套认知—情感—动机图式，包括与依恋相关的知识和情境式记忆，及个体与环境的交互作用，依恋相关的陈述性和程序性知识，个体对他人和自身的认知、情绪反应及行为倾向等，在个体与依恋对象早期的同步互动中形成，影响其对自身和他人行为的判断与情感反应。

（一）内部工作模型的性质

鲍尔比指出，内部工作模型中储存了个体与依恋对象间互动的各种细节信息（如发生了什么、在哪里发生的、与什么人发生的）及与之相关的情感（如快乐、恐惧和气愤）等，包括他人模型和自我模型两种成分。前者描述了个体对他人（主要照料者）是否可得的认知判断，后者则涉及个体对自我价值的认知——自己是否有价值、是否值得关爱。若主要照料者对儿童的反应敏感并能及时提供帮助，儿童就会形成"他人是可信的，能够在需要时随时给予自己帮助；自己是有价值的"的观念。反之，当主要照料者的反应不一致、拒绝或冷漠时，个体就会形成"自己不值得关爱或他人是不可信的"的消极自我或消极他人工作模型。

（二）内部工作模型的特征

依恋理论指出，内部工作模型具有稳定性和可变性。一方面，内部工作模型中通过同化一致性信息或扭曲不一致信息保持稳定性，并最终影响个体的认知、情感和行为。另一方面，当生活环境发生巨变时，内部工作模型会顺应现实环境改变，表现出灵活性。当遭遇消极生活事件（如父母死亡或离异、父母或儿童患慢性/严重的躯体疾病等）时，内部工作模型也会发生改变。随着个体的成长，内部工作模型变得日趋复杂与精密，婴儿的工作模型只包括抚养者可得性和反应性的简单信息，年长儿童和成人的工作模型则表现为一个复杂的层级网络。

三、依恋的个体差异

安斯沃斯等人首创了陌生情境测验（表11-1）来测定儿童与母亲间依恋的安全程度，并将儿童的依恋分为安全、回避和反抗3种类型。[1]随后，成人依恋访谈的研究又增加了第四种——混乱型依恋，不同依恋类型儿童的特点见表11-2。

除了对依恋进行单向度的类型学划分外，也有研究者采用因素分析技术指出，可以从回避和焦虑两个维度对依恋进行划分。其中，回避维度描述了个体对与亲密他人分离或担心被抛弃的程度；焦虑维度则考察了个体与他人间关系的亲密/独立程度，这两个维度最终在一个连续的两维空间中交叉建构出依恋的4类型（安全、回避、焦虑和矛盾）以取代安斯沃斯的3类型。此外，依恋也可以被置于"自我"和"他人"两个维度确定的空间中，并形成不同的依恋类型。

表11-1 陌生情境的实验程序

情境	在场的人	事 件	持续时间	注意观察的潜在依恋行为
1	母亲、婴儿和实验者	主试带领母亲和婴儿进入游戏室，然后离开	30秒	
2	母亲、婴儿	母亲在一旁坐着，看婴儿玩	3分钟	母亲作为安全基地
3	母亲、婴儿和陌生人	陌生人进入，坐下，和家长交流	3分钟	陌生人焦虑
4	婴儿、陌生人	母亲离开，如果婴儿感到不安，陌生人给以安慰	3分钟以下	分离焦虑
5	母亲、婴儿	母亲返回，和婴儿打招呼，如果婴儿感到不安予以安慰。陌生人离开	3分钟以上	重聚行为
6	婴儿	母亲离开	3分钟以下	分离焦虑
7	婴儿、陌生人	陌生人进入给予安慰	3分钟以下	接受陌生人抚慰能力
8	母亲、婴儿	母亲返回，和婴儿打招呼，如果婴儿感到不安予以安慰，用玩具吸引婴儿	3分钟	重聚行为

注解： 除了第1个场景外，每个场景的时间为3分钟左右。如果婴儿极端不安，分离场景和重聚场景的时间会相应缩短和延长。

---

1 Ainsworth，M. D. S.，Blehar M. C.，Waters E.. *Patterns of attachment*：*A psychological study of the strange situation*. Lawrence Erlbaum Associates，1978：49~68.

表11-2　不同依恋类型儿童的特点

特点	类型			
	安全型依恋（65%）	回避型依恋（20%）	反抗型依恋（10%）	混乱型依恋（5%）
母亲在身边时	自由地对周围环境进行探索，不总是依靠在母亲身边	不在乎母亲是否在身边，与母亲没有形成亲密的感情联结	常依偎在母亲身边，不能自由探索环境	最不安全的依恋类型，混合了回避型与反抗型两种类型的特点，常表现出矛盾与混乱的行为反应：他们想接近母亲，但当母亲靠近时又离开；当接近母亲时表现出茫然和忧郁的表情或奇怪的姿势；被安抚后可能又会大哭起来。多数情况下，他们看起来不知所措，并常用一些迷茫的表情表达情绪
陌生人在场时	友好地接近陌生人并对其做出积极的反应	更容易离开母亲而参与到陌生环境中	对陌生人保持警戒，即使母亲在身边也如此	
母亲离开时	探索行为明显受到影响，会感到焦虑与痛苦	没有表现出明显的反抗与分离焦虑	母亲离开前就表现出高度的警惕，一旦母亲离开，就出现强烈的分离焦虑与反抗	
母亲回来时	立刻主动寻求与母亲的亲近，经安抚后很容易从痛苦中恢复过来并继续玩游戏	不予理会，更不会主动接近母亲，对于母亲主动亲近自己的行为，他们会采取转身离开等回避行为	很难从痛苦中恢复，同时表现出寻求与母亲的接近和反抗接近的矛盾态度与行为	

四、依恋的影响因素

依恋在个体与照料者的互动基础上形成，其发展会受到包括主体（儿童）、客体（主要抚养者）及背景（家庭与社会文化）等在内的诸多因素的影响。

（一）个体内部因素

美国心理学家凯根在研究中发现，1岁时安全型、反抗型、回避型依恋婴儿所占比例（分别为65%、10%、23%）与容易型、困难型、迟缓型气质的婴儿所占比例（分别为60%、15%、23%）很相似，并提出了依恋的气质假说，认为婴儿的依恋风格反映了不同儿童自身的气质特点，依恋风格在一定程度上由儿童的气质特征决定，气质差异是影响不同依恋风格形成的关键。其中，容易型气质的婴儿很容易适应陌生环境，情绪感受更愉悦，对成人的反应也更积极，常表现为安全型依恋；困难型的婴儿更爱发脾气，常大哭大闹、沮丧和对抗，常被划分为反抗型依恋。迟缓型婴儿的活动水平较低，常逃避新环境，多被划分为回避型依恋。

此外，儿童的人格、智力水平、体重、疾病、性别、出生次序等均会影响其依恋风格。如智力低下的婴儿在与母亲的互动中常消极被动，母亲掌握着交往的主动权，这种不平等的互动方式更有可能导致不安全依恋风格的形成。

（二）主要抚养者相关因素

抚养质量。依恋的抚养假说指出，主要抚养者的反应性和敏感性会影响婴儿依恋的安全性。研究者指出，若抚养者能敏感、积极地回应儿童的需要，婴儿就能形成安全的依恋风格；但若抚养者对儿童的需求不敏感，以反复无常/不一致的方式或漠不关心/忽视的方式照顾儿童，更容易导致不安全依恋。有助于婴儿形成安全依恋的母亲特征包括：①敏感性，能迅速准确地对婴儿的信号做出反应；②积极态度，对婴儿表现出积极的爱与关心；③同步性，能与婴儿进行双向互动的交往；④共同性，与婴儿关注并做同样的事情；⑤支持，密切关注婴儿的活动并提供必要的情感支持；⑥刺激，经常激励和引导婴儿。

抚养者的依恋风格。父母自身的依恋风格会通过影响其对儿童需求的了解和反应的敏感性影响养育行为，最终影响其子女的依恋风格，表现为依恋风格的代际传递。其中，安全依恋的父母持有积极的工作模型，能与儿童进行同步互动，儿童也会将父母作为安全基地，表现出对外界的积极探索；非安全依恋的父母则在童年期就与自己的父母存在不良的互动经历，养育子女时常误解其需要或只做出选择性的回应，表现出对孩子的忽视拒绝或过度关注，影响儿童的依恋安全性。

（三）家庭环境与社会文化

生态系统论认为，儿童的依恋安全性会受到包括父母的婚姻质量、家庭经济地位和社会文化因素等在内的环境因素的影响。

父母的婚姻质量。大量研究证实，父母的婚姻质量会通过3种途径影响儿童的依恋风格。其一，影响母亲的依恋内部工作模型，并间接影响作为主要抚养者的母亲的抚养质量；其二，直接影响父母双方的心理状态与应激水平，进而影响父母与儿童的互动过程；其三，通过家庭氛围影响儿童依恋安全的建立。父母的婚姻质量越高，相互的支持度越高，越能以积极心态抚养孩子，敏感关注儿童的需求，儿童也会发展出安全的依恋风格；婚姻不幸的父母情绪低落，家庭关系长期处于紧张状态，这些均会导致对儿童需求不敏感，影响其依恋安全性。

社会文化。儿童一出生就处于特定的文化中，社会文化因素构成儿童发展的宏观背景，并通过影响儿童的家庭结构、父母养育方式等对儿童依恋产生影响。

从生态学角度看，依恋具有保护物种生存的进化论价值，因而依恋行为应具有不受文化背景影响的普遍性，这得到了跨文化研究的证实。如不同文化中依恋均具有相似的情感模式与行为模式，依恋的类型分布与发展特征间也存在一致性，几乎所有的婴儿都会与一个或多个依恋对象建立依恋关系。此外，4种不同依恋类型的儿童普遍存在于各种文化中且安全型依恋的个体所占的比例都最大，即使在极其恶劣的环境中也是如此。

父母的抚养行为是与特定文化相适应的行为，因而依恋会受到社会文化的影响。首先，不同文化对父母的抚养期望不同，由此产生不同的抚养行为并最终导致不同的依恋风格。如西方文化下父母更多期望孩子独立自信、掌握更多技能，因而在抚养过程中更多鼓励孩子自主探索环境和表达情感，但通常与婴儿的亲密接触较少，因此回避型依恋婴儿较多。日本的父母则期望孩子顺从，在抚养过程中与孩子保持较多的亲密接触，很少分离，不鼓励孩子独立探索和表达情感，因此婴儿会表现出更多的陌生人焦虑与分离焦虑，反抗型依恋较多。

总之，包括儿童自身特点、抚养者的特点、家庭和社会文化因素等在内的诸多因素相辅相成，共同影响儿童依恋。如儿童气质会影响母亲的抚养质量，父母在抚养方式上的差异又会对儿童的依恋风格产生影响。最佳的抚养方式是养育者的抚养方式与儿童自身的气质相吻合，更倾向于养育出安全依恋的儿童。

五、依恋的功能

（一）对认知的影响

依恋系统的动力加工模型指出，当遭遇内外环境中的威胁时依恋系统自动激活，个体会对威胁进行监控和评估，若依恋对象是敏感可得的，个体就会采用亲近寻求的初级依恋策略以获得安全感；若依恋对象不可获得则会循环使用过度激活（依恋焦虑）或去激活策略（依恋回避）。在此过程中，依恋风格（自我他人工作模型）会对依恋加工产生"自上而下"的影响，导致个体更多采取过度激活或去激活等歪曲的认知加工策略处理信息。

（二）对情绪、情感的影响

依恋对象的可获得性具有积极的情绪效应：敏感可得的依恋对象能帮助个体在遭遇威胁时通过亲近寻求获得安全感和积极情感体验；依恋对象的不可获得会阻碍亲近寻求，诱发消极情绪。同时，依恋风格还会影响个体对情绪诱发事件的评价与情绪调节。其中，安全依恋能够促进健康、灵活和与现实协调的建设性情绪调节策略，以积极方式评估诱发事件；不安全依恋则会导致情感体验的扭曲，有意否认自己的消极情绪或压抑自身的情绪体验（依恋回避）或夸大并体验到更多强烈的消极情绪（依恋焦虑）。

（三）对行为的影响

安全依恋个体能够以父母为安全基地实现对周围环境的主动探索并发展完善自身的社会技能。安全依恋个体拥有的积极工作模型可以促使其以更为积极的建设性方式与他人进行合作交往，更多从事亲社会行为。不安全依恋个体内部工作模型中对他人的不安全和不信任感会使其对来自他人的好意和帮助持拒绝态度（依恋回避）或者持有较低的自我价值感（依恋焦虑），表现出较差的社会技能、更多的攻击、焦虑和退缩等外显和内隐的问题行为。

第二节
同伴关系

🎯 学习目标

1．掌握同伴关系的概念。
2．理解不同发展阶段同伴关系的特点。
3．了解同伴关系对个体发展的影响。

世界上没有一种文化单纯依靠父母抚育儿童。儿童生活的世界既包含父母与其他成人，也包含同伴，二者分别以不同的方式对个体产生影响，其中成人世界在儿童出生后就伴随周围；儿童2~3岁后同伴的作用逐渐加强，尤其是进入学校后，几乎所有儿童都会受到同伴的巨大影响。

一、同伴关系的概念

同伴（peer）是彼此间地位平等的或至少当前以相似的行为复杂程度运作的个体。同伴关系（peer relationship）描述了彼此地位相同或相近的个体间的共同活动与相互协作关系，或年龄相同/相近、心理发展水平相当的个体在交往中发展起来的人际关系。对个体发展有重要影响的同伴关系包括友谊和同伴接纳两种，其中友谊作为个体层面的双向关系，反映了个体间情感联系的紧密程度；同伴接纳则是群体层面的单向结构，反映了群体对个体的态度和个体的群体地位。[1]

与儿童和成人间的交往关系不同，儿童与同伴间的关系更具平等性。儿童与成人的交往主要是以一种不对等的方式展开互动，成人在交往中占据主导地位，儿童需服从成人的权威，常处于从属地位；儿童与同伴间的交往则拥有平等的地位，没有主次之分，彼此间主要通过协商、妥协与合作等方式解决矛盾冲突。

二、同伴关系的发展

同伴关系在个体发展的不同阶段表现的特点不同。在个体层面的友谊关系上，年幼儿童只能根据物理距离或是否拥有玩具等外在因素选择朋友，年长儿童则注重友谊的质量和忠诚、信任等内在品质。就群体层面的同伴接纳而言，小学儿童会感受到不同程度的同伴接纳，青春期的个体则感受到更多的同伴群体压力。

---

1 邹泓. 同伴接纳、友谊与学校适应的研究. 心理发展与教育，1997（3）：55.

（一）婴儿期（0~3岁）的同伴关系

婴儿在出生半年后开始表现出真正意义的同伴交往行为。婴儿期的同伴关系主要经历以下3个阶段。

客体中心阶段（6个月至1岁）。婴儿间的交往具有单向性，即一个婴儿的社交行为通常不会引起另一个婴儿的反应。婴儿的注意力主要集中于物体或玩具而非同伴，即使在一起玩耍，也只是将同伴当作玩具，表现出互相拍触等行为。

简单交往阶段（1~1.5岁）。婴儿间的交往开始具有简单的应答，一个婴儿的行为能成功引发其他婴儿的反应。此时婴儿开始留心并将更多注意力集中在同伴身上，同时做出一定的社交指向行为以引发同伴反应，如微笑、发声等。

互补交往阶段（1.5~2.5岁）。此阶段的幼儿在与同伴交往中不但会表现出各种合作互补的社会行为，如共同搭建一个东西、我跑你追、我躲你找等，且社会性游戏的成分显著增加。埃克曼等人的观察研究发现，年龄较大组婴儿的社会性游戏显著多于单独游戏，与同伴一起游戏的数量也显著多于母亲。

（二）幼儿期（3~6、7岁）的同伴关系

进入幼儿园后，幼儿与同伴在一起的时间更长，也更喜欢与同伴在一起活动。然而，幼儿对友谊的认知更多受客观情境因素的影响，主要通过他人的具体行为来判断谁是朋友，不涉及对方的内在品质，友谊非常脆弱，极易迅速形成和破裂。幼儿通常认为：朋友就是可以互相分享玩具、能一起玩游戏或可以带来快乐的人。例如，他是我的朋友，因为他跟我分享玩具汽车；他不是我的朋友，因为他不跟我玩。

（三）小学阶段（6、7~12、13岁）的同伴关系

小学儿童同伴交往的形式和内容更加复杂。在个体层面，儿童开始与同伴建立友谊关系，对友谊的认知逐渐涉及内在品质；在群体层面，儿童开始形成属于自己的同伴团体，同伴群体对不同特点儿童的接纳或拒绝度也会影响其发展。

小学儿童对友谊的认识更加深刻，开始强调内在品质，如要彼此忠诚、相互帮助、提供支持等，并关注兴趣是否相投及个体的积极品质（如善良与勇敢）。同时，小学儿童对朋友内在品质的了解也逐步深入，如4岁的幼儿只能大概说出自己与同伴在外部特征上的相似点，9岁儿童则已能够说出两者的诸多不同点。

专栏11-1

莎莉为什么是你最好的朋友？

"因为在我伤心难过的时候，她会帮助我，她还懂得分享。"

与其他人相比，你为什么更喜欢莎莉？

"因为她为我做得最多，她会帮我做功课；在我哭的时候，她总是陪在我身边；她从来不在我面前吃东西。而且，我们从来没有发生过分歧。"

资料来源：（美）劳拉·E．伯克. 伯克毕生发展心理学——从0岁到青少年（第4版）. 陈会昌，等译. 北京：中国人民大学出版社，2013：363

在群体层面，小学儿童开始形成同伴团体，并逐渐具有明显的群体认同感。同伴团体的形式较为多样，既包括有组织的团体（如班集体），也包括自发形成的团体。此外，小学生还自发形成亲社会团体（如社会公益服务小组、学雷锋小组等），反社会团体（如偷窃团伙）和非社会团体（根据共同娱乐建立，如兴趣小组等）。小学低年级阶段的同伴团体一般是非正式的，到了中高年级同伴团体的组织结构才更加完善，对儿童的影响也更大。如果儿童遵守团体规则就会受到好评和欢迎，反之则会受到指责和排斥。

同伴接纳指的是群体成员对个体的态度——喜欢或不喜欢、接纳或排斥等。研究者区分出5种不同同伴接纳地位的儿童。

一是受欢迎的儿童。这类儿童受到大多数同伴的欢迎。其中包括"受欢迎的亲社会儿童"，他们拥有较强的学习能力和社交能力，常以合作、敏感、友好的方式与同伴交往，能很好融入同伴交流中。另一部分则属于"受欢迎的反社会儿童"，他们经常对其他人进行身体攻击或关系攻击，但一部分同伴认为他们很酷，很有吸引力。

二是被拒绝的儿童。这类儿童是同伴关系的受害者，大部分人都不喜欢他们。被拒绝的儿童通常包含两类。一类是"被拒绝的攻击性儿童"，他们有更多的敌意归因偏差和较强的攻击性，比"受欢迎的反社会儿童"更好斗。另一类是"被攻击的退缩儿童"，他们非常害羞、胆怯、退缩，总是担心被同伴群体嘲笑和攻击。

三是被忽视的儿童。这类儿童很少参加社会交往，喜欢或不喜欢他们的同伴人数都很少，甚至很少有人意识到他们的存在。但他们通常并不缺乏社交技能，只是更愿意生活在自己的世界里。只要他们愿意改变，就能进行正常的社会交往。

四是有争议的儿童。这类儿童是行为表现最矛盾的，有时积极友善，有时却又做出消极的攻击破坏行为。同伴对其评价也不一致，欢迎和拒绝他们的人都比较多。

五是普通儿童。这类儿童一般占总人数的1/3，喜欢或者不喜欢他们的同伴人数较有争议的儿童少，但多于被忽视的儿童。他们是所有儿童中所占比例最大的一个群体，同伴关系对他们的发展既有积极的作用，也有消极的影响。

（四）青少年期（11、12~17、18岁）的同伴关系

首先。青少年期友谊的亲密增强，更强调同伴间秘密思想和情感的分享。幼儿与儿童的友谊很少涉及相互理解和自我表露等内容；青少年则更多与朋友分享自己的烦恼与秘密而不担心遭到嘲笑。即青少年在择友时更加看重朋友的性格与自己是否相似，是否有相同的志趣追求，是否能相互理解等心理层面的因素。

其次，青少年开始与异性建立友谊。儿童期的同伴交往更多表现为同性交往，在生理发育的初期会出现排斥异性的现象，表现为对异性的漠不关心、轻视甚至敌对。青春期后的个体则开始逐渐改变与异性疏远的状态，表现出对异性的关注，更在乎异性的评价，希望与异性建立友谊或发现自己喜爱的异性类型等。

最后，青少年感受到更多的同伴压力。对幼儿和儿童而言，成人（父母、教师或其他人）的影响力远大于同伴，青少年则会感受到较多的同伴团体压力，努力在行为、爱好（如服装与音乐）、价值观及社会行为等方面与同伴团体保持高度一致，以获得支持与亲密感，减少孤独和对父母的依赖。若同伴团体的价值观与目标存在问题（如反社会团体），青少年会迫于同伴压力表现出反社会行为。

三、同伴关系对个体发展的影响

同伴关系的认知发展功能。一方面，同伴互动中的合作互动与情感共鸣能够帮助个体获得有关社会的更为广阔的认知视野。另一方面，同伴冲突的协商解决也会促进个体观点采择能力的发展，提高其道德判断能力和社交技能的发展。维果茨基的社会文化发展理论则指出，同伴处于"最近发展区"，将个体与一个能力较强的"专家型"同伴配对进行合作，能有效促进其认知能力的发展。

同伴关系的情绪健康功能。同伴群体被看作家庭之外相对安全的释放攻击、性冲动的场所，同伴提供的支持性社会关系不仅能够在时间、资源和情感上给个体提供支持，帮助其获得安全、亲密和归属感，还能消除紧张压抑和孤独感，促进青少年情感的健康发展。如拥有良好同伴关系的儿童对学校有更多的积极情感；同伴关系不良儿童则更容易产生学校适应困难，出现退缩、孤僻或攻击行为。

同伴关系的人际社交功能。同伴交往能帮助个体了解自己和他人的不同立场，及时调整自身行为以适应成人世界的交往规则。青少年需要重新建构与父母的关系以顺利完成"分离个性化"的发展任务，良好的同伴关系不仅能够为其提供慰藉，还能通过创造人际冲突、谈判与协商、坦露爱和亲密的机会，引发折中主义和平等互惠观念，帮助个体克服自我中心，促

进其社交技能和社会事务处理能力的提高，为以后的恋爱、婚姻和亲子关系建立提供原型。

同伴交往的人格发展功能。同伴能够为个体提供对支持、鼓励和反馈，增加青少年对自我能力和价值的肯定，促进自我的完善和人格的发展。在与同伴的互动中，个体第一次"通过他人的眼睛看自己"，由此获得关于自己怎样被他人知觉的"客体我"信息，并利用这种信息构建和形成完整的自我概念。埃里克森的心理社会危机理论将同伴经历看作个体自我同一性形成的必要成分，群体社会化理论则将家庭外的社会化过程——同伴群体中的社会化作为个体成为社会人的必经途径，认为青少年期充分良好的同伴关系是健康自我概念建立的必要条件。

第三节
游戏

🎯 学习目标

1. 了解早期的游戏理论。
2. 掌握当代游戏理论的观点。
3. 理解游戏的类型。
4. 了解游戏对个体发展的影响。

你小时候玩过"过家家"的游戏吗？游戏是孩子的天性，两三岁的儿童常独自一人画画、搭积木，六七岁时则常与同伴一起扮演父母孩子、医生……9岁儿童常一起玩捉迷藏、跳皮筋、赛车……无论哪个年龄阶段的儿童，都喜欢沉浸在游戏的王国里，体验自由、宽松、愉悦的心理感受。

🔊 名家语录

游戏是小孩子的"工作"。

——莎士比亚

游戏是儿童最正当的行为，玩具是儿童的天使。

——鲁迅

一、游戏理论

19世纪下半叶，心理学家提出了诸多游戏理论：早期理论从生物学角度将游戏视为本能和先天需要，当代游戏理论则关注游戏对个体发展的重要功能。

（一）早期游戏理论

霍尔提出了游戏的复演说，认为游戏是远古时期人类祖先的生活特征在儿童身上的复演。在游戏中，不同年龄个体用不同方式复演祖先的本能特征，一旦完成了人类进化早期阶段的行为，儿童便会达到更高一级的发展水平。格罗斯提出游戏的生活准备说，认为游戏是儿童对未来生活的无意识准备或本能练习，如小女孩玩洋娃娃是无意识地为将来照顾婴儿做准备；小男孩将钉子钉入木板则是为将来的建筑工作做准备。游戏的精力过剩说将游戏看作儿童发泄多余精力的最好形式。游戏的机能快乐说和娱乐放松说则认为，游戏来自机体快乐的满足和放松的需要，在游戏中人类从艰苦的体力劳动和紧张的脑力劳动中解脱出来。

（二）当代游戏理论

20世纪30年代，心理学家提出了当代的游戏理论。其中，弗洛伊德的游戏补偿论认为，游戏是个体对现实中未实现愿望的补偿或克服创伤性事件的手段。在游戏中儿童可以逃离现实的约束，发泄不被社会允许和接受的危险冲动。埃里克森则提出游戏的掌握论，认为游戏是自我的机能，可以降低焦虑并使愿望得到补偿性的满足，在游戏中儿童可以"复活"自己的快乐体验并修复精神创伤。

皮亚杰从认知发展角度指出，游戏不仅是个体智力或认知活动的一个方面，还是同化超过顺应的表现。一方面，儿童游戏的水平与其认知发展水平相适应，不同发展阶段儿童的游戏类型不同。另一方面，年幼儿童认知发展不成熟，不能保持同化和顺应的平衡。顺应大于同化时，儿童表现出游戏中的模仿性重复行为；同化大于顺应时，儿童会表现出为实现某种愿望和需要的游戏行为。即，在游戏中儿童并不发展新的认知结构，而是运用同化方式不断完善自己的认知结构。

维果茨基则强调了游戏的社会性本质，认为游戏是儿童对现实生活的反应。儿童会把周围成年人真实的生活模仿迁移到游戏里。在游戏中，儿童凭借语言与对不同角色的体验了解、学习和掌握基本的人际关系。儿童的象征性游戏会经常受到成人或者更在行的伙伴的指导：如与独自玩游戏相比，和妈妈一起游戏的儿童更有可能被激发出高水平的象征游戏；了解游戏发展规律的母亲能根据儿童的水平提供最富挑战性的游戏互动，促进儿童游戏水平的提高。

二、游戏的分类

（一）认知角度的分类

皮亚杰从认知发展角度将游戏分为练习游戏、象征游戏和规则游戏3种类型，每种类型均与儿童认知发展的不同阶段相适应。

练习游戏。这是个体最早出现、最低级的一种游戏形式，处于感知运算阶段（出生至1.5~2岁）的儿童主要进行这种游戏。练习游戏主要由简单的重复动作组成，几乎没有任何想象的成分，游戏内容简单贫乏。婴儿主要通过身体运动（如吮吸手指）和摆弄实物（如毛绒玩具与发声玩具）进行游戏，如当他们看见桌子上的茶杯、镜子或汤匙时就会拿起来玩。

象征性游戏。这是将知觉到的事物用它的代替物进行表征的游戏形式，前运算阶段（1.5、2~6、7岁）的幼儿进行此类游戏。此时幼儿已经发展出表象与言语功能，能够想象不存在的东西，可以理解假装活动。因此这种游戏更适合幼儿的特点，能帮助他们解决渴望参与成人生活但身心发展水平较低这一矛盾。

👁 **专栏11-2**

斯图亚特（爬到拖拉机的轮胎上）："这是我们的鲨鱼船，可以了吗？快点儿上来，杰里米！鲨鱼会吃你的！"

杰里米："不！这是我的警用直升机！"

斯图亚特："好，可以。我们是警察。但是我们应该追鲨鱼，对吗？我看见鲨鱼向这里游来了！快点儿！"

杰里米："好吧！让我们开始吧！"（他们两个人发出直升飞机的声音，以塑料的花园工具用力打击想象中的鲨鱼）

资料来源：（美）纽曼. 发展心理学上册（第8版）. 白学军，等译，西安：陕西师范大学出版社，2005：212

规则游戏。这是按照一定规则进行的、带有竞争性质的最高级游戏形式，在具体运算阶段（6、7~11、12岁）出现。此阶段儿童能够制定、理解和遵守游戏的规则，如在玩捉迷藏游戏时，具体运算阶段的儿童能遵守要隐蔽起来的规则，3~4岁的幼儿则往往在藏起来两三分钟之后就大喊"我在这儿"而暴露自己。

🔊 **名家语录**

正如一旦思维出现了，符号就取代了行动。一旦形成了社会关系，规则也就取代了符号，并且把行动统一起来。

——皮亚杰

（二）社会性角度的分类

帕滕依据儿童社会参与程度的不同将游戏分为以下6种。

空闲游戏。表现为一种无目的的活动，儿童只是暂时性地观察一下有兴趣的事情，似乎并没有玩耍，如在房间里走动、张望等。

旁观游戏。儿童花长时间在游戏圈外观察其他儿童游戏但并不参与其中。

独自游戏。儿童自己独自玩耍，与周围的同伴没有交流也不互相接近。

集合游戏。儿童在一起玩相似的玩具，但彼此间不交流，也不会对对方产生任何影响，他们各自独立玩耍，玩的方式可能也不一样，如儿童各玩各的拼图。

联合游戏。这是一种没有组织的游戏。儿童在游戏的过程中开始彼此间交流，可能互相谈论自己的游戏、互借玩具并试图控制他人等，但游戏的内容没有差别，没有组织分工，如两个儿童各自玩积木，有时候会互相交换积木。

合作游戏。这属于有组织、有规则和领导者的游戏，是个体间更高级的互动。为实现共同目标（如一起完成拼图、一起表现一个情境等），儿童通过分工扮演不同的角色，还会由一两个人决定游戏的方向或谁可以玩谁不可以玩等。

三、游戏对个体发展影响

游戏有利于儿童认知能力的发展。在游戏中，儿童需商定游戏的主题、情节及使用的物品，或补充现实中缺少的东西以及将自己想象成要假装的人物并模仿那些角色进行游戏等，这些都需要儿童积极的思考与解决问题，促进其认知能力的发展。

游戏有利于儿童情绪、情感的健康发展。儿童在游戏中能自如地表达自己的情绪感受，学习如何解决情绪冲突。如一个幼儿因挑食受到母亲的责骂，在游戏中他就会掌握控制权，以相同方式骂自己的"孩子"（洋娃娃）以发泄不良情绪。

游戏能促进儿童社会技能的获得。游戏是儿童与同伴交往的媒介和桥梁。在假装游戏中，儿童需选择扮演不同的角色，协调彼此的活动，解决可能的冲突等，这些都能帮助其练习社会技能并加以强化。同时儿童在游戏中潜移默化地学会应该做什么、不应该做什么，从而掌握社会的行为规范，促进亲社会行为的形成与发展。

第四节
亲社会行为

学习目标

1. 理解亲社会行为的概念。
2. 掌握亲社会行为的理论。
3. 了解亲社会行为特点。
4. 探明亲社会行为的相关影响因素。
5. 了解亲社会行为的培养策略。

微尘，是青岛市的一位普通市民，数次不留名向灾区捐款……随后，微尘成了一个充满爱心的群体，更加频繁地出现在各种公益活动中……后来，微尘逐渐成为一个关爱他人的符号，以它命名的募捐箱、徽章遍及大街小巷……现在，微尘凝聚了更多的爱心，不仅包括无数被它救助的人，还包括数以百千正被它感染的人，以微尘为代表的普通大众对社会的奉献在继续……

一、亲社会行为的概念

日常生活中，人们做出的有益于社会或他人的行为均属于亲社会行为。亲社会行为指通过同情、合作、帮助、救助、安慰或奉献等方式回应他人，行为的目的是使他人或社会获得益处。其内涵包含3方面的特征：人与人之间的互动行为；同时包含主体（助人者）和客体（受助者）两方面因素；受社会历史条件的制约，不同社会历史条件下亲社会行为的具体表现不同。因此，对个体行为是否属于亲社会行为的判断应结合当时的社会历史文化条件进行。

二、亲社会行为的理论

个体为什么会做出亲社会行为？亲社会行为是个体生而就有的能力还是通过后天学习获得的？对此，不同流派的心理学家提出了不同观点。

（一）生物学观点

此观点将亲社会行为看作一种与生俱来的由基因决定的本能行为，强调了亲社会行为在进化中的积极意义。在人类漫长的进化过程中，只有相互合作的个体才能避免天敌的伤害，满足基本的生存需要。因此，为保证种系的生存与发展，人类不得不选择相互帮助，善于合作、有更多亲社会行为的个体会获得更大的生存可能并将基因传递下去。

（二）精神分析观点

精神分析观点认为，亲社会行为是由个体人格中的超我成分将利他规则内化为自我价值观的一部分后表现出来的。儿童期超我的发展会将利他行为的规则内化到个体自身的行为规则与价值观中。一旦利他原则被内化并成为理想自我的一部分，儿童就会在需要时为他人提供帮助来避免内在良心的谴责，由此导致亲社会行为的产生。

（三）认知发展理论

此观点认为，亲社会行为随个体认知能力的发展而产生。随着发展，儿童获得重要的社会认知技能（如移情、观点采择和道德推理能力）以帮助自己更好地以己度人，站在他人角度感受他人的情绪，理解他人对帮助和安慰的需求，并判断自己是否需要表现出亲社会行为以帮助他人。研究也证实伴随着个体社会认知能力的提高，其亲社会行为发生的频率也在不断增加。

（四）社会学习理论

在社会行为习得的过程中，个体会选择性地模仿那些受到强化的行为，避免重复那些受到惩罚或被证明需要付出代价的行为。亲社会行为的结果具有强化作用，个体实施亲社会行为通常会伴随自尊自信和自我价值提升等回报，因此会甘愿放弃自身利益或珍贵的资源去帮助他人。正如本章开头引述的微尘的案例，亲社会行为的实施从一种个体的偶发性行为变为一种群体的价值标准，并成为一种时代的风尚引领和影响着整个社会群体，在此过程中即使没有任何物质回报，个体仍在帮助他人的过程中实现了自我的价值。

不同流派的心理学家从不同角度解释了亲社会行为产生的原因。其中，生物学理论强调了基因的决定作用及亲社会行为在物种进化过程中的适应性功能；精神分析学家则认为亲社会行为规范是人格发展的一部分；认知发展理论则从新的角度说明了个体社会认知能力发展的重要性；社会学习理论强调了模仿学习和强化的作用。总之，每种理论都有其合理之处，亲社会行为既是一种生物本能，也需要在社会经验的不断积累中通过社会互动来习得。

三、亲社会行为的发展

随年龄增长，个体的亲社会行为逐渐从自我中心向他人和社会取向发展，亲社会行为的观念与行动间的一致性增强，亲社会行为的动机系统也越来越复杂。

（一）婴儿期的亲社会行为

婴儿期个体的亲社会行为仍处于萌芽状态。学者们普遍认为婴儿期个体已经产生了初步的亲社会行为倾向。如皮亚杰指出，8~12个月大的婴儿已经具有同情、利他和分享倾向，会注意到抚养者的情感反应，但只能做出简单的情感和行为反应。如当母亲痛苦时婴儿会变得伤心，或做出轻拍、触摸等动作安慰他人。

（二）幼儿期的亲社会行为

幼儿亲社会行为常表现出一定的被动性和服从性。通常情况下，幼儿会根据自己的经验对他人的行为做出反应，如用自己喜爱的玩具或食物去安慰处于困境中的个体。如布里兹曼（Bridgeman）的研究发现：幼儿的亲社会行为表现出顺从性，只有极少的亲社会行为是自发的，母亲对幼儿的移情训练可显著提高其亲社会性。

（三）学龄期的亲社会行为

学龄儿童亲社会行为的特点：一是亲社会行为和观念间的一致性逐渐提高。儿童认知判断能力的发展使其道德行为与道德观念间更趋于一致，并直接或间接影响其亲社会行为。二是亲社会行为动机的变化。小学儿童的亲社会行为从实用主义、同情的自我和奖励取向逐渐发展为他人取向，符合社会环境的利益取向。三是亲社会行为的对象不同性质不同。学龄儿童指向教师等成人的亲社会行为常带有服从、赞同和避免惩罚的性质，指向同伴的亲社会行为更多具有合作性质。

（四）青少年期的亲社会行为

青少年亲社会行为的频率在总体上呈增长趋势，行为与观念间的一致性显著提高。具体表现为：亲社会行为的一致性和稳定性增强，利他行为逐渐占支配地位。此外，亲社会行为也表现出性别差异，女孩表现出更多的亲社会行为。

四、亲社会行为的影响因素

遗传和成熟是个体发展的前提和基础，后天环境则会影响和决定个体发展的实际水平。亲社会行为的发展也是先天遗传和后天环境因素相互作用的结果。

（一）遗传因素

进化心理学认为，亲社会行为会受到遗传因素的影响。首先，个体倾向于帮助那些与自己有血缘关系的人，这是由人类自身扩大基因遗传的本能所决定的。其次，分享、合作等典型的亲社会行为在人类进化过程中具有显著的适应性价值意义，并能以基因的形式固化下来并向下传递。最后，研究发现，社会规则的学习也会受到遗传因素的影响，即那些善于学习社会规则的个体比学习能力差的个体更容易生存。亲社会和利他行为属于人类需要学习的社会规则，因而对利他规则的学习也会受到基因的影响。

（二）人格因素

为什么有的人总是喜欢欺凌弱小，有的人却愿意牺牲自己的利益去帮助别人？亲社会行为的表现是否源于特定的人格？如果这种人格确实存在，那么亲社会人格由哪些因素构成？研究指出，利他行为倾向与人格密切相关，如艾森克人格问卷简式量表中精神质和利他行为负相关，外倾性和利他行为正相关；大五人格中的神经质能抑制个体的亲社会行为，宜人性则能促进利他行为的发生，即高宜人性和外倾性的个体更可能做出亲社会行为。

（三）社会认知能力

随着个体年龄和社会经验的不断丰富，其社会认知能力（道德推理、观点采择和移情）不断提高，亲社会行为也会随之增加。

首先，道德推理能力的影响。亲社会道德推理能力指个体在决定是否要付出一定代价以帮助、分享或安慰他人过程中所做的思考和判断。个体的亲社会道德推理逐渐经历满足自身需求、对他人需求做出反应，最后达成道德观念的内化等5个阶段。个体亲社会行为的发展会受到亲社会道德推理能力发展水平的影响。研究也证明，与那些仍然依据快乐主义的自私方式进行道德推理的儿童相比，亲社会道德推理较高水平的学前儿童更可能帮助他人并自愿与同伴分享物品。

其次，观点采择能力的影响。儿童是否具备站在他人立场思考问题，预见他人思想、意图和行为的能力，会对其亲社会行为有重要影响。如果个体越能理解求助者的困难情境，具备推断他人体验和情感的能力，越容易表现出亲社会行为。

最后，移情的影响。移情指个体在看到他人处于某种情绪状态时能够产生与其相同情绪体验的能力，具有较高移情能力的个体能够站在他人的立场，识别并体验他人的情绪和情感，并最终促进其更多亲社会行为的产生。大量研究表明，儿童和青少年的移情能力与其亲社会行为呈正相关，即移情能力越高，个体就越有可能做出抚慰、分享、合作等亲社会行为。

（四）社会环境与文化因素

儿童接触的环境主要包括家庭、学校和社会媒体。首先，家庭中父母对亲社会行为的态度会直接影响儿童同情心的形成与发展，而父母的示范和鼓励也会为儿童日后表现出亲社会行为提供榜样。其次，学校中道德实践活动的开展也会影响儿童道德素养的形成。丰富的道德实践活动能让儿童不断提高自我意识，加深对道德意识的理解，并提高其道德判断和推理能力，从而做出更多的亲社会行为。再次，学校实践活动也能促进个体与同伴的交往，同伴和教师作为榜样均会对个体亲社会行为的产生具有强化作用。最后，社会媒体对儿童亲社会行为的影响也不容忽视。若能倡导儿童观看富有同情心、慷慨助人的电视节目，则有利于亲社会榜样的树立，会增加儿童的亲社会行为。

此外，文化也会影响个体亲社会行为的发展。在强调利他主义的文化中，儿童会更多地感受到环境带来的温暖和关心，同时也会接收到社会文化反复灌输的亲社会价值观念，使儿童将亲社会行为的观念内化并付诸实践。一般来说，与强调个人成就的个体主义文化相比，集体主义文化更能灌输亲社会的价值观。此外，受助者所处的群体组别也会影响亲社会行为的产生——内群体成员会更多激发个体的亲社会行为，个体对外群体成员的助人行为则会减少。

五、亲社会行为的培养

尽管不同文化倡导的亲社会行为存在差异，但多数社会均认可亲社会行为是一种社会责任规范。那么，如何使年幼的儿童接受这种亲社会行为的价值观，表现出更多的亲社会行为呢？研究者提出以下几种亲社会行为的培养方法。

第一，角色扮演训练。让儿童根据一定的情节扮演某个角色，并通过语言、姿势、动作、表情等表现该角色的特征，体验不同情境下角色的心理感受，进而促使其在现实生活中遇到类似情况时能做出恰当反应。通过角色扮演训练可以提高儿童的移情和观点采择能力，使其能够站在他人角度思考问题，识别和感受他人的情绪体验，促进其亲社会行为的产生。

第二，行为强化与自我概念训练。对儿童的行为进行选择性强化，当儿童做出亲社会行为时给予奖励，做出相反的行为时则进行惩罚，会促进其亲社会行为的增加。但外部的物质性强化并非亲社会行为的唯一影响因素，最重要的是帮助儿童将亲社会行为的概念内化为自我概念的一部分，才能保证其在不同情境下均能够表现出一致和稳定的亲社会行为。

第三，榜样示范法。社会学习理论认为，模仿学习能够促进亲社会行为的产生。在成长过程中为儿童树立行为的榜样，如英雄人物、品行优良的同伴、教师和父母等，会有利于其亲社会行为的形成与发展。但在采用这种方法时必须要对榜样进行实事求是的介绍，若榜样是教师或父母则应言传身教，让儿童在潜移默化中接受感染。此外，学校和家庭可以开展活动把榜样与儿童自身的认识、情感和行为联系起来，在实践中理解亲社会行为的观念。

第四，营造良好的社会文化氛围。文化与亚文化、父母的价值观念与教育方式及大众传播媒介对儿童的亲社会行为都会产生重要影响。有研究发现，电视节目至少能在短期内改善儿童的亲社会行为和态度。因此，创造良好的社会文化氛围是培养儿童亲社会行为的重要措施之一。[1]

1　Calvert S. L. , Kotler J. A., Lessons from children's television: The impact of the Children's Television Act on children's learning. *Journal of Applied Developmental Psychology*，2003（3）：275~335.

第五节
攻击行为

🎯 **学习目标**

1. 理解攻击行为的概念和相关理论。
2. 掌握个体不同发展阶段攻击行为的特点。
3. 了解攻击行为的影响因素和培养策略。

4岁的豆豆再也克制不住愤怒了。尽管他向来脾气温和，但当牛牛嘲笑他裤子上的破洞并喋喋不休地说了几分钟后，豆豆冲向牛牛，把他推倒在地，开始用紧握的小拳头打他。豆豆的攻击没有造成很大伤害，但也足够在幼儿园老师赶到之前让牛牛尝到苦头，大哭起来……

上述情形描述了幼儿间常见的口头嘲讽和身体冲突。研究证明，随年龄的增长，幼儿间身体冲突的数量会逐渐下降，取而代之的是嘲笑，说坏话，诽谤及其他形式的言语攻击。为什么幼儿会出现攻击行为？如何减少这些行为呢？本节将探讨攻击行为的内涵、理论、不同发展阶段攻击行为的特点及其预防和矫正策略。

一、攻击行为的概念

攻击行为（aggressive behavior）指的是任何有目的地伤害或触犯他人且被伤害者力图避免的行为。攻击行为的这种概念界定强调了行为者的意图而非行为的后果，即所有试图伤害他人无论是否被实际执行的行为均属于攻击行为的范畴。依据行为目的的不同，攻击行为通常被分为敌意性攻击和工具性攻击，其中敌意性攻击的目的在于伤害对方，工具性攻击的目的则在于赢得物品、空间或权利等。依据不同的情境，同一攻击行为可以被归入不同的类型。若一个小男孩打他的妹妹，看到妹妹哭了还嘲笑她，常被界定为是敌意性攻击；但如果男孩在打妹妹的同时还嘲笑她，并且夺走了她的玩具，就是敌意性攻击和工具性攻击的混合体。

二、攻击行为的相关理论

对于人类为什么会产生攻击性行为，攻击性是与生俱来还是通过后天学习形成的等问题，不同的心理学流派提出了不同的观点。

（一）精神分析理论

弗洛伊德指出，人的攻击性源于先天具有的死亡本能，即追求生命终止的本能引发和促使个体做出各种暴力和破坏性的活动。死亡本能既可指向外部，也可指向个体内部，其中指向外部的表现为对社会和他人的暴力或破坏活动，如战争和暴力攻击等，指向内部的则表现为自我惩罚、自残或自杀。

（二）生物学观点

该观点认为，人类所具有基本的攻击本能是长期生物进化的产物。依据洛伦茨的观点，人和动物的本能都具有保证物种生存和繁衍的进化论意义，攻击本能也是种系进化的结果。如男性的攻击倾向比女性强是因为，男性天生具有一种控制竞争者的需要，以此使基因延续。该观点从进化角度证明了攻击行为的生物适应意义，但与精神分析理论一样均忽视了社会环境经验的影响。

（三）新行为主义观点

美国心理学家多拉德和米勒等人提出，挫折与攻击行为间存在因果关系：挫折导致某种形式的攻击行为；攻击行为的产生总以某种形式的挫折存在为先决条件。但挫折并非解释攻击行为的唯一原因，因此后来的学者对挫折—攻击假说进行了修正，指出挫折导致的诸多反应中可能包含攻击，并进一步强调了挫折的程度、攻击者的经验与环境间交互作用的重要性。

（四）社会学习理论

班杜拉指出，攻击行为是个体在社会生活中通过直接强化或观察学习获得的。大众传媒中的暴力形象、父母的暴力行为等均会引发儿童对攻击行为的模仿学习。攻击行为得以保持的因素包括：①具有工具性价值，攻击行为是达到其他目的的有效手段；②得到了社会强化；③自我保护的手段；④来自侵犯者的自我强化。该理论强调了外部环境的重要性，但忽视了个体认知因素的作用，不能解释同一环境下不同儿童行为差异的原因。

（五）社会信息加工理论

社会信息加工理论强调认知因素在攻击行为产生中的作用，即一个人对挫折或挑衅的反应取决于他对外部环境信息的加工和解释。儿童攻击行为的个体差异常源于其社会经验和信息加工技能的不同。随后的实验研究支持了此观点，即高侵犯性儿童持有"同伴对我有敌意"的社会信息加工偏见，因而在面临模棱两可的情境时常高估对方的敌意，并由此产生攻击行为。

以上理论从不同角度对攻击行为产生的原因提出了解释，每种理论都有其合理之处，因此，不能只单独强调某一因素，而应从多方面、多角度出发，既认识到攻击行为的个体原因，也关注社会因素的影响，以形成对攻击行为的合理认识。

三、攻击行为的发展特点

婴儿期的个体是否已经出现了攻击行为？虽然婴儿也会表现出愤怒和偶然的击打别人的行为，但依据攻击性内涵中的敌意性特征，由于婴儿认知能力发展的局限性使得此类行为仍不具有攻击性的特征。如皮亚杰举例说：当7个月的劳伦试图够取一个感兴趣的物体时，皮亚杰用自己的手挡在了物体前面，于是劳伦拍打他的手，对劳伦来说，这只手仅代表了一个需要移开的障碍物。

婴儿期后期，所有儿童均会偶尔表现出攻击行为。1岁末时，婴儿与兄弟姐妹或同伴间已经会因为争夺玩具或其他物品而产生冲突或争斗。1~3岁个体认知能力的发展和语言符号象征功能的出现，使得其行为已开始具有敌意性特征：争斗中的一方开始将另一方视为敌对者。进入幼儿园后，幼儿的攻击行为随之增加。如2岁时幼儿因玩具与同伴间冲突的数量开始增加，2.5~5岁的幼儿则会经常表现出与同伴争夺玩具、抢占空间等行为。到了六七岁以后，大多数幼儿的攻击性开始明显减弱。这可能是因为个体自我中心性的下降和社会认知能力的发展，促使其以一种更富同情心和合作性的方式与他人沟通交流。

幼儿期个体的攻击行为开始表现出两种类型，一种是为了获得物体、特权或空间而实施的工具性攻击，如为达成自身目的，通过推搡、吼叫或袭击阻挠等手段对他人实施的攻击行为。另一种是故意伤害他人的敌意性攻击，包含两种变式——外显攻击和关系攻击，其中外显攻击是直接伤害别人的身体或威胁要伤害别人身体，如打同伴；关系攻击则是旨在破坏对手的自尊、友谊或社会地位的行为，包含责骂、社会排斥、散布谣言等形式。随着幼儿自我控制能力与语言表达能力的发展，其攻击性从拳脚相加的工具性或外显攻击逐渐转变为关系攻击。

此外，从婴儿期到幼儿期，儿童的攻击行为开始具有显著的性别差异，男孩表现出更多的工具性攻击和外显攻击行为，女孩则更多通过社交排斥、造谣中伤或操控友谊等方式实施关系攻击，以达到破坏他人同伴关系的目的。

童年中期，由于成人（教师和父母）对儿童间的冲突实施了更多恰当的干预，鼓励儿童友善解决冲突，大部分儿童已经学会采用友好的方式解决争端，身体攻击和关系攻击的总体发生率显著下降。但由于年龄较大儿童已能识别他人的敌意并实施报复，因而在工具性攻击减少的同时，敌意性攻击却呈现轻微上升的趋势。

从童年后期到青春期，儿童外显攻击行为的发生率持续下降，并表现出两极分化。一部分个体的攻击行为逐渐演变为严重的反社会行为，表现为青少年晚期的犯罪行为和其他严重暴力行为迅速增加。青春期个体在生理、认知与社会关系方面发生的巨大改变，导致其更加渴望摆脱成人的束缚以获得自主权利，并期望得到他人的认可和自我的独立，由此导致此时期的分歧、冲突甚至对抗增多。

四、攻击行为的影响因素

影响个体攻击行为的因素主要包括生物学因素、认知因素和社会文化因素等。

（一）生物学因素

生理学研究表明，攻击行为与大脑的协调功能有关。行为遗传学、进化心理学和基因科学的研究指出，攻击性行为与某些特殊的基因、神经心理学基础有关。如有关攻击行为儿童大脑两半球认知活动特点的研究表明，与正常儿童比较，攻击行为儿童大脑两半球间均衡性发展较低，即左半球抗干扰的能力较差，右半球的完形认知能力较弱。[1]此外，攻击性还与情绪的一般化唤起水平、特异性唤起（如身体运动等）有关，情绪唤醒会导致攻击倾向显著增加。

（二）个体因素

随着儿童道德推理能力和移情能力的发展，个体逐渐学会从他人角度思考和解决问题，其攻击性倾向也随之减弱。同时，攻击行为也与个体的人格特点有关，如更多发起攻击的个体有更高程度的认同感和自信，脾气急躁，更易被激怒，价值观与社会相悖等。[2]此外，攻击性与社交技能间也存在联系，攻击性强的个体应对冲突的解决办法更少，更多采取侵犯性方式解决问题。

（三）社会因素

包括家庭环境、学校因素、社会媒介和文化等在内的诸多因素均会对个体是否会表现出攻击行为产生重要影响，以下将分别予以论述。

家庭环境。研究指出，放任型的父母教养方式更可能培养出高攻击性的儿童，即父母的冷漠和拒绝会使儿童的情感需要遭受挫折，同时对儿童行为的放任和纵容会导致对攻击行为的合理归因。同时，家庭中的矛盾和冲突及父母教养方式的反复无常和不一致也会导致更多的攻击行为。研究表明，高攻击性的儿童通常生活在家庭成员间经常发生冲突的"高压统治家庭"中。此外，早期遭受身体虐待的经历也会引发个体更多的攻击和成年期的大量攻击与暴力行为。

学校因素。学校的文化氛围对儿童的影响有利有弊。如果学校教育忽视了学生心理发展的规律，教学内容教条化，教育手段程式化，仅注重知识的传授而忽视了情感技能的培养，就会导致学生出现情感和行为问题。一旦遭遇压力，攻击行为便随之产生。尤其是青少年情

1　张倩，郭念锋. 攻击行为儿童大脑半球某些认知特点的研究. 心理学报，1999（1）：104~110.
1　张文新，谷传华，鞠玉翠. 儿童欺负问题与人格关系的研究述评. 心理学动态，2001（3）：215~220.

感技能的发展仍不完善，分辨是非的能力不强，更容易因学业不良遭受嘲讽，并因此采用过激的行为方式宣泄其压抑的情感。

社会媒介。关于大众传播媒介对攻击行为影响的研究表明，电视暴力给儿童提供了攻击行为的榜样，减弱了儿童对自身攻击性的控制，使儿童曲解了幻想与现实。此外，暴力的电视节目不仅仅给儿童提供了攻击行为的榜样，也向儿童直接地传授了不正确的情感技能。如具有攻击行为的儿童更容易拉帮结派，组成小团体，通常有为朋友两肋插刀的豪情，这都是媒体带来的不良影响。

文化因素。儿童的攻击倾向部分受到其所处的社会文化/亚文化或社会经济地位的影响。如第二次世界大战中日本推崇军国主义导致更多攻击行为的出现，生活在大城市的低阶层男性比中产阶级同龄人表现出更多的攻击行为和高犯罪率。

👁 专栏11-3

9岁儿童模仿动画片剧情烧伤玩伴

电视对儿童的影响直接表现在儿童的行为模式上。现代社会，儿童接触电视的时间更早，观看时间更长，更容易受到电视节目的影响。如研究表明，3~11岁的儿童每天看电视在3~4小时，如果电视节目未经筛选而充满暴力情节，电视暴力就会成为儿童攻击行为的榜样，导致其更多的攻击和暴力行为表现，同时还会被灌输残酷的世界观（Mean-World Belief），产生对暴力行为的去敏感化（desensitization）。

2013年4月6日，3名不足10岁的男孩在玩耍时模仿某动画片中的烤羊肉串情节，做"绑架烤羊"游戏，9岁的顺顺（化名）将8岁的冉冉（化名）和5岁的浩浩（化名）用绳子绑在树上，点燃脚下的杂草，导致两个孩子被严重烧伤。受害人将该动画片制片方作为第二被告告上法庭，认为制作方在播放该动画片时没有加注警示字幕，负有不可推卸的责任。

本章小结

依恋	主要介绍了依恋的概念与发展、心理机制、个体差异、影响因素和功能等方面的内容。依恋是个体与重要他人间通过亲密互动形成的持久、强烈的情感联系或联结。婴儿期依恋的形成主要经过前依恋期、依恋形成期、明确的依恋期和互惠关系期4个阶段。依恋的心理机制是内部工作模型，包括他人模型和自我模型这两个具有稳定性和可变性的成分。美国心理学家安斯沃斯根据婴儿在陌生情境中的表现区分出安全、回避和反抗3种依恋类型。导致依恋个体差异的因素包括：个体的气质类型、父母的抚养质量、父母的依恋风格、父母的婚姻质量和社会文化。最后，依恋对个体的认知、情绪、行为等产生重要影响

同伴关系	主要介绍了同伴关系的概念、不同发展阶段同伴关系的特点、同伴关系的作用3方面内容。同伴关系是同龄人在交往中发展起来的一种人际关系，主要包括友谊和同伴接纳两部分。就友谊（个体层面）而言，随着年龄的增长，友谊的质量越来越高，年幼儿童只根据物理距离或同伴的具体行为等外在因素来择友，年长儿童则更注重朋友的亲密、忠诚和信任等内在品质；就同伴接纳（群体层面）而言，小学儿童已经开始建立同伴团体并拥有不同的同伴接纳地位，不同同伴接纳地位的儿童社会性发展的结果不同，青少年感受到更多的同伴压力。最后，同伴关系对个体的认知、情绪、社交和人格等产生重要影响
游戏	主要介绍了早期和当代的游戏理论、游戏的类型及游戏的作用3方面内容。早期游戏理论从生物学角度将游戏视为个体的本能和先天需要，当代游戏理论则更注重游戏的认知与社会内涵，强调游戏的本质及对个体发展的影响。游戏的分类：皮亚杰从认知角度将游戏分为练习、象征和规则游戏3类；帕滕则从社会性发展角度将游戏分为空闲、旁观、独自、集合、联合及合作6种类型。游戏对个体的认知、情绪、社交能力等均有重要影响
亲社会行为	亲社会行为是个体社会化过程中的典型行为。本节主要介绍了亲社会行为的内涵与相关理论，发展特点及培养策略。生物学理论主要从遗传和环境角度解释亲社会行为的产生。生物学理论则强调基因的决定作用。精神分析理论则认为利他规范是人格发展的一部分。认知理论注重个体社会认知能力的发展对亲社会行为的影响。社会学习理论则指明了模仿和强化在亲社会行为学习中的重要性。亲社会行为在个体不同发展阶段表现出不同的特点。儿童亲社会行为的培养需综合考虑多种影响因素采取多种策略
攻击行为	主要介绍了攻击行为的基本概念、理论、发展特点及影响因素。攻击行为指的是任何有目的地伤害或触犯他人且被伤害者力图避免的行为，包含工具性和敌意性攻击。攻击行为的相关理论包括精神分析理论，生物学理论，新行为主义，社会学习理论及社会信息加工理论。此外，攻击行为在不同发展阶段呈现不同的特点。最后，生物、认知以及社会文化因素均会影响个体的攻击倾向，当代社会应更加关注社会媒介文化对儿童社会化的影响

总结 >

Aa 关键术语

依恋 attachment	同伴关系 peer relationship	亲社会行为 prosocial behavior	攻击行为 aggressive behavior

章节链接

在这一章，你读到……	在其他章节中，你将发现相关讨论……
依恋	第九章　自我和性别角色
亲社会行为	第十二章　道德

应用 >

批判性思考

1. 依恋风格是由个体的气质类型决定，还有由父母的抚养质量决定？

2. "受欢迎的反社会儿童"和"被拒绝的攻击性儿童"都有攻击行为，为什么一种儿童受到欢迎，另一种却会受到排斥？

3. 儿童表现出来的攻击行为是由先天遗传还是后天习得？

体验练习

一、单项选择题

1. 安斯沃斯（M. Ainsworth）等人研究婴儿依恋所使用的主要方法是（   ）。

    A. 习惯化与去习惯化   B. 视觉偏爱法

    C. 陌生情境技术   D. 照镜子法

2. 一个婴儿既需求与母亲接触，又拒绝母亲的爱抚，其依恋类型是（   ）。

    A. 安全型   B. 反抗型   C. 回避型   D. 迟缓型

3. 依据皮亚杰的认知发展理论处于前运算阶段儿童的典型游戏类型（   ）。

    A. 合作游戏   B. 象征性游戏   C. 建构性游戏 D. 旁观游戏

4. 女孩比男孩更多采用的一种攻击类型（   ）

    A. 敌意性攻击   B. 工具性攻击   C. 关系性攻击

二、简答题

1. 什么是依恋？依恋的类型有哪些？

2. 哪些因素可能会影响依恋的安全性？

3. 什么是同伴关系？同伴地位有哪些表现？

4. 如何理解游戏是促进儿童发展的最好形式？

5. 什么是亲社会行为？如何培养亲社会行为？

6. 试简述如何运用行为主义的理论改变儿童的攻击行为？

三、论述题

1. 结合依恋的内部工作模型和功能，谈谈依恋的稳定性和可变性问题。

2. 对于那些被拒绝和被忽视的儿童，父母和教师应如何帮助其改善同伴关系？

3. 人们发现，随着电视暴力内容越来越多，青少年出现攻击行为的比例在不断增加。请用发展心理学的基本理论解释这一现象，并提出控制这种行为的方法。

案例研究

玲玲上小学了，却越来越怀念幼儿园的快乐时光。在那里，她经常与小伙伴一起搭积木、玩滑梯、吹泡泡……可现在她回到家，妈妈只要看见她衣服有点儿脏就会数落她又在疯玩，不认真学习，并给她换衣服。每天，玲玲都要写作业，然后去老师家练钢琴，或去上各种各样的辅导班，根本没时间与小伙伴一块玩耍。

国外媒体指出，现在中国的小孩越来越不会玩了。中国的父母总希望孩子穿得干干净净，不允许他们做那些随时会弄脏衣服的游戏。很多年轻父母为了不让孩子输在起跑线上，让孩子课外参加各种兴趣班，儿童的世界离游戏越来越远。

请结合游戏对儿童发展的作用，评价上述父母的做法。

教学一线纪事

虎虎是某幼儿园大班的孩子，在幼儿园里是出了名的身强体壮的调皮鬼，和其他小朋友一直矛盾不断。今天上午虎虎又挨了老师一顿狠批。事情是这样的：前几天，虎虎的班里刚转来了一个小朋友李明，李明个子也比较高，这样虎虎和李明成为该班仅有的两个"高个"。虎虎主动找李明一块玩，可李明喜欢安静，尤其不爱和虎虎这样风风火火的孩子玩。今天上午刚到班里，虎虎又找李明教他"玩魔术"，李明不同意，虎虎就动起手来……在老师眼中，虎虎总是这样：主动和小朋友接触却又主动挑起事端，一来二去，也就没人愿和他玩了。

在社会性发展中，虎虎在同伴交往方面属于问题儿童，具有一定的攻击性。这种儿童活动能力较强、性格外向，喜欢与人交往，但脾气暴躁，容易冲动。对这样的儿童进行教育的时候，要注意：首先，要使他们了解受欢迎儿童的性格特点及自身存在的问题，帮助他们学习与他人友好相处；其次，教师要引导其他儿童发现这些儿童的长处，及时鼓励和表扬，提高这些幼儿在同伴心目中的地位。通过有效的教育活动达到促进儿童交往、改善同伴关系的目的。

预防和矫正这类儿童攻击行为的措施共7种，具体如下表所示。

策　　略	实　　施
限制看电视的时间	不仅要限定儿童看电视的时间，而且对儿童观看的电视节目的内容也要进行监控，尤其是减少或杜绝其观看涉及暴力的节目

续表

策　　略	实　　施
帮助儿童对他人的攻击行为做出合理归因	当儿童看到他人的攻击行为时，家长和教师要及时帮助儿童分析问题情境及攻击行为产生的原因，尽可能对攻击行为的产生进行合理的和非敌意的解释，这有利于儿童今后对他人施加的不良行为进行合理归因，能减少其攻击行为
帮助儿童理解自己的感受并使用有效的情绪调节策略	攻击行为产生的主要原因是个体无法控制自己的情绪，这就需要家长和教师能够帮助儿童了解自己的情绪感受，学会采取有效的策略调控情绪，避免由一时冲动引起严重后果
及时制止儿童的攻击行为，剥夺"战利品"	家长和教师要及时制止儿童的攻击行为，引导儿童对自己的行为做出分析，训练儿童的移情和观点采择能力，使他们能够从受害者的角度体验其情绪并做出反思，减少以后攻击行为的产生
暂时隔离法	当儿童做出严重攻击行为时，可以采用将其带离现场进行隔离的方式进行"冷处理"，一段时间后再来处理。这种方法能够使其在自我反省的条件下对问题进行重新思考，促进沟通以解决问题，不会带来情感上的伤害，还可以让其学会控制自己的情绪，减少攻击行为
教给儿童道德推理的基本原理	家长和成人应明确告诉儿童什么是恰当的行为方式，并从道德角度对行为进行解释。因此，培养儿童的道德推理能力，让儿童对事件形成合理的解释，能够减少攻击行为的发生
提供合作和助人的机会	为儿童营造一个良好愉快的氛围，培养其积极的心态；同时鼓励同伴合作促进其移情和观点采择能力的发展，以促进儿童的亲社会行为的产生。另外，学校和家庭、儿童与父母、老师间关系的和谐也会为儿童树立榜样，促进其亲社会行为的发展和身心的健康发展。

拓展 >

补充读物

1 Lawrence J. Cohen. 游戏力. 李岩，译. 北京：军事谊文出版社，2011.

　　游戏力，被很多人喻为亲子沟通的"双向翻译机"。一方面，作者通过几十个案例告诉我们，孩子的任何行为都在表达着一份合理的内心需求，只不过表达方式有时是无理取闹。例如，事事对抗，每天在幼儿园门口黏着妈妈，遇到小挫折就大哭大闹，经常打人，不好好写作业，总是欺负弟妹等。与孩子有效沟通的第一步，就是及时而准确地"翻译"出隐藏在这些表面行为背后的需求。另一方面，作者建议了大小几百种处理问题的方法，根本目的是提醒我们：与孩子有效沟通的第二步，是将我们的关怀、爱心、赞赏、鼓励、期望和界限等，"翻译"成让孩子更容易理解和接受的语言。游戏，是孩子的第一语言。如果我们想告诉孩子什么，那么最好的方式是"玩给他看"，而不是"说给他听"。既然我们都同意让孩子"在玩中学知识"，那么让孩子"在玩中懂道理""在玩中建立自信"也会同样有效。

2 （美）戴维·谢弗. 社会性与人格发展. 陈会昌，译. 北京：人民邮电出版社 ，2012.

　　本书共14章，前3章介绍了社会性与人格发展研究的取向和研究工具，包括对研究方法论、经典理论和现代理论的回顾。4~10章主要讲社会性与人格发展的"产品"，包括情绪发展、亲密关系的建立、自我发展、成就、性别类型化与性别角色的发展、攻击性与反社会行为、利他与道德发展。11~13章讲人在其中获得发展的"生态"背景和环境，包括家庭以及电视、电脑、学校和同伴群体的重要影响。第14章进行了简单的总结，提醒读者学以致用。

3　李彩娜. 亲密关系与青少年的发展. 北京：科学出版社，2014.

　　亲密关系是个体生存和发展的重要影响力，也是促进和提高个体生活幸福感的主要源泉。本书对依恋的基本理论进行了介绍，考察了青少年依恋对个体发展与适应的纵向影响，同时探讨了社会支持知觉在青少年依恋与适应关系中的中介作用，研究结果对于青少年社会适应的干预和心理咨询辅导均具主要的价值。

在线学习资源

育儿网 http：//www.ci123.com

张怡筠博士幼儿情商微课堂 http：//v.163.com/special/zhangyiyuneq/

本章概述

　　品德是个体依据一定的道德行为准则行动时表现出来的相对稳定的特征与倾向，品德包括道德认知、道德情感、道德意志与道德行为等不同的心理成分。品德发展是个体在后天生活实践中逐渐掌握道德规范，形成品德及品德改变的过程。本章主要介绍不同年龄阶段个体品德发展的一般特点，介绍不同年龄阶段个体道德认知、道德情感与道德行为等品德心理发生与发展的特点及其品德培养与促进的方法。

结构图

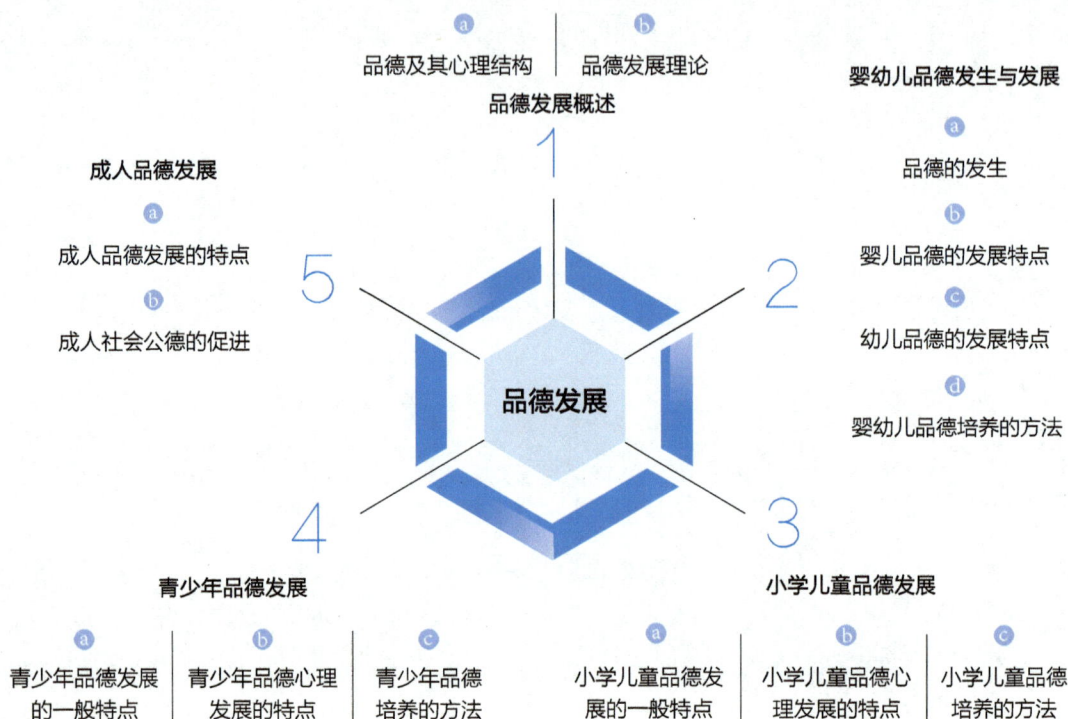

品德及其心理结构　品德发展理论
品德发展概述

婴幼儿品德发生与发展
品德的发生
婴儿品德的发展特点
幼儿品德的发展特点
婴幼儿品德培养的方法

成人品德发展
成人品德发展的特点
成人社会公德的促进

品德发展

青少年品德发展
青少年品德发展的一般特点　青少年品德心理发展的特点　青少年品德培养的方法

小学儿童品德发展
小学儿童品德发展的一般特点　小学儿童品德心理发展的特点　小学儿童品德培养的方法

学完本章，您应该能够做到：

1. 了解品德、品德心理结构并理解品德发展的经典理论。

2. 理解与掌握婴幼儿品德发生、发展的特点。

3. 理解与掌握小学儿童品德发展的特点与培养方法。

4. 理解与掌握青少年品德发展的特点与培养方法。

5. 了解成人品德发展特点与社会公德促进的方法。

学习目标

读前
反思

正如认知和情绪会随着年龄增长而发生改变一样，个体的道德品质在一生中也是不断发展的，并且大部分人会达到这样一个水平：他们遵守社会规则，负责任地做事，把自己看作（并且希望被别人看作）一个品德高尚的人。那么到底什么是品德？不同年龄阶段的个体品德发展有哪些特征和规律？我们究竟如何帮助个体形成良好的品德？阅读本章之前，请仔细思考下列问题。

1. 不同年龄阶段的个体对社会规则有着不同的理解：学龄前儿童不太关心规则或者未意识到规则，稍长一些的儿童敬畏规则并把其看成是神圣不可改变的，青少年能够根据需要对规则进行相对灵活的调整，成年人则有了超越简单规则的更为深刻的理解与认知……个人对规则的认知呈现出怎样的特点和趋势？造成这种理解差异的原因是什么？

2. 青少年儿童良好品德的形成对于个体与社会发展具有重要的意义，个体的品德是先天的，还是通过后天学习而形成的？在品德习得过程中家长、学校和社会发挥了怎样的作用？除了采用言语说服和批评惩罚等常规教育方法之外，是否有更有效的方法和策略？

3. 公平和公正是衡量个体品德发展水平的重要标志，但也有学者认为公平和公正是"男性"价值观，女性则在品德发展中更看重同情、责任与关怀，据此提出了人类存在公正和关爱两种道德取向：男性是公正取向的，女性则是关爱取向的。你是否认同此观点呢？公正和关爱取向是否与特定的某一性别相联系的道德呢？

4. 青少年在学校里接受品德教育是其学习的重要内容和领域，而走向社会后，则很少有对成人进行的品德教育。那么品德发展是否停留在个体发展的早期阶段？成年人的道德观和价值观是否已经定型，不再发展变化呢？成年人的品德发展有怎样的特点？又当如何有效促进成人品德发展和社会公德建设？

美国心理学家戴维·谢弗的研究团队曾对新生儿父母进行访谈，问他们："你们认为在儿童发展的过程中什么最重要，你们最希望教给孩子们的是什么？"他们惊讶地发现在74%的访谈样本中，父母亲最希望他们的孩子能够形成明确的道德感和是非观，以指导他们的日常交往。在他们详细解释希望教给孩子们的内容时，绝大多数的回答可以归结为3类：①不伤害别人；②亲社会倾向；③遵守道德规则的个人责任感。

从上述的研究案例中可以看出，个体良好道德品质的形成是人类社会最为关注的问题。那么儿童是如何从看似自我放纵且"无法无天"的动物成长为将各种社会道德规则加以内化、并依此来评价自己和他人的"道德哲学家"的呢？本章将在介绍品德心理结构及经典理论的基础上，按照个体发展的阶段介绍婴幼儿、儿童、青少年和成人品德发展的特征及规律，并提出相应的教育策略。

第一节
品德发展概述

🎯 学习目标

1．了解品德概念及其心理结构及功能。
2．理解品德发展的几个重要理论的主要观点。

一、品德及其心理结构

品德即一个人的思想道德品质，指作为活动主体的人在依据一定的社会规范（道德行为准则）做出某种社会行为时表现出来的相对稳定的心理特征，它是社会道德在个体身上的反映。在人的个性中，品德是具有道德评价意义的心理品质，其最典型、最集中地体现着人的社会性，是个性的核心成分。

🔊 名家语录

遵照道德准则生活就是幸福的生活。

——亚里士多德

品德的心理结构涉及品德包含的心理成分及其相互联系和制约的模式。探讨品德的心理结构不但可以深化对品德本质的认识，更能对儿童、青少年的品德培养提供依据。目前，对这一问题的研究有两种思路：一是探讨品德的因素结构，侧重查明品德是由哪几种相互联系的因素或成分构成的；二是探讨品德的功能结构，侧重查明品德的各种成分如何生成以及如何在各种内外条件的作用下完成道德决策和行为。

（一）品德的因素结构

关于品德结构包含哪几种心理成分，历来有二因素说、三因素说、四因素说等多种观点，其间虽然有些差别，但并未构成真正的对立，因而实际上是可以相容的。目前影响比较广泛的是四因素说。该理论认为品德包含道德认识、道德情感、道德意志和道德行为，即知、情、意、行4种成分。

道德认识指对社会道德规范及其执行意义的认识。道德观念、道德判断和推理、道德评价都是道德认识的表现形式。道德认识是个体形成良好道德品质的先导，在品德心理结构中，道德认识是道德情感产生的基础，是道德意志产生的依据，对道德行为具有定向作用。

道德情感是人的道德需要是否得到满足而引起的一种内心体验。具体表现为人们根据道德观念评价他人与自己行为时产生的内心体验，也表现为人们在道德观念支配下采取行动的过程中产生的内心体验。道德情感是产生和维持道德行为的重要动力之一。

道德意志是个人在道德情境中，自觉地调节行为，克服内外困难，实现道德目的的心理过程。道德意志帮助个体将道德动机贯彻于道德行动之中。具体表现在：使道德动机战胜不道德动机；利他动机战胜利己动机；排除困难，将道德行为进行到底。道德意志尤其突出地表现在抗拒不良环境的诱惑，抑制不道德行为的过程中。

道德行为是个体在道德意向与观念支配下，表现出来的符合社会道德规范的行为，主要涉及道德行为方式和道德行为习惯。道德行为是实现道德动机、达成道德目标的手段，也是评价一个人品德的客观标准。

应该指出的是，品德并不是道德认识、道德情感、道德意志、道德行为4种心理成分的简单叠加，而是在社会道德环境影响下，在个体的道德实践中，4种成分相互联系、相互制约而形成的复杂、稳定的心理结构。

（二）品德的功能结构

依据动力系统的观点，我国学者章志光提出了包含生成结构、执行结构和定型结构的品德心理结构。[1]

生成结构是指个体从非道德状态过渡到开始出现道德行为的心理结构。这一结构的形成过程，是儿童在他人的评价、奖惩或自然后果强化的条件下，获得道德规范的行为经验，产生是非感，形成道德行为的定势或习惯的过程。这里所说的"道德性"是一个比品德更为广泛的概念，包括稳定的道德品质尚未形成之前的个体道德状况，而品德则是道德性发展高级

---

1 章志光. 学生品德形成新探. 北京：北京师范大学出版社，1993：445~461.

阶段的表现。

执行结构是指个人在生成结构基础上发展起来的更有意识地对待道德情境，经历内部冲突、主动定向、考虑决策和调节行为等环节的一种复杂的心理结构。它是道德性向品德过渡的一种形式。这一结构的第一部分是"道德认知—感情系统区"，包括道德观念、道德体验以及由此而生的道德信念、道德理想、价值观乃至道德需要动机等。这一系统区就其功能来说，既是道德知识的信息库，又是对当前道德情境进行区分与筛选的过滤器，判断事件的性质、确定个人的责任与态度及行动方向的定向器，同时还是克服利己性需要动机的干扰、抉择行为方式并进行发动和制动的调节器。总之，这一部分是个人在道德情境中表现出高度自觉性与自律性的关键机制。执行结构的第二部分是在道德情境中个人从接受信息到产生道德行为的一个连续的心理过程，包括：①对道德情境或事件的注意与知觉；②移情；③做出道德判断，包括辨认事件是非、善恶及卷入的必要性和紧迫性；④形成责任意识与明确态度，其间可能发生动机冲突、代价和报偿的权衡；⑤行为方式的抉择；⑥意动的产生和道德行为的实现。这一过程的完成是否顺利，取决于上述"道德认知—感情系统区"的质量与功能水平。执行结构的第三部分是反馈回路。作出的道德行为会引起他人或社会的反响，行动者因此获得外部强化，也会通过自我强化和归因分析，取得新认识、新体验，从而巩固、扩展或修改原有的"道德认知—感情系统区"，或导致执行过程的自动化。

定型结构指个体具有的品德的比较稳定的心理结构。它是在执行结构基础上形成的，但具有更高的激活性、阶段简缩性和自动化功能。其实质是占优势的道德信念或道德动机，与作为其实现手段的一些习得的行为方式经过反复实践和强化，形成了稳固的联系。

二、品德发展理论

（一）品德发展

品德发展是个体在后天生活实践中逐渐掌握道德规范，形成品德及其品德改变的过程。人类个体品德的发展过程即品德学习的过程，即社会规范学习的过程，其实质是个人在社会生活实践过程中，在家庭与学校环境以及社会道德舆论的影响下，内化社会道德规范和道德价值，形成个人社会行为的心理调节机制的过程。

（二）品德发展理论

关于品德发展，国内外学者提出了许多理论，主要是有关道德认知发展的理论与道德行为发展的理论。

1. 皮亚杰的道德认知发展阶段理论

皮亚杰把儿童对于社会关系的认识、道德认知和判断看作道德品质的核心，认为儿童道德的发展不是来自生物成熟，也不是将外在的知识直接内化，而是儿童通过与环境相互作用，将新知识与已有知识经验联系起来，通过对经验的不断建构来实现的。他采用对偶故事法，考察儿童道德认知发展，并在《儿童的道德判断》一书中，将儿童道德认知发展划分为4个阶段，这4个阶段的渐进更替，体现了从他律到自律的发展脉络。

第一阶段，自我中心阶段。5~6岁以前的儿童，基本上处于无规则阶段，或者虽然已能接受外界的规则，但往往是按自己的想象去执行规则，规则对于他的行动还不具有约束力，他还没有义务意识，在游戏中没有真正的合作。

第二阶段，权威阶段。6~8岁的儿童绝对地顺从权威，认为独立于自身之外的规则是必须遵守的，遵从权威的行为就是正确的行为。他们把规则看作是固定的、神圣的、不可改变的，因而处于他律道德水平。

第三阶段，可逆性阶段。9~10岁的儿童开始认识到规则是大家共同约定的，只要大家同意，规则也可以修改。儿童开始意识到自己与他人可以发展互相尊重的平等关系，规则不再是权威人物的单方面要求，而是具有保证人们相互行动的、互惠的可逆性特征，这意味着儿童开始进入自律道德水平。

第四阶段，公正阶段。11~12岁以后进入形式运算阶段的儿童开始倾向于以公道、公正作为判断是非的标准。这也意味着他们能够根据他人的具体情况，基于同情、关心来对道德情境中的事件做判断了。

2. 科尔伯格的道德认知发展阶段论

科尔伯格（L. Kohlberg）的道德发展阶段论是对皮亚杰的道德认知发展论的修正和完善。他改进了皮亚杰的理论和方法，采用道德两难故事法（如"海因兹偷药"故事），测试了十几个国家六七岁到21岁的被试，考察儿童和青少年对一系列结构化的道德情境中的事实进行判断和推理的情况，将儿童、青少年道德认知发展分为前习俗水平、习俗水平和后习俗水平3个水平，每个水平又包含有2个特定的道德阶段。

表12-1　在科尔伯格道德发展每个水平和阶段上对"海因兹偷药"问题的回答举例

水　平	阶　段	支持偷药的回答	反对偷药的回答
前习俗水平	阶段1 惩罚与服从定向	海因兹不应该让他的妻子死，如果这样的话，他会陷入大麻烦	海因兹会被抓住，然后被送入监狱
	阶段2 相对功利取向	如果海因兹被抓住了，他可以将药归还，这样他们可能就不会对他判长期徒刑	药商是一个商人，他需要赚钱

续表

水 平	阶 段	支持偷药的回答	反对偷药的回答
习俗水平	阶段3 寻求认可取向	海因兹只是做了一个好丈夫应该做的事情，这表明他是多么爱他的妻子	如果他的妻子死了，他不可能因此而受到责备，这是药商的错，药商是一个自私的人
	阶段4 遵守法规取向	在这种情况下，海因兹去偷药并没有道德上的过错，因为制定法律的时候并没有把每一种特例或者每一种情况都考虑进去	海因兹应该遵守法律，因为法律是为了保护社会生活的有序进行而制定的
前习俗水平	阶段5 社会契约取向	海因兹偷药是合理的，因为有一个人的生命正处于危险之中，而这超越了药商对药的任何权利	如果个体在社会中共同生活的话，遵守法律是非常重要的，因为他代表了共同协议的必要结构
	阶段6 普遍伦理取向	人类的生命是神圣的，这是出于普遍伦理原则对于个体的尊重，而这是优先于其他任何价值观的	海因兹需要考虑是否还有其他人像他的妻子那样一样迫切地需要这种药。他不应该只基于对他妻子的特定情感来考虑问题，而应该考虑所有生命的相关价值

水平 I：前习俗水平（preconventional level，4~10岁）。

该水平的道德推理关注行为引起的结果，着眼于行为的具体后果和自身利害关系来判断是非，儿童无内在的道德标准。判断一种行为是否适当，主要是看能否使自己免于受罚，或让自己感到满意。这个水平包含两个阶段：惩罚与服从取向和相对功利取向。

阶段1：惩罚与服从定向阶段。

此阶段的儿童在做出道德判断时，以免去惩罚与服从权力为依据，认为凡是造成较大损害、受到较严厉惩罚的行为都是坏的行为。反之，一种行为即使是出于恶意，但如果未被觉察或未受惩罚就不是错误的。

阶段2：相对功利取向阶段。

相对功利取向阶段的儿童在做有关道德判断时，仍会受行为结果的驱使，但也关注互惠性的想法。道德判断的主要依据是对自己需要的满足，评定行为的好坏主要看是否符合自己的利益。

水平 II：习俗水平（conventional level，10~13岁）。

当儿童的道德发展经历水平 II 时，关注和考虑他人的情况增加了。他们不再根据直接的具体结果来看待行为，而能考虑到更多的社会性因素来做出道德问题的决定。这些社会因素包括他人的认可、家庭的忠诚、遵守法律和社会秩序。此阶段的儿童更多以是否满足社会舆论与期望、遵循现行的社会准则和习俗、受到赞扬等作为道德判断的依据。这种利用内化了的社会规则或习俗进行道德判断的个体就处于习俗水平。具体来说，该水平的道德推理包括两个阶段：寻求认可取向和遵守法规取向。

阶段3：寻求认可取向阶段。

在处于此阶段的儿童看来，一种行为是否正确，要看其是否被别人喜爱，取悦他人。个人愿意按照大家对自己的期望去行动，希望通过"做好人"来寻求认可。

阶段4：遵守法规取向阶段。

在本阶段，社会规范和法律代替了同伴群体的规范。对社会赞许的需求不再是道德判断的根据，更重要的是要遵守法规、尊重权威，尽个人的责任和本分，维护社会秩序。

水平Ⅲ：后习俗水平（postconventional level，13岁以上）

此阶段的青少年能够依据自己选定并遵循的伦理原则和价值观进行道德判断，认为不违背多数人的意愿、不损害多数人的幸福、不违背普遍的道德原则的行为就是最好的行为。处于后习俗水平的青少年，已经超越现实道德规范的约束，达到完全自律的境界。该水平由两个阶段组成：社会契约取向和普遍伦理取向。

阶段5：社会契约取向阶段。

在处于此阶段的青少年眼中，法律与道德规范是大家共同约定的，是一种社会契约。他们看中法律的效力，认为法律可以帮助人维持公正。但同时认为契约与法律的规定不是绝对的，也是可以改变的。人人都有遵守法律的义务，但如果法律以牺牲人类权利和尊严为代价，则应该予以修改完善。

阶段6：普遍伦理取向阶段。

处于此阶段的青少年，能够依据自己选定的基本伦理原则、个人良心办事。这些原则如公正、平等、人的价值等，都是抽象的，而不是具体的道德律令。法律条文如果与这些基本原则相冲突，就不应遵守，因为"公正高于法律"。

3. 班杜拉的社会学习理论

班杜拉依照其观察学习为核心观点的社会学习理论，提出儿童道德行为的学习主要是通过间接经验获得的，即通过观察榜样的行为及其后果，模仿并掌握其相应的行为。班杜拉指出观察学习就是通过对榜样者的行为进行观察从而获得新的行为的过程。在观察学习中，学习者注意到榜样的示范行为后，对其进行保持和储存，最终在合适的情境中表现出新的行为反应。观察学习主要经历4个过程。

注意过程，即观察者对榜样进行知觉的过程。此阶段榜样和榜样行为的特点，观察者的特点，以及观察者和榜样的关系都会影响这一过程。一般情况下，观察者比较容易关注那些具有趣味性、新异性的刺激，或者是与自身相似的、优秀的或有影响力的、时尚的榜样。

保持过程，即观察者对榜样示范信息的储存。观察者对观察到的行为在记忆中以言语或图像等符号形式进行储存，此阶段进行编码的符号系统的选择就显得极为重要。个体一般会通过关注偶像的演讲、访谈或是纪录片来对榜样相关信息进行储存。

动作再现过程，即观察者根据储存的信息亲身再现榜样行为。观察者对榜样信息的储存和提取会对这一过程的顺利进行产生影响。观察者可能会遗失一些信息，因而再现的行为可能与榜样行为有所不同。学生对所关注偶像的榜样行为进行信息储存后，会在适当情境里尝试展现这些榜样行为，但也可能因为对榜样行为的了解不够或是不能顺利提取而不能表现出榜样行为。

动机过程。上述3个过程后，学习者可能会将观察到的行为表现出来。想要让学习者表现出习得的行为，还有一个必不可少的过程，即学习者必须有表现出该行为的动机和意愿。班杜拉对行为的习得和表现作了区分，他指出习得的行为不一定都能表现出来。动机过程是指个体不仅通过观察从榜样身上学到了行为，而且也愿意在适当的时机将学得的行为表现出来。

以观察学习为核心观点的社会学习理论，是解释儿童青少年道德行为获得的一种重要理论。实际上，我们人类复杂的社会行为，包括道德行为，大多数是通过观察学习获得的。因此，在道德教育中，成人的榜样、家庭与社会环境氛围非常重要。

第二节
婴幼儿品德发生与发展

🎯 学习目标

1. 了解婴儿品德的发生。
2. 理解并掌握幼儿道德认知、道德情感与道德行为等发展的特点。

一、品德的发生

成人在与儿童的交往中，不断以自己的言行和与儿童的交谈传给儿童道德知识和信息，帮助儿童了解初步的社会道德规范和行为准则，并不断地以表情、言语或动作对儿童的行为给予各种不同的强化。儿童在与人的交往过程中，在与成人和同伴的各种关系中，逐渐意识到主体与客体，意识到自己的行为，并逐渐能够以成人的判断、评价、调节自己的行为。儿童品德由此逐渐出现和形成。[1]

---

1 林崇德. 品德发展心理学. 西安：陕西师范大学出版社，2014：236~241.

名家语录

把子弟的幸福奠定在德行与良好的教养上面，那才是唯一可靠的和保险的办法。

——洛克

二、婴儿（0~3岁）品德发展的特点

3岁前是儿童品德萌芽、产生的时期。这一时期儿童品德发展在道德认知、道德情感和道德行为方面具有以下特征。

（一）婴儿期儿童道德观念、道德判断及其行为表现

儿童的道德观念、道德行为是在成人的强化和要求下逐渐形成的。当儿童在日常生活中做出良好的行为时，成人就显出愉快的表情，并且用"好""乖"等词语给予正面的强化；当儿童做出不良行为时，成人就显出不愉快的表情，并且用"不乖""不好"等词语给予负面的强化。在这样的过程中，儿童就能不断地做出合乎道德要求的行为，并形成各种道德习惯。以后再遇到一定的场合，儿童就不加迟疑地做出合乎道德要求的行为来。而对于不合乎道德规范的行为，则采取否定的态度或加以制止。

但是，婴儿阶段的儿童因为生活范围小，生活经验不够丰富，同时也由于认识或意识水平的限制，他们的道德水平只是一些萌芽表现。而且，儿童的行为是极不稳定的，常常容易受情绪和周围环境的影响，并不总是服从于一定的道德标准。因此，2~3岁的儿童的道德观念、道德行为还只是一些最初步的表现。

（二）婴儿期儿童道德情感及其行为表现

婴儿阶段的儿童在掌握道德观念的基础上，已经产生了初步的道德感，如同情心、责任感、互助感等。1.5岁和2岁的儿童，已能关心别人的情绪，关心他人的处境，产生同情心，并力图安慰、帮助他人。以后随着自我意识的进一步发展和成人的教育，儿童对自己和他人的行为是否符合社会道德准则产生了最初的体验。当自己或别人的言行符合他掌握的社会准则因而受到表扬时，儿童便产生高兴、满足、自豪的情感体验。当自己或别人的言行不符合他掌握的社会准则而受到批评或斥责时，他便会产生羞愧、难受、内疚、气愤等情感体验。

在成人的教育下，2~3岁的儿童也出现了最初的爱和憎。当看到故事书上的大灰狼、灰狐狸时，会用拳头去打它，拿手指去戳它，而当看到小兔子战胜了大灰狼，小鸭子把灰狐狸拖下了水时，便高兴地拍手大叫；当看到电视上解放军被敌人的炮火打伤了或光荣牺牲时，儿童会难过地流眼泪或咬紧牙关，而当看到解放军发起反攻，用机枪把敌人都打败了，儿童

会高兴地跳起来欢呼："解放军叔叔把敌人都打败了！"

三、幼儿（3~6岁）品德发展的特点

（一）幼儿的道德认知的发展及特点

进入幼儿期后，儿童对概念的理解和其道德判断能力有了进一步发展。但是由于心理发展一般水平的限制和生活经验的局限，他们对道德概念的掌握和他们的道德评价还带有明显的具体形象性和一定的局限性。

1. 幼儿对道德概念的掌握

陈帼眉研究了幼儿期儿童对"好孩子"的理解，发现幼儿初期对"好孩子"的认识是非常笼统的、表面化的，只会简单地说出个别的具体现象。[1]比如，有的幼儿说"听老师的话就是好孩子"。随着年龄的发展，幼儿对好孩子的认识逐渐分化和完整，能从多方面及一些抽象的品质来考虑，认为"听老师的话，不打人，好好收玩具，不淘气，上课不乱说话，就是好孩子"。较大的幼儿对好孩子的理解还有一定的概括性，说"好孩子上课时特别用心，能帮助别人，不拿别人东西，把困难留给自己，把方便留给别人"或者"好孩子就是学习好，爱劳动，爱帮助别人"。

从总体上来说，幼儿掌握到的道德概念有3个特点。①具体形象性。总是和一些具体的事物或行为、情境联系着，并依据这些具体、直接的事物理解掌握概念。②表面性。对道德概念的理解局限于表面水平，缺乏概括性和深刻性。③片面性、笼统化和简单化。往往只涉及个别的具体行为或方面，不能从多方面细致、全面地理解道德概念，缺乏全面性、分化性和复杂性。

2. 幼儿道德评价的发展

幼儿早期儿童往往凭借具体的、个别的行为或现象进行简单、表面的道德评价。到了幼儿后期阶段，他们才能初步地进行复杂、全面、深刻的评价。同时，幼儿的道德评价还有很大的受暗示性和情绪性，缺乏独立性和客观性。例如，徐芬（2001）等人关于幼儿对不同行为情境中说谎的道德评价的实验研究中，分别用行为（亲社会/反社会）和语言（说谎话/说真话）两个部分来测试被试（共87名幼儿，分为3、4、5岁3个年龄组）。[2]研究结果表明：①3个年龄组的儿童都能做出对行为的正确判断，对于亲社会行为情境做出积极的道德评价，给予反社会情境的行为以消极的道德评价。②言语部分的结果显示，无论是好行为还是坏行为，对于说谎，幼儿均给予消极评价，而对于说真话则给予积极评价。随着年龄的增

1　陈帼眉. 学前心理学. 北京：人民教育出版社，2009：206.
2　徐芬，张晓贤，章潇怡，徐敏. 在亲/反社会情境下儿童对说谎的理解及其道德评价的研究.应用心理学，2001，7（1）：13~18.

长，幼儿对做了坏事后"承认"（说真话）的评价越来越积极。③受行为的干扰，3~5岁幼儿均对亲社会情境下的说谎做出消极评价。这说明幼儿对说谎/说真话概念均有一定程度的理解，但发展趋势受行为情境言语类型的影响，相当部分的幼儿尚不能对行为与言语作明确的区别。

类似这些关于儿童自我道德评价能力的研究表明，儿童自我道德评价呈现出以下发展趋势。①从轻信和运用成人的评价到自己初步独立评价。幼儿初期对自己的评价往往只是成人评价的简单再现，而且对成人的评价持有一种不加考虑的轻信态度。②从缺乏依据的评价到以初步行为特征为依据的评价。幼儿初期常常能作评价，但说不出评价的依据。③从比较笼统的评价到比较细致的评价。较小的幼儿对自己的评价常常是比较简单笼统的，而且只能从一个方面进行。④从对外部行为的评价到初步对内心品质进行评价。幼儿初期对自己的评价常常以自己外部的行为作为依据，而且也只能对自己的外部行为做出评价，他们还不能很好地意识到自己的内心状态和道德品质，并对自己的内在品质进行评价，尽管这些内在品质还带有很大的形象性。

（二）幼儿的道德情感的发展及特点

1. 幼儿道德感的初步形成

婴儿已具有道德的萌芽，如初步的同情心、责任感和怕羞等。幼儿在幼儿园的集体生活中，随着对各种行为规则的掌握，他们的道德感进一步发展起来。起先，这种道德感主要指向个别行为，而且直接由成人的评价产生。到了中班，由于比较明显地掌握了一些概括化的道德标准，幼儿的道德感便开始与这些道德准则、认识相联系。比如，因为自己做了好事或和同伴友好、合作地在一起玩而产生愉快感，因违反了游戏规则或不遵守纪律而感到羞愧、气愤等。中班幼儿不仅关心自己行为是否符合道德标准，而且很关心别人的行为是否符合道德规范，并产生相应的情感。大班幼儿的道德进一步丰富、分化和复杂化，同时带有一定的深刻性和稳定性。

2. 爱国主义情感的萌芽期

幼儿爱国主义情感是在幼儿日常生活中，在幼儿所见所闻的直接感受中萌芽的。幼儿一开始是爱父母、爱兄弟姐妹、爱家庭，接着是爱老师、爱同伴、爱幼儿园，再接着是爱自己的家乡，以后在此基础上逐渐将这些情感与热爱祖国联系起来，萌发出最初的爱国之情。同时，随着幼儿爱父母、爱家庭、爱老师、爱同伴、爱家乡、爱人民的体验日益明显、丰富和加深，幼儿爱祖国的情感也日益深刻，他们愿意做使父母、老师和周围成人高兴的事，不愿做使他们不高兴的事；不仅喜欢听别人说他的家好、幼儿园好、家乡好，喜欢别人和自己做对家庭、幼儿园、家乡有利的事，而且喜欢听人说中国好，做对中国有利的事，愿意中国什么都比别国强。中大班的幼儿对更广泛的人民、祖国已有了较深刻的朴素感情。

3. 义务感的产生期[1]

关于幼儿义务感的研究指出，3岁幼儿在完成成人指定的任务时，常常出现愉快或满意的情感，但这不是由幼儿意识到了自己的义务和完成了这一义务而产生，而往往是由幼儿的某种直接需要、愿望得到了满足而引起的。因此，这种情感还不能说是义务感。4岁左右的儿童在成人的教育下，开始有因是否完成某个任务而体验到愉快、满意或不安、不高兴的情感，开始出现和形成义务感。而且这种情感不仅可以由幼儿道德行为的评价引起，也可以由幼儿对自己行为的意识引起。但这种义务感的范围还比较狭小，主要涉及自己亲近和经常接触的人，如父母、兄弟姐妹、老师、别的儿童等。五六岁能进一步理解自己的义务和履行这些义务的必要性，并对自己是否完成义务和完成情况有了进一步的体验，如愉快或不愉快，以后遇到类似情境时，能主动履行自己的义务。

4. 幼儿道德感的形成和发展特点和趋势

幼儿在正确教育的影响下，尤其在集体生活中，在与成人、同伴交往的不断增广和对社会道德准则的不断掌握的情况下，道德感不断发展起来。一些新的道德感，如爱国主义情感、义务感、羞愧感、集体感、责任感都在儿童初期萌芽，并在幼儿期逐步形成和发展。

幼儿道德感指向的事物或对象不断增加，范围不断扩大，这就使幼儿的道德感不断丰富。

幼儿道德感指向的事物或对象，由近及远，由比较直接到比较间接，由具体、个别的行为或需要的满足到一些比较概括、比较抽象的行为规则和道德准则。由于道德感指向的事物的变化，特别是事物性质的变化，幼儿道德感逐渐由比较肤浅、表面、不稳定，发展到比较深刻、持久、稳定。

幼儿道德感是与道德需要紧密联系着的，并且逐渐成为一种内在品质，能够出现于行动之前，成为从事或克制某种行为的动机。

（三）幼儿的道德行为的发展及特点

卢乐珍、刘晓东等人（1995）对我国幼儿道德行为现状进行了调查，内容包括诚实、守纪律、有礼貌、友爱、关心环境、勇敢、爱劳动等，范围涵盖了北京、河北、辽宁、四川、甘肃、江苏6个地区。调查显示，在良好教育的影响下，我国幼儿大多数表现出多种、广泛的良好品德行为，如主动帮助同伴、向老师问好、日常生活中使用礼貌用语、在园较好地遵守各项集体规则等。在不同地区方面，经济、文化及教育较发达的地区，如北京、江苏，幼儿道德行为得分的整体水平较高。针对具体的道德行为，地区间的幼儿则各有长短，不同地区之间与同一地区内部都存在较大的不平衡性。另外，6个地区在守纪律方面得分最高，在友爱、关心环境与他人、勇敢方面得分均最低，这反映着道德发展的倾向，但也侧面反映出

1　李幼穗. 儿童社会性发展及其培养. 上海：华东师范大学出版社，2004：214~256.

教育中过分强调纪律和权威约束等普遍存在的问题。在不同教育机构方面，公办幼儿园幼儿道德行为显著优于工厂幼儿园和农村幼儿园，工厂幼儿园在守纪律、勇敢、友爱方面还有待加强，而农村幼儿园在待人接物的礼节、关系环境整洁等方面也需要进一步的重视。在不同性别方面，女孩在理解成人指示、遵守集体规范、约束自身行为等方面更好，道德行为水平综合优于男生，而勇敢行为则得分较低，成为幼儿尤其是女孩的薄弱问题。[1]

总体上，幼儿道德行为的发展存在以下问题。第一，幼儿道德行为的动机具体、直接且外在，具有明显的情境性。第二，幼儿道德自制力和坚持性还比较差。第三，由于上述道德行为动机和道德意志的特点，幼儿期儿童还未形成稳固的道德行为习惯。

四、婴幼儿品德培养的方法

（一）移情训练

移情是指在人际交往中，人们彼此的感情相互作用。当一个人感知到对方的某种情绪时，他自己也能体验到相应的情绪。霍夫曼指出移情是诸如助人、抚慰、关心、合作、分享等亲社会行为的动机基础，它激发、促进人们的亲社会行为，是个体亲社会行为的推动器。利用移情来促进儿童品德发展，使其具有内在的自我调节能力，比一味地限制、要求这种外部约束要有效得多。[2]移情训练的具体方法有：听故事、引导理解、续编故事、角色扮演等。其中角色扮演与角色游戏相类似，是让儿童根据一定的情节，扮演某个角色，并通过言语、行为、姿势、动作、表情等表现该角色的特征，从中体验在某些情境下该角色的心理感受，进而在现实生活中遇到类似情况时能做出恰当的反应。

（二）榜样

儿童品德的学习和形成，主要是通过观察性的学习和模仿达到的。榜样在儿童良好品德行为形成中占有相当重要的地位。儿童置身于社会之中，无论是周围的人们，还是电影、电视、小说中的主人公，都是儿童学习模仿的对象。研究表明，成人行为的榜样对儿童的刺激作用远大于言语指导的刺激。父母、教师是儿童直接模仿学习的榜样。教育者言行一致才能培养儿童良好的社会行为。同时，教育者有必要为儿童选择良好的榜样，如向儿童推荐一些优秀的课外读物、电影等。

1　卢乐珍，刘晓东. 我国幼儿道德行为现状的调查与思考. 学前教育研究，1995（2）：36~41.

2　曲苒，李明军，陈卿. 学前儿童心理发展. 北京：教育科学出版社，2014：352~353.

（三）表扬、奖励

儿童品德行为无论是自觉的还是不自觉的，都需要得到群体的认可。儿童一旦产生了良好的道德认知、情感、动机和行为，成人和教师要及时强化，如表扬、奖励等，使儿童获得积极反馈，达到逐渐巩固的目的。反之，习得的良好的道德行为可能消退。恰当地运用表扬、奖励，能有效地促进道德品质的发展，并在一定程度上抑制不良行为。

（四）组织游戏活动

游戏是培养道德品质的最好的方法之一。游戏中儿童要进行交往，不肯谦让，交往就不能继续进行；进行游戏要配合，合作的能力就得到锻炼；大家一起游戏，玩具、物品就要求共同分享。在游戏活动中，儿童起初会发生冲突或出现争执，因此，需要成人和教师给予指导，启发幼儿去想出各种不同的解决问题的办法，并教育幼儿学会谦让、合作、共享等良好的道德品质。同时，要利用游戏这一有效的手段让儿童反复练习、反复实践，他们就能逐步形成自觉、稳固的良好的道德行为。

第三节
小学儿童品德发展

🎯 **学习目标**

1．了解小学儿童品德发展的一般特点。
2．理解与掌握小学儿童品德心理发展的特点。
3．掌握小学儿童品德培养的方法。

一、小学儿童品德发展的一般特点

小学阶段（6、7岁至11、12岁）的儿童在品德发展上，知与行、言与行基本上是协调的、相称的，此时出现的外部的和内部的动作比较和谐，他们会将道德知识系统化并形成相应的行为习惯，表现为言行一致、动机和行为一致。年龄越小，言行越一致，而随着年龄增长，也会逐步出现言行不一致的分化。这个阶段的主要任务是发展道德信念，并逐步形成自觉地运用道德认识来评价和调节道德行为的能力，因此自觉纪律的形成和发展是小学儿童品德发展的重要任务。

二、小学儿童品德心理发展的特点

（一）小学生道德认知发展的特点

1. 小学生道德判断能力的发展

科尔伯格认为，道德判断能力的成熟是儿童道德行为成熟的关键。我国学者进行的有关研究显示，5~7岁的儿童在进行道德判断时，同时受到行为后果和行为动机两方面的影响，前者的影响大于后者。从小学三年级起，绝大多数儿童都能够根据行为的原因或行为的因果关系进行道德判断，而且有50%以上的儿童能把行为的原因和后果两个方面联系起来进行比较判断。从五年级起，一些儿童开始把"经教育后改正错误"看作是"思想好"的重要标志，并以此作为判断行为好坏的理由。研究也发现，我国小学儿童从客观性判断向主观性判断发展的转折年龄在6~7岁，根据行为本身好坏做出分析判断的转折年龄在8~9岁。[1]

2. 小学生道德观念的发展

道德观念是对于行动准则的善恶及其意义的初步认识，道德观念是抽象的，它主要是通过对具体的事物、现象、行动的感知而形成的。小学生的道德观念具有层次性、矛盾性和实践性的特点。具体而言，低年级学生和高年级学生对道德观念的认识具有层次性，如对"劳动"的认识，低年级学生只是懂得"好孩子应该热爱劳动"，而高年级学生则懂得了"劳动是光荣的"。在对道德观念的运用中存在矛盾性，如对"宽容"的认识，一方面小学生学习了"宽厚对待同学的错误"，但面对"过失行为"则不知如何处理。在对道德概念的掌握上又表现出实践性，即小学生对道德的感知和认识要在实践中进行培养。

（二）小学生道德情感发展的特点[2]

小学生道德情感发展的主要内容有爱国主义、良心、荣誉、义务和幸福感。研究发现，中国小学生儿童的道德情感表现形式是，以直觉的道德情感体验和与形象相联系的道德情感体验为主，主要表现出以下特点。

1. 小学生道德情感具有阶段性

首先，随着小学生认知能力和认知水平的变化，个体道德情感的范畴出现了相应的变化，表现为，由个体向群体道德情感意识扩展，由对自我向对他人、对社会的道德情感的体验扩展，由对人向对环境的道德情感体验扩展。其次，不同年级的学生，在道德情感体验与倾向性及表达方式和行为方式上不同。例如，一年级的学生倾向于从物质上给予他人帮助，很少采用语言或者行为对他人给予精神上的支持和帮助。

1 李伯黍. 儿童道德判断发展研究阶段报告（上）. 山西教育科研通讯，1984（3）：13~22.
2 儿童品德心理研究协作组. 中小学生道德情感发展研究. 心理发展与教育，1989（3）：1~6.

2. 小学生的道德情感具有不稳定性

小学生的道德情感具有不稳定性，主要表现为情感的依附性和易受感染性。他们情感的突出特点就是富于表现，情绪不稳定，不持久，爆发快，不深刻。儿童在家庭中由于父母的亲情关系而获得归属感和依恋感的体验，到了学校，他们也在寻找类似的情感体验。同时，小学生对某种道德情境的感知往往会迅速产生情感，这是一种直觉的道德情感，并产生情绪上的激动状态，从表情、情态和动作上表现出来，特别容易受到周围气氛的感染。

（三）小学生道德意志行为发展的特点

小学阶段虽然具备了正确的道德观念和积极的道德情感，但往往不一定表现出积极的道德行为。例如，儿童知道打架骂人是不对的，但是在和同学产生冲突时还是控制不住自己的行为。大量研究发现，小学生的道德意志行为主要表现以下特点。

1. 小学生的道德意志行为有了初步的发展

西方认知学派的研究表明，小学儿童逐步掌握了做"好孩子"的道德观，学会充当遵从惯例的角色，避免与他人发生冲突。例如，沃尔特斯（Walters，1963）等人对儿童的抗诱惑能力进行了研究，结果表明，良好的榜样、愉快的情绪能增强儿童道德行为的抗诱惑力。[1]我国心理学研究者对小学生道德意志行为的研究表明，在外部力量的作用下，其道德意志控制力和自觉性会明显表现出来，但这种控制力和自觉性不能完全离开外部的检查和监督。综合国内外的研究，我们可以看出，小学生在一定的外部条件影响下，是具备抵抗诱惑力，行使道德行为的意志能力的。

2. 小学生的道德意志行为缺乏组织性[2]

首先，小学生的道德动机和道德行为有时表现不一致。有时动机是好的，但由于缺乏经验和不善于组织自己的行动，出现"好心办坏事"现象。有时由于新的动机代替了原有的动机，使已经进行的道德行为中断。有的儿童因意志力不强，不能克服行动中的困难或障碍，造成言行脱节等。其次，小学生道德行为的产生缺乏计划性。小学低年级学生常常想做好事，但不知做什么，怎么做，只是看见别人做也跟着做，盲目模仿较多。到了高年级，盲目行动的现象减少，道德行为的目的性、计划性有较大提高。最后，小学生道德动机的产生和道德行为之间的时间距离较短。儿童产生某一动机时，便迫不及待地要实行，希望立即能完成任务。如果暂时不能实行，情绪就会激动。

3. 小学生的道德行为落后于道德认识

研究表明，小学生在道德品质上，一般只是了解道德规则，能够正确地说出在什么样的

---

1 Walters, R. H., Leat, M., & Mezei, L.. Inhibition and disinhibition of responses through emphatic learning. *Canadian Journal of Psychology*, 1963, 17（2），235~243.

2 李怀美. 天津市中小学生道德认识发展的调查研究. 天津师大学报, 1986（5）：19~23.

场合应当怎样行动。但与成人不同的是，在其行动中却不一定按照这些道德知识去行事，这尤其表现在较高年级的小学生中，他们的道德行为往往落后于道德认识。因为年龄大的小学生，掌握了一定的原则，开始学会违背教师和家长的指令，按照自己的意愿去行事，然而他们的道德意识比较浅薄，一旦不听教师家长的教导，则表现出非道德行为，尽管他们可能知道是非对错却依然会表现出非道德行为，造成道德行为落后与道德意识的现象。

三、小学儿童品德培养的方法

研究表明，品德培养的方法有很多，要想让儿童养成良好的品德行为，学校老师和家长都要采取一定的行动，积极培养小学生形成正确的道德观念，积极的道德情感和良好的道德意志，通过各种途径促进小学生优良品德行为的形成。

（一）注重抽象性和具体性的结合，加深正确道德观念的理解

对于小学生而言，他们的思维水平正处于具体思维向抽象思维过渡时期，道德观念是一种抽象的、看不见摸不着的概念，有些道德观念，虽然背得滚瓜烂熟，但小学生难以认同并理解具体含义。针对这种现象，教育者和家长应该通过列举具体事例的方式向小学生讲述某种道德观念。比如，在思想品德课上讲爱国主义，不要只是讲类似"董存瑞的英雄事迹"，教师和家长还应该利用身边的例子说明爱国主义的存在，如不在人民币上乱涂乱画、认真读书增长知识、爱父母、爱自己等都是爱国主义的表现。

（二）合理利用情景教学，增加小学生的道德情感体验[1]

小学生的感知能力比较肤浅，对事物的理解也比较表面，所以他们的道德情感很容易受到外界环境的影响，因此，创设良好的道德环境，增加小学生的积极道德体验，对于培养小学生积极向上的道德情感是非常有效的。小学生生性活泼好动，思维比较活跃，往往会凭借个人爱好或者群体的称赞取向去认识和评价一种道德行为，教师可以创设一些丰富的、有内涵的、能够引起小学生情感共鸣的道德情景，如角色扮演等活动，让小学生体会到直接的道德情感。教师还可利用讲述道德故事、放映富含道德情感内涵的动画片或视频等德育活动，让小学生充分发挥想象力，引导他们全方位地体验道德情感的存在，不断内化为自己的行为准则。

---

1 周杰. 论有效德育情境的特征. 教育探索，2004（3）：92~93.

（三）有目的的练习和重复，培养小学生的道德行为习惯

小学儿童的道德行为习惯的培养，靠"讲"（要求），靠"练"（按照不同的要求进行练习），靠"表扬"（正面引导），靠"带"（榜样的带动）。

首先，要根据不同年龄特征制定不同的练习内容，可以把思想品德的教材作为依据，在上课讲述某种道德行为之后，要求学生在日常生活中贯彻执行，且长期坚持下去。其次，教师或家长要耐心训练和指导。由于小学生儿童的自制力差，常常身不由己地违反行为规范，因此教育者千万不能急躁，要正向引导，多表扬，少批评，以情促行，持之以恒。最后，要树立具有时效性的榜样。对于小学生来说，能否引起模仿，取决于模仿客体的权威性和可接近性，因此教师者最好选择身边的优秀案例或者以身作则，以督促小学生道德行为的形成。

👁 **专栏12-1**

什么人能培养出道德成熟的儿童？

霍夫曼（1970）曾经回顾了有关儿童教养的文献，考察父母实际采取的教育方法能否对子女的道德发展产生影响。他比较了3种主要的方法。

爱的收回（Love withdrawal）：在儿童做错事之后收回对他的关注、爱或赞许，也就是引起儿童对失去疼爱的焦虑。

强迫命令（Power assertion）：使用强权控制儿童的行为，如采用可能引起恐惧、生气、怨恨的强制性命令、身体限制、体罚和撤销孩子享有的特权。

引导（induction）：强调行为给别人造成的后果，解释为什么某行为是错误的、应该改正的；通常会引导儿童思考怎样才能弥补自己行为造成的伤害。

霍夫曼发现，采用引导式教育可以促进道德成熟，而爱的收回则效果甚微，强迫命令则与道德上的不成熟相关。但引导的有效性也可能因儿童气质的不同而不同。儿童通常更喜欢引导式的教育，不喜欢其他方式，使用引导式教育的人更受儿童的尊敬，儿童更愿意接受这样的教育。最后还需要指出，在品德教育中，几乎没有哪个父母是完全单独采用引导式、爱的收回或完全强迫式的一种，多数父母是同时使用3种教育方式的。霍夫曼认为，最有效的教育公式是：经常的引导＋偶尔的强迫＋很多的爱。

第四节
青少年品德发展

学习目标

1．了解青少年品德发展的一般特点。
2．理解与掌握青少年品德心理发展的特点。
3．掌握青少年品德培养的方法。

一、青少年品德发展的一般特点

青少年期，年龄一般在11~18岁，包括少年期和青年初期。少年期相当于初中阶段，青年初期相当于高中阶段。处于青少年期的中学生的身心都处在急剧发展、变化和成熟时期。青少年时期整个心理结构由幼稚走向成熟，抽象思维从经验型向理论型转化，情感特征由强烈的两极动荡性向稳定性转化，世界观也由萌芽逐渐向形成状态转化，在生理和心理发展变化的同时，中学生的品德发展表现出一些基本的特点，主要表现在以下方面。

（一）青少年品德逐步从他律变为自律

1．能独立、自觉地按道德准则来调节自身行为

青少年能够独立、自觉地按道德准则来调节自身行为，表现在青少年能服从自己的人生观、价值标准和道德原则，也能按自己的道德动机去行动，以符合某种伦理道德的要求。

2．道德信念、理想在道德动机中占据相当的地位

青少年时期是道德信念理想形成，并用于指导自我行为的时期。道德信念、理想的形成，使青少年的道德行为更有原则性和自觉性，更符合社会道德的要求。这是人的主观能动性在道德行为上的具体表现，也是人的个性发展的新的阶段。

3．品德心理中自我意识明显化

青少年随着自我意识的发展，自我评价、自我调节能力不断增强，自我道德修养的反省性和监控性的品德特点越来越明显。这是道德行为自我强化的基础，也是提高道德修养的手段。

4．道德行为习惯逐步巩固

在青少年品德的发展中，逐步养成与道德伦理相适应的良好的道德习惯，是道德行为训练的重要手段，又是伦理道德培养的重要目的。

5．品德结构的组织形式完善化

青少年的品德结构日趋完善，品德的定向系统和操作系统能协调活动并能根据反馈信息对自我行为进行调节，以满足道德的需要。

（二）青少年品德正处于动荡性向成熟性的过渡时期

1. 青少年时期品德发展表现出明显的动荡性特点[1]

青少年时期品德发展表现出明显的动荡性，表现为：道德动机逐渐理想化、信念化，但又有易变性和敏感性；道德观念的原则性、概括性不断增强，但仍带有一定程度具体经验的特点；道德情感较为丰富和强烈，但又好冲动而不拘小节；道德意志逐步形成，但又十分脆弱；道德行为有了一定的目的性，渴望独立自主地行动，但愿望与行动仍有一定距离。所以，此时期是青少年人生观开始形成的时期，又是容易发生两极分化的时期。品德不良、违法犯罪多发生在这个时期。

2. 青年初期品德逐步趋向成熟

青年初期品德发展进入了以自律为形式、遵守道德准则、运用信念来调节行为的品德成熟阶段，其"动荡性"特征日益减少，人生观、世界观开始初步形成。然而，这个时期不是突然来到的，也就是说，从初中升入高中就开始向成熟性转化。其实，在初中后期，不少少年在品德特征上已逐步走向稳定，而在高中初期，仍然明显地保存着许多少年期动荡性的年龄特征。

二、青少年品德心理发展的特点

（一）青少年道德认知发展的特点

1. 初中生道德认知发展的特点

（1）逐步理解道德知识的实质

初中阶段，学生的思维开始以抽象逻辑思维为主，能够对事物做出抽象与概括，但思维的深刻性、灵活性与全面性不够。如研究发现，八年级上学期的学生对道德知识的理解大多停留在现象上，而到了九年级学生就能够初步理解道德知识的实质。一项研究也发现，10~14岁，学生对责任的理解还处在半理解的水平，是一种外在强制作用与个人对责任理解相结合的状态。14岁时，学生已经表现出向原则性理解的水平过渡的发展状态，初中末期学生已经开始考虑不负责任行为的直接后果。

（2）道德评价能力提高

初中阶段，学生的道德评价能力不断提高。研究发现，从11岁开始学生就能够依据行为效果与行为动机两个方面进行道德评价，能够初步运用道德原则评价他人的言行。12岁时，能比较深刻地运用道德原则进行道德评价，但对自己进行道德评价时，仍表现出一定的自我

1　林崇德. 青少年品德特点与道德教育. 北京师范大学学报，1990（1）：18~23.

中心性，不能够全面正确地认识与评价自己。[1]

（3）道德判断主要处于习俗水平

初中阶段，学生的道德判断主要以是否满足社会舆论与期望、遵循现行的社会准则和习俗、受到赞扬等作为道德判断的依据，主要处于科尔伯格所讲的习俗水平。一项研究发现，初中阶段（13岁）的学生处于习俗水平的占到了45.4%。另外，研究发现对"义务""荣誉""良心""幸福"4个道德范畴，八年级学生进行道德判断时，无论运用皮亚杰的对偶故事任务，还是用科尔伯格的道德两难故事，大多数学生依据道德规范进行判断。

2. 高中生道德认知发展的特点

高中时期学生学习内容更加深入与系统，社会交往范围的扩展、程度加深。同时高中生的抽象逻辑思维能力发展达到了最高水平，辩证逻辑思维也快速发展。因此，高中阶段的学生道德认知也进一步提高。主要表现在以下方面。

（1）道德知识理解更加概括、抽象与深刻

高中生对概念的掌握已达到本质定义的水平，尤其是在对社会概念、哲学概念与科学概念的掌握上表现得更加明显。这为他们正确理解与掌握道德知识与概念、理解道德行为准则奠定了基础。高中生对道德知识的理解与掌握在形式上更加概括、抽象，在内容上更加深刻。研究发现，高中生对道德知识的理解水平已经达到对"道德行为规范与道德准则本质"的掌握。高中生的道德知识的理解也存在水平的差异。例如，对社会集体道德概念的理解水平较高，对他人道德知识的理解水平次之。

（2）道德判断水平与道德评价能力不平衡

研究发现高中生的道德概念理解与道德判断的发展相关程度较低，两者不同步。例如，高中生的道德概念理解水平比初中生高，但道德判断没有表现出比初中生有所提高。高中生做道德判断时把主观因素作为主要的，把客观因素作为次要的。研究也发现，高中生道德评价能力受到他们自我意识分化与思维发展水平的影响。一半以上的高中生能具体问题具体分析，能够对自己的道德品质进行评价。大部分高中生对优秀道德品质的自我评价高于同学对他的评价，而且男生高于女生。近半数的高中生能够通过现象揭示道德行为的本质，并能够从行为动机与结果结合的角度进行道德评价，大部分高中生能够分清主次地对行为进行一分为二的评价，高中生对不良品质的否定强于对优秀品质的肯定。

（二）青少年道德情感发展的特点

1. 初中生道德情感发展的特点

初中阶段是人生发展的一个重要转折期，在道德品质的各个方面均表现出了不同的特

1　谢千秋. 青少年道德评价能力的一些研究. 心理学报，1964（3）：258~265.

点。初中生的道德情感不断丰富，道德情感发展逐渐从冲动性、激动性向理智性发展。

（1）初中的道德情感的内容不断丰富

初中生身心迅速发展，知识与技能明显提高，道德认识也不断提高，加之家庭与学校教育要求的变化，初中生的自我意识增强，人格的独立性增强，这进一步推动了初中生的道德情感的不断发展与道德情感内容的不断丰富。初中生的义务感、责任感、荣誉感、自尊感、集体主义情感与友谊感都有了显著的发展。

我国心理学家曾研究了初中生的爱国主义情感、义务感、责任感、友谊感和幸福感的发展，发现从六年级到八年级，学生的道德情感水平一直在提高。研究还发现，初中生的道德情感以内化的抽象道德观念为依据。他们不仅能自觉地遵守道德行为准则，而且把这种准则作为激励自己的一种内在力量。[1]

（2）初中生道德情感形式逐渐从冲动性、激动性向理智性发展

初中阶段早期，由于生活阅历较少，经验积累缺乏，因此在出现问题时容易产生偏激，严重者会发生情绪上的偏执。初中生的情绪也容易受情境影响，容易因一点儿小事引起冲动，出现激情和不理智的行为。他们难以意识到激情的后果，其激情也不容易控制。这都影响了他们的道德情感反应，使得他们的道德情感带有明显的冲动性与激动性，会出现路见不平拔刀相助的反应，表现出英雄少年的豪情，也会出现哥儿们义气。

初中阶段，随着年级的升高学生直觉的情绪体验明显减少，伦理道德的情绪体验会占优势。随着年龄的增长，学生知识水平不断提高，初中生的社会性情感不断发展，初中生逐渐能够自觉地热爱集体，维护集体的荣誉，集体荣誉感、义务感和责任感不断提高，成为主导性道德情感。

2. 高中生道德情感发展的特点

高中阶段，学生的道德情感发展进一步提高，高中生道德情感具有独立性、自主性的特点。高中生逐渐能够较好地遵守伦理道德准则，运用道德理想、信念来调节自己的道德情感。

（1）高中生的社会性道德情感进一步提高

随着道德经验的积累，高中生的社会性道德情感内容不断丰富，道德情感体验逐渐深刻。具体体现在集体荣誉感与爱国主义情感的稳定性在增强，公正感、义务感、责任感等都有了较大提高；同时随着年龄增长，高中生的自我意识也越来越明确，自尊心越来越强，他们更加关心自己在集体中的地位与威信，渴望获得尊重、接纳和肯定，他们的友谊感也不断增强。

（2）高中生的道德情感发展仍不成熟，具有反复性

高中阶段绝大多数学生已经形成了正确的道德情感，但道德情感发展过程受自身心理与

1　林崇德. 品德发展心理学. 西安：陕西师范大学出版社，2014：327~328.

社会各种因素的影响，也由于道德观念受到各种因素的影响会出现矛盾性，因此部分高中生的道德情感会出现反复性，表现出道德情感的不成熟性。有时候正气凛然，英雄豪情，有时候也会出现哥儿们义气，把哥儿们义气当作友谊等。

（三）青少年道德行为发展特点

1. 初中生道德行为发展特点

初中生大都在11~12岁至14~15岁，这个时期被称作少年期。随着成长的递进，初中生的道德认识水平有了进一步的发展。此时他们的心理活动不仅表现出与童年时期不相同的特点，而且与成人也有很大的不同。概括来说，少年期道德行为发展表现为如下特点。

（1）道德信念开始支配道德行为

从小学高年级开始，少年儿童就开始形成一些基本的道德观念。根据柯尔伯格的道德认知发展论，初中生的道德发展处于习俗水平，这一水平的主要特点是满足社会的希望、舆论，较全面地关心别人的需要。因而，在集体中许多学生能积极地为社会、为班级做好事。但是，初中生处于人生观的萌芽时期，认知能力还有局限，所以，他们常常处于一种"似懂非懂"的状况。虽然他们还没有形成坚定的道德信念，但已经出现了初步的道德信念萌芽，成为支配道德行为的内在道德动机力量。作为推动道德行为的重要心理成分，道德信念的地位和作用变得越来越重要。只要道德教育方法得当，少年儿童就能很好地获得符合社会要求的道德规范，从而逐渐形成稳固的道德信念。

（2）道德行为习惯有很大发展

与小学生相比，初中生的道德行为有很大的发展，但在具体的行为表现方面存在很大的差异。例如，初中生的有些行为是不稳定的，这种行为就是尚未形成习惯的行为。而有些行为不论好坏，都是无条件的、自动的、相对稳定的，这就是已经成为习惯的道德行为。

有研究发现，初中生形成道德行为习惯的人数会随年龄增长而增加。到九年级时，60%的学生形成了基本的道德行为习惯。但是研究也发现，初中时期是道德行为分化的时期。随着年龄的增长，初中生良好的道德行为和不良行为都在增加，两极分化现象十分严重。有关研究还表明，初中生道德行为习惯有较大的不一致性。一般来说，他们在学校的表现往往比在家里要好。[1]

（3）道德意志的自觉性有了较大的发展

在良好的班集体中，大部分学生都能按照集体的要求去自觉地行动。意志的持久性进一步增强，对于自认为重要的、感兴趣的事情一般能主动克服困难去完成，但这种持久性还很不稳定，遇到"诱惑"时容易分心，遇到困难时常会退缩。初中生意志的果断性水平还比较

1　林崇德. 青少年品德特点与道德教育. 北京师范大学学报，1990（1）：18~23.

低。在意志过程中，初中生采取决定与执行决定的速度很快，不喜欢拖拉，以显示自己的成熟果断。但是，由于他们对人、对事物、对各种思想的认识能力还不成熟，这不仅会使他们在学习上产生困难，而且会导致不良品德的产生，甚至可能会走上违法犯罪的道路。教育工作中，父母和教师要特别注意这种现象。

2. 高中生的道德行为发展特点

高中生大都处在14~15岁至17~18岁这个年龄段，研究发现，从道德行为习惯的稳定性上看高中生更具有自动性，可塑性越来越小；从道德习惯的内容上看，两极分化现象明显，包含着良好的与不良的道德习惯。

（1）道德行为可塑性减小，行为习惯趋于稳定

一般来说，如果家庭和学校教育方式得当，学生的良好道德行为习惯在小学阶段就开始形成。但由于存在个体和教育的差异，良好的行为习惯形成并不容易。从行为习惯的内容来看，两极分化现象十分严重，虽然大部分高中生已经形成良好的行为习惯，但却有一部分高中生形成了不良的习惯。从行为习惯的稳定性上来看，高中生的行为习惯已经相对比较稳定，可塑性越来越小。

（2）不良的道德思想影响道德行为

从高中生日常道德行为方面看，当前高中生思想道德的主流是积极的，但也存在一些问题。由于受到大众传媒和国外一些价值观的影响，"拜金主义""享乐主义""个人主义"在一些学生身上出现萌芽。学生在处理问题时，更多采用实际利益标准而非原则标准。同时，他们讲求奉献社会与关注自我利益并重，追求自我价值和社会价值的和谐统一。可以说，当前学生的道德行为表现为现代与传统、成熟与幼稚、主流与支流的矛盾统一。另外，高中生承担着繁重的学习任务，对他们来说高考是最重要的竞争，为了进入高等学府学习，不少人放松了对自己道德行为的要求，加之现在的高中生大多是独生子女，从未经历过生活和精神上的磨砺，往往被家长过分溺爱，导致其在行为上表现出自私自利，唯我独尊的状态。

（3）高中生的道德意志有了更进一步的发展

首先，独立性、自觉性逐渐增加。高中生的各种行为都有了相当的目的性，随意的情境性行为减少，"随大流"的行为也有所减少。其次，果断性有了一定的发展。既能逐步摆脱冒失轻率，又能按一定的观念和原则处事，力求做到深思熟虑，当机立断。再次，坚持性达到了较高水平。例如，能坚持独立完成作业，坚持参加各项实践活动，坚持锻炼身体，坚持学雷锋做好事等。最后，高中生的自制力比初中生有所增强。这与高中生情绪、情感的稳定性大大增强有关。有的研究认为，从九年级第一学期到高一年级，学生的品德修养有明显提高，突出的表现是纪律性比较强，由此表明他们意志的自制力有了长足的发展。

针对高中生的发展特点，在德育教育中，我们要从学生现有的道德发展水平和结构特点出发，尊重学生自由选择，同时又要严慈并济，正确引导学生，巩固良好的行为习惯，克服

不良的习惯。同时，我们也要注意个体差异的存在，针对差异开展个别教育。

三、青少年品德培养的方法

青少年品德培养方法包括道德教育与道德修养。道德教育是社会对个人的品德培养，是社会将外在的道德规范转化为个人的内在品德，从而使人们自觉遵守道德规范的方法。社会对个人品德的培养也就是人们相互间的品德培养，是他人对自己和自己对他人的品德培养。因此，道德教育是品德培养的外在方法。反之，道德修养是个人的自我品德培养，是自己对自己的品德培养，是个人将社会道德规范转化为自己内在品德从而自觉遵守道德规范的方法。因此，道德修养是品德培养的内在方法。针对青少年而言，品德的培养应根据其品德发展的特点，从内外两个方面进行培养。

（一）道德教育

1. 有效地进行说服教育，使青少年形成正确的道德认识

因为道德认识是品德的指导因素、首要成分，所以青少年道德教育的首要方法是言教。所谓言教是指教育者主要通过语言向受教育者传授道德知识的道德教育方法。言教的目的一方面是使青少年习得什么行为是道德的，什么行为是不道德的，知道为什么应该做一个合乎道德的人；另一方面是使青少年正确评价自己和他人的行为是否道德，最终使他们树立道德信念。学校可通过讲授有关道德方面的课程进行言教。由此看来，言教是提高道德认识的道德教育方法，是品德形成和教育的前提与指导。

🔊 **名家语录**

道德真理只有在它们被少年开采、获取、体验到的情况下，只有在它们被少年独立转化为个人信念的情况下，才能成为心灵的财富。

——苏霍姆林斯基

2. 适当地进行奖惩，陶冶青少年的道德情感

言教只能使青少年知道为什么应该做一个合乎道德的人，而不能使他们想做、愿做、欲做一个合乎道德的人。使青少年愿做一个合乎道德的人的教育方法是奖惩。奖惩是教育者对受教育者的道德行为给予奖励、对不道德行为给予惩罚的教育方法。它可以分为物质奖惩、社会奖惩、精神奖惩。奖惩是使道德由社会外在规范成为学生自身内在需要、欲望、愿望的教育方法，是培养青少年的道德需要、道德欲望、道德愿望的教育方法，是陶冶青少年道德

感情的教育方法。

3. 教育者通过身教，培养青少年的道德意志

奖惩只能使青少年愿做一个合乎道德的人，而不能保证他成为一个合乎道德的人。能够保证青少年成为一个合乎道德的人的教育方法是身教。身教是教育者通过自己躬行道德而使受教育者践行道德的道德教育方法。我们不但要求学生践行道德，而且要求学校领导、教师也践行道德。这样就会使学生产生同感，认为学校公正、言行一致，于是学生就会自觉自愿地践行道德。反之亦然。所以，身教是引导学生践行道德的教育方法，是引导学生确定道德行为动机、执行道德行为动机的教育方法。

4. 树立模仿的榜样，进一步培养青少年的道德行为

只有言教、奖惩、身教，虽可以使青少年成为有道德的人，但这些教育方法却是片面的，不能给受教育者以完整的影响。完整的教育方法，是教育者引导受教育者模仿、学习某些品德高尚者品德的道德教育方法，即榜样。榜样是教育者引导受教育者模仿学习某些品德高尚者的道德认识、道德感情、道德意志的综合道德教育方法。每个人总是自觉不自觉地以现实和历史中的某些人为榜样而模仿他们。从此出发，便可树立某些品德高尚者为道德榜样，引导广大青少年模仿，逐渐使他们的品德与榜样的品德接近、相似、相同。

（二）道德修养

1. 通过学习帮助青少年树立道德信念

学习是获取道德知识的道德修养方法。学习的形式很多，如读书、听课、学习道德榜样、参观调查、社会实践、反思社会生活等。对青少年而言，道德知识主要来源于两个方面：其一是感性知识，主要来源于社会实践、社会生活；其二是理性知识，主要来源于书籍和课堂教育。学习的目的是获取道德知识，一方面是正确认识什么行为是道德的，什么行为是不道德的，知道为什么应该做一个合乎道德的人；另一方面则是达到正确评价自己和他人行为是否道德，最终树立道德信念。

2. 通过立志帮助青少年使道德由社会外在规范变为自己的内在欲求

立志就是树立愿望，是树立做一个合乎道德的人的愿望的道德修养方法。愿望是行为的动力和开端。青少年只有产生做一个合乎道德的人的愿望，才会自觉地做出合乎道德的行为，从而，他的品德才会形成。所以，立志是品德形成和修养的开端和动力。青少年通过阅读书籍，接受道德传授，便会逐渐懂得，人需要遵守道德，于是他便会逐渐爱美德、欲求美德，最终使美德由手段变成目的。而当他把美德作为手段或目的时，他便有了自己遵守道德、做一个合乎道德的人的需要，这便是立志。所以，立志过程，便是青少年通过道德认识使道德由社会外在规范（他律）内化为自己内在需要、欲望、愿望、理想（自律）的过程。

3. 通过躬行帮助青少年实践道德

躬行即实习道德、实行道德、实践道德，是按照道德规范做事，从事符合道德规范的实际活动的道德修养方法。青少年如果仅仅学习、立志而不躬行，那么，他只可能知道为什么应该具有高尚品德和具有树立高尚品德的愿望，而绝不可能真的具有高尚品德；他便只可能知道为什么应该做一个合乎道德的人和树立做一个合乎道德的人的愿望，而绝不可能真的成为一个合乎道德的人。因为品德属于个体的行为心理，是个体进行伦理行为的心理特征；所以，只有通过躬行品德才能形成。

4. 通过自省帮助青少年进行自我检查

自省即反省，是一个人对自己的品行是否合乎道德的自我检查的道德修养方法，就是一个人对自己的行为及其所表现的品德是否合乎道德的自我检查，也就是个人对自己的行为动机与行为效果及其所表现的道德认识、道德感情、道德意志的道德价值的自我检查。自省可以使青少年知道自己的道德认识、道德感情、道德意志的实际情况，知道自己实际上是不是合乎道德的人；知道自己有哪些不道德的恶的品行，有哪些道德的善的品行。这样，修养便有了依据，便可有的放矢地去恶从善、改过迁善，从而自觉地实际成为一个合乎道德的人。

第五节
成人品德发展

学习目标

1．了解成人品德发展的特点。
2．理解成人社会公德促进的途径与方法。

人们对道德品质发展探讨的焦点主要集中在青少年身上，对成人的品德问题往往无人问津。究其根源，大多数人认为成人的道德观和价值观业已形成，几乎没有发展变化。对成人更多关心的是如何让他们加快知识和劳作技能的更新，以适应信息社会知识经济发展的需要。殊不知这是一种误解。人的道德观和道德行为不是永恒不变的。[1]

1　唐爱民. 终身德育：一种教育哲学的思考. 成人教育，2005（1）：6~9.

一、成人品德发展的特点

（一）成年人品德发展的性别差异

道德发展过程中的性别差异一直是发展心理学中受争议的问题之一。许多人批判科尔伯格的道德理论以男性价值观为根本，并排除女性价值观。确实有些研究结果显示，成年男女所到达的道德判断层次有差异，而且男性高于女性。但是，也有道德判断的元分析认为，如果控制了受教育水平和工作类型的话，各年龄阶段的道德推理一般没有显著的性别差异。

但是，道德推理上没有性别差异，并不意味着男性和女性以同样的方式来看待道德问题。其实，男性和女性对道德有不同的定义，并依据不同的价值观来决定，提出这一论断的是卡洛·吉利根（Carol Gilligan）。吉利根认为科尔伯格研究道德发展的方式采取了有利于男性的价值观，未考虑女性主要关心的问题和观点。社会期望女性关心他人的福祉并牺牲自己，因此，女性比男性更重视人与人之间的关系，她们的主要道德推理存在于自己和他人关系的冲突之上。吉利根采取了科尔伯格式的道德两难问题展开研究，结果发现，女性道德推理中充斥着自私与责任、抚育的义务与避免伤害别人等冲突，她们认为关怀别人的人是最有责任感的，伤害他人的人是自私、不道德的。因此，吉利根指出，男性倾向于以公平、公正思考，而女性则更多思考关爱和责任。[1]

表12-2　吉利根女性道德发展层次[2]

阶　　段	描　　述
层次1：个人生存取向	女性以自己为中心，注重对自己最有利的事
转换1：由自私转为责任	女性了解自己与他人的关联，并以他人和自己的立场来考虑事情
层次2：以善意为自我牺牲	此种习俗下的女性智慧，要求女性为他人的需要而牺牲自己的心愿。她觉得自己对他人的行为负责，也觉得别人和自己的选择有关；她处于依赖的地位，使得她控制的间接努力常变为操控，有时是透过内疚感
转化2：由善意转变为真相	她不再以他人的反应来衡量自己的决定，而以本身的意愿和行动的后果为考虑的基石。她发展出一种新的判断，除了考虑他人的需要，也考虑本身的需要；她希望对他人负责，做个好人，也希望对自己负责，做个诚实的人。生存又成为主要的关切点
层次3：无暴力的道德观	借着高举反对伤害任何人（包括自己在内）为主宰所有道德判断和行动的一个原则，女性在自己和他人之间建立了一种"道德平衡"，因此能在道德两难情境中设定选择的责任。

1　王振宏，李彩娜. 教育心理学. 北京：高等教育出版社，2011：84.
2　林崇德. 品德发展心理学. 西安：陕西师范大学出版社，2014：366.

👁 **专栏12-2**

公正是唯一的道德取向吗？

以皮亚杰和科尔伯格为代表的道德认知发展理论家用实证的方法揭示了儿童是按一定的结构图式认识道德想象的，而且随着年龄的增长，儿童道德判断和推理按一定的阶段向前发展。他们认为，这种发展阶段的变化主要是围绕着"公正"观念展开的，因为只有公正才是大众组织其道德思维的框架。美国心理学家吉利根通过两方面的研究最先对"公正是大众道德的唯一取向"这一观点提出质疑。吉利根和合作者（1982）认为人类社会一直存在公正和关爱两种不同取向的伦理道德观。男性和女性对客观世界和社会生活的看法不一样，表现在道德观上女性是典型的关爱取向，男性是典型的公正取向。吉利根的研究结果修正了已有研究关于个体道德发展无性别差异的观点。此外，她运用被试"真实生活"中的道德两难问题考察个体道德发展，不仅是研究方法的进步，而且使研究结构更具有生态效度。但也有研究表明，对于实际道德两难问题，男性和女性的推理没有明显差异，而且他们都把公正和关爱看作道德成熟的基本要素（Walker，1995；Walker & Pitts，1988），由此看来，公正和关爱并不是与特定的某一性别相联系的道德。

（二）成年人品德发展的文化差异

现实生活中，许多习俗也反映出人们认同的道德规范。例如，在西方，一个总是被大家公认的好人犯了法，也要毫无疑问地接受到严厉的惩处。但是在中国，情况则不同。中国人有时会不习惯"一视同仁"的法律，而希望具体问题具体分析。也有些中国人还相信，人类具有与生俱来的道德倾向，其道德发展出自社会所支持的良知良能，而不是出自科尔伯格所阐述的分析式思考。现实的经验及实证研究结果也对此提供了支持。

例如，2001年，西方研究者在著名期刊《人格与社会心理学杂志》上发表了第一篇有关道德许可理论（moral licensing）的实证研究报告，提出如果一个人之前做过良好的道德行为或者社会称许的行为，那么之后就更可能放任自己做出不道德行为的观点。[1]随后，研究者针对此现象在2010年详细论述了道德许可理论（moral licensing theory）。研究者指出，因为道德行为能提升人们的道德感，降低人们维持当下自我道德的需要，所以，人们不仅对于自身，人们在评价后来的不良行为时，就会有更高的接纳程度。这个现象甚至影响人们对大是

1　Monin，B.，& Miller，D. T. Moral credentials and the expression of prejudice. *Journal of Personality and Social Psychology*，2001，81（1）：33~43.

大非的态度[12]。

　　研究者通过问卷的相关研究及实验操纵的研究发现，在中国，无论是人际层面，还是组织层面，人们普遍存在道德许可现象。例如，如果告诉人们某腐败官员之前有过良好政绩，那么人们对其腐败行为的容忍度就会提升，其中对官员的道德评价发挥了中介作用；倘若提醒人们某政府机构之前曾有良好业绩，那么人们就更容忍该机构的集体腐败行为。

　　从上述现象可见，科尔伯格根植于西方价值观念、反映西方文化的道德推理理论能否适应完全不同于西方社会的其他文化，是一个特别值得探讨的问题。

　　近期，道德五元论也针对道德的文化差异展开了讨论。哈德特不仅强调道德的个人特征，也特别强调道德的群体和文化特征，他关于不同道德的跨文化研究主要集中于两个部分。[3]

　　第一部分是道德厌恶的跨文化差异。哈德特认为，厌恶具有生物进化意义，即从远古时人们根据身体和情绪对于腐败食物等的厌弃反应来保护自己。但与此同时，哈德特也认为厌恶是具有文化差异的，不同文化群体敏感的核心厌恶刺激是不同的，因而也就引发了相似道德实践不同的道德判断和反应的差异。第二部分是以道德基础理论为依据的跨文化比较研究。哈德特发现和提出的道德五元论的重要基础，与不同文化和群体持有的核心道德价值（moral value）是不同的。也就是说，虽然人类道德包含关爱、公正、忠诚、权利、精神纯净5个方面，但是不同的文化群体在这5个维度上的表现却不同，不同文化认同的核心道德内容也不同。

二、成人社会公德的促进

　　社会成员依据善恶准则在社会公共关系中遵循的基本道德，称为社会公德。社会公德涵盖人与人、人与社会、人与自然的关系。社会公德是社会道德的核心，它是社会道德诸因素中的基础和总体成分。从心理学的角度，可以从3个方面促进成人的社会公德水平的发展[4]。

（一）以品德教育促进社会公德的建设

　　加强对人们道德认识的教育，包括理想与信念教育，突出世界观、人生观和价值观在品德教育中的重要性。把社会主义核心价值体系融入国民教育全过程，倡导富强、民主、文

1　Merritt, A. C., Effron, D. A., & Monin, B. Moral self-licensing: When being good frees us to be bad. *Social and Personality Psychology Compass*, 2010（4）：344~357.

2　Miller, D. T., & Effron, D. A. Psychological license: When it is needed and how it functions. In M. P. Zanna & J. M. Olson（Eds.）, *Advances in experimental social psychology*. San Diego, CA: Academic Press/Elsevier, 2010, 43: 117~158..

3　Haidt, J., Mccauley, C., & Rozin, P. Individual difference in sensitivity to disgust: A scale sampling seven domains of disgust elicitors. *Personality and Individual Difference*, 1994, 16（5）：701~713.

4　林崇德. 品德发展心理学. 西安：陕西师范大学出版社, 2014：377~387.

明、和谐，倡导自由、平等、公正、法制，倡导爱国、敬业、诚信、友善的价值观，体现社会主义意识形态的本质，体现国家价值的目标、社会价值取向和个人价值准则的有机统一。学习社会主义核心价值观以提高社会成员的社会道德认知，为增强社会成员的社会公德奠定认知的基础。

提高社会道德认知，学习社会主义核心价值观体系是一个重要方面，而继承弘扬中华民族优秀文化的理念也是古为今用的一个不可或缺的源泉。在提高社会道德的认知中，我们既不能简单复古，也不能数典忘祖。要以社会主义核心价值为纲，赋予传统文化以时代精神。

（二）以心理和谐促进社会公德的建设

心理和谐是促进社会和谐的重要前提，通过加强人文关怀和心理疏导促进社会心理和谐与社会公德建设具有重要的意义。

人文关怀和心理疏导属于心理健康的一种手段，与社会公德的关系，实质上是心理健康教育与社会公德的关系。心理健康主要指一个人的主观体验，意指一种良好的心理或精神状态，其内涵的核心是自尊。在社会公德促进中我们希望社会成员没有心理障碍，而且具有积极向上发展的心理状态。具体表现为：正视压力、有安全感；良好的人际关系，人际交往顺利；自控（自制）力强，悦纳自我；目标切合实际，有主观幸福感；保持人格的完整性。如果有这些基础，也有助于社会公德的建设。

（三）以构建社会和谐指数促进社会公德建设

社会公德建设的基础是社会和谐，那么和谐的标准或依据是什么？国际上提出了若干指数，这些指数不仅构成和谐社会的指标，而且也为社会公德的促进提供了重要的社会基础。

1. 人类发展指数

该指数的目的在于展示一个国家是如何使其国民长期享受健康生活的，它由寿命、受教育程度以及生活水平3个指标构成。根据联合国开发计划署《2009年人类发展报告》数据显示，改革开放以来，中国的发展指数稳步提升，增长了近50百分点，是世界平均增长水平的两倍。这说明我国人民生活水平逐步提高，生活质量有了很大改善，既是经济社会和谐发展的表现（成为促进经济和谐发展的个人因素基础），又成为促进社会公德建设的动力（人类发展应包括社会道德的进步）。

2. 幸福指数

当前，幸福指数不仅逐渐成为评价一个国家国民幸福程度的重要指标，而且幸福指数带来的最主要的良性边际效应是，幸福的人更长寿，更富有生命力，公民职责也履行得更好。作为一个重要的非经济因素，幸福指数是社会运行状况和民众生活状态的"晴雨表"，也是社会公德发展和民心向背的你"风向标"。

3. 信任（信仰）指数

信任是对国家、对政府、对社会的一种深信并敢于托付的指数。通常有3种含义。一是指信奉。相信、崇拜并奉行某项原则。二是指信仰。对某人或某种主张、主义、宗教极度相信和尊敬，以此作为自己行动的榜样或指南。三是指信念。信念是指带有情感色彩的确信的认知。共同的理想信念是构建和谐社会的重要思想基础，坚定理想信念能够激励人们构建和谐社会贡献力量。可见信任指数与社会公德密切联系。

本章小结

品德发展概述	品德包含道德认识、道德情感、道德意志和道德行为4个心理成分，但品德并不是4种心理成分的叠加，而是在社会道德环境影响下，在个体的道德实践中，4种成分相互联系、相互制约而形成的复杂、稳定的心理结构。 品德发展是个体在后天生活实践中逐渐掌握道德规范，形成品德及其品德改变的过程。人类个体品德的发展过程即品德学习的过程，亦即社会规范学习的过程。关于品德发展，国内外学者提出了许多理论，主要有皮亚杰和科尔伯格的道德认知发展的理论与班杜拉的道德行为发展的理论
婴幼儿品德发生与发展	成人在与儿童的交往中，不断以自己的言行和与儿童的交谈传给儿童道德知识和信息，帮助儿童了解初步的社会道德规范和行为准则，并不断以表情、言语或动作对儿童的行为给予各种不同的强化。儿童在与人的交往过程中，在与成人和同伴的各种关系中，逐渐意识到主体与客体，意识到自己的行为，并逐渐能够以成人的判断、评价、调节自己的行为。儿童品德由此逐渐出现和形成。 3岁前是儿童品德萌芽、产生的时期。进入幼儿期后，儿童对道德认知、道德情感和道德行为等有了进一步发展，但具有明显的局限性。移情训练、榜样示范、表扬、奖励、游戏活动等是促进婴幼儿品德发展的有效方法
小学儿童品德发展	小学阶段的儿童在品德发展上，认识与行为、言与行基本上是协调的、相称的，此时出现的外部的和内部的动作比较和谐，他们会将道德知识系统化并形成相应的行为习惯，表现为言行一致、动机和行为一致。年龄越小，言行越一致，随着年龄增长，也会逐步出现言行不一致的分化。这个阶段的主要任务是发展道德信念。在小学生品德培养中应注重抽象性和具体性的结合，注重合理利用情景教学以及有目的的加强练习和重复
青少年品德发展	青少年时期儿童品德的发展较小学生无论在道德认知、道德情感和道德行为方面均有了明显的发展，接近成人水平。品德发展逐步从他律变为自律，由动荡性向成熟性。青少年品德培养方法包括道德教育与道德修养
成人品德发展	成人品德并不是一成不变的，其品德发展主要与社会关系和社会行为紧密关联。成人品德发展具有明显的性别差异和文化差异。从心理学的角度，可以从品德教育、人文关怀和心理疏导以及构建社会和谐心理指数3个方面促进对成人的社会公德水平的发展

总结 >

Aa 关键术语

道德认知
moral cognition

道德情感
moral emotion

道德行为
moral behavior

🔗 章节链接

在这一章，你读到……	在其他章节中，你将发现相关讨论……
成人品德发展	第十一章　社会性发展

应用 >

✏️ 体验练习

一、单项选择题

1. 科尔伯格等人研究儿童品德发展所使用的主要方法是（　　　）。

　　A．对偶故事法　　　　　　　　B．自然实验法

　　C．观察法　　　　　　　　　　D．道德两难故事法

2. 下列不属于幼儿道德概念特征的是（　　　）。

　　A．具体形象性　　B．表面性　　　　C．抽象性　　　　D．片面性

3. 下列关于小学生道德意志行为发展特点描述不正确的是（　　　）。

　　A．小学生的道德意志行为有了初步的发展

　　B．小学生的道德意志行为缺乏组织性

　　C．小学生的道德行为落后于道德认识

　　D．小学生的道德行为可塑性减小，行为习惯趋于稳定

4. 下列关于青少年道德情感发展特点描述不正确的是（　　　）。

　　A．道德情感形式逐渐从冲动性、激动性向理智性发展

　　B．道德情感发展仍不成熟，具有反复性

　　C．道德情感的内容不断丰富

　　D．道德情感已完全形成且较为稳定

5. 卡洛·吉利根认为女性更倾向于（　　　）道德取向。

　　A．公正　　　　　B．公平　　　　　C．关怀　　　　　D．伦理

二、简答题

1. 个体品德发生的标志是什么？

2. 幼儿品德发展的特点是什么？

3. 中小学生品德发展的特点是什么？

4. 如何促进成人社会公德的发展？

三、论述题

1. 试论述皮亚杰道德发展理论与科尔伯格的儿童道德认知发展理论的异同。

2. 结合中小学生的心理特征，谈谈应如何对其进行道德教育？

拓展 >

补充读物

1　林崇德. 品德发展心理学. 西安：陕西师范大学出版社，2014.

　　《品德发展心理学》一书是我国品德发展心理研究的标志性成果，该书系统介绍了品德心理的研究内容、对象、研究方法，探讨了儿童品德在个体成长和社会发展中的重要意义，分析了影响儿童品德发展的社会、心理和文化因素，并重点阐述了不同年龄阶段个体品德发展的特征、规律及教育策略。值得一提的是，该书不仅介绍了近10年来西方国家品德心理研究的新成果，而且也充实了我国品德心理学研究的新资料、新结论和新成果，对于我国学校品德教育和公民社会公德建设具有重要的意义。

2　（美）科尔伯格. 道德发展心理学. 郭本禹，等译. 上海：华东师范大学出版社，2004.

　　《道德发展心理学——道德阶段的本质与确证》一书是品德心理学领域中最为重要的著作。该书认为人们的道德判断是基于个人对道德的不同认识、对道德标准的个性化理解而形成的。各种不同的道德判断是处于人类道德发展的整体结构中的。科尔伯格将这个有阶段的、有序的、严密的整体结构称为道德发展的三水平六阶段。在该书中科尔伯格还进一步发展出道德发展的评分系统，成为很多国家和地区制订、设计学校道德教育计划以及编写各级学校道德教育教材和指导手册的依据，并对美国学校道德教育产生了深刻的影响。

在线学习资源

1. 中国儿童中心 http://www.ccc.org.cn/

2. 中国青少年研究网 http://www.cycs.org/

参考文献

1. [奥]弗洛伊德. 精神分析引论. 高觉敷, 译. 北京：商务印书馆，1984.

2. [美]Jerry M. Burger. 人格心理学. 陈会昌，等译. 北京中国轻工业出版社，2000.

3. [美]阿尔伯特·班杜拉. 社会学习理论. 北京：中国人民大学出版社，2015.

4. [美]大卫·C.范德. 人格谜题（第4版）. 许燕，等译. 北京：世界图书出版公司，2009.

5. [美]华生. 行为主义. 李维，译. 北京：北京大学出版社，2012.

6. [美]拉森（Larsen, R.J，），巴斯（Buss, D.M.）. 人格心理学——人性的科学探索（第2版）. 郭永玉，等译. 北京：人民邮电出版社，2011.

7. [美]劳拉·E. 贝克. 儿童发展. 吴颖，等译. 南京：江苏教育出版社，2002.

8. [美]劳拉·E. 贝克. 婴儿、儿童和青少年. 桑标，译. 上海：上海人民出版社，2008.

9. [美]理查德·M.勒纳. 人类发展的概念与理论（第三版）. 张文新，等译. 北京：北京大学出版社，2011.

10. [美]乔纳森·布朗. 自我. 陈浩莺，等译. 北京：人民邮电出版社，2004.

11. [美]詹姆斯·W. 范德赞登，托马斯·L. 克兰德尔，科琳·海恩斯·克兰德尔.人类发展. 北京：中国人民大学出版社，2011.

12. [美]詹姆斯·格罗斯. 情绪调节手册. 桑标，等译. 上海：上海人民出版社，2010.

13. [瑞士]皮亚杰. 发生认识论原理. 王宪钿，译. 北京：商务印书馆，1981.

14. [苏]列夫·维果茨基. 思维与语言. 李维，译. 北京：北京大学出版社，2010.

15. David R Shaffer & Katherine Kipp. 发展心理学（第8版）. 邹泓，等译. 北京：中国轻工业出版社，2009.

16. L.A. 珀文. 人格科学，周榕，陈红，等译. 上海：华东师范大学出版社，2004.

17. Newman and Newman. 发展心理学（第8版）. 白学军，等译. 西安：陕西师范大学出版社，2005.

18. 白学军. 智力发展心理学. 合肥：安徽教育出版社，2006.

19. 边玉芳，等. 儿童心理学. 杭州：浙江教育出版社，2009.

20. 陈帼眉. 学前心理学. 北京：人民教育出版社，2009.

21. 达蒙，勒纳. 儿童心理学手册（第6版）. 林崇德，李其维，董奇，等译. 上海：华东师范大学出版社，2008.

22. 邓冰. 妇幼心理学. 贵阳：贵州人民出版社，2008.

23. 董奇，陶沙. 动作与心理发展. 北京：北京师范大学出版社，2002.

24. 儿童品德心理研究协作组. 中小学生道德情感发展研究. 心理发展与教育，1989（3）：1~6.

25. 黄希庭，等. 健全人格与心理和谐. 重庆：重庆出版社，2010.

26. 黄希庭. 人格心理学. 杭州：浙江教育出版社，2002.

27. 吉尔福特. 创造性才能：它们的性质、用途与培养. 北京：人民教育出版社，1991.

28. 劳拉·E. 伯克. 伯克毕生发展心理学（第4版）. 陈会昌，等译. 北京：中国人民大学出版社，2014.

29. 雷雳. 毕生发展心理学：发展主题的视角. 北京：中国人民大学出版社，2014.

30. 雷雳. 发展心理学（第2版）. 北京：中国人民大学出版社，2013.

31. 李晓东. 发展心理学. 北京：北京大学出版社，2013.

32. 李燕，赵燕. 学前儿童发展心理学. 上海华东师范大学出版社，2008.

33. 李燕. 学前儿童发展心理学. 上海：华东师范大学出版社，2008.

34. 李幼穗. 儿童社会性发展及其培养. 上海：华东师范大学，2004.

35. 林崇德，傅安球. 学龄前儿童心理发展与早期教育. 北京：北京出版社，1982.

36. 林崇德，李其维. 儿童心理学手册（第6版），第2卷，认知、知觉和语言（上）. 董奇，等译. 上海：华东师范大学出版社，2009.

37. 林崇德. 发展心理学. 北京：人民教育出版社，2009.

38. 林崇德. 品德发展心理学. 西安：陕西师范大学出版社，2014.

39. 刘克俭，张颖，等. 创造心理学. 北京：中国医药科技出版社，2005.

40. 罗伯特·J. 格雷戈. 心理测量：历史、原理及应用（第5版）. 施俊琦，等译. 北京：机械工业出版社，2012.

41. 罗伯特·费尔德曼. 发展心理学. 苏彦捷，等译. 北京：世界图书出版公司，2007.

42. 孟昭兰. 人类情绪. 上海：上海人民出版社，1989.

43. 曲莤，李明军，陈卿. 学前儿童心理发展. 北京：教育科学出版社，2014.

44. 桑标. 儿童发展心理学. 北京：高等教育出版社，2009.

45. 沈德立，白学军. 实验儿童心理学. 合肥：安徽教育出版社，2004.

46. 沈德立，白学军. 实验儿童心理学. 合肥：安徽教育出版社，2006.

47. 斯腾伯格. 超越IQ. 俞晓琳，等译. 上海：华东师范大学出版社，2007.

48. 苏林雁，高雪屏，金宇，等. 小学生焦虑抑郁共存的现状调查. 中国心理卫生杂志，2006，20（1）：1~4.

49. 苏彦捷. 发展心理学. 北京：高等教育出版社，2012.

50. 王振宏，李彩娜. 教育心理学. 北京：高等教育出版社，2011.

51. 肖玮，肖琼. 中学生考试焦虑相关认知评价特征. 中国心理卫生杂志，2005，19（4）：251~253.

52. 徐琴美，何洁. 儿童情绪理解发展的研究述评. 心理科学进展，2006，14（2）：223~228.

53. 杨丽珠，刘文，胡金生. 毕生发展心理学. 北京：高等教育出版社，2006.

54. 俞国良. 创造力心理学. 杭州：浙江人民出版社，1996.

55. 袁萍，祝泽舟. 0~3岁婴幼儿语言发展教育. 上海：复旦大学出版社，2011.

56. 张莉. 儿童发展心理学. 武汉：华中师范大学出版社，2006.

57. 张明红. 0~3岁儿童语言发展与教育. 上海：华东师范大学出版社，2013.

58. 张文新，谷传华. 创造力发展心理学. 合肥：安徽教育出版社，2006.

59. 张文新. 儿童社会性发展. 北京：北京师范大学出版社，1999.

60. 张向葵，桑标. 发展心理学. 北京：教育科学出版社，2012.

61. 张向葵，桑标. 发展心理学. 北京：教育科学出版社，2012.

62. 章志光. 学生品德形成新探. 北京: 北京师范大学出版社, 1993.

63. 朱晓斌, 倪文锦. 语文教学心理学. 北京: 高等教育出版社, 2012.

64. 朱智贤, 林崇德, 董奇, 申继亮. 发展心理学研究方法. 北京: 北京师范大学出版社, 1991.

65. 朱智贤. 儿童心理学. 北京: 人民教育出版社, 1993.

66. Ainsworth, M. D. S., Blehar M C, Waters E., & WALL S. *Patterns of attachment: A psycho- logical study of the strange situation. Lawrence Erlbaum Associates*, 1978: 49~68.

67. Arnett, J. J. Adolescent storm and stress: reconsidered. *American Psychologist*, 1999, 54 (5): 317~326.

68. Bayley, N. *Bayley scales of infant and toddler development. (3rd ed.)* San Antonio, TX: Pearson Education, Inc. 2006.

69. Block J, Robins R W. A Longitudinal Study of Consistency and Change in Self - Esteem from Early Adolescence to Early Adulthood. *Child development*, 1993, 64 (3): 909~923.

70. Bronfenbrenner, U. *The Ecology of Human Development*, Cambridge: Harvard University Press, 1979.

71. Cassidy, J., Kobak, R. R. *Avoidance and its relationship with other defensive processes//Belsky J, Nezworski T.Clinical Implications of Attachment Hillsdale*: NJ: Erlbaum. 1988. 300~323.

72. Coopersmith S. *The antecedents of self-esteem*. San Francisco: WH freeman, 1967.

73. Fox, N, A., Henderson, H, A., Rubin, K, H., Calkins, S, D., Schmidt, L, A.. Continuity and discontinuity of behavioral inhibition and exuberance: psychophysiological and behavioral influences across the first four years of life. *Child Development*. 2001, 72: 1~21.

74. Haidt, J., Mccauley, C., & Rozin, P. Individual difference in sensitivity to disgust: A scale sampling seven domains of disgust elicitors. *Personality and Individual Difference*, 1994, 16 (5), 701~713.

75. Koole, S. L. The psychology of emotion regulation: An integrative review. *Cognition and Emotion*, 2009, 23 (1), 4~41.

76. Marsh H W, Kong C K, Hau K T. Longitudinal multilevel models of the big-fish-little-pond effect on academic self-concept: counterbalancing contrast and reflected-glory effects in Hong Kong schools. *Journal of personality and social psychology*, 2000, 78 (2): 337~349.

77. Merritt, A. C., Effron, D. A., & Monin, B. Moral self-licensing: When being good frees us to be bad. *Social and Personality Psychology Compass*, 2010, 4, 344~357.

78. Mikulincer, M., & Shaver, P. R. Attachment in adulthood: Structure, dynamics and changes. A division of Guilford Publications: New York.2007: 234~291.

79. Miller, D. T., & Effron, D. A. Psychological license: When it is needed and how it functions. *Advances in experimental social psychology*. San Diego, CA: Academic Press/Elsevier, 2010, 43,117~158.

80. Monin, B., & Miller, D. T. Moral credentials and the expression of prejudice. *Journal of Personality and Social Psychology*, 2001, 81（1）, 33~43.

81. Pope A W, McHale S M, Craighead W E. *Self-esteem enhancement with children and adolescents*. Pergamon Press, 1988.

82. Robins, R.W., Fraley, R.C., Roberts, B.W. & Trzesniewski, K.H.. A longitudinal study of personality change in young adulthood. *Journal of personality*, 2001, 69（4）: 617~640.

83. Rosenstein D, Oster H. *Differential facial responses to four basic tastes in newborns*. Child Development. 1988. Vol. 59,（No.6）, pp. 1555~1568.

84. Rubin, K.H., Bukowski, W., & Parker, J. Peer *interactions, relationships, and groups. In N. Eisenberg（Eds.）, Handbook of Child Psychology: Vol.3. Social, emotional, and personality development. Hoboken,* NJ: Wiley, 2006: 571~645.

85. Selman, R. L. *The growth of interpersonal understanding: Developmental and clinical analyses.* New York: Academic, 1980. 321~322.

86. Sigelman C, Rider E. *Life-span human development.* 7 edition, Wadsworth, 2010: 357.

87. Thorne A, Michaelieu Q. Situating Adolescent Gender and Self-Esteem with Personal Memories. *Child Development*, 1996, 67（4）: 1374~1390.

88. Walters, R. H., Leat, M., & Mezei, L. Inhibition and disinheriting of responses through emphatic learning. *Canadian Journal of Psychology*, 1963, 17（2）, 235~243.

关键术语表

发展心理学	developmental psychology	是心理学的一个分支，研究个体从受精卵开始到出生、成熟直至衰老的生命全程中心理发展的特点和规律
纵向研究	longitudinal design	在纵向研究设计中，被试会在他们发展的过程中重复被测验。这种方法是发展心理学中的特色方法，也是比较有力度的取得数据的方法，可以得到同一被试群体或者某些心理发展领域前后一贯的材料
横断研究	cross sectional design	在横断研究设计中，研究者会在某一特定的时间测试不同年龄段的个体。这是发展心理学的研究者们最常使用的方法，因为它最节省时间，并且能快速获得大量的有关不同年龄阶段被试的数据
聚合交叉设计	cross-sequential design	是将横断研究设计和纵向设计结合在一起的方法。它通过选择不同年龄的群体作为研究对象，在短时间内重复观察这些被试
强化	reinforcement	强化就是通过强化物增强某种行为的过程
正强化	positive reinforcement	正强化是获得强化物以加强某个反应
负强化	negative reinforcement	负强化是去掉讨厌的刺激物，由于厌恶刺激的退出而加强了某个行为
同化	assimilation	同化是当儿童每遇到新事物时，在认识中试图用原有的图式去同化（消化），如获成功，就得到在原有认知上的平衡，实现了认知量上的增加
顺应	accommodation	调整原有图式或创立新图式去同化新事物，以达到认知上新的平衡，实现认知质上的变化
图式	schema	图式，是指儿童对环境进行适应的认知结构
自我同一性	self-identity	自我同一性是指青少年的需要、情感、能力、目标、价值观等特质整合为统一的人格框架，是青少年同一性的人格化
观察学习	observational learning	通过观察他人表现的行为及其结果而发生的替代性学习

最近发展区	zone of proximal development	维果茨基认为学生的发展有两种水平：一种是学生的现有水平，指独立活动时所能达到的解决问题的水平；另一种是学生可能的发展水平，也就是通过教学获得的发展潜力
遗传	heredity	遗传是生物亲代与子代之间、子代个体之间相似的现象，即亲代的性状又在下代表现的现象
生理发展	physical development	个体的生理发展，也叫生物因素的发展，指人类个体的生理结构与机能及其本能的变化。个体的生理发展过程是一种内发过程，即个体按照自身预定的程序和节奏而自然成熟、成长的过程
敏感期	sensitive period	是指在个体生命早期的有时间限制的特殊时期，在此阶段，与个体发展的一些特殊方面特别容易受到环境的影响，其可能与某种行为相联系，如完整的视觉能力的发展；也可能与身体结构的发展相联系，如大脑的构造
感觉	sensation	是人脑对直接作用于感觉器官（如眼睛、耳朵、舌头等）的客观事物个别属性的反映
知觉	percipience	是直接作用于感觉器官的事物的整体在脑中的反映，是人对感觉信息的组织和解释的过程
深度知觉	depth perception	是判断个体与物体或物体与物体之间距离的一种能力
知觉恒常性	perceptual constancy	是指当客观条件在一定范围内改变时，我们的知觉映象在相当程度上却保持着它的稳定性
大动作技能	gross motor skill	是指躯干、手臂、腿等大肌肉活动的动作技能，主要包括抬头、挺胸、坐、爬、站、走等
精细动作技能	fine motor skill	是由小型肌或肌群运动而产生涉及精确调节动作的技能，如任何需要利用手指的灵活性来进行的活动
MEPA 方案	movement education program assessment	是巧妙地运用动作这一中介实现促进儿童整体发展的一系列程序化的活动方案
引导式教育	conductive education	是一种帮助神经系统受损或运动机能失调的儿童学习如何融入社会的教育系统，也是一种全方位的训练发展方式与康复模式
注意	attention	注意是心理活动对一定对象的指向和集中
记忆	memory	是个体对经历过的事物进行识记、保持、再现的心理过程
工作记忆	working memory	是指个体在执行认知任务中，对信息暂时保持与操作的能力

思维	thinking	是人脑借助言语、表象或动作实现的、对客观现实的概括和间接的反映
问题解决	problem solving	是从问题的起始状态（给定）出发，经过一系列有目的指向的认知操作
元认知	metacognition	主体对自身认知活动的认知
言语	language	言语是个体运用语言工具进行思考和社会交往的行为过程。通过日常的交谈、演讲、指示、写文章等，可以理解对方语言，并利用语言表达自己的思想和感情。因此，言语过程实质上是一种心理活动，它伴随着一个人第二信号系统的形成而产生与发展
语音	pronunciation	语音是语言的物质外壳。语音具有音高、音强、音长、音质等物理属性，人类的发音器官（肺、支气管、气管、喉头、声带、口腔、鼻腔、咽腔）及其运动是语音的生理基础。语音要表达一定的意义，为社会所约定俗成，从事社会交际，有着重要的社会职能，所以语音的社会属性是它的本质属性
语义	semantics	语义是语言符号的部分内容，语音和语义好比一张纸的两面，不管如何剪裁总有正反两面。能够在交际中起作用的语言成分都是语音和语义结合在一起的。一般所说的5级单位：语段（句群）、句子、短语、词、语素，都是有意义的单位
语用	pragmatics/ language use	语用是指交际话语在语言意义基础上由于语言使用者及语境的作用而产生的意义。因为它是发话者的目的，也是受话者要全力获取的意义，因此是语用分析的重要内容。语用意义包括两种：第一是字面意思，第二是语用含义。发话者的意图需要受话者从语面意义出发，借助语境推导出来，这推导出来的意义就是语用含义。语用含义包括言外之意和预设，是话语传递的最重要信息
言语策略	language strategy	言语策略是人类生存的行为方式，是语言使用者在一定语境中通过语言结构的选择，产生具体的言语意义，实现交际目的的手段或途径
智力	intelligence	智力是一种综合能力，是完成智力活动所必需的各种认知能力的有机结合，体现在学习、处理抽象概念、应对新情境和解决问题等方面
流体智力	fluid intelligence	是以神经生理为基础的认知能力，表现在基本的信息加工过程中

晶体智力	crystallized intelligence	是以后天获得的知识和技能为基础的能力，反映在问题解决情境中
智力测验	intelligence test	智力测验是通过测量人与智力有关的行为进而推断智力水平的高低
创造力	creativity	根据一定目的，运用一切已知知识，产生出某种新颖、独特、有社会意义或个人价值的产品的智力品质
情绪的社会性参照	social reference of emotion	指婴儿在不确定的情境中，通过他人表情做出推断、并引导其后续行为的现象
基本情绪	primary/basic emotions	指那些先天的、在进化中为适应个体的生存演化而来的情绪，可以在不需要认知参与的情况下自发地产生主要包括微笑、哭泣、害怕、兴趣、惊奇、厌恶等。这些情绪具有不同的适应功能
复合情绪	complex emotions	是在基本情绪的基础上，在社会情境中经由自我的认知评价而产生的情绪，又称次级情绪（secondary emotions）。儿童的复合情绪主要包括自我意识情绪（self-conscious emotion）和移情等
情绪调节	emotion regulation	是对情绪的内在过程和外部行为所采取的监控、调节，以适应外界环境和人际关系需要的动力过程
自我意识	self-awareness	自我意识就是指个体对自己以及对自己与周围世界之间关系的认识、体验和调控
学业自我概念	academic self-concept	学业自我概念就是指个体在学业情境中形成的对自己学习行为和学习能力的认知、评价和体验
自尊	self-esteem	主要是指个人对自我价值和自我能力的情感体验，属于自我系统中情感成分
性别角色	gender role	是指在一定的社会文化群体中，人们认为能代表男性或女性的典型行为与态度，或符合社会期望的男性或女性的典型行为与态度
性别刻板印象	gender stereotype	是指对男性或女性应有行为模式的一种过于简单或偏激的看法和态度
双性化	androgyny	就是个体同时具有传统的男性化和女性化特质
人格发展	personality development	在整个生命历程中，个体的人格特征随年龄的增长和经验的积累而逐渐发生变化的过程

人格理论	personality theory	人格心理学家用来描述或解释人的心理和行为的一套假设系统或参考框架
人格测量	personality measurement	通过一定的方法，对在人的行为中起稳定的调节作用的心理特质和行为倾向进行定量分析，以便进一步预测个人未来的行为
健康人格	healthy personality	是一种与外界环境相适应、为自然及社会所接纳和认同的健康和谐发展的人格模式，是多种良好人格特征的完备结合和有机统一
依恋	attachment	个体与重要他人间通过亲密互动形成的持久、强烈的情感联系
同伴关系	peer relationship	是彼此地位相同或相近的个体间的共同活动与相互协作关系，或年龄相同/相近、心理发展水平相当的个体间在交往中发展起来的一种人际关系
亲社会行为	prosocial behavior	人们做出的有益于社会或他人的行为
攻击行为	aggressive behavior	指的是任何有目的地伤害或触犯他人且被伤害者力图避免的行为
道德认知	moral cognition	道德认知，又称道德认识，是指人们对客观存在的道德现象、行为准则及其意义的主观反映
道德情感	moral emotion	道德情感是人的道德需要是否得到满足及其所引起的一种内心体验，或者说道德情感是指人们的行为、思想、意图是否符合社会道德规范而引起的情感体验
道德行为	moral behavior	是指个体是在一定的道德认识指引下或道德情感激励下，在一定的道德意识支配下表现出来的对他人和社会有道德意义的活动，简而言之，道德行为是一个人符合道德规范的行为

后　记

《发展心理学》属于教师教育精品教材系列。

在编写本书的过程中，我们认真研读了国家近期出台的教师教育课程标准、中小学课程标准和教师资格考试相关要求等文件，同时将读者定位于师范院校学生，并基于这个读者群确定了本书的内容大纲，我们的目标是能帮助师范生了解婴幼儿、小学、初中和高中学生在生理、心理以及学习等方面的发展规律和特点，以使他们在今后的工作中能依据儿童和青少年身心发展规律进行科学合理的教育和教学。

本书在编写上具有如下特点。

第一，内容设计合理，系统完整，注重理论与实践结合。本书由12章构成，包括教师需要了解的学生各方面身心发生和发展情况，整个章节体系构成具有系统性、全面性、严谨性。在具体的知识内容选取上，注重理论与实践结合，既包括必要的基础理论知识，又包括最新的研究进展，同时与教学实践结合紧密，选取了与教育实践相关度高的内容，力求能帮助学生将理论知识转化为可操作的能力。

第二，内容形式多样，能够帮助学生高效学习。本书每章都包括"本章概述""结构图""学习目标"以及"读前反思"等版块，这可以使学生在最短的时间里建立概念体系；同时在正文中用不同的事例和实验研究辅助，可以加深学生对所学内容的理解。最后，每章的章节练习可以进一步巩固学生所学的知识。

第三，内容具有科学性、清晰性和可读性。本书在写作过程中，我们从师范生的角度出发，力求在行文上既有科学性，又易于非心理专业学生的学习理解。在参考了国内外大量文献的基础上，保证内容体现了最新的领域前沿和正确科学的语言阐述。同时，对各种理论概念提供实际例子，表述生动且具有可操作性和指导性，可以使学生在未来的教学实践中更好地应用。

本教材是集体合作完成的，各章执笔者如下：第一章，天津师范大学，白学军教授；第二、三章，华中师范大学，周宗奎教授；第四章，东北师范大学，张向葵教授；第五章，北京师范大学，陈英和教授；第六章，东北师范大学，张向葵教授；第七章，天津师范大学，白学军教授；第八章，华东师范大学，桑标教授；第九、十章，西南大学，陈红教授；第十一、十二章，陕西师范大学，王振宏教授。全书由陈英和教授统稿。

本教材作为教师教育精品教材，可供全国高等师范院校教育学及相关专业本科生、硕士研究生使用，也是中小学教师的重要参考书。

各位专家在教材编写中付出了大量的时间和精力，力求使本书能够成为一本优秀的教学参考书。但由于时间紧迫，水平有限，本书的疏漏之处在所难免，期望广大读者提出宝贵意见，以便日后不断修正。

陈英和

2015年3月

于北师大